Barbara Beuys

ASTA NIELSEN

Filmgenie und Neue Frau

INSEL

Dieses Buch wurde klimaneutral produziert.

Klimaneutral
Druckprodukt
ClimatePartner.com/14438-2110-1001

Erste Auflage 2022

insel taschenbuch 4904

Umschlaggestaltung: hißmann, heilmann, hamburg
Umschlagfoto: Cineclassico/Alamy, Abingdon
Satz: Satz-Offizin Hümmer GmbH, Waldbüttelbrunn
Druck: CPI books GmbH, Leck
Printed in Germany
ISBN 978-3-458-68204-2

www.insel-verlag.de

insel taschenbuch 4904

Barbara Beuys

Asta Nielsen

Sie gilt als eine der größten Filmschauspielerinnen aller Zeiten: Asta Nielsen (1881-1972) war Weltstar der Stummfilm-Ära und etablierte den Film als eine neue Kunst. Sie verkörperte die neue moderne Frau, begeisterte durch eine geniale Mischung aus Komik und Erotik, feierte triumphale Erfolge auf der Leinwand und auf den deutschen Theaterbühnen. Umworben von den Nazis, lässt sie sich doch nicht vereinnahmen und kehrt 1939 Deutschland schließlich den Rücken. In ihrer Geburtsstadt Kopenhagen wagt sie nach dem Krieg einen Neuanfang als Autorin und Schöpferin großartiger Stoffcollagen. Im Alter von 88 Jahren heiratet sie zum dritten Mal – »meine einzige große und erfüllte Liebe«.

Barbara Beuys hat zahlreiche unveröffentlichte Briefe und Dokumente der Künstlerin ans Licht gebracht – und leuchtet das breite Panorama eines faszinierenden und dramatischen Lebens aus, das in einem ärmlichen Arbeiterviertel Kopenhagens begann und in die schillernde und glamouröse Filmwelt der Goldenen Zwanziger führte.

Barbara Beuys, geboren 1943, arbeitete nach ihrer Promotion in Geschichte als Redakteurin u.a. bei *Stern*, *Merian* und *Die Zeit*. Heute lebt sie als freie Autorin in Köln.

Im insel taschenbuch sind u.a. erschienen: *Paula Modersohn-Becker. Oder: Wenn die Kunst das Leben ist* (it 3419), *Maria Sibylla Merian* (it 4480), *Helene Schjerfbeck. Die Malerin aus Finnland* (it 4685), *Sophie Charlotte. Preußens erste Königin* (it 4753), *Sophie Scholl. Biografie* (it 4839).

Inhalt

1. Kapitel

LOTTE ODER DER DUFT NACH SÜSSEM PARFÜM

Geburt in Kopenhagen: Hoffnungslose Armut – Kindheit in Malmö: Glückliche Jahre – Drama im Dachgeschoss

1881-1890

Der erste Geburtstag, an den sie sich erinnern konnte, war ihr dritter. Die Mutter weckte sie mit einem Kuss, und der Vater überraschte sie mit einer großen Stoffpuppe, die er selbst genäht hatte. Die Nachbarin kam mit einem Pflaumenkuchen, auf dem ein Brief mit einem handgeschriebenen Geburtstagsgedicht lag. Danach wurden ihr Kaffee und Kuchen ans Bett serviert, die Mutter setzte sich auf ihren Wunsch zu ihr und sang Astas Lieblingslied.

Das war am 11. September 1884. Asta Nielsen, die 1881 in Kopenhagen geboren wurde, lebte mit ihren Eltern und der viereinhalb Jahre älteren Schwester Johanne im schwedischen Malmö. Weil der arbeitslose Vater durch seinen Schwager dort Arbeit in einer Dampffabrik gefunden hatte, war die dänische Familie am 10. November 1883 mit dem Schiff von Kopenhagen über den Öresund nach Schweden in ein neues Leben gefahren. (Seit dem Jahr 2000 können Autos und Eisenbahnen dank einer Brücke den Weg übers Meer nehmen.)

Über die Situation der Familie zum Zeitpunkt ihrer Geburt schreibt Asta Nielsen in ihren Erinnerungen *Den tiende muse – Die zehnte Muse* – gut sechzig Jahre später: »In einer total hoffnungslosen Zeit voller Armut und Krankheit kam ich auf die Welt. Mein Vater war so krank und entkräftet, dass er sich nur fortbewegen konnte, wenn er sich an den Wänden abstützte. Er hatte nicht einmal die Kraft, das Neugeborene in seine Arme zu nehmen.« Die Mutter, bei der Geburt siebenunddreißig Jahre alt, hatte bis zuletzt in der Waschküche gearbeitet, um wenigstens die Hebamme bezahlen zu können. Alles, was man entbehren konnte, war ins Pfandhaus gewandert. Die Speisekammer war leer, es gab kein Brennholz für den Kachelofen.

Mit der Überfahrt nach Malmö zwei Jahre später wendete sich das Blatt zum Besseren. Die feste Arbeitsstelle brachte regelmäßig Geld ins Haus, auch wenn es anfangs eine bescheidene Summe war. Und im ersten Stock eines Hinterhauses in zwei kleinen Zimmern zu wohnen, war für eine Arbeiterfamilie nichts Besonderes. Asta, die Jüngste, kannte die harte Zeit ihrer ersten beiden Lebensjahre nur vom Hörensagen. Das Familienleben, das ihre Erinnerung an die Kindheit prägte, an die sieben Jahre in Malmö, war nicht von Entbehrungen geprägt, im Gegenteil. Sie glaube, wird sie in ihrer Autobiografie schreiben, »in Malmö verbrachten meine Eltern ihre glücklichste Zeit«.

Die Eltern: Der Vater, Jens Christian Nielsen, 1847 im nördlichen Jütland geboren, hatte kaum Erinnerungen an die eigenen, früh verstorbenen Eltern. Er besuchte keine Schule, arbeitete auf einem Bauernhof, bis er 1868 zum Militär eingezogen wurde. Er machte in der Armee als Offizier Karriere, wohl nicht zuletzt, weil er sich das Schreiben und Lesen selbst beibrachte, und wurde nach Kopenhagen versetzt.

Dort traf er bei einem Offiziersball die vier Jahre ältere Ida Frederikke Petersen, die mit Eltern und neun Geschwistern in der Hauptstadt lebte. Deren Vater war stolz auf den exotischen Titel eines »Wasseraufspürers«: Wenn ein Brand in den Städten ausbrach, war er es, der mit Erfahrung und Geschick die Stelle ausfindig machte, wo die Feuerwehr schnellstens an die größtmögliche Menge Wasser kam.

1872 wurde Jens Nielsen aus der Armee entlassen. Doch die Rückkehr in die jütländische Heimat, wo sein Bruder ihm eine Arbeit in einer Brauerei verschaffte, währte nur kurz. Am 3. Januar 1875 heirateten im lutherischen Dom zu Kopenhagen – der Frue Kirke, Frauen-Kirche – Ida Petersen und Jens Nielsen.

Ihr erstes Kind mussten die Eltern 1876 gleich nach der Geburt zu Grabe tragen. Am 13. Juni 1877 kam ihre Tochter Laura Johanne Marie auf die Welt, vier Jahre später die jüngste, ebenfalls im fünften Stock unterm Dach im Gammel Kongevej 9. Sie wurde vierzehn Tage nach der Geburt am 25. September 1881 in der Sankt Mathaeus Kirke auf den Namen Asta Sofie Amalie getauft; das neuneckige Taufbecken aus weißem Marmor steht dort heute noch rechts vom Altar.

Die ein Jahr zuvor eingeweihte neoromanische Backsteinkirche lag wie die Wohnung der Familie Nielsen im Arbeiterdistrikt Vesterbro. Heute geht man nur wenige Minuten vom Geburtshaus zur zentralen S-Bahn-Station Vesterbro. Die Erinnerungsplakette über der Eingangstür vom Gammel Kongevej 9, die an »ASTA NIELSEN, DÄNEMARKS ERSTEN STUMMFILMSTAR« erinnert, ist allerdings mit den Jahren verblichen und verdunkelt und hängt so hoch, dass sie niemandem auffallen kann, der vorübergeht.

Auf einem Foto von 1886 schauen die Eltern und ihre zwei Töchter Asta und Johanne uns selbstbewusst entgegen: Der Vater steht schräg nach links geneigt, schlank, dunkle Haare, große dunkle Augen in einem schmalen, weichen Gesicht, wo der auffällig breite Schnurrbart einen gewissen Gegenakzent setzt; die Mutter eher füllig, helles Haar, kantige Backenknochen, schmale Augen, aufrecht sitzend, ganz und gar nicht anlehnungsbedürftig; die deutlich kleinere Asta hält ihre Hand und steht ebenso kerzengerade wie die ältere Johanne.

Während die Handwerkerbrüder der Mutter vom Bauboom dieser Zeit, Kopenhagens Gründerjahren, profitierten, gelang es Astas Vater nicht, eine feste Arbeit zu bekommen. In der Familie dominierte ein trauriges Ereignis, wenn die Eltern ihren Töchtern von den ersten Ehejahren in Kopenhagen erzählten. Als Jens Nielsen das Bauprojekt eines Schwagers besichtigte, kam das Gerüst aus dem Lot. Er stürzte in die Tiefe, konnte aber durch ein gewagtes Manöver einen Lehrling, der mit ihm auf dem Gerüst gestanden hatte, retten. Seine Gesundheit allerdings war durch diese Kraftanstrengung so zerrüttet, dass er sein ganzes weiteres Leben lange und schwere Krankheitszeiten durchleiden musste. Es war seine Frau, die durch Putzen, Waschen und andere Hausarbeiten für die Nachbarschaft die Familie über Wasser hielt.

Vor diesem dunklen Hintergrund empfand Asta die Gegenwart in Malmö umso heller. Was die Kindheit Asta Nielsens vom November 1883 bis zum Juli 1890 prägte, war nicht nur der ausreichende materielle Besitz der Familie. Sie erlebte verschiedene Welten, offene Horizonte ebenso wie rigorose familieninterne Strukturen. Sie wuchs in zwei Sprachen auf und lernte, sich in allem, so verschieden und widersprüchlich es war, zurechtzufinden.

Die erste Malmöer Wohnung, in einem Hinterhaus in der Mårtansgatan, blieb mit einem Erlebnis verbunden, das sich vom Vergnügen blitzartig in einen Alptraum verwandelte. Eines Tages kletterte die kleine Asta mühsam die steile Treppe vom ersten Stock hinunter in den Hof. Mühsam, weil sie in einer Hand eine große Brotschnitte mit braunem Zucker hielt, die ihr die Mutter geschmiert hatte. Asta machte es sich unten gemütlich, ohne zu bedenken, dass auf dem Innenhof ein Hahn mit seinen Hühnern sein Revier hatte. Kaum hatte sie in das köstliche Brot gebissen, »kommt der Hahn mit den gelben Augen, hebt den Kamm senkrecht, gackert mit der Hühnerschar, rauscht auf mich zu wie der Führer eines Regimentes von Soldaten. Der ganze Hühnerharem stürzte sich auf mich. Er stolzierte siegesgewiss zwischen den gierigen Frauenzimmern.«

Asta ist wie gelähmt, unfähig, die Angreifer abzuwehren oder zu fliehen: »Erst als auch der letzte Krümel und die Hühner wieder weg waren, bekam ich Kraft und Mut zu heulen. Und damit hörte ich nicht auf, bis die Mutter die Treppe herunterrauschte, mich aufhob – für eine Tracht Prügel, deren Intensität nichts zu wünschen übrig ließ.« So trostbedürftig das kleine Mädchen war, die Reaktion der Mutter kam nicht überraschend.

Wie ihre Schwester Johanne hatte Asta oft genug erfahren, dass ihre Mutter nicht nur die »losen Hände« der Großmutter als Erziehungsmethode übernommen hatte, sondern ihre Töchter außer mit Ohrfeigen gnadenlos mit einer Reitpeitsche traktierte. Für Vergehen, die vor allem die äußerliche Ordnung betrafen: Wenn Asta sich mit der feinen Kleidung, die die Mädchen an Sonntagen und im Alltag tragen mussten, »im Rinnstein wälzte«, und Johanne, mit der Aufsicht betraut, die jüngere Schwester nicht schnell genug davon abhalten konnte.

Das Drama im Hinterhof hatte die Mutter verärgert, weil es sie bei der Arbeit störte. Wie so oft saß sie im Flur vor der Wohnung und flickte Mehlsäcke, um die monatlichen Einkünfte zu vergrößern. Die Vermietung eines Zimmers der kleinen Wohnung brachte weiteres Geld in die Haushaltskasse. Ob sie die Säcke flickte oder sich um die Wäsche des Untermieters kümmerte, immer hatte die Mutter ein schwungvolles Lied auf den Lippen, ihr Repertoire war unerschöpflich. Meist war sie gut gelaunt, in trauriger Stimmung tröstete sie sich mit wehmütigem Gesang. An dämmrigen Winternachmittagen, bevor der Vater von der Arbeit nach Hause kam, wenn das Feuer im Ofen knisterte, verzauberte sie Johanne und Asta mit Gedichten und tragischen Liebesliedern. Sie sang, wenn sie am frühen Sonntagmorgen die Küche wienerte und schrubbte, dass es nur so glänzte, und sie mit frisch gestärkter Schürze stolz ihre Familie zum Frühstück empfing.

Das war die Mutter, die Asta liebte. Vor der anderen, brutal und ohne Mitgefühl, fürchtete sie sich. Und doch war es dieselbe Frau, die diese Widersprüche in ihrem Inneren trug.

Im Herbst 1885 zog Familie Nielsen in die Ostindiefararegatan 40, erneut ein Hinterhaus. Es wurde eine Zwischenstation, nicht nur, weil die Kakerlaken unerträglich waren. Der Vater war zum Lagerverwalter befördert worden. Das Lager befand sich in der Innenstadt, und die Familie konnte sich dort ein Jahr später endlich eine bessere Wohnung leisten. Sie wohnte zuerst in der Nummer 16 der Store Humlegatan (heute nur noch Humlegatan), wenig später zog man auf die gegenüberliegende Seite in die Nummer 11. Das war ein kleines gemütliches gelbes Haus mit drei Zimmern, eins davon zur Straßenseite – ein nie gekannter Luxus, den die Eltern sich und den Kindern gönnten.

Kein Zimmer wurde untervermietet, die Mutter musste nicht mehr Säcke flicken oder putzen gehen, und trotzdem war genug Geld da, um eine neue Wohnzimmereinrichtung anzuschaffen. Es dominierten »weinrote Ripsbezüge« und der neue Spiegel, der das Wohnzimmer vom Boden bis zur Decke zierte, hatte eine Ablage, auf der sich allerlei Nippes versammelte: »Mutter strahlte vor Stolz und Glück über ihr schickes Heim …« In der Humlegatan öffnete sich für Asta eine neue faszinierende Welt, denn dort machte sie Bekanntschaft mit einem »Fräulein Charlotte Carlson, die mir sehr viel bedeuten sollte«.

Es begann damit, dass die beiden Schwestern für »Lotte«, so wollte sie genannt werden, die früher im gelben Haus gewohnt hatte und nun dank eines »Onkels« in einer größeren Wohnung in derselben Straße lebte, kleine Botengänge besorgten. Bald zierten Johannes Häkeldeckchen Lottes elegante Stube, und diese ließ sich mit der Bezahlung nicht lumpen. Ihr Liebling aber war Asta, die beim Umzug in die Humlegatan fünf Jahre alt war und Lotte nur zu gern besuchte: »Mich überkam ein wahres Wohlgefühl in ihren Zimmern, die nach süßem Parfüm, Punsch und Tabak dufteten. Die Möbel waren mit schwerem Plüsch bezogen und hatten schwere Fransen. … Und in allen diesen Herrlichkeiten lag sie in einem breiten, niedrigen Bett, strahlend schön … ich fand sie göttlich …« Die Zigarette ging Lotte nie aus, und immer stand auf dem türkischen Tischchen eine silberne, mit kleinen Makronen gefüllte Schale.

Als Asta eines Tages wieder einmal Häkeldeckchen ihrer

Schwester bei Lotte abliefern wollte, hörte sie schon außerhalb des Schlafzimmers Gesang und Gitarrenmusik. Wie üblich lag Lotte mit Zigarette im Bett, »und sie hörte einer älteren schmuddeligen Frau zu, die auf dem Sofa saß und aus vollem Hals zur eigenen Gitarrenbegleitung sang«. Es war Mathilda, Lottes Freundin, die, kaum war ihr musikalischer Auftritt beendet, sich eine Prise Schnupftabak genehmigte. Als Asta sich höflich mit Knicks entfernen wollte, rief Mathilda: »Nein, nein, mein Kind, geh nicht, nun machen wir es uns gemütlich. Nicht wahr, Lotte?«

Die Haushaltshilfe setzte Kaffee auf, Asta wurde beauftragt, Kuchen zu holen, und bald saßen alle vergnügt um einen runden Tisch, auf dem auch noch Punsch und andere Alkoholika standen, während Lotte die Szene – und den Kuchen – vom Bett aus genoss: »Mathilda erlaubte mir, von dem süßen Punsch zu kosten … Plötzlich sank ich vom Stuhl, still und selig … Lotte sprang aus dem Bett, legte mich hinein, kühlte mein Gesicht mit kaltem Wasser und wie durch einen Nebel hörte ich ihr Flehen, meiner Mutter nichts davon zu sagen.« Mathilda, die Asta zurück nach Hause brachte, gelang es, dass dort keinerlei Argwohn aufkam.

In Asta Nielsens Erinnerungen wird Lottes Idyll aus der Sicht des Kindes beschrieben. Ein langes Leben später hat sie in ihrer Erzählung *Eine Rose ist eine Rose ist – nicht immer – eine Rose* auf ihre Kindheit zurückgeblickt (Asta Nielsen, *Ein Tag im Paradies*). Da durfte »Lotte« nicht fehlen, »die ich heiß liebte … Ob man sie in der üblichen Lesart eine Dame nennen kann, ist ziemlich zweifelhaft, viele würden sicher das Wort in Anführungszeichen setzen.« Astas Eltern wussten sicherlich über die schillernde Existenz von Lotte und Mathilda Bescheid.

Dass sich in Malmös Store Humlegatan die meisten Prostituierten niedergelassen hatten, war ein offenes Geheimnis in der Stadt. Die Husaren der nahen Kaserne gehörten zu den beständigen Besuchern und auch sonst waren es bessere Herren, die hier einkehrten. Im Buch über das *Verschwundene Malmö* heißt es: »Die Mädchen waren freundlich ... auf der Straße viele Champagnerkorken ...« Die Polizei hatte 1874 ein »Verzeichnis über sich prostituierende Frauen« eingerichtet, Lotte und Mathilda sind dort ebenfalls eingetragen: »Augusta Charlotta Carlsson, geboren 1864, unverheiratet, als Näherin ausgebildet, 1,61 groß, blonde kurzgeschnittene Haare, blaue Augen; Mathilda Carolina Stenström, geboren 1839, verheiratet, hochgewachsen, schwarze Haare, blaue Augen.«

Es ist bemerkenswert, dass Jens und Ida Nielsen die enge Freundschaft ihrer Töchter, vor allem Astas, mit Lotte wohlwollend begleiteten. Und sosehr die Mutter auf eine wohlanständige Außendarstellung bedacht war, die sich in feiner und sauberer Kleidung der Kinder manifestierte, war auch Mathilda nach dem ersten Kennenlernen willkommen: »Ein Geburtstag ohne Mathilda war in Zukunft undenkbar.« Es offenbart eine offene, tolerante Weltsicht, wenn die Eltern keine Angst vor möglichem Getuschel der Nachbarn hatten, denen die engen Kontakte der Nielsen-Töchter mit den beiden Edel-Prostituierten nicht verborgen bleiben konnten. Offensichtlich sahen die Eltern keinen moralischen Grund, der kleinen Asta die Freude an der geliebten Lotte und ihrem parfümierten Schlafzimmer-Leben zu nehmen.

Kein Vergnügen aber war für die beiden Schwestern vergleichbar mit einem Besuch bei den Verwandten der Mutter, genauer: bei den zwei ungefähr gleichaltrigen Kusinen in Kopenhagen. Es begann schon mit der Schifffahrt über den Öresund: »Wir vier liebten uns mit einer Inbrunst, die man Kindern nicht zutrauen sollte. Sie hießen Anna und Olga. Und wenn wir auf dem Weg zu ihnen an Deck des Schiffes standen, kniffen meine Schwester und ich uns gegenseitig in die Arme, um auch ganz sicher zu sein, dass unser Glück nicht ein flüchtiger Traum war.«

Ein paar Tage lang bestand das Leben der vier Unzertrennlichen aus Versteckenspielen, Pfefferminzbonbons, Zuckerkringeln und stundenlangem Erzählen, was ihr Leben bewegte. Viel zu schnell war das Glück vorbei, ging es zurück nach Malmö: »Wir weinten laut, wenn wir über den Landungssteg aufs Schiff kletterten und die Kusinen zurücklassen mussten, die unten am Kai in ihre Taschentücher heulten. Sie winkten und schickten Handküsse, als ginge es um eine Reise nach Amerika ...« Asta fiel auf, dass die Mutter, die sonst den Ton angab, auf dem Schiff auffallend still war – sie konzentrierte sich darauf, nicht seekrank zu werden.

Im Herbst 1887 wurde Asta eingeschult. Sie war ehrgeizig. Die schwedische Sprache machte ihr keine Schwierigkeiten. Bald hatte sie ihren festen Platz in der ersten Reihe, wo die Besten saßen. Zu Hause achtete die Mutter strikt darauf, dass nur Dänisch gesprochen wurde. Kaum waren die beiden Töchter unter sich, sprachen sie Schwedisch; ein Protest gegen das rigorose Regiment der Mutter, der ihre geschwisterliche Gemeinschaft noch weiter stärkte.

Ende November kam der Brief eines Rechtsanwaltes, der die Familie in Aufregung versetzte. Der ältere Bruder des Vaters war im Alter von sechsundvierzig Jahren gestorben. Er hatte in der jütländischen Bierbrauerei C.F. Børsch nach dem Tod des Besitzers mit dessen Witwe die Geschäfte geführt. Während Astas Vater sich auf den Weg nach Jütland machte, um als einziger Erbe den Nachlass zu übernehmen, kannte die Fantasie seiner Frau und seiner Töchter keine Grenzen. Zwar hatten sie den Schwager und Onkel niemals gesehen, aber wer so hoch gestiegen war, musste ein riesiges Vermögen erworben haben. Ein neues Leben war nur noch eine Reiselänge entfernt.

Das Gesicht des Vaters bei seiner Rückkehr sagte alles. Wie Seifenblasen zerplatzten die hochtrabenden Hoffnungen. Die Haushälterin des Verstorbenen hatte offenbar klug vorgesorgt. An Geld war nichts mehr vorhanden. Um nicht mit leeren Händen zurückzukommen, packte der Alleinerbe wahllos etliche Bücher in ein übrig gebliebenes Stehpult aus Mahagoniholz und adressierte es nach Malmö. Obwohl es für das kleine Zimmer im gelben Haus an der Humlegatan viel zu groß war, bekam es dort einen Platz, ein Teil der Bücher landete auf dem Dachboden.

Das Auswendiglernen für die Schule fiel Asta schwer. Aber sie wollte den Platz in der ersten Reihe nicht verlieren und memorierte den geforderten Stoff immer wieder mit lauter Stimme zu Hause, bis er im Gedächtnis blieb. Doch es gab viele Tage, an denen Johanne, die seit der Geburt eine schwächliche Konstitution hatte, krank war und Ruhe brauchte.

Die Mutter war einverstanden, als Asta die Idee hatte, ihre Schularbeiten auf dem Dachboden zu machen, lautes Auswendiglernen inbegriffen. Es blieb nicht dabei, »der Plunder um mich herum, begann mich zu interessieren«. Zuerst kamen die bunten Lappen in einem Wäschepuff an die Reihe, mit denen Asta sich schmückte und vor einem kleinen Spiegel Grimassen machte. Dann begann sie, in den Büchern des Onkels zu blättern: »Jetzt öffnete sich mir eine ganz neue Welt. Eine große, reich illustrierte Ausgabe von ›1001 Nacht‹ fiel mir als Erstes in die Hände.« Nach dem Vorbild der Illustrationen schmückte sich die Sechsjährige, verrenkte Arme und Beine oder »saß stundenlang vor dem Spiegel … ganz versunken in den Anblick meiner eigenen Schönheit«. Ihre Neugier auf die Schätze des Onkels war geweckt.

Als sie ein ungebundenes Buch durchblätterte, auf dem »Henrik Ibsen« stand und darunter »Brand«, war sie enttäuscht, nichts über Feuersbrünste zu entdecken. Doch dann las Asta von einer gewissen Agnes, die verzweifelt vor einer Kommode kniete, in der Kleider ihres toten Kindes lagen: »Irgendetwas daran muss mich ergriffen haben, denn ich las weiter und blieb hinterher noch eine Weile sitzen.« Sie legte das Buch nicht zu den übrigen, sondern an einen besonderen Platz. Viel später erst wird sie erfahren, dass sie das Drama *Brand* des umstrittenen norwegischen Theaterschriftstellers in der Hand hatte.

Als Asta wenige Tage später wieder auf den Dachboden ging,

las sie die Szene noch einmal und erinnerte sich plötzlich an eine Nacht, als sie der Vater an Johannes Krankenbett holte, wo schon ihre weinende Mutter stand: »Da musste ich selber weinen, wahrscheinlich am meisten über meine Schwester, die im Zimmer unter mir krank lag. Ich bat Gott inständig, sie nicht vor mir sterben zu lassen, legte das Buch zurück und vergaß es für eine Weile«. Es war nicht nur Johanne, die während der Zeit in Malmö auf den Tod erkrankte.

Dass die ältere, schwächliche Schwester immer wieder ärztliche Hilfe brauchte, war Asta gewohnt, auch wenn es ihre Gefühle stets aufs Neue aufwühlte. Völlig unerwartet kam die schwere Krankheit der ständig aktiven Mutter, die immer ausgesehen hatte wie das pralle Leben. Jetzt lag sie schwer atmend mit hohem Fieber im Bett. Der Arzt sprach von Lungenentzündung und gab ihr keine Überlebenschance. Die glückliche Zeit in Malmö schien ein jähes Ende zu nehmen. Der Vater war verzweifelt, Asta und Johanne gingen sechs Wochen nur auf Zehenspitzen durch das Haus. Doch dann hatte die Kranke es überstanden. Erst während dieser Krankheit wurde Asta bewusst, wie »unendlich tief« sie ihre Mutter liebte.

Dass beides, Strenge und Mitgefühl, zu deren Persönlichkeit gehörten, erlebte Asta verstärkt, als die Familie sich 1889 vergrößerte und ein Pflegekind aufgenommen wurde. Hugo war noch kein Jahr alt, als seine Mutter, eine Gouvernante, sich von ihm trennen musste; der Vater war unbekannt. Alle liebten Hugo, besonders Asta. »Ich hielt ihn für das schönste Kind auf der Welt«, schrieb die Sechsundachtzigjährige im April 1967 ihrer Freundin, der Malerin Kirsten Kjær: »Und wenn Mutter mit ihm auf dem Arm umherging, küsste ich ihn immer auf den süßen kleinen Po.« Hugo blieb nicht lange, es fanden sich Adoptiveltern, die gut für ihn sorgten.

Asta und Johanne besuchten die »Sonntagsschule«, die Schwedens lutherische Kirche am Sonntag für Kinder anbot. Von Kirchgängen der Eltern ist in Astas Erinnerungen keine Rede, aber selbstverständlich wurden die Kinder konfirmiert. Die ältere Johanne war im April 1890 an der Reihe. Sie war sehr religiös und erzählte der jüngeren Schwester mit großem Ernst von der Vorbereitung durch den Priester, von Gott und den Wegen Christi. Asta konnte das gut nachempfinden: »Jedes Jahr durchlebte ich – ganz heimlich – in der Zeit vor Ostern wie in einer religiösen Ekstase in Gedanken die Leiden Christi. … Wir nickten uns verständnisvoll zu, und ein glückliches Zusammengehörigkeitsgefühl erfüllte unsere Kinderherzen.«

Zur Konfirmation an einem gewöhnlichen Werktag begleitete Asta ihre Schwester in die Kirche zu den übrigen Konfirmandinnen, »für mich war sie die schönste von allen«. Mit der Straßenbahn fuhren sie zurück in die Humlegatan, und Johanne bekam vom Vater eine kleine goldene Uhr mit eingelegten roten Emaille-Mohnblüten auf der Rückseite. Dazu ein paar Kronen, von denen sie Zuckerkringel kauften und die Nachbarkinder an dem süßen Vergnügen teilnehmen ließen.

Nur einen Monat später, im April 1890, organisierte der Vater einen Pferdewagen und ein paar Helfer für den nächsten Umzug. Alles war so penibel gepackt, dass schon am Abend des Tages die Dinge in der neuen Wohnung an ihrem vorgesehenen Platz standen und die Mutter das Essen pünktlich auf den Tisch brachte. Die neue Wohnung in der Södra Förstadtsgatan lag in einem Vorort von Malmö. Das geliebte gelbe Haus hatte die Familie aufgeben müssen, weil Schwamm und Feuchtigkeit überhandnahmen. Wieder musste Asta die Schule wechseln.

Die Sehnsucht nach der Humlegatan war nicht zuletzt die Sehnsucht nach Lotte und Mathilda. Asta war inzwischen acht Jahre alt und tat, was sie sich in den Kopf gesetzt hatte: Statt in der Schule erschien sie eines Tages vor Mathildas Wohnung. Mathilda war erschrocken, aber lebenspraktisch und Menschenkennerin. Sie ahnte, dass Lotte das eigentliche Ziel war, und wenig später stand sie mit Asta vor deren Tür.

Erstmals war Lotte, die wie immer im Bett lag, nicht allein, und Asta sah den vielgerühmten »Onkel«, der in langen weißen Unterhosen vor der Waschkommode stand. Sein düsterer Blick traf die beiden Hereintretenden, und Mathilda, die wusste, was hier gespielt wurde, flötete: »Wir gehen gleich wieder. Asta wollte der lieben Lotte nur guten Tag sagen.« Die reichte Asta einen kleinen Plüschaffen, und Mathilda verschwand schnell mit ihrem Zögling rückwärts aus der Wohnung.

Zurück nach Hause? Nein, eine so frühe Rückkehr würde Astas Mutter misstrauisch machen, und wieder fand Mathilda eine Lösung. Sie kannte eine Familie, die sich in diesen Stunden um ihren verstorbenen Jungen versammelte, der zu Hause im offenen Sarg aufgebahrt war. Dieser Brauch führte in Malmö die Trauernden mit Freunden und jedem, der eintreten wollte, zu einem ausgiebigen Leichenschmaus zusammen.

Die Szene an sich war Asta wohlbekannt. Sobald sich in der Schule herumsprach, dass in der Nähe eine Leiche aufgebahrt war, machten sich Kindergruppen lauthals auf den Weg, gingen dann auf Zehenspitzen in das Trauerhaus und stellten sich stumm vor den offenen Sarg. Auf Asta hatten diese makabren Besuche bisher nicht den geringsten Eindruck gemacht: »Ich betrachtete die Toten so kalt und gefühllos, als wären es herausgeputzte Wachsfiguren.« Doch diesmal reagierte sie anders.

Der kleine tote Junge lag in einem schwarzen Sarg, auf dessen vier Ecken versilberte Engelsköpfe mit Flügeln wachten. Auf zwei großen silbernen Kandelabern brannten Kerzen zwischen hohen grünen Pflanzen. Kaffeeduft zog durch die Räume, die Schalen waren mit Kuchen und Pralinen gefüllt. Die Mutter des toten Kindes schenkte selbst den Kaffee ein. Astas Stimmung schwankte zwischen Weinen und Wohlbefinden. Diese Leiche rührte ihr Herz. Es war erst wenige Monate her, dass Asta sich mit dem kleinen Hugo amüsiert hatte. Nur mit allergrößter Mühe gelang es ihr, der Mutter niemals von diesem Besuch zu erzählen. Denn ihre Gedanken kreisten immerzu um dieses Ereignis, und das Gesicht des kleinen Toten verfolgte sie eine lange Zeit.

In der neuen Wohnung konnte Asta sich nicht auf einen Dachboden zurückziehen. Aber die Bücher des verstorbenen Onkels, darunter auch Ibsens *Brand*, hatten einen Platz in der Wohnstube gefunden. Im Zusammenhang mit ihren bedrückenden Gedanken empfand sie die Erinnerung an dieses Buch wie eine Befreiung. Sie griff nach dem Band, las die vertraute Szene, wo Agnes auf die Kleider ihres toten Sohnes schaut, und fühlte sich der verzweifelten Mutter verbunden: »Jetzt wusste ich, in welch eisige Einsamkeit der Kleine entrückt war, als er sterbend die Mutter verließ. Jetzt ahnte ich die hoffnungslose Trauer von Agnes beim Verlust ihres kleinen Schatzes.«

War sie allein oder fühlte sich unbeobachtet, kniete die neunjährige Asta sich vor Mutters Kommode und brach in Gedanken an die familiären Erinnerungsstücke, dic dort verwahrt wurden, in Tränen aus. Für ihre Trauer griff sie nicht auf die Worte des Dichters zurück. Es war ein diffuses Weinen und Klagen, von ihren Gefühlen ausgelöst. So hat es die erwachsene Asta Nielsen in ihren Erinnerungen beschrieben.

Im Juni 1890 kam der Vater mit einer Nachricht nach Hause, die alles veränderte: Seiner Arbeit würde buchstäblich der Boden entzogen werden. Der Staat wollte den Grund, auf dem die Dampfmühle stand, aufkaufen. Allen, die in der Dampfmühle Arbeit hatten, wurde gekündigt. Für den Dänen Jens Nielsen, der im schwedischen Malmö Gastarbeiter war, gab es keine neue Arbeit.

Schnell war gepackt. Schon Anfang Juli befand sich Asta mit Johanne und den Eltern auf dem Schiff, das über den Öresund in Richtung Kopenhagen fuhr. Den beiden Schwestern schien es ein wunderbarer Tausch: Hatten sie doch die märchenhaften Kopenhagen-Tage mit den Kusinen Anna und Olga tief im Gedächtnis und waren überzeugt, diese festliche, stets viel zu kurze Zeit würde nun in einen dauerhaften Zustand übergehen. Selige Aussichten.

2. Kapitel

DIE MUTMACHERIN: SCHWESTER JOHANNE

Zurück in Nørrebro – Die Beste in der Schule – Asta singt im Opernchor – Nervenkrise: Der Vater stirbt

1890-1895

Es war, als wären sie nie fort gewesen. Der Vater fand keine Arbeit. Die Mutter ging wieder putzen, nahm Wäsche und Flickarbeiten an. Bald war das Gesparte aufgebraucht, und alles, was man nur eben entbehren konnte, wanderte ins Pfandhaus. Für die Eltern und die ältere Johanne muss die Konfrontation mit überwunden geglaubten Lebensumständen schmerzhaft gewesen sein; für die neunjährige Asta jedoch war die Rückkehr ein Schock. Soweit sie sich erinnern konnte, gab es nur die glücklichen Zeiten von Malmö.

Vielleicht war der Schock so groß, dass sie als Erwachsene einen Mythos dagegensetzte: »Armut, Entbehrungen, Hunger, so reifte ich heran ... Die Jahre vergingen matt und eintönig, wie das Leben eines Proletarierkindes. Vormittags: Schule; mittags: Hunger; nachmittags: körperliche Arbeit.« Das schrieb Asta Nielsen 1928, als sie ein gefeierter Filmstar war, für den Band *Wir vom Film*. Im ersten Band ihrer Erinnerungen, 1945 erschienen, heißt es über die Rückkehr nach Kopenhagen, »wir stürzten zurück in das gleiche Elend wie vor unserer Übersiedlung nach Malmö«.

Erst 1952 hat sie in ihrer Erzählung *Die Rose* freimütig ein anderes Bild dieser Zeit gezeichnet: »Ich war damals erst neun Jahre alt und daher nur geeignet, unsere Wohnung sauber zu halten, meine Schule zu besuchen und meine Schularbeiten zu machen ... Selbstredend gab es zum Mittag keinen Hammelbraten; ich kann mich aber gut erinnern, niemals hungrig zu Bett gegangen zu sein.« Aber da hatte Asta Nielsen den scharfen Kontrast zwischen dem erbärmlichen Proletarierleben im Hinterhaus und dem Weltstar, der wie ein Phönix aus der Asche stieg, schon längst zur Grundlage jenes Märchens gemacht, das Teil ihrer öffentlichen Biografie wurde.

Sich an den dänischen Schulbetrieb und die dänische Sprache im Unterricht zu gewöhnen, war gar nicht so leicht. Aber Asta wollte unbedingt auch in Kopenhagen ihren Platz in der ersten Reihe haben, und sie schaffte es in kurzer Zeit.

Sammelte sich etwas Geld an, wurden die Gegenstände im Pfandhaus wieder eingelöst. Erspartes für neue Kleidung auszugeben, konnte die Familie sich nicht erlauben. Doch in Malmö gab es einen Menschen, »der unser Leben mit Wehmut und einem offenen Herzen verfolgte«. Asta Nielsen hat in *Die Rose* beschrieben, wie eines Tages ein großes Paket in ihr ärmliches Dasein platzte – von Lotte aus Malmö. Es war gefüllt mit abgelegten Kleidern, die aber waren noch so gut wie neu und an Eleganz nicht zu überbieten. Das erste Paket einer langen Reihe, Lotte vergaß ihre Freundinnen nicht. Die Mutter änderte die Sachen, sodass sie den Töchtern passten, »und wir Kinder verwandelten uns durch Lottes Kleider aus Spatzen in Kraniche«.

Asta hatte keine Hemmungen, in diesem Aufputz in die Schule zu gehen, obwohl sie damit viele Freundinnen deklassierte: »Denn ein Teil von ihnen trug eine Art blaugestreifter Baumwollkleider, die die Armenfürsorge den Kindern wie einen Stempel aufdrückte ...« Familie Nielsen hatte sich in Kopenhagens Arbeiterviertel Nørrebro niedergelassen.

Für Johanne endete 1891, als sie vierzehn Jahre alt wurde, die Schulzeit; nun war sie erwachsen und musste Geld verdienen. Sie fand einen Arbeitsplatz in Holger Petersens Textilfabrik im Tagensvej 83-85. Hier, am nördlichen Rand von Nørrebro, hatte der erfolgreiche Unternehmer neue Fabrikhallen bauen lassen, dazu Wohnungen für Arbeiter mit gemeinschaftlichen

Speiseräumen und Bibliotheken. Neben Textilien wurden Bänder, Knöpfe und Garn gefertigt. Wie damals üblich arbeitete Johanne elf Stunden am Tag und sechs Tage die Woche.

Der Vater, obwohl inzwischen sehr krank geworden, hatte endlich auch Arbeit gefunden, als Reservefahrer bei der Straßenbahn. Er konnte sie nur mit eisernem Willen ausführen, weil seine Frau morgens um vier Uhr begann, ihren von Krämpfen geschüttelten Mann zu waschen und anzukleiden. Es war eine schreckliche Quälerei, die den Töchtern nicht verborgen blieb.

Eines Tages kam Asta aus der Schule nach Hause und hatte einen Brief für die Mutter. Dreiundzwanzig Jahre später empfing Asta Nielsen in ihrer Kopenhagener Wohnung an der noblen Vestergade den spanischen Journalisten Pablo Diaz, der 1920 die erste umfassende Biografie über die berühmte Filmschauspielerin publizierte. Es wurde ein langes Gespräch, in dessen Verlauf Asta Nielsen eine Brieftasche aus feinem roten Leder öffnet und einen vergilbten Brief hervorzieht: »›Dieser Brief entschied über mein Schicksal.‹« Er stammte von ihrem ersten Gesangslehrer: »›Ich ging damals zur Volksschule und war ein junges Ding, zwölf Jahre alt, lang aufgeschossen, etwas bizarr und hatte eine schöne Altstimme, das machte unsern Gesangslehrer auf mich aufmerksam.‹«

Der Lehrer war überzeugt, dass Asta Talent habe, im Chor von Det Kongelige Teater, wo Kopenhagens Opernaufführungen stattfanden, mitzusingen, und bat die Mutter mit diesem Brief, ihre Erlaubnis zu geben. Die bekam Asta. Sie ging zum Probesingen, wurde angenommen und hatte ihre Premiere im Engelschor von Arrigo Boitos Oper *Mefistofele*, 1868 in Mailand uraufgeführt. Wenn der Chor Pause hatte, durften die kindlichen Chormitglieder der Vorstellung aus einer Loge unter dem Dach folgen. In Asta Nielsens Erinnerung war sie die Einzige, die daran Interesse hatte. Die anderen Kinder drängten sich im Hintergrund zusammen, schwätzten oder lutschten Bonbons.

Asta war selig, der Traumwelt des Theaters nahe gekommen zu sein, auch wenn der Engelschor nur unsichtbar im Hintergrund der Bühne agierte. Bald bat der Chorleiter Asta um eine weitere Gesangsprobe, weil er glaubte, sie könne mit ihrer tiefen Stimme in *Carmen* im Chor der Straßenjungen mitsingen – auf der Bühne. Johan Severin Svendsen, der norwegische Komponist und Hofkapellmeister des Königlichen Orchesters in Kopenhagen, war zur Beurteilung mitgekommen und hielt beruhigend Astas Hand. Ein berühmter Kammersänger hörte zufällig den Gesangsvortrag und erklärte sich bereit, ihre Ausbildung zu übernehmen. Sie habe zwar gar keine Alt-, aber eine ungewöhnliche Tenorstimme. Asta solle sich bei ihm oder Svendsen melden, sobald sie sechzehn Jahre alt sei.

Damit war die Sehnsucht nach dem Theater endgültig befeuert, auch wenn Astas wirbelnde Gedanken sich nicht konkret vorstellen konnten, was ihr Platz dort sein könnte. Dem Wegweiser, der nach diesem Treffen in Richtung »Oper« zeigte, wollte sie aber nicht folgen. In ihr Gefühlsleben hatten sich die Momente vor Mutters Kommode zu tief eingegraben, wenn sie sich der grenzenlosen Trauer von Ibsens Agnes überließ, die am Tod ihres Kindes verzweifelte. Die Schauspielbühne sollte ihre Welt sein.

Nach etlichen Wohnungswechseln, alle innerhalb des Arbeiterviertels Nørrebro, wurde die Familie in der Nummer 206 an der Nørrebrogade sesshaft, die das Viertel von Ost nach West als Hauptstraße durchzieht. Danach kam ein letzter Umzug etwas mehr stadteinwärts in die winzige Querstraße Frederik VII's Gade, gegenüber vom Assistens Kirkegård, dem Friedhof, wo seit 1875 der Märchendichter Hans Christian Andersen begraben lag. In der Husumergade, nur Minuten entfernt, war Astas Schule.

Wenn sie nicht die Straßenbahn nahm, sondern den Weg in Det Kongelige Teater zu Fuß zurücklegte, wanderte sie die Nørrebrogade in Richtung Osten und Innenstadt. Nach der Dronning Louises Bro, Königin-Louise-Brücke, ging es die Gothersgade entlang, vorbei an Schloss Rosenborg mit seinem weiten königlichen Garten, und ohne Umwege landete sie am Kongens Nytorv. Det Kongelige Teater mit seiner breiten Kuppel – 1874 wurde der Grundstein für den imposanten Bau gelegt – dominiert den zentralen Platz in der Innenstadt von Kopenhagen bis heute.

Mit dem 21. Jahrhundert ist aus dem ehemaligen Arbeiterviertel ein buntes, lebendiges Viertel geworden, wo junge Menschen und viele mit Migrantenwurzeln das Straßenbild prägen. Die kompakten Häuserblocks von Nørrebro, zum Großteil roter Backstein, aber auch in hellem Weiß gestrichene neoklassische Fassaden mit steinernen Verzierungen, entstanden meist in den letzten Jahrzehnten des 19. Jahrhunderts und machen einen soliden Eindruck. Es ist kaum mehr vorstellbar, dass vor über hundert Jahren viel zu viele Familien in den Wohnungen unterkommen mussten und sich in den dunklen Kellern drängten, deren Türen auf die Straße führen. Die Abfälle in den Rinnsteinen der Viertel jenseits der ehemaligen Wallanlagen zum Schutz der Innenstadt häuften sich; Krankheiten verbreiteten sich schnell. Seit rund 1880 suchten immer mehr Menschen vom Land ihr Glück in der Hauptstadt. Auch Dänemark hatte seine wenn auch kleine Industrialisierung. Kopenhagen wurde Großstadt; die Bevölkerung wuchs von 312 859 Einwohnern 1890 auf 360 787 im Jahr 1901.

Jetzt gibt es nirgendwo in Kopenhagen so viele vegane Bistro-Cafés, so viele Ökoläden wie am Anfang der Nørrebrogade und ihren Nebenstraßen, wenn sie gleich nach der Dronning Louises Bro beginnt. Wer die breite Straße weiter Richtung Westen geht, vorbei an internationalen Küchen – libanesisch, türkisch, arabisch –, die sich mit »Espressohäusern« wie Perlen aneinanderreihen, ist im Umkreis von Nummer 206 im Herzen des heutigen Nørrebro angekommen, buchstäblich.

Die Rückseite des hohen vierstöckigen Altbaus aus roten Backsteinen, wo einst Familie Nielsen wohnte, grenzt an das Gelände der Markthallen. Wer schräg gegenüber im Freien an den Tischen vom »Café Castro« sitzt, blickt auf eine breite steinerne Stele, die ein rotes Plastikherz krönt. Die Botschaft dieser Skulptur, 2010 aufgestellt, ist in vielen Sprachen, vor allem der Länder am südlichen und östlichen Rand des Mittelmeers, in alle vier Seiten eingegraben: »Wir wollen miteinander leben.« Von einer hohen Häuserwand gegenüber an der Nørrebrogade kündet ein Graffito in riesigen Buchstaben: »Wir lieben Nørrebro.«

Für alles, was Asta bewegte, hatte sie in Johanne eine Vertraute, die zuhörte, ihr Mut machte und von der Theaterbegeisterung der kleinen Schwester angesteckt wurde. Wenn die Schwestern sich außerhalb der Familie bewegten, sprachen sie weiterhin Schwedisch miteinander. Johanne war siebzehn, als die Eltern ihr 1894 erlaubten, sich von dem Teil des hart verdienten Geldes, das sie nicht in die Haushaltskasse abführte, ein Abonnement im Dagmar Teatret zu gönnen. Das Theater bestand seit 1883 und hatte sich zu einem ernsthaften Konkurrenten von Det Kongelige Teater entwickelt. Alle vierzehn Tage, wenn Johanne von einer Aufführung zurückkam, gab es kein anderes Gesprächsthema für die beiden Schwestern.

Eines Tages, als für Johanne ein Stück von Henrik Ibsen zum dritten Mal auf dem Abonnementsplan stand, schenkte sie Asta die Karte. Wie im Traum verfolgte die Dreizehnjährige das Geschehen auf der Bühne und blieb benommen auf ihrem Platz im zweiten Rang sitzen, als der Schlussvorhang gefallen war: »Ich wollte Schauspielerin werden. Jetzt wusste ich, dass es für mich nur einen Weg im Leben gab: das Theater!« Der Schwester, die auf der Straße auf sie wartete, konnte sie diese Gewissheit anvertrauen: »Sie war sogleich damit einverstanden und meinte, ohne sagen zu können warum, dass in mir besondere Eigenschaften dafür schlummerten. Jetzt begann eine Zeit, in der wir beide ganz im Geheimen Pläne für die Zukunft schmiedeten.

Ibsens ›Brand‹ wurde wieder zum Mittelpunkt meiner einsamen Stunden.«

Dem spanischen Journalisten Pablo Diaz hat Asta Nielsen gut zwanzig Jahre später eindringlich geschildert: »›Brand‹ bedeutet für mich das entscheidende Erlebnis. ... Und ich verdanke ihm die erste große Erschütterung meines Lebens, die von künstlerischen Dingen ausging.« Während sie sich an der Kommode im Wohnzimmer in das Leid der Agnes um ihr totes Kind versetzte, habe sie plötzlich gespürt, dass sie diese Rolle wirklich spielte: »Ich stand auf der Bühne, im Rampenlicht, das zu mir heraufglänzte, und unten, Kopf an Kopf, atemlos ein schwarzes, aufhorchendes Publikum.« Die Theaterstimmung hatte Asta dank ihrer Schwester als Kind erstmals erleben können. Aber entsprach alles, was die Erwachsene dem kindlichen Gemüt unterlegte, der Realität?

Erinnerungen sind wie Wollknäuel, verknotet, verwickelt, Wahrheit und Fantasie, Realität und Wunschdenken oft nicht mehr säuberlich zu trennen. Trotz aller Verwicklungen aber führen sie weit zurück in eine Vergangenheit, die Halt zu geben scheint, wenn die Gegenwart unsicher wird. Hier finden sich Erklärungen, die nicht hinterfragt werden müssen, wenn wir uns selbst ein Rätsel sind. Bei Berühmtheiten wie Asta Nielsen sind »Erinnerungen« – mündlich weitergegeben oder publiziert – eine ideale Möglichkeit, der eigenen Biografie eine bestimmte Richtung zu geben, rückblickend aus gewöhnlichen Ereignissen Mythen zu kreieren, die vom verzauberten Publikum gierig aufgegriffen werden. Dabei verbinden sich oft Raffinesse und persönliches Wunschdenken, bei Asta Nielsen ist es nicht anders. Der Wahrheitskern, der sich in vielem verbirgt, kann seltsame Ausformungen annehmen.

Zweifellos beschäftigte die Welt des Theaters Asta Nielsen noch bevor ihre Schulzeit vorbei war. In Kopenhagen trafen sich Asta und Johanne wieder mit den geliebten Kusinen Anna und Olga. Die kamen am Samstag aus der Innenstadt nach Nørrebro und blieben über Nacht. Am Samstagabend war Theaterspielen angesagt, und die Wohnung wurde auf den Kopf gestellt; die sonst so strenge Mutter machte keine Einwände. Die vier Mädchen, teils schon junge Frauen, schminkten sich mit allem, was farbig war; Anna und Asta entwarfen eigene Theaterstücke.

Für den Vater war die Unruhe dieser Wochenenden eine Qual. Er hatte seine Stelle bei der Straßenbahn wieder verloren, weil seine Krankheit zu offensichtlich war. Er wurde immer schwächer, kam ins Krankenhaus, aber Besserung fand er dort nicht. Man überwies ihn in eine Krankenanstalt am Stadtrand, wo er die meiste Zeit draußen in der frischen Luft sein sollte, um wieder zu Kräften zu kommen. Im Frühjahr 1895 besuchte ihn Asta an den Tagen, wenn die Schule früh genug endete. Meist saß er zusammen mit seiner Frau auf einer Bank im Garten.

Es war Astas letztes Schuljahr, und der Unterricht für die Konfirmation im Herbst hatte begonnen. Eines Tages, als Asta die Eltern wieder auf der Bank antraf, überreichte ihr der Vater ein Päckchen, darin lag eine silberne Uhr. Eigentlich hätte Asta zur Konfirmation eine goldene bekommen sollen wie Johanne, aber das Geld reiche nicht, erklärte ihr der Vater und fügte hinzu, er wolle sie ihr jetzt schon geben und nicht mehr warten. »Er weinte leise, und ich bemerkte, dass auch Mutter mit den Tränen kämpfte. Ich begriff, dass sie beide nicht glaubten, dass er meine Konfirmation – in ein paar Monaten – noch erleben werde«, schreibt Asta Nielsen in ihren Erinnerungen. Keine Frage, dass eine solche Szene mit ihren Erschütterungen sich in das Kinderherz eingegraben hat.

Als die Ärzte im Lauf des Sommers sich keinerlei Rat mehr wussten, schickten sie Jens Nielsen nach Hause, gaben schmerzstillende Mittel mit auf den Weg und der Mutter die Diagnose, Hoffnung bestünde keine. Jens Nielsen starb am 15. August 1895, siebenundvierzig Jahre alt, und wurde drei Tage später begraben. Am 11. September war Astas vierzehnter Geburtstag.

Am 29. September sollte in der Sankt Stefans Kirke ihre Konfirmation sein. Die kleine, etwas zurückliegende Backsteinkirche an der Nørrebrogade 101, im neoromanischen Stil 1874 fertig geworden, wurde ein Ort, wo Asta ihrer verzweifelten Trauer um den Tod des Vaters Raum geben konnte: »Stundenlang saß ich dort und starrte auf das Altarbild, wo Christus mit Maria und Magdalena abgebildet war. Ich fand Ähnlichkeiten zwischen Christus und meinem Vater ... und Maria nahm die Gesichtszüge meiner Mutter an. ... So konnte ich plötzlich weinen, und der Priester kam und sprach mir beruhigend zu.« (Dass auf dem Altarbild Christus zu Besuch bei den Schwestern Martha und Maria dargestellt ist, ist wohl eher etwas für Bibelexperten.)

In ihren Erinnerungen schreibt Asta Nielsen, die Mutter habe ihren Wunsch, wie alle anderen in einem weißen Kleid konfirmiert zu werden, rigoros abgelehnt und auf einem langen schwarzen bestanden, das sei viel praktischer. Als sie in ihrem schwarzen Kleid nach der Konfirmation aus der Kirche kam, habe eine Frau gesagt: »Großer Gott, sie sieht mehr wie eine Witwe aus als wie eine Konfirmandin.«

Das übliche Foto, am Tag der Konfirmation gemacht, zeigt Asta Nielsen in einem festlichen weißen Kleid mit Puffärmeln. Ist es das Gedächtnis, das ihr einen Streich spielte, oder führte der Wunsch die Feder, ihren Schmerz auf Kosten einer hartherzigen Mutter noch zu überhöhen?

Allerdings verschweigt Asta Nielsen nicht, dass die Mutter am Abend eine mitfühlende Überraschung für ihre jüngere Tochter bereithielt. Sie hatte ein paar junge Leute aus dem Bekanntenkreis eingeladen, damit an diesem festlichen Tag bei aller Trauer ein wenig gefeiert werden konnte: »Und so half sie mir leichter über einen Tag hinweg, wo sich Vaters Verlust doppelt stark anfühlte.«

»Nervenkrise« nennt Asta Nielsen, was sie nach des Vaters Tod durchlebte. Sie war so krank, dass sie für den Rest des Schuljahres zu Hause bleiben musste und im Krankenhaus behandelt wurde. Doch eine Kommode, mit der sie kurz zuvor für ihren Fleiß ausgezeichnet worden war, wurde in die Frederik VII's Gade geliefert. Damit hatte die Schulzeit der Vierzehnjährigen einen sichtbaren Abschluss gefunden: »Ich gehörte nun zu den Erwachsenen.«

3. Kapitel

DER THEATERTRAUM WIRD WAHR

Schauspielunterricht: Von vielen gefördert – Die zornige Mutter hat andere Pläne – Debüt in Det Kongelige Teater

1896-1900

Peter Jerndorff war eine stattliche Erscheinung. »Ein älterer Herr mit elastischem Schritt, das grauweiße Haupt keck in der Luft«, so hat ihn Asta Nielsen beschrieben, als sie ihm erstmals vor seinem Proberaum in Det Kongelige Teater gegenüberstand, »zitternd vor Nervosität«. Es war im Herbst 1899. Seit dem Ende der Schulzeit 1895 hatte die Mutter sie gedrängt, allen Anzeigen nachzugehen, mit denen Kopenhagener Geschäfte Lehrlinge suchten. Ein Leben als Putzfrau wollte die Witwe der jüngeren Tochter ersparen. Aber sie selbst war über fünfzig Jahre alt; die Vierzehnjährige musste nun ihren Beitrag zur Haushaltskasse leisten.

Doch Astas Gebete wurden erhört. Jedes Mal, wenn sie sich auf den Weg machte und wegen einer Lehrstelle anfragte, war die schon vergeben. Was die Zukunft betraf, kreisten alle Gedanken nur um ein Ziel: das Theater. Schwester Johanne unterstützte die Jüngere in vielen heimlichen Gesprächen. In den Erinnerungen von Asta Nielsen klafft eine Lücke zwischen 1895 und 1899. Sie suggeriert, dass die Tochter ihre sonst so unerbittliche Mutter mit der erfolglosen Suche nach einer Lehrstelle – oder anderer praktischer Arbeit – hinhalten konnte. Kaum zu glauben, aber es gibt keine anderen Quellen über diese drei Jahre. Ihre autobiografische Erzählung geht erst im Herbst 1899 weiter, als sie sich heimlich in Det Kongelige Teater aufmacht und all ihren Mut zusammennimmt, um hier eine »Lehrstelle« zu finden – ganz anders, als die Mutter es sich vorstellte.

Der Pförtner am Theater gibt ihr den richtigen Hinweis, und Asta Nielsen wird weiter »nach oben« zu Peter Jerndorff verwiesen. Wieder ein rätselhafter Bruch in ihren Erinnerungen: Sie kann sich nicht erinnern, »jemals Jerndorffs Namen gehört, geschweige denn ein Bild von ihm gesehen zu haben«. Naivität oder Verdrängung? Kein Schauspieler an Det Kongelige Teater hat am Ende des 19. Jahrhunderts eine so lange und erfolgreiche Karriere hinter sich wie Peter Jerndorff. Dabei wollte er eigentlich Arzt werden, machte 1870 sein medizinisches Staatsexamen. Doch im selben Jahr noch wechselte er zur Schauspielerei und hatte im Februar 1871 sein Debüt in einem Stück an Det Kongelige Teater. Dank seiner schönen Stimme trat er auch in Operetten und Opern auf. Als 1879 in Kopenhagen die Uraufführung von Ibsens *Nora oder ein Puppenheim* stattfand, spielte Jerndorff die männliche Hauptrolle. 1886 wurde er Lehrer an der Schauspielschule, er war der Einzige an Det Kongelige Teater, der sich »königlicher Schauspieler« nennen durfte.

Asta Nielsen hätte keinen besseren Türöffner zu ihrer Traumwelt finden können. Das Gespräch mit dem Siebenundfünfzigjährigen ist kurz und freundlich: »Er forderte mich auf, in seiner Wohnung eine Probe abzulegen. Aber nur nach gründlicher Vorbereitung, das sei seine einzige Bedingung.« Nur Johanne erfuhr von diesem Erfolg. Sie war im siebten Himmel und lieh der Schwester für diesen entscheidenden Auftritt ihr langes hellgrünes Empirekleid. Fünf Tage später steht Asta Nielsen gemäß der Abmachung vor Jerndorffs Wohnung. Was sie vorspielen wollte, darüber hatte sie keine Sekunde nachdenken müssen: die Agnes aus Ibsens *Brand*.

Umso gewaltiger die Enttäuschung, als Jerndorffs Dienstmädchen öffnet und ihr sagt, der Hausherr sei nicht daheim, sie solle ihm schreiben. Aufgeben kommt nicht in Frage. Asta schreibt ihm, und zwei Tage später erhält sie eine Antwort, mit Datum und Uhrzeit zum Vorsprechen. Diesmal führte das Dienstmädchen sie ins Wohnzimmer. Als Jerndorff eintrat, begrüßte er sie »in der halb verlegenen, halb väterlichen Art, die typisch für ihn war«. Natürlich hat er *Brand* in seinem Bücherschrank, holt das Buch, macht es sich in einem Sessel bequem und liest ihr zur Einstimmung den ersten Satz vor. Asta Nielsen erstarrt, kein Wort kommt aus ihrem Mund: »›Haben Sie vergessen, was Sie sagen müssen?‹, fragte er mich freundlich. … Nein, das hatte ich nicht. Ich wollte ihm die Szene nur nach meinen Gefühlen vorspielen, also stumm. Ich meinte, der Text sei nicht nötig.« Natürlich war Jerndorff anderer Meinung, blieb aber erstaunlich ruhig. Sie solle andere Texte gründlich einstudieren, nur so könne er ihr Talent als Schauspielerin beurteilen.

Asta Nielsen ging mit zweien seiner Bücher nach Hause, um den großen Monolog der Johanna von Orleans aus Schillers gleichnamigem Drama zu lernen und eine Szene aus einem modernen dänischen Stück. Als sie mit beiden Aufgaben wieder bei ihm vorsprach, meinte Jerndorff, »er könne mir zum Theater und zu einer Ausbildung raten«. Das Glücksgefühl dauerte nur Sekunden, denn es folgte die Frage, ob Asta sich das leisten könne. Mit diesem Hindernis hatte sie in ihren Träumen nicht gerechnet.

Es würde mehr als hart werden, sich den Lebensunterhalt zu verdienen und parallel dazu für die Theaterausbildung zu zahlen. Denn auf die Mutter konnte sie nicht rechnen, keine Krone würde sie in solche Pläne ihrer Jüngsten stecken. Asta musste gestehen, dass sie die Ausbildung nicht würde zahlen können. Jerndorff ging nicht weiter darauf ein, erklärte, er selber sei mit vielen Schülern ausgelastet, und versprach, einen anderen Lehrer am Theater für sie zu finden. Mit welchen Gefühlen sie von diesem Zusammentreffen zurück nach Nørrebro ging, ist in Asta Nielsens Erinnerungen nicht überliefert. Aber Johanne wird sie getröstet haben. Umso größer die Überraschung, als Jerndorff wenige Tage später schrieb, er wolle einigen seiner Schüler absagen, sodass er doch Zeit habe, sie zu unterrichten –

unentgeltlich. Das bedeutete: Er würde sie für die Aufnahmeprüfung in die Schauspielschule vorbereiten.

Wieder ein grenzenloses Glücksgefühl, das gewaltig mit der Realität zusammenstieß – und die hieß Ida Nielsen. Was für eine wahnwitzige Idee, Schauspielerin zu werden. Johanne bekam noch mehr vom Zorn der Mutter ab, weil sie die jüngere Schwester in ihrem Wahn unterstützte. Aber die Schwestern gaben nicht klein bei; Asta versprach, sich eine Heimarbeit zu suchen, Johanne würde in Zukunft ihren gesamten Lohn zu Hause abliefern. Am Ende stimmte die Mutter Astas Schauspielunterricht zu, doch der Groll darüber nahm kein Ende.

Der Unterricht bei Peter Jerndorff begann und füllte viele Stunden in der Woche. Dank seines Engagements waren verschiedene Lehrerinnen am Theater bereit, Astas Lücken in der dänischen Sprache, in den dänischen Klassikern, der altnordischen Mythologie und im Ausdruck in Einzelstunden zu beseitigen – ebenfalls unentgeltlich. Asta dämmerte, dass man große Hoffnung in ihr Talent setzte – »und ich war fleißig, bis mir schwindelig wurde«. Fieberhaft war sie auf der Suche nach bezahlter Arbeit neben ihrem ausgefüllten Programm. In Nørrebro sprach sie mit einem blinden Zigarrenmacher, der Mitarbeit in Aussicht stellte. Der Chor der Sankt Stefans Kirke, wo sie konfirmiert worden war, bot ihr eine Stelle an.

Bei nächster Gelegenheit, als Jerndorff »auf sehr taktvolle Weise versuchte, Klarheit über meine finanziellen Verhältnisse zu erlangen, berichtete ich freudig von meinen Verdienstaussichten«. Ihr Lehrer war weniger erfreut, sagte nicht viel. Tatsächlich sprach er anschließend mit seiner Frau darüber, die zur nächsten Unterrichtsstunde erschien und Asta Nielsen einen Vorschlag machte. Zigarren herzustellen und im Chor zu singen, beides sei schädlich für ihre Ausbildung als Schauspielerin. Stattdessen bot ihr Frau Jerndorff eine kleine monatliche Summe an, damit sie sich ausschließlich auf ihren Unterricht konzentrieren könne. Ob Asta Nielsen wusste, dass ihre Förderin aus einem reichen Elternhaus kam und ihr Vater ein erfolgreicher Börsenmakler war? Nichts davon in den Erinnerungen, aber auch kein Hinweis auf Hemmungen, dieses Geschenk anzunehmen, im Gegenteil: »Damit war eine schreckliche Last von den Schultern genommen.«

Astas Mutter jedoch war nicht zufrieden; als Verkäuferin hätte ihre Tochter das Doppelte verdient. Asta selbst durchlebte eine Achterbahn der Gefühle. Statt gutes Geld zu verdienen, um ihre Mutter zu entlasten, musste die mit fast sechzig Jahren weiterhin für andere schmutzige Arbeit verrichten. Andererseits versuchte Asta bis zur Erschöpfung, ihrem differenzierten Unterricht zur Schauspielerin gerecht zu werden, der lange Wege quer durch die Stadt verlangte und jede Menge Rollenstudium. Sie putzte zu Hause die Wohnung, kümmerte sich um die Kleidung der Schwester und ihre eigene: »Meine ganze Jugend ging dahin, ohne dass ich mich jung und vergnügt fühlte wie andere junge Leute. Meine einzige Freude war die Hoffnung auf eine Zukunft am Theater …« Entspannung fand sie beim Bummel durch die Geschäftsstraßen Kopenhagens mit Johanne im Frühjahr und im Sommer ab sieben Uhr abends; um neun Uhr mussten sie wieder zu Hause sein.

Zu Astas Überraschung erklärte ihr Peter Jerndorff nach einem halben Jahr Unterricht, er wolle ihre gesamte Ausbildung zur Schauspielerin übernehmen. Sie würde nicht auf die Schauspielschule gehen, sondern er würde sie direkt bei Det Kongelige Teater zur Prüfung vorschlagen. Nach bestandener Prüfung wäre sie automatisch Mitglied am Theater und dort für ihr Schauspieldebüt angenommen. An Unterrichtsstoff herrschte kein Mangel: das klassische dänische Schauspiel und moderne Stücke, Komödien und ausländische Klassiker, mal Einzelunterricht, mal Theaterszenen mit anderen Schülern. Im Rückblick nannte Asta Nielsen Jerndorff »einen idealen Pädagogen, jedenfalls für mich. Auf freundliche, kaum merkbare Weise, verstand er es, mich auf meine Mängel und Fehler aufmerksam zu machen und sie zu berichtigen, ohne mich zu entmutigen.« Dank Jerndorffs Beziehungen bekam sie einmal in der Woche einen Freiplatz im Theater, praktischer Anschauungsunterricht.

Die Theaterferien galten für alle. Ursprünglich hatten Jerndorffs Asta in ihre Strandvilla in Hellebaek eingeladen. Ein weiteres Privileg, das andeutet: Asta Nielsen zählte zu den Lieblingsschülerinnen des berühmten Schauspielers. Den anderen am Theater wird es nicht verborgen geblieben sein. Doch es kam nur zu einem einmaligen Besuch auf einem stattlichen Bauernhof, weil Frau Jerndorff für das Meer und längere Gästeaufenthalte zu schwach war. Asta Nielsen machte es ihrer Mutter nach und warf sich in Schale: Ein leichtes Sommerkleid wäre angemessen gewesen, stattdessen trug sie ein langes, fantasievolles Wollkleid, von ihr selber genäht, und einen riesigen Strohhut. »Wissen Sie, dass Sie mit diesem Hut der Duse ähnlich sehen?«, sagte Frau Jerndorff zur Begrüßung. Asta Nielsen nahm als Kompliment, was vielleicht feine Ironie war.

Als Peter Jerndorff seine Schülerin reif für die echten Bühnenbretter hielt, meldete er Asta Nielsen zur Aufnahmeprüfung in Det Kongelige Teater an. Einem Jerndorff wurde dieses Privileg nicht verwehrt, die Prüfer erwarteten etwas Besonderes. Das wusste Asta Nielsen, als sie auf der großen, leeren Bühne stand, »vor sich den dunklen Zuschauerraum wie ein großes gähnendes Loch, wo man seine Richter hinter Schirmleuchten im Parkett ahnte«. Sie durchlebte »ein Fegefeuer«, das sich in ihrer Aufregung zur »Hölle« steigerte.

Der Druck der Unterrichtszeit, wo sie es vielen recht machen musste, und die Erwartungen derer, die sie gefördert hatten, verbanden sich und legten sich wie ein Mühlstein um ihren Hals: Die Prüfung geriet zu einer Katastrophe. Noch während sie ihre erste Aufgabe – den Monolog der Johanna von Orleans – »verzweifelt flüsterte«, spürte sie, dass alles ringsum sie ablenkte: »… unablässig schrie es in mir: Das ist unmöglich, du wirst abgelehnt!« Für die zweite Aufgabe, eine Szene aus einem modernen Stück, gab Jerndorff ihr die Stichworte. Aber Astas Selbstbewusstsein kehrte nicht zurück, aller Ehrgeiz war wie weggeblasen. Ohne jede Hoffnung wollte sie diese Qual nur hinter sich bringen: »… ich leierte meine Sätze so schnell und schlecht herunter, wie es nur möglich war, während ich Jerndorffs wachsendes Erstaunen und seine Unzufriedenheit mit mir sah.«

Die Verbundenheit der Theaterkollegen mit dem Königlichen Schauspieler Peter Jerndorff kam auch seinem Schützling zugute. Nach einer Woche hielt Asta Nielsen den alles entscheidenden Brief in der Hand: Sie hatte bestanden und wurde als Debütantin in das Team von Det Kongelige Teater aufgenommen. An der Wende zum neuen Jahrhundert war ihr Traum Wirklichkeit geworden.

Mit der ersehnten Wirklichkeit zeigten sich die Schattenseiten. Das Warten auf die erste Rolle nahm kein Ende. Asta bekam weiter Einzelstunden von Jerndorff, der ihr bald vorschlug, nebenher die Schauspielschule zu besuchen. Sie kam dort allerdings weder mit den Lehrern noch mit den Schülern zurecht. Es war ein Alptraum, dem Jerndorffs Meisterschülerin nicht entrinnen konnte. Einen glücklichen Zufall jedoch gab es. Asta Nielsen traf im Unterricht die zwei Jahre jüngere Clara Rasmussen, die als Clara Pontoppidan eine von Dänemarks berühmtesten Schauspielerinnen wurde – und eine Freundin fürs Leben.

Endlich schien der ersehnte Augenblick gekommen. Peter Jerndorff teilte ihr mit, »dass ich möglicherweise bald meinen ersten Auftritt haben werde«, in einem Drama des populären dänischen Schriftstellers Henrik Hertz. Mit Feuereifer arbeitete sich Asta in die vorgeschlagene Rolle ein. Bis einer von Jerndorffs berühmten Schauspielerrivalen seine Tochter für diese Rolle vorschlug. Da war selbst Jerndorff machtlos.

Die Geschichte wiederholte sich. Jerndorffs Plan, dass eine Kollegin ihre Rolle in *Richard III.* an drei Abenden einer begabten Nachwuchsschauspielerin überließ, scheiterte. Die Theatersaison würde bald zu Ende sein. Da bat eines Tages eine angesehene Schauspielerin die junge Kollegin in ihre Garderobe, um ihr einen guten Rat zu geben: »Wenn Sie Talent haben, und das habe ich von Jerndorff oft genug gehört, dann lassen Sie sich nicht hier am Theater festhalten.« Wenn Jerndorff es in absehbarer Zeit nicht schaffe, ihr eine Rolle zu vermitteln, sollte sie es bei einem anderen Theater versuchen.

Asta Nielsen wartete nicht mehr lange, denn die Theatersaison 1900 ging zu Ende. Sie eröffnete Jerndorff, bei einem anderen Theater ihr Glück zu versuchen: »Er fiel aus allen Wolken, und zum ersten Mal sah ich ihn wirklich böse. Ich könne ruhig ihm überlassen, zu bestimmen, was für mich am besten sei.« Seine Lieblingsschülerin knickte nicht ein. Sie werde es beim Dagmar Teatret – das war die Konkurrenz – versuchen. Der Meister war entsetzt, er werde ihr bei keiner Bewerbung behilflich sein.

Asta Nielsen bewarb sich beim Dagmar Teatret und beim Volkstheater zum Vorsprechen. Vom Volkstheater erhielt sie eine Absage. Das Dagmar Teatret bot ihr einen Jahresvertrag an »mit der fürstlichen Gage von 50 Kronen pro Monat«, doppelt so viel wie ihr Entgelt als Debütantin. Sie nahm das Angebot an. Doch bevor sie ihre neue Arbeitsstelle antreten konnte, wurde Asta Nielsen krank, »und als ich wieder aus dem Bett aufstand, hatte ich die Stimme verloren. ... erst nach Monaten konnte ich wieder sprechen.«

So hat Asta Nielsen im ersten Band ihrer Autobiografie den selbst gewählten Abgang von Det Kongelige Teater und den Übergang zum Dagmar Teatret dargestellt und dass sie wegen einer Krankheit eine Zeitlang ans Bett gebunden war – ohne genaue Zeitangaben zu machen. Tatsächlich war Asta Nielsen im Jahr 1901 für viele Monate in Kopenhagen wie vom Erdboden verschluckt. Aber nicht, weil sie krank war. Die neunzehnjährige Asta Nielsen war schwanger.

4. Kapitel

EIN KIND OHNE VATER

Heimliche Schwangerschaft – Heimliche Geburt in der Königlichen Geburtshilfestiftung – Tochter Jesta: Vom Heim zurück zu Oma und Tante

1901

Astrid Ericsson – als Astrid Lindgren wurde sie Jahrzehnte später die weltweit berühmte Kinder- und Jugendbuchautorin – machte sich 1926 aus dem heimatlichen Südschweden heimlich auf nach Kopenhagen. Dort angekommen, fand die Achtzehnjährige Zuflucht in der »Kgl. Fødselsstiftelse«, nur wenige Minuten von Schloss Amalienborg entfernt in der Bredgade gelegen. Die »Königliche Geburtshilfestiftung« war 1785 von Königin Juliane Marie gegründet worden und bot unverheirateten schwangeren Frauen die in Europa einmalige Gelegenheit, medizinisch gut versorgt, ihre Kinder legal zur Welt zu bringen, ohne den Vater nennen zu müssen. »Ewige Anonymität« wurde ihnen zugesagt, damit Mütter nicht aus Verzweiflung über eine Situation, die von der Gesellschaft als »Schande« geächtet wurde, abtrieben oder ihr Neugeborenes töteten. Ein Kinderheim war angeschlossen, und Hilfe wurde angeboten, wenn ein Säugling zur Adoption freigegeben werden sollte. Nachdem Astrid Lindgrens Sohn Lasse hier geboren worden war, wuchs er die ersten drei Jahre bei einer dänischen Pflegemutter auf.

Im Sommer 1901 wurde Asta Nielsen in das Haus der »Königlichen Geburtshilfestiftung« aufgenommen, dessen Räume heute zum »Designmuseum Dänemark« gehören. Am 10. Juli brachte sie hier eine Tochter zur Welt; die Geburt war so schwer, dass Asta Nielsen durch ihre Schmerzensschreie die Stimme verlor. Sieben Tage später wurde das Kind auf den Namen Jesta Thomsen getauft. Sie habe den Vornamen gewählt, weil er klanglich so gut zu ihrem passte, sagte die Mutter. Was den Nachnamen betraf, hat Asta Nielsen später einen Antrag auf Änderung gestellt; im Juni 1912 kam die königliche Zustimmung, dass ihre Tochter Jesta Nielsen heißen durfte.

Nüchtern betrachtet, war Jestas Geburt für ihre Mutter eine dreifache Katastrophe. Noch weit ins 20. Jahrhundert hinein wurde eine Frau, die außerhalb der Ehe schwanger wurde, im christlichen Europa als »Flittchen« gebrandmarkt und gehörte nicht mehr zur ehrenwerten Gesellschaft. Ein Schock muss der Verlust der Stimme gewesen sein. War Asta Nielsens Laufbahn am Theater beendet, noch bevor sie richtig begonnen hatte? Aber selbst wenn die Stimme sich erholen würde: Eine Schauspielerin hat tagsüber Proben, Aufführungen am Abend, vielleicht auch Tourneen über Land. Bei einem solchen Beruf bleibt ihr keine Zeit, einen Säugling zu versorgen, ein Kind großzuziehen. Asta Nielsen traf eine bittere Entscheidung.

Am 20. Juli 1901 verließ sie mit dem Säugling die »Geburtshilfestiftung« und gab Jesta in die Obhut eines Kinderheims. Dann kehrte sie in eine kleine Wohnung in der Blågårdsgade Nummer 53 im Viertel Nørrebro zurück. Hierhin war sie gezogen, um die Schwangerschaft vor Mutter und Schwester verborgen zu halten. Denn dies gehört zu ihrer Geschichte vor Jestas Geburt: Weil Sexualität in allen gesellschaftlichen Schichten ein Tabu war, erkannte die Neunzehnjährige die ersten Anzeichen einer Schwangerschaft nicht, sondern vermutete einen Magenkatarrh. Als ihr klar wurde, was in ihrem Körper vor sich ging, sagte sie zu Hause, sie reise für eine längere Tournee auf die Insel Fünen – und zog in die Blågårdsgade.

Wer aus der Innenstadt kommt und nach der Dronning Louises Bro die breite Nørrebrogade entlanggeht und in die zweite Straße links einbiegt, ist schon in der Blågårdsgade und mittendrin in einem quirligen Viertel. Kleine und größere Lokale führen zum Blågårdsplads rechter Hand, ein weiter Platz, großzügig mit Bänken bestückt; an den Wochenenden werden hier Schallplatten, Bücher und Secondhandwaren angeboten. Das ursprüngliche Gebäude Nummer 53, fast am Ende der Straße linker Hand, steht nicht mehr, stattdessen nimmt ein moderner Backsteinkomplex breiten Raum ein. Im Garten dahinter liegt eine Schule; in der Nummer 51 ist die »Muslimische Hilfe« untergebracht.

Asta Nielsens Zuhause in der Frederik VII's Gade lag nur knapp zehn Minuten entfernt. Aber sie fürchtete offensichtlich nicht, dass sie Mutter und Schwester zufällig in der Blågårdsgade begegnen würde. Vor über hundert Jahren hatte im damaligen Nørrebro niemand die Zeit, zur Entspannung durch das Viertel zu schlendern.

Die Fragen, die sofort auftauchen, betreffen zum einen die Fakten. Wer zahlte Asta Nielsens Zufluchtsort? Wer stellte den Kontakt her zur »Königlichen Geburtshilfestiftung«? Und die wichtigste von allen: Wer war Jestas Vater? Mit welchen Gefühlen hatte Asta Nielsen in diesen vielen Monaten zu kämpfen, als ihre Lebensplanung in einer Katastrophe zu enden schien? Was gab ihr die Kraft, sich nicht den gesellschaftlichen Normen zu beugen, sondern sich für ihr Kind und zugleich für ein selbstständiges unabhängiges Leben als Frau zu entscheiden?

Die Krise war keineswegs zu Ende, als Asta Nielsen sich entschlossen hatte, ihr Kind in ein Pflegeheim zu geben. Vier Wochen nachdem sie sich von Jesta getrennt hatte, besuchte Asta Nielsen ihre Tochter und fand statt des gesunden Säuglings »ein jämmerliches Würmchen« vor. Nun hatte alle nüchterne Kalkulation ein Ende, Erschütterung und Verzweiflung gewannen die Oberhand. Asta Nielsen ging zurück zu Mutter und Johanne, offenbarte, dass es keine Theatertournee gegeben hatte, erzählte die wahre Geschichte und in welchem Zustand sie gerade ihre Tochter angetroffen habe. Ihre Mutter, von der sich die Töchter so oft kühl und herzlos behandelt fühlten, reagierte auch diesmal streng und unerbittlich – aber auf unerwartete Weise. Sie machte sich sofort auf und holte ihre Enkelin aus dem Heim. Jesta sollte in ihrer Familie aufwachsen, bei Großmutter und Tante.

Dass diese Einzelheiten rund um die Geburt überhaupt bekannt sind, ist der Altersweisheit von Asta Nielsen geschuldet. Einerseits hat sie eisern daran festgehalten, den Namen von Jestas Vater mit ins Grab zu nehmen. Das bot Spekulationen viel Raum. Ihr dänischer Biograf Poul Malmkjaer stellte die These auf, dass Peter Jerndorff seine Schülerin geschwängert habe. Der ungewöhnliche Name »Jesta« sei eine Kombination aus JErndorff und aSTA. Eine fantasiereiche Idee, aber ohne konkrete Beweise.

Hoch in ihren Achtzigern erzählte Asta Nielsen in zwei Interviews – im Radio 1969 und 1970 in der Sonntagsausgabe der *Berlingske Tidende* – erstmals ein wenig über die Monate vor und nach Jestas Geburt. Ohne eine Spur zu legen, nannte sie den Vater ihres Kindes »ihren Verlobten«, in einem Zusammenhang, der aufhorchen lässt: »Der Vater meines Verlobten war Arzt …« Das legt zum einen die Vermutung nahe, dass der »Schwiegervater« den Kontakt zur »Geburtshilfestiftung« herstellte und vielleicht auch die Miete für die Wohnung in der Blågårdsgade zahlte. Eine Information im Zeitungsinterview deutet an, welchem Druck Asta Nielsen in diesen Wochen ausgesetzt war: »Mutter und sein Vater wollten, dass wir heiraten.« Auch der Verlobte, fügte sie hinzu.

Was für eine Chance! Undenkbar für Ida Nielsen, dass ihre Tochter sie nicht ergriff: durch die Schwangerschaft aufzusteigen ins bürgerliche Milieu und ihre Herkunft aus einer Arbeiterfamilie hinter sich zu lassen. Während ihr Mann krank und arbeitslos war, hatte sie auch deshalb Treppen geputzt und anderer Leute Wäsche gewaschen, damit die Familie stets fein gemacht im Sonntagsstaat auftreten konnte und nicht in die Proletarier-Ecke gestellt wurde. Für Astas Mutter barg die Schande dieser unehelichen Geburt die Möglichkeit, einen Traum wahr werden zu lassen. Doch ihre Tochter hatte andere Träume.

Für Asta Nielsen wurde die Geburt von Jesta zu einem Wendepunkt in ihrer persönlichen Entwicklung, hinter den sie ihr ganzes Leben lang nicht zurückgewichen ist: Ihr Nein zu einer Heirat, die die Schande, ein uneheliches Kind zu haben, ausgelöscht hätte, bedeutete für Asta Nielsen die Entscheidung für ein unabhängiges, selbstständiges Leben – unwiderruflich. Ob es in der Zukunft um ihre Beziehung zu Männern geht oder um ihre Karriere als Weltstar, hier liegt der Schlüssel.

Von den Gesprächen, die Asta Nielsen mit der Mutter über eine mögliche Heirat führte, ist nichts überliefert; sie werden heftig gewesen sein. Die Weigerung der Tochter hat jedoch nicht dazu geführt, dass die Mutter ihre Zusage rückgängig machte, sich um Jesta zu kümmern. Wahrscheinlich hat sich auch Johanne, die vorerst weiter im Haushalt der Mutter lebte, für ihre Schwester eingesetzt; auf ihre Solidarität konnte Asta Nielsen bauen.

Ohne dieses innerfamiliäre Arrangement wäre Jesta in einem Heim oder bei Pflegeeltern aufgewachsen. Ein Grund zur Dankbarkeit? Das zwiespältige Gefühl, das Asta Nielsen seit Kindheitstagen gegenüber ihrer Mutter empfand, blieb lebenslang, wie eine problematische Quelle zeigt. Die Echtheit der Telefongespräche Asta Nielsens mit ihrem Vertrauten Frede Schmidt, die dieser von 1956 bis 1959 heimlich mitgeschnitten hat, ist verbürgt, darunter der folgende Ausschnitt.

Asta Nielsen: »Jesta hat ein sehr schwieriges Gemüt.« Frede Schmidt: »Ja, vielleicht hat sie das von ihrem Vater.« Asta Nielsen: »Das weiß ich nicht. Er war nicht besonders energisch; aber er machte da gerade sein juristisches Examen, er war ja juristischer Kandidat, als ich ihn kennenlernte.« Frede Schmidt: »Aha.« Asta Nielsen: »Ich muss zugeben, dass er als Anwalt nichts geworden ist, aber das muss ja nicht seine Schuld sein. Ich glaube nicht, dass besonders viel Energie in ihm gewesen ist. So einen Mangel an Interesse, das habe ich nie getroffen bei einem Menschen. Nein, ihr schwieriges Gemüt, das hat sie von meiner Mutter.«

Mehr hat sie über ihren »Verlobten« nie gesagt. Doch nicht nur ihm galt ihr Schweigegelübde. Als Asta Nielsen, längst als weltberühmter Star in die Filmgeschichte eingegangen, beschloss, ihre Erinnerungen niederzuschreiben, hat sie darin die Öffentlichkeit von allem, was ihre Tochter Jesta betraf, ausgeschlossen – mehr noch: Sie scheute sich nicht, falsche Spuren zu legen, und nach ihrer erfolgreichen Bewerbung für das Dagmar Teatret von einer schweren Krankheit zu berichten, die für lange Zeit ihre Stimme beschädigt habe, obwohl das in Wahrheit die Folge der schmerzhaften Geburt war.

Eine merkwürdige innere Spaltung, denn in ihrem Leben hat Asta Nielsen ihre Tochter nie verleugnet, im Gegenteil. Die Männer, die in späteren Jahren ihr Leben mit ihr teilen wollten, mussten auch für Jesta da sein. Wenn sie mit Jesta verreiste, hat sie sich manches Mal demonstrativ als »Fräulein Nielsen mit Tochter« eingetragen. Dennoch hat Asta Nielsen sich entschieden, ihre privatesten Bereiche radikal für sich zu behalten und ihr Bild für die Öffentlichkeit in ihrer Autobiografie nach ihren Vorstellungen zu gestalten.

Nicht nur Jesta hat in ihren Erinnerungen keinen Platz; auch ihre Ehemänner werden darin mit keinem Wort als Lebenspartner kenntlich gemacht. Dennoch wird es möglich sein, Asta Nielsens Leben zu begleiten, von den verschwiegenen Menschen, die dazugehören, zu erzählen und der Wahrheit auf der Spur zu bleiben.

5. Kapitel

ALS KOMIKERIN ENTDECKT

Kleine Rollen im Dagmar Teatret – Tournee durch Skandinavien – 14 Tage Paris – *Frauenpolitik*: Hauptrolle in Det Ny Teater

1902-1910

Im Nachhinein lassen sich die Fakten in diesem Lebensabschnitt an der Jahrhundertwende neu sortieren: Als Asta Nielsen wusste, dass sie schwanger war, hat sie Det Kongelige Teater verlassen. Eine schwangere Frau, noch dazu unverheiratet, wird dort keine Chance gehabt haben. So war sie gezwungen, bis in den Herbst 1901 zu warten, bevor sie mit ihrer Bewerbung beim Dagmar Teatret erfolgreich war.

Wieder wurde ihre Hoffnung auf große Rollen auf die Geduldspropbe gestellt, bis 1902 eine Hauptdarstellerin zwei Tage vor der Premiere erkrankte. Asta Nielsen bot sich unerschrocken an, lernte die Rolle über Nacht – eine fünfzigjährige Mutter, die verzweifelt um ihr Kind kämpft – und war den Theaterkritikern einige positive Zeilen wert.

Mit den unterschiedlichsten Rollen ging es weiter: alte Frauen, komische Alte, wieder eine alte Frau in Gerhart Hauptmanns *Rose Bernd*, und niemand kümmerte sich um sie. Das war enttäuschend, Asta Nielsen machte das Beste draus. Sie lernte, sich nach allen Regeln der Kunst zu schminken und dabei täuschend echt zu verwandeln. Sie lebte sich auf der Bühne selbst in den kleinsten Rollen aus, ohne dass jemand ihre Leidenschaft in die Schranken wies: »Als die Aufgaben, von denen ich träumte und auf die ich hoffte, ausblieben, zeigte ich mich umso präsenter in den wenigen Minuten, wo ich mich im Rampenlicht sonnen konnte. Ich spielte meine Rollen mit einer Fantasie, die jeden Rahmen sprengte. Ich war glücklich, überhaupt die Möglichkeit zu bekommen, aus meinem Schattendasein zu treten, und ich erreichte jedenfalls, dass man auf mich aufmerksam wurde.«

Es war Dänemarks bekanntester Journalist und Dandy, ein europäischer Schriftsteller, dem die unbekannte Asta Nielsen in den kleinen Rollen des Dagmar Teatret auffiel: »… durch die restlose Hingabe an ihre Rolle, durch die tiefe, fast schmerzhafte Leidenschaft, mit der sie sprach. Mehr noch: durch die Ausdrucksfülle ihrer Bewegungen …« Herman Bang empfand es als eine Ungerechtigkeit, »dass diese eminente Schauspielerin, die so viel Menschliches im Gesicht hatte, so viel ehrliches Leiden in ihren Augen, die manchmal voller Sehnsucht und manchmal voll lachenden Schalks waren – keine Rollen bekam«. Es wunderte ihn nicht, dass sie »eines Tages den Bettel hinwarf und auf Tournee durch Skandinavien ging«.

Die Idee zu einer Skandinavien-Tournee hatten acht Schauspielerinnen und Schauspieler, die sich im Dezember 1904 im Café des Dagmar Teatret trafen, um ihren beruflichen Unmut in ein kreatives Projekt zu verwandeln. Das gemütliche Café im Foyer in der Jernbanegade, einem schmalen Durchgang zur breiten H.C. Andersen Gade, gibt es immer noch; statt eines Theaters haben sich fünf Kinos etabliert. Schon im Februar 1905 wurden »Die Acht« gegründet, von Abtrünnigen, die bis 1907 ein neues Theater mit neuem Ensemble in Kopenhagen auf die Beine stellen wollten. Die zwei Jahre, die für den Neubau des Theaters geplant waren, sollte eine Tournee in die Nordländer überbrücken. Bald schlossen sich weitere Unzufriedene an, darunter Asta Nielsen.

Im August 1905 segelte die Truppe zu ihrem ersten Gastspiel über den Öresund nach Malmö, vertrautes Terrain für Asta Nielsen. Fünfzehn Jahre nachdem sie die Stadt verlassen hatte, wo sie mit Eltern und Schwester Johanne die glücklichen Kindheitsjahre verbracht hatte, stand sie dort in einer Aufführung der *Kameliendame* auf der Bühne. Asta Nielsen spielte Prudence, die Freundin der Lebedame, und wurde von der Kritik gelobt, weil sie der Rolle eine neue Dimension vermittelt habe.

In Oslo, damals Kristiania, hatten »Die Acht« ein Lustspiel im Repertoire. Asta Nielsen stand ihrem Talent als Komikerin seit den Stunden bei Peter Jerndorff sehr skeptisch gegenüber. Ihr Auftritt in Oslo überzeugte sie endgültig vom Gegenteil, sie erhielt Applaus auf offener Szene. Der angesehene norwegische Maler Christian Krohg organisierte für die Truppe aus Dänemark ein Abendessen. Die Gäste aus Kopenhagen ahnten nicht, dass Kroghs Freund Thomas P. Krag dahintersteckte. Er erreichte sein Ziel: einen ganzen Abend neben Asta Nielsen zu sitzen, deren Schauspielkunst ihn fasziniert hatte.

Der vielgereiste norwegische Schriftsteller, mit langen Aufenthalten in Italien, Deutschland, Frankreich und Dänemark, wollte unbedingt seine Vision loswerden. Begeistert redete er auf die Schauspielerin aus Kopenhagen ein: »Sie gehören hier nicht hin … Gehen Sie nach Frankreich und lernen Sie Französisch. In drei Jahren sind Sie Frankreichs größte Schauspielerin.« Als er merkte, dass der Funke nicht übersprang und Asta Nielsen mit ablehnendem Schulterzucken reagierte, riskierte er wütend eine Provokation: »Ihnen fehlt es an Feuer.« Sein Feuer war umso intensiver. Im Mai 1906, als »Die Acht« in Stockholm auftraten, und Asta Nielsen in ihrer komischen Rolle glänzte, gab Stockholms kulturelle Elite den dänischen Gästen ein glänzendes Fest im Opernkeller. Thomas P. Krag war wieder an ihrer Seite, nicht das letzte Mal.

Im Januar 1907 wollten »Die Acht« ihr Wanderleben beenden und als festes Ensemble in einem eigenen Theater in Kopenhagen auftreten. Doch dieser Plan zerschlug sich: Der Minister hatte die notwendige Zustimmung zurückgezogen. Einige wählten die Sicherheit einer neuen Anstellung am Dagmar Teatret; Asta Nielsen blieb bei denen, die die Tournee fortsetzten. Sie spielte in Stockholm, als 1907 ein Brief aus Kopenhagen eintraf, wo Det Ny Teater – Das Neue Theater – im Bau war. Ihr wurde ein Drei-Jahres-Vertrag angeboten mit »großen, guten Rollen«. Asta Nielsen schlug ein, und dank größter Sparsamkeit konnte sie im Juni 1908 noch eine Reise nach Paris antreten, Sehnsuchtsort aller, in deren Leben die Kunst die Hauptrolle spielte.

Die Fahrt dritter Klasse ging über Berlin, wo sie im Deutschen Theater eine *Faust*-Aufführung erlebte. Sie verstand kein Wort, war aber tief beeindruckt von Max Reinhardts Inszenierung. »In Paris wohnte ich natürlich im Quartier Latin in einer Seitenstraße vom Boul' Mich', in einem düsteren Haus mit einem düsteren Zimmer.« Umso prächtiger war die Loge, die man ihr im Opernhaus überließ, nachdem sie sich als ausländische Schauspielerin vorgestellt hatte: »Der Abend verging mit einer Aufführung von Wagners ›Lohengrin‹, dessen traumhafte Musik ich seit langem liebte …« Dann kamen die Tempel der Schauspielkunst an die Reihe, Comédie-Française, Trocadéro, wo sie die weltberühmte Sarah Bernhardt erlebte, »Schauspielkunst in Ekstase«.

Es folgten Ausflüge nach Versailles, in Kirchen und Museen. Unter der heißen Junisonne jagte sie von einer Sehenswürdigkeit zur anderen. Asta Nielsen wusste, das Geld reichte nur für vierzehn Tage. Der Höhepunkt und ein Ort zum Innehalten wurde für sie die *Mona Lisa* im Louvre: »Immer wenn ich später nach Paris kam, habe ich sie besucht. Und je öfter ich vor ihr stand, umso mehr hat sie mich verzaubert.«

Det Ny Teater eröffnete die erste Spielzeit September 1908 mit dem Unterhaltungsstück *Die schöne Marseillerin,* wo sich das gesamte Ensemble in schönsten Kostümen präsentieren konnte. Asta Nielsen spielte Kaiserin Josefine, eine Rolle ohne jeden Tiefgang, aber ihr war schon die Hauptrolle in Oscar Wildes Stück *Der ideale Ehemann* fest zugesagt worden. Der prächtige Neorenaissance-Bau des Theaters mit seiner gekrönten Kuppel liegt oberhalb des Durchgangs zwischen dem lebendigen, viel besuchten Platz an der Vesterbrogade und dem Gammel Kongevej. Nur zwanzig Häuser stadteinwärts, am Gammel Kongevej 9, steht immer noch Asta Nielsens Geburtshaus. In ihren Erinnerungen an die Zeit an Det Ny Teater geht kein Blick zurück in die ersten beiden Kindheitsjahre, als Armut und Arbeitslosigkeit die Familie bedrückten.

Ebenfalls unerwähnt bleibt in den zwei Bänden ihrer Autobiografie eine interessante Uraufführung von 1909 in Det Ny Teater. Ein einziger diffuser Hinweis findet sich im ersten Artikel ihrer Serie *Mein Weg im Film*, die im September 1928 in der Berliner Zeitung *BZ am Mittag* begann. Asta Nielsen kommt auf den »Maler Urban Gad, der für das Ausstattungswesen des Theaters verpflichtet war«, zu sprechen. Er habe »auch als Autor und Regisseur eines kurz zuvor erfolgreich aufgeführten Stückes gezeichnet, in dem ich die Hauptrolle spielte«. Dieser Hinweis lässt sich vervollständigen: Asta Nielsen spielte neben den beiden angesehenen Schauspielern Poul Reumert und Viggo Lindstrøm in *Frauenpolitik. Lustspiel in 3 Akten*, das Emma Gad zusammen mit ihrem Sohn Urban Gad geschrieben hatte, der auch Regie führte.

Den Lichtkegel auf Mutter und Sohn zu richten, lohnt aus objektivem und persönlichem Blickwinkel. Beide, vor allem Urban Gad, werden in Kürze in Asta Nielsens Leben einen wichtigen Platz einnehmen. Emma Gad, die 1886 als Vierunddreißigjährige an Det Kongelige Teater als Autorin erfolgreich mit einem Lustspiel debütierte, ist längst eine der bekanntesten Frauen im Königreich. Als Schriftstellerin, treibende Kraft der bürgerlichen Frauenbewegung und eine der ersten Journalistinnen kämpft sie für ein modernes Dänemark. In einer großbürgerlichen Familie aufgewachsen, von einer energischen, künstlerisch begabten Mutter geprägt, ist Emma Gad seit 1872 mit dem Admiral Nicolaus Urban Gad verheiratet. Sie hat zwei Söhne und beste Beziehungen ins dänische Königshaus.

In Emma Gads Salon in der Kopenhagener Innenstadt, Dronningens Tvaergade 40, trifft sich seit den 1890er Jahren eine bunt gemischte Elite aus Künstlern und Hofbeamten, Journalisten und Kaufleuten, Offizieren, Schauspielerinnen und Schauspielern, dem Geist einer neuen Zeit verbunden, für den die Hausherrin sich einsetzt. Eine ihrer schriftlichen Einladungen zu bekommen, war eine Auszeichnung. Die Villa mit zehn Zimmern, wo die Familie zur Miete wohnte und Emma Gad im Erdgeschoss ein Zimmer mit Schreibtisch hatte, musste inzwischen einem Quartier mit langgestreckten Wohnblocks aus Backsteinen weichen.

Der jüngere Sohn, Peter Urban Gad – meist Urban Gad genannt – hat eine enge Beziehung zu seiner Mutter und wurde ein überzeugter Anhänger ihrer offenen, liberalen Weltsicht. Auch das künstlerische Talent hat er von ihr geerbt. Als er 1908 von einem Studium bei seinem Onkel mütterlicherseits, dem norwegischen Maler Frits Thaulow, von Paris nach Kopenhagen zurückkehrte, suchte Det Ny Teater einen »künstlerischen Ratgeber und Maler«. Gad war vierunddreißig, als er sich für das Theater entschied, und traf als Kollegin die neunundzwanzigjährige Asta Nielsen. Dass sie die wichtigste Rolle in seinem ersten Stück bekam, welches durch seine Mutter als Ko-Autorin eine besondere Aufmerksamkeit erhielt, wird kein Zufall gewesen sein. Der Regisseur und seine Hauptdarstellerin waren sich nicht fremd. Emma Gad ließ wissen, dass sie Asta Nielsen als »passende« Besetzung schätzte.

Trotz des berühmten Namens der Autorin blieb der Erfolg aus. Asta Nielsens positiver Rückblick zwei Jahrzehnte nach der Uraufführung der *Frauenpolitik* entspricht nicht den Fakten. Die Premiere überzeugte die Kritiker nicht; Urban Gad war deprimiert, dass die Besucherzahlen dem negativen Urteil entsprachen. In dieser Situation traf zu Nielsens Überraschung Thomas P. Krag in Kopenhagen ein. Er hatte zwei Manuskripte in der Tasche: für ein Theaterstück und einen Film, Asta Nielsen sollte die Hauptrolle spielen.

Das Theaterstück wurde von Det Ny Teater abgelehnt, Krags Filmmanuskript von der dänischen Filmgesellschaft Nordisk Films Kompagni angenommen. Es bestand gute Aussicht, Asta Nielsen die Hauptrolle anzuvertrauen. Ihr norwegischer Verehrer musste sie nur noch überzeugen. Aber alle Argumente und Beschwörungen stießen bei Asta Nielsen auf taube Ohren. Vom Theater zum Film wechseln? Einen solchen künstlerischen Abstieg lehnte sie vehement ab: »Ich fiel aus allen Wolken bei diesem Gedanken ... die neue ›Kunst‹ bestand doch hauptsächlich aus Cowboyszenen im Wilden Westen oder komischen Situationen, wo Bäckerjungen mit Schornsteinfegern aneinandergerieten oder feingekleidete Herren und Damen sich damit vergnügten, sich gegenseitig Schlagsahne ins Gesicht zu werfen.« So hat sie es im Rückblick beschrieben. 1909 fand sie noch die Ausrede, sie könne kein so junges Mädchen spielen, wie das Skript es vorsah. Und die Nordisk Films Kompagni fand eine andere Hauptdarstellerin.

Die geringe Resonanz auf *Frauenpolitik* hatte einen Trend bestätigt, gegen den Det Ny Teater vergebens ankämpfte. Das Publikum verlangte leichte Kunst. »Operette« hieß das Zauberwort, das die Menschen ins Theater strömen ließ. 1910 wurde *Die Dollarprinzessin* von Leo Fall auf den Spielplan gesetzt. Die Verbeugung vor dem Publikumsgeschmack zeigte Erfolg: Die Menschen strömten wieder ins Theater. Für eine Operette waren nicht Sprachkunst, sondern gesangliche Fähigkeiten gefragt. Die etablierten Schauspielerinnen und Schauspieler, darin nicht ausgebildet, erhielten das zugesagte Honorar – und durften spazieren gehen, monatelang.

Besonders unter den jüngeren Mitgliedern des freigestellten Ensembles wuchs die Unzufriedenheit. Asta Nielsen berichtet in ihrer Autobiografie, dass sie eines Tages Urban Gad auf dem Rathausplatz von Kopenhagen traf und beide ihrem Ärger über die Situation am Theater Luft machten. »Hätte ich bloß auf Thomas Krag gehört«, sagte Asta Nielsen zu ihrem Kollegen

Gad, »so hätte ich jetzt vielleicht Aufgaben beim Film.« Weiter heißt es in ihren Erinnerungen: »Ich erzählte ihm von Thomas Krags Vorschlag, und Urban Gad schien plötzlich ein Licht aufzugehen. ›Wenn ich nun einen Film schreibe‹, sagte er, ›würden Sie darin spielen?‹ – ›Das kommt ganz darauf an‹, antwortete ich, ›ist Ihnen denn klar, was ich spielen soll?‹ Das bejahte er selbstbewusst …« Noch am selben Tag begann Urban Gad, ein Filmmanuskript zu schreiben.

So schildert es Asta Nielsen im ersten Band ihrer Erinnerungen, der 1945 erschien: Aus gemeinsamer Empörung ergab sich ein gleichberechtigter Gedankenaustausch, in dem Urban Gad eine Idee von Asta Nielsen aufnahm, bereit, sie praktisch umzusetzen: – eine Filmrolle für seine Kollegin zu entwerfen.

Anders liest es sich in ihrem Beitrag *Mein Weg im Film* aus dem Jahr 1928: »Eines Tages platzte mitten hinein in unsere Verärgerung mein Vorschlag, ob wir es nicht vielleicht doch beide mit dem Film versuchen sollten. Ich war entschlossen, den großen Sprung zu wagen, aller Gefahren ungeachtet. Also schlug ich Urban Gad vor, einen Film zu verfassen, in dem ich unter seiner Regie spielen wollte …«

Asta Nielsens Entschlossenheit, die Deutungshoheit über den Anfang zu behalten, Widersprüche inbegriffen, wird ihr ganzes Leben andauern und hat damit zu tun, dass aus dem allerersten Gedanken etwas entstand, das keiner der beiden Hauptakteure auch nur im Traum für möglich gehalten hätte.

6. Kapitel

DER WENDEPUNKT: *AFGRUNDEN*

Am Anfang stand *Die weiße Sklavin – Afgrunden*:
Asta Nielsen und Urban Gad machen Filmgeschichte –
Atemberaubend: Der »Gaucho-Tanz«

1910

Es dauerte nicht lange, und Urban Gad legte seiner Kollegin im späten Frühling 1910 das Manuskript für den Film vor. »Ich war sofort Feuer und Flamme«, schreibt Asta Nielsen in ihren Erinnerungen, »endlich die begehrte große dramatische Rolle. Wie gekonnt hat er mich und meine Fähigkeiten eingesetzt, und wie sehr hat er die dramatischen Möglichkeiten eines Films vorausgeahnt.« Urban Gad hatte nicht nur Talent für das neue Medium Film, sondern dank seiner Herkunft aus dem gebildeten Großbürgertum gute Beziehungen.

Ein Freund aus Kindertagen, der in der Gad-Familie ein und aus ging, hatte von seinem wohlhabenden Vater einen Teil der Erbschaft im Voraus bekommen, um ein Kino zu kaufen. Hjalmar Davidsen war auf einer Paris-Reise zum Filmfan geworden. Begeisterung und Geschäftssinn kamen zusammen, als er 1908 das prächtige Kosmorama übernahm, 1904 als erstes Kino in Dänemarks Hauptstadt gegründet. Es lag etwas abseits am Einkaufsboulevard Strøget, nur wenige Minuten von Kongens Nytorv entfernt, in einem Neubau, der Teil einer eleganten City-Passage werden sollte mit der Adresse Østergade 26. Ein uniformierter »Ausrufer« mit Pudelmütze und breiter Kosmorama-Schärpe bewegte sich zwischen Kino und Hauptstraße hin und her, um vor allem die eleganten Damen ins Innere des Filmtheaters zu locken.

Urban Gad überzeugte den Freund, achttausend Kronen in sein Filmprojekt zu stecken und Asta Nielsen als Hauptdarstellerin zu akzeptieren. Als Hauptdarsteller gewann er Poul Reumert, ebenfalls ein Freund aus Kindertagen. Reumert war ein sehr beliebter Schauspieler, der in Det Kongelige Teater auf der Bühne gestanden hatte, dann zu »Den Acht« und anschließend in Det Ny Teater überwechselte. Dort erlebte er nun wie Asta Nielsen und Urban Gad frustriert, dass Operetten-Aufführungen Vorrang vor ernsthafter Schauspielkunst hatten. Als kostenlosen Drehort hatte Gad ein ehemaliges Gefängnis am Stadtrand von Kopenhagen entdeckt. Im Juni 1910 sollten die Aufnahmen beginnen. Ein Experiment voller Risiken, aber auch mit gutem Gespür für einen Wendepunkt in der noch jungen Geschichte des Films.

Genau vierzehn Jahre war es her, im Juni 1896, da hatten die Brüder Max und Emil Skladanowsky im Kopenhagener Tivoli ihre »Laufenden Bilder« vorgeführt. Ihre revolutionäre Erfindung, das Bioskop, hatte am 1. November 1895 im Berliner Wintergarten Premiere gehabt. Doch sie waren mit dieser technischen Sensation nicht allein. Am 28. Dezember 1895 zeigten die Brüder Auguste und Louis Jean Lumière in einem Pariser Café ebenfalls »Bewegte Bilder«; ihre technische Erfindung nannten sie Kinematograph. Schon zwei Jahre später eröffneten die Brüder Lumière an der Seine das erste Kino weltweit. Der Kinematograph setzte sich durch, eine friedliche Revolution begann, die zum Kennzeichen der globalen Moderne wurde, mochten auch in den meisten Ländern noch lange Kaiser und Könige herrschen.

In Zelten, Gaststätten und Varietés, auf Jahrmärkten, manchmal auf grüner Wiese, wo zwischen zwei Bäumen eine Leinwand befestigt wurde, schließlich in eigenen Bauten mit abgedunkelten Sälen – den Kinos – mischten sich alle sozialen Klassen, Männer und Frauen. Beim Anschauen der »Bewegten Bilder« erlebten sie ein Gemeinschaftsgefühl, für das es zuvor keinen Anlass und keinen Raum gegeben hatte, vor allem nicht für Frauen. Kirchenmänner und Lehrervereine denunzierten das neue Medium als »Proletenkino«, das »Sitte und Moral« gefährde, wo sich Arbeiter und Herumtreiber vergnügten.

Doch solche Parolen machten am Beginn des 20. Jahrhunderts keinen Eindruck mehr. Geschäftstüchtige Unternehmer spürten, wie groß der Bedarf für ein solches Erlebnis war. Wie Pilze schossen in Europas Städten Kinos aus dem Boden; die Dänen zählten zu den Pionieren. Das Kosmorama in Kopenhagen gehörte 1904 zu den allerersten. Schon 1905 wurde nicht weit entfernt, Vimmelskaftet 47, auf der Strøget von dem Unternehmer Ole Olsen das zweite Kino eröffnet. In Deutschland gab es in jenem Jahr rund vierzig ortsfeste Kinos.

1906 und 1907 ging der Kino-Boom richtig los – in München und Berlin, Genf und Zürich, Köln und Düsseldorf. Die Betreiber waren sich einig, dass die stummen Aktionen auf der Leinwand dem Publikum mit begleitender Musik schmackhaft gemacht werden müssen. Am Anfang nutzte man das Grammophon; es wurde abgelöst von einem Klavierspieler.

Die Entwicklung ging flott voran. 1910 gab es in Deutschland rund 1200 ortsfeste Kinos, im Durchschnitt mit zweihundert Plätzen, gleichermaßen auf die Großstädte und die Provinz verteilt. Aus Kinos wurden ab 1912 Kinopaläste mit rund achthundert Plätzen. Vor der Leinwand öffnete sich ein Orchestergraben für exquisite Kapellen, die am liebsten ein Potpourri aus Operettenmelodien, Gassenhauern und Opernmelodien spielten.

Die bewegten Schwarz-Weiß-Bilder der ersten Jahre waren meist auf fünfzehn Meter Zelluloidstreifen zusammengeschnitten, was eine durchgehende Filmsequenz von zwei Minuten bedeutete. Das Maximum war ein Film von fünfzehn Minuten, aus technischen Gründen durfte der Zelluloidstreifen nicht länger als dreihundert Meter sein. Die Faszination hielt lange vor. Das Publikum vergnügte sich an possenartigen Darbietungen, die Asta Nielsen als typisch für den Film beschrieben hat – Cowboyszenen, Schlachten mit Sahnetorten, schwarze Schornsteinfeger treffen auf mehlbestäubte weiße Bäckerjungen. Aber diese Schilderung ist im Juni 1910, als Urban Gad mit seinem Filmteam an den Start geht, nicht mehr auf dem neuesten Stand.

Gegen Ende des ersten Jahrzehnts waren die Filmgeschäfte drastisch zurückgegangen. Die Filmverleiher mussten ihre Produkte billiger anbieten, die Kinos die Eintrittspreise senken, um weiterhin Abend für Abend die Säle zu füllen. Das Publikum langweilte sich. Der Kurzfilm war in der Krise. Die Erlösung kam aus Dänemark.

Am 11. April 1910 präsentierte das Unternehmen Fotorama aus dem dänischen Aarhus eine bahnbrechende Erfindung der Filmindustrie. Der Fotorama-Film *Den hvide Slavehandel – Der weiße Sklavenhandel* – hatte Premiere: Er erzählte von Orgien, Erpressung, der Entführung und Prostitution eines minderjährigen weißen Mädchens – fünfunddreißig Minuten lang, eine Ewigkeit, verglichen mit den bisherigen Filmchen. Eine solche durchgehende Geschichte konnte erzählt werden, weil dieser Film dank der technischen Neuerung auf 706 Meter Zelluloid gebannt war. Kein Wunder, dass Frauen wie Männer die Kinos stürmten, wo man unter dem Vorwand moralischer Entrüstung Schlüssellochgeschichten sehen konnte, die bisher nur in Schundromanen unter der Ladentheke angeboten wurden. Außerdem gab es einen Bezug zur Wirklichkeit: Die größten Industrienationen schlossen 1910 ein internationales Abkommen zur Bekämpfung des Mädchenhandels.

Ole Olsen besaß das größte und eleganteste Automobil in Kopenhagen. Er konnte es sich leisten, weil seine 1906 gegründete Nordisk Films Kompagni nicht nur das größte Filmunternehmen in Dänemark, sondern bald eines der führenden in Europa wurde. Um die eigene Filmproduktion schnell und weltweit zu verkaufen, gründete Olsen Niederlassungen in Schweden, Norwegen, Italien und Deutschland und 1908 in New York. So mächtig fühlte sich der erfolgreiche Unternehmer, dass er keine Hemmungen hatte, in das Geschäft mit dem neuen revolutionären Langfilm, wie Fotorama ihn entwickelt hatte, mit einem Plagiat einzusteigen.

Im August 1910 hatte der Nordisk-Film *Den hvide Slavehandel* in Kopenhagen Premiere. Dreißig Minuten dauerte die Aufführung, der Zelluloidstreifen war 603 Meter lang. In deutschsprachigen Ländern lief der Film unter dem Titel *Die weiße Sklavin* und füllte die Kassen der Nordisk wie kein Film zuvor.

Bevor Asta Nielsen ausführlich die Dreharbeiten des anstehenden Filmexperiments beschreibt, heißt es in ihren Erinnerungen: »Bis auf einen – den Kameramann – waren wir alle Neulinge in der Welt des Films …« Das ist eine Irreführung. Sie muss gewusst haben, dass Urban Gad schon in den Umbruch der Filmgeschichte als Pionier eingebunden war und keineswegs ein Neuling, als er das Drehbuch für einen Film mit Asta Nielsen entwarf und in diesem Film im Juni 1910 Regie führte.

Im Frühjahr 1910, in Det Ny Teater lief die *Dollarprinzessin* und Urban Gad war als Inspizient für diese populäre Aufführung nicht gefragt, nahm er den verlockenden Auftrag einer kleinen Kopenhagener Produktionsfirma an: Urban Gad wurde Ko-Regisseur für den zweiten Film mit revolutionärer Länge. *En Rekrut fra 64* handelte vom Dänisch-Preußischen Krieg 1864 und war mit 970 Metern Zelluloid über zweihundert Meter länger als der erste Langfilm *Den hvide Slavehandel.* Noch vor dem Plagiat des Sklavenhandel-Films durch die Nordisk wurde *En Rekrut fra 64* am 1. August 1910 im Kopenhagener Kinografen-Kino aufgeführt.

Asta Nielsen soll nicht mit Urban Gad über seine Filmerfahrungen gesprochen haben, als er spontan bereit war, ein Drehbuch für sie zu schreiben, und anschließend alles in die Wege leitete, was für die Produktion eines Films notwendig war? Sie wusste nicht, dass *Afgrunden* – deutsch: der Abgrund –, in dem sie die Hauptrolle spielen sollte, als Langfilm konzipiert war und sich damit als dritter Pionier in den revolutionären Umbruch der Cinematographie einreihen würde? Vielleicht wollte Asta Nielsen im Rückblick durch die Verschleierung von offen liegenden Realitäten einen dunklen Hintergrund schaffen, der *Afgrunden* noch strahlender erscheinen lässt. Eine Glorifizierung, die weder sie noch ihr erster Film nötig haben.

Urban Gad hatte eine Woche im Juni, um den Dreh für achttausend Kronen mit seinem Team durchzuziehen und die Geschichte der Klavierlehrerin Magda Vang stumm, ohne ein gesprochenes Wort, in Schwarz-Weiß zu erzählen. Das erste Bild gehört ihr, der jungen Frau im weißen Sommerkleid, die mit der Straßenbahn durch Kopenhagen fährt. Im Waggon tauscht sie Blicke mit Knud. Er folgt ihr in den Park, sie verweigert sich einer gemeinsamen Kaffeepause nicht.

Eine sittsame bürgerliche Liebesgeschichte kommt in Fahrt, als der Postbote einen Brief von Knud abliefert. Neugierig liest Magda ihn, während eine junge Schülerin mit hüftlangem Haar am Klavier brav weiter übt. Diese Rolle hat Asta Nielsen ihrer neunjährigen Tochter Jesta zugedacht; ein überzeugender Beweis, dass Jesta für alle sichtbar zum Leben von »Fräulein Asta Nielsen« gehörte. Im Film wird Jesta nach Ankunft des Briefes von ihrer Klavierlehrerin hastig verabschiedet, denn Pfarrerssohn Knud hat zu einem Besuch bei seinen Eltern auf dem Land eingeladen. Statt dort gemeinsam in die Kirche zu gehen, sieht Magda sich aber lieber den Zirkus an, der sein Zelt aufgeschlagen hat. Sie wehrt sich nicht, als der Zirkuscowboy sie im Morgengrauen durch das Fenster aus dem Pfarrhaus entführt, und entscheidet sich, mit ihrem Geliebten im Zirkus ein freies Leben zu führen.

Auch jenseits bürgerlicher Moral gibt es den sozialen Absturz. Das ungleiche Paar wird vom Zirkus entlassen, Rudolph, der Geliebte, amüsiert sich mit anderen Frauen und zwingt Magda, als Klavierspielerin für den ärmlichen Lebensunterhalt zu sorgen. Knud, der Magda nicht vergessen kann, taucht auf. Es kommt zu Eifersuchtsszenen, schließlich ersticht die gedemütigte und betrogene Magda den ungetreuen Geliebten. Aber Magdas Liebe ist stärker als der Tod. Die Polizei kann sie kaum von dem Leichnam losreißen, den sie umschlungen hält.

Das letzte Bild des Films gehört – wie das erste – Asta Nielsen: Magda Vang, die Mörderin, geht die Treppe der Kneipe hinab, dicht hinter ihr ein Polizist. Ihr Gesicht und ihr Gang verraten: Hier verlässt eine Täterin die Szene, die am Ende kein Opfer sein wollte und dennoch ihrer Liebe treu geblieben ist. Was das Publikum im Kinosaal nicht wusste: Auf ausdrücklichen Wunsch von Asta Nielsen wurde diese Schlussszene ohne Proben gedreht, und zwar als allererste.

Erstaunlich für eine gelernte Schauspielerin, die viele Proben auf der Bühne durchläuft, jedoch ab der Premiere stets am Stück auftritt. Asta Nielsen wusste um ihre außergewöhnliche Konzentrationsfähigkeit, seit sie sich als Kind – zwischen den Schulaufgaben – auf dem Dachboden in Malmö mit intensiver Fantasie in die Gefühlswelt einer Mutter versenkt hatte, deren Kind gestorben war. Auf dem verlassenen Gefängnishof in Kopenhagen, wo die Dekorationen für den Film aufgebaut waren, »stellte ich mir in meiner Fantasie die Mordszene vor, sodass ich mit entsprechendem Gesichtsausdruck und Bewegungen die Fortsetzung dieser Szene schaffen konnte«. Die Mordszene selbst wurde erst später gedreht.

Als das Zeichen für die erste Aufnahme gegeben wurde, machte Asta Nielsen den ersten Schritt in eine neue Welt – als hätte sie niemals etwas anderes getan: »Ich ging die Treppe hinunter, vorbei am schnurrenden Filmstreifen, ein Geräusch, das vom ersten Augenblick seltsam anregend auf mich wirkte. Dann stand ich wieder zwischen den Kollegen, als wäre ich gerade aufgewacht.« Sie nennt es »Autosuggestion«, was da gerade in ihr vorgegangen ist: »Hier zählt nur die absolute Begabung, sich in Bruchstücke zu versetzen, die man sich im Voraus in der Fantasie zurechtgelegt hat.« Die Linse der Kamera enthülle alles, deshalb habe nur »die Wahrhaftigkeit des Ausdrucks« Bestand.

Schon mit der ersten Aufnahme hatte die Hauptdarstellerin ihre Nagelprobe bestanden. Über die äußerlichen Bedingungen während der folgenden acht Tage Dreharbeit schrieb Poul Reumert, im Film der Zirkuscowboy, in seiner Autobiografie: »Die technischen und künstlerischen Möglichkeiten waren beengt und unendlich primitiv. Man war abhängig von Wind und Wetter. Wenn die Sonne am Himmel verschwand, musste abgebrochen werden, bis sie wiederkam.« Glücklicherweise verschwand sie in diesem heißen Juni sehr selten. Es mussten nur die Dekorationen auf dem Gefängnishof dem Lauf der Sonne angepasst werden, um im gleißenden Licht zu liegen.

Urban Gad, der nicht das erste Mal Regie führte, wird gleich bei der ersten Aufnahme erkannt haben, was für einen Film-Schatz er mit Asta Nielsen gehoben hatte. Er hatte alle Fäden fest in der Hand; pünktlich nach acht Tagen fiel die letzte Klappe. Dann jedoch gab es technische Komplikationen, eine zweite Kopie musste angefertigt werden. Die schien ebenfalls missraten, trotzdem wurde die ganze Mannschaft ins Kosmorama eingeladen, um den Film erstmals auf breiter Kinoleinwand zu begutachten.

Noch im Rückblick ihrer Erinnerungen ist die kritische Asta Nielsen angenehm überrascht: »Der Gesamteindruck, so empfand ich trotz allem, hatte eine großartige Wirkung, dem die übrigen Anwesenden beistimmten.« Was sie selbst betraf: Asta Nielsen war von ihrem ersten Auftritt auf der Leinwand »angenehm überrascht … und nun saß ich hier und mochte mich ganz gern«. Eine Ausstrahlung, die auf das Publikum überging und zu einem Merkmal der Filmschauspielerin Asta Nielsen wurde: dass sie mit ihrer Darstellung im Film immer im Reinen ist.

Eine Szene bei dieser internen Vorstellung jedoch passte nicht in den Wohlfühl-Eindruck: »Ich war total benommen über die explosive Wirkung und meinte, man müsse etwas unternehmen, um diesen Eindruck abzumildern. Aber alle um mich herum protestierten.« Die »explosive Wirkung« ging von einem sinnlichen Vulkanausbruch aus, der in der Öffentlichkeit mit dem Start von *Afgrunden* unter dem Etikett »Gaucho-Tanz« Furore machte. Im Film treten Magda Vang und ihr Geliebter, der Zirkuscowboy, in einem Varieté auf und führen eine Art Liebestanz auf. Sie fesselt ihn mit einem Lasso und umtanzt ihn: »Dicht an ihn gedrückt, vollzog ich meine liebeskranken Verrenkungen rund um das bedauernswerte Opfer. Ich wusste noch nicht, dass das mir fremde Filmfach Zurückhaltung verlangte. Und so legte ich alles, was ich an Sehnsucht, enttäuschter Liebe und brennender Leidenschaft besaß, in mein rhythmisches Unterfangen.«

Die zwiespältige Reaktion von Asta Nielsen auf ihren ungebremsten Gefühlsausbruch war nicht unbegründet. Würde die Zensur, die jeder Film passieren musste, diese Szene nicht als »unmoralisch« brandmarken und damit den Erfolg des ganzen Films gefährden? Die Mitspieler jedoch waren überzeugt, dass Asta Nielsen in ihrem Tanz Leidenschaft und Tragik meisterhaft verbunden habe; ihr schmerzlicher Gesichtsausdruck ersticke jede moralische Entrüstung im Keim. Und dem Filmproduzenten war eine mögliche öffentliche Auseinandersetzung gerade recht, um das Publikum anzulocken. Der »Gaucho-Tanz« blieb unbeschnitten.

Vor der ersten öffentlichen Aufführung lud der Filmproduzent Davidsen einige Schauspieler zu einer Art Generalprobe ins Kosmorama ein. Unter ihnen war Olaf Poulsen, der Star des Ensembles an Det Kongelige Teater, sozusagen Dänemarks Erster Schauspieler. Er hielt nicht viel von diesem neuen Medium, machte abschätzige Sprüche in seinem Sessel, bevor der Saal abgedunkelt wurde. Als das Filmdrama vorbei war, herrschte Stille, schweigend verließ einer nach dem andern das Kino. Als Olaf Poulsen hinausging, hörte man ihn murmeln: »Das war teuflisch.« Teuflisch gut, an dieser Interpretation gab es keinen Zweifel.

Die offizielle Premiere von *Afgrunden* war am 12. September

1910. In der Anzeige des Kosmorama hieß der Film »ein Drama in 2 Akten, 50 Abteilungen von Urban Gad … Die Hauptrollen spielen Poul Reumert, Asta Nielsen, Robert Dinesen«. Es war der dritte originale Langfilm der Filmgeschichte, lief fünfundvierzig Minuten und war 850 Meter lang. In seiner Autobiografie erinnert sich Poul Reumert: »Dann kam die erste Aufführung: Es wurde ein kolossaler Sieg, ein wahnsinniger Erfolg, ein unerhörter Triumph. Täglich wand sich eine Menschenschlange von Kongens Nytorv durch die ganze Østergade, bewegte sich auf die Leinwand von ›Afgrunden‹ zu wie ins Gelobte Land.«

Die dänische Presse war vereint im Stolz auf den Triumph »unserer großen Landsmännin«. Die Boulevardzeitung *Ekstrabladet* sprach von »brennender Liebe und brennendem Hass« und den »Stürmen der Seele«. Die angesehene Tageszeitung *Politiken* schrieb: »›Afgrunden‹ lebt vor allem durch das junge Fräulein Asta Nielsen.« Die Schlussszene des Films sei »einmalig« dank Asta Nielsens tragischer Ausstrahlungskraft. Für *Social-Demokraten* war die Tanzszene mit Asta Nielsen und Poul Reumert »ungewöhnlich suggestiv«, nichts von moralischer Entrüstung.

Natürlich hat sich ihr alter Verehrer, der norwegische Schriftsteller Thomas F. Krag, der ihr einst vorgeworfen hatte, »kein Feuer« zu haben, und noch im Jahr zuvor abgewiesen wurde, als er sie für einen Film gewinnen wollte, *Afgrunden* angesehen: »Niemals werden wir ihre Magda vergessen. Ihr eindringliches Gesicht wird uns verfolgen … Am Ende hatte ihr wunderbares Gesicht eine tragische Würde ohnegleichen. Da war unbegreifliche Fantasie, da war flammendes Blut.« Krag wies darauf hin, dass in Norwegen die Zensur aus »moralischen Gründen« den »Gaucho-Tanz« aus dem Film schneiden ließ – was dem Ansturm der Menschen keinen Abbruch tat. Die Zensoren in Dänemark dagegen waren überzeugt, dass Asta Nielsens tragischer Gesichtsausdruck keine niedrigen Gedanken aufkommen ließ.

Sieben Wochen, bis Anfang November 1910, lief *Afgrunden*

im Kosmorama, mehrere Vorstellungen vom Nachmittag bis in den späten Abend. Es war eine Weltpremiere und -sensation, dass Menschen über Wochen in einen Kinosaal drängten und fünfundvierzig Minuten gebannt dem Lebens- und Liebesdrama einer Frau folgten.

Der Erfolg in Kopenhagen war ansteckend, die Ausstrahlung der neunundzwanzigjährigen dänischen Schauspielerin überwand spielend Ländergrenzen und nationale Gräben. Slapstickszenen mit Sahnetorten würden von nun an kaum noch Menschen ins Kino locken. Die Verächter dieser angeblich seichten, geistlosen Unterhaltung verloren ihre Argumente.

Die Revolution des Films hatte über Nacht einen Namen, ein Gesicht bekommen: Asta Nielsen. Sie hat es selbstbewusst in ihrer Autobiografie festgeschrieben, dass im Juni 1910 in Kopenhagen »der künstlerische Film geboren und ein Wendepunkt in der Geschichte des Filme eingetreten« war. Die Palette der Kunst wurde um eine neue Farbe erweitert. Urban Gad war der Geburtshelfer im Hintergrund. Im Licht der Scheinwerfer schaffte es Asta Nielsen im Alleingang, dass der Film als »zehnte Muse« die Welt eroberte. Während *Afgrunden* im Kosmorama lief, waren clevere Strategen der internationalen Filmindustrie schon bereit, diese sensationelle Chance zu ergreifen.

7. Kapitel

FRANKFURT AM MAIN: A STAR IS BORN

Premiere in Düsseldorf – Kein Interesse in Kopenhagen – Ein Angebot aus Berlin – Sturheit siegt: Ein Millionenvertrag

1910-1911, September

Während das Publikum im Herbst 1910 ins Kosmorama drängte, um Asta Nielsen zu sehen, machte sich in Düsseldorf der Filmverleiher Ludwig Gottschalk auf den Weg nach Kopenhagen. Die Film- und Kinokrise dauerte nun schon zwei Jahre. Die Faszination der bewegten Bilder hatte ihre Kraft verloren; die Verleiher mussten permanent ihre Verkaufspreise senken. In Deutschland wurden keine bedeutenden Filme produziert, aber das Netz der Kinos in den großen Städten war gut ausgebaut, und das Publikum grundsätzlich weiterhin an den bewegten Bildern interessiert. Insgesamt zählte man 1910 in Deutschland 456 Kinos, davon 139 in Berlin, 44 in Hamburg.

Gottschalk war überzeugt, wenn es neue Impulse gab, würden sie von der dänischen Filmindustrie ausgehen, neben Frankreich die größte und innovativste in Europa. Bald saß er in Kopenhagen in einer Abendvorstellung von *Afgrunden*: »Ich war begeistert von dem Film und Asta Nielsen.« Dann ging alles sehr schnell. Im Namen seiner Düsseldorfer Firma kaufte Gottschalk von Davidsen die Exklusivrechte für den Vertrieb und die Aufführung des Films in Deutschland. Die Nordisk Films Kompagni hatte gerade einmal 5000 Kronen geboten – wer war schon Asta Nielsen. Über das deutsche Angebot von 60 000 musste Davidsen nicht lange nachdenken.

Zurück in Düsseldorf, organisierte Ludwig Gottschalk für den neuen Film, der den deutschen Titel *Abgründe* erhielt, eine

Marketingkampagne, wie sie die Filmgeschichte noch nicht erlebt hatte. Ab Mitte November 1910 erschienen in wichtigen Fachzeitschriften wie *Der Kinematograph* wöchentlich seitengroße Anzeigen, die für das »sensationelle Theater-Drama ABGRÜNDE« warben, das sich »schon die bedeutendsten Kinematographen-Theater Deutschlands gesichert haben. Unzählig sind die Nachfragen und Bestellungen, die täglich noch einlaufen«. Der Düsseldorfer nutzte *Abgründe,* um ein neues Vertriebssystem im Kinobetrieb einzuführen. Jeder Theaterbesitzer könne sich »das konkurrenzlose Erstaufführungsrecht dieses Schlagers bis zur zehnten Woche in einem Ort sichern«. Bisher war es möglich, dass ein Film an einem Ort zur selben Zeit in verschiedenen Kinos im Wettbewerb stand, weil der Verleih keine Beschränkungen für den Verkauf der Filme bot. Gottschalks Idee, die den Kinobesitzern eine garantiert hohe Einnahme versprach, weil es keine Konkurrenz gab, setzte sich mit dem ersten Asta-Nielsen-Film als »Monopolsystem« nach und nach im Filmvertrieb durch.

Am 28. November 1910 hatte *Abgründe* Deutschland-Premiere im Palast-Theater in Düsseldorf, das genau ein Jahr zuvor an der Graf-Adolf-Straße 44 als eleganter Kinobau eröffnet worden war. Zum Baukomplex gehörte ein arabisches Café mit Kuppel und Minaretten. Am Jahresende 1910 zog Gottschalk Bilanz: In Düsseldorf war *Abgründe* sechs Wochen lang ausverkauft, im neuen Theater des Weddings in Berlin, tausend Sitze, drei Wochen. In Köln waren an fünf Tagen sechsundsechzig Vorstellungen ausverkauft, in Breslau lief der Film in zwei Kinos gleichzeitig. Und so ging es weiter in vielen großen deutschen Städten.

Einen solchen Erfolg hatte es in der jungen Kinogeschichte noch nicht gegeben. In Warschau hatte *Afgrunden* Ende November Premiere. Im Januar 1911 wurden im Scala-Theater in Helsinki in einer Woche 17 829 Tickets für *Afgrunden* verkauft. Überall wurden die Vorstellungen aufgestockt, um den Ansturm zu bewältigen. Mitte Januar 1911 schrieb Ludwig Gottschalk in der *Ersten Internationalen Film-Zeitung*: »Das Sensationsstück ABGRÜNDE … verließ als größter Glücksbringer, als größter Kassenmagnet das Jahr 1910 und tritt als größter Geldmacher für die Kinematographentheater ins neue Jahr 1911 ein.« Die Menschen strömten in diesen Film, nicht um sich zu amüsieren, sondern – so ein unbekannter Kritiker – »weil sie gefesselt, gepackt, angeregt, gepackt, geschüttelt werden wollen«. In Hamburg war Mitte Januar 1911 Premiere von *Abgründe*, bis Mitte März liefen 223 Vorstellungen.

Und wie ging es in Dänemark weiter, wo die Kritiker den Film und die Hauptdarstellerin überschwänglich gelobt hatten?

Mit Zustimmung von Asta Nielsen machte sich Urban Gad umgehend auf die Suche nach Produzenten, die auf einen weiteren Erfolg des Teams Gad-Nielsen setzen wollten. Sowohl die Nordisk Films Kompagni wie andere dänische Filmfirmen hatten Geld genug für Experimente, und das Publikum schien nur auf eine Fortsetzung zu warten. Doch der gut vernetzte Urban Gad erhielt nur Absagen. Niemand sah in Asta Nielsen eine Schauspielerin, die das Talent zum großen Filmstar hatte. Die beiden allerdings waren von ihrer Arbeit überzeugt und Gads Familie war bereit, zwei Bilder von Paul Gauguin in das neue Medium Film zu investieren.

Der inzwischen berühmte Maler hatte sich 1873 in Paris mit Mette, geborene Gad, verheiratet. Die Ehe wurde dreißig Jahre später geschieden, doch einige Bilder blieben im Gad'schen Familienbesitz. Ein befreundeter Unternehmer, der zu Geschäften nach Berlin fuhr, wurde gebeten, in der Kunstmetropole Kontakte zum Verkauf zweier Bilder aufzunehmen. Als er zurück nach Kopenhagen kam, hatte er keine Angebote von Kunsthändlern vorzuweisen, stattdessen vielversprechende Verbindungen zur Deutschen Bioscope, einer der ältesten und größten Filmfirmen, aufgenommen.

Dann ging alles sehr schnell. Die Bioscope bot Asta Nielsen zum Jahresanfang 1911 zwei Filmverträge an, Urban Gad wollte sie als Drehbuchautor und Regisseur nicht akzeptieren. Aber Asta Nielsen blieb hart, sie war nur im Doppelpack zu haben. Schließlich stimmte sie einem Kompromiss zu: Die Hauptdarstellerin bekam einen Vertrag, Urban Gad durfte – sozusagen privat, ohne Vertrag und Bezahlung – im Hintergrund als Autor und Regisseur arbeiten. Gad akzeptierte. Er sah es als Investition in seine Karriere beim Film. Da drängt sich die Frage auf, ob die beiden nur aus beruflichen Gründen ihr Leben so eng verbunden hatten?

Überhaupt das Privatleben: Wie viel Zeit blieb Asta Nielsen dafür in diesen rauschhaften erfolgreichen Monaten seit der Premiere von *Afgrunden*? Nichts davon in ihren Erinnerungen. Nicht die geringste Andeutung über ihre inneren Gefühle, nur der stolze Hinweis, dass ihr Name überall, auch im Ausland »wie der Vogel Phönix aus der Asche stieg«. Fast könnte man vergessen, dass Jesta zu ihrem Leben gehörte, die im Sommer 1911 ihren zehnten Geburtstag feierte. Ihr Zuhause war weiterhin bei Großmutter und Tante. Asta Nielsen verbrachte so viel Zeit mit ihrer Tochter, wie es ihr neuer Beruf zuließ.

Ein winziger Mosaikstein, aufgetaucht im Strom der Zeit, weist in diese Richtung. Die Einladung von Emma Gad trägt das Datum vom 16. März 1911 mit der Information: »Sie können die strahlende Asta umschmeicheln …« Es geht aus der Einladung von Urban Gads Mutter nicht hervor, wen sie mit dieser Aussicht locken möchte. Eindeutig ist, dass die Kollegin, mit der ihr Sohn seinen Aufstieg in der Filmindustrie engstens verbunden hatte, Zugang zu jenem Salon erhielt, in dem sich Menschen aus allen Berufen und sozialen Schichten treffen, die für das moderne Dänemark stehen. Dass Asta Nielsen im März 1911 in einem Salon auftaucht, zeigt, dass sie jede Gelegenheit nutzt, um zwischen den Filmaufnahmen in Berlin nach Kopenhagen zu reisen. Aus Emma Gads Einladung abzuleiten, dass der Kontakt zwischen ihrem Sohn und Nielsen über das Berufliche hinausgeht, liegt nahe, aber ein Fragezeichen bleibt.

Was aus der Einladungsnotiz auch folgt: Wie alle die Jahre seit Jestas Geburt kann Asta Nielsen sich dank Mutter und Schwester frei bewegen, ob es ihr Privatleben oder ihren Beruf betrifft. Das gilt nun mehr denn je, wo eine Karriere als Filmschauspielerin fest eingeplant ist mit dem Ziel, »für die großen künstlerischen Möglichkeiten des Films einzutreten und dafür zu kämpfen«. Asta Nielsen konnte Anfang 1911 beruhigt die Koffer packen: »Die Weltstadt Berlin schien mir für meine Kunst das Tor zur Welt.«

Das Team Nielsen/Gad reiste Ende Januar, Anfang Februar 1911 in die deutsche Hauptstadt, um zwei Filme zu drehen. Der Firmensitz der Bioscope in der Innenstadt, Chausseestraße 123, hatte sein Atelier unterm Dach. Es maß gerade einmal elf mal zwölf Meter und war extrem heiß aufgrund der starken Aufnahmelampen. Der schmutzig graue Berliner Himmel ließ nur wenig Licht zu. In wenigen Wochen, durchschnittliche Drehzeit vierzehn Tage, entstanden hier zwei Filme – *Heißes Blut* und *Nachtfalter*. Das Duo aus Kopenhagen war durch Guido Seeber, Deutschlands besten Kameramann, zum Trio erweitert. Mitte März 1911 verkündeten große Anzeigen, dass *Heißes Blut* – der »Weltschlager« – am 22. April in die Kinos komme. Asta Nielsen wird nicht besonders erwähnt.

Das änderte sich, als am 12. April im *Kinematograph* für den *Nachtfalter* geworben wurde: »Asta Nielsen, die berühmte dänische Darstellerin, spielt in diesem Bilder-Drama die Hauptrolle. … Der Fachmann weiß und kennt die Bedeutung dieser dramatischen Künstlerin, die sich mit der Schaffung von lebenswahren Gestalten in ABGRÜNDE, HEISSES BLUT bereits unvergängliche Lorbeeren erworben hat.« Am 13. Mai 1911 war Premiere für Nielsens dritten Film – ein Jahr nachdem sie und Urban Gad beschlossen hatten, den Frust über die arbeitslose Zeit an Det Ny Theater kreativ zu überwinden.

Eine ähnliche Entwicklung nahm die öffentliche Wahrnehmung von Asta Nielsen in Paris. Am 11. März 1911 stand über

Afgrunden – französisch *L'Abîme* – im angesehenen französischen *Ciné-Journal*: »Während vier Wochen – Rekordzeit – hat L'ABIME im Cinéma Palast ... morgens und abends für ausverkaufte Säle gesorgt.« Kein Hinweis auf Regisseur, Hauptdarstellerin oder Herkunftsland. Doch auch das änderte sich umgehend. Am 22. April kündigte eine Anzeige im *Ciné-Journal* den nächsten Film mit Asta Nielsen an: »Das schönste Drama des wirklichen Lebens, das je im Kino zu sehen war, interpretiert von Asta Nielsen, der berühmten dänischen Schauspielerin und Schöpferin von L'ABIME.« Die dänische Schauspielerin hatte sich in einem der größten und ältesten Pariser Kinos, im führenden Land der europäischen Filmindustrie als Kassenmagnet durchgesetzt.

Der Erfolg spricht sich schnell herum. Die Bioscope bietet Asta Nielsen einen Vertrag für weitere Produktionen an, diesmal ist Urban Gad eingebunden. Man vereinbart, im Juni und August zwei Filme zu drehen. Asta Nielsen aber zögerte, sich länger an Berlin und das Filmgeschäft zu binden. Sie hatte ihre erste Liebe, das Theater, nicht vergessen. Tatsächlich meldete sich Det Kongelige Teater mit einem Angebot, allerdings ohne eine Zusicherung für große Rollen. Asta Nielsen war keine Traumtänzerin und beschied dem beleidigten Direktor: »Ich ziehe es vor, Rollen im Film zu bekommen, statt keine im Theater.« Und unterschrieb am 2. Mai 1911 mit Urban Gad bei zwei dänischen Filmfirmen, darunter die Nordisk, Verträge über die Produktion von zwei Filmen im Juli und September. Ihr Engagement bei der Deutschen Bioscope wurde nicht verschwiegen.

Der Mai ist noch nicht halb vergangen, da steht Urban Gad am Hauptbahnhof in Kopenhagen und hält Ausschau nach einem deutschen Filmunternehmer, der sich kurzfristig angemeldet hat, um Gad und Asta Nielsen langfristig für die deutsche Filmindustrie zu gewinnen. Erkennungszeichen: Er hält ein Foto von Asta Nielsen in der Hand. In der Reisetasche hat er nichts als eine Zahnbürste, nicht einmal ein Hotelzimmer sollte man für ihn buchen. Sein Ziel erlaube keinen langen Aufenthalt.

Urban Gad fuhr mit Christoph Mülleneisen senior ins 5-Sterne-Hotel d'Angleterre, das noch heute zusammen mit Det Kongelige Teater den zentralen Kongens Nytorv dominiert. Hier hatte Asta Nielsen ein festes Zimmer, während sie zwischen Kopenhagen und Berlin pendelte. Es wird hart verhandelt im Luxushotel. Schließlich hat Mülleneisen einen Vertrag mit Nielsen und Gad in der Tasche, die sich gegen Gewinnbeteiligung an einem in dieser Branche noch nie gewagten Unternehmen zu exklusiver Zusammenarbeit verpflichten. Der Vertrag ist auf elf Tage terminiert, die Zeit, in der Mülleneisen Partner auf der Produktionsseite finden muss, die neben der Deutschen Bioscope und einem Wiener Filmverleih bereit sind, sich zu diesen Konditionen ebenfalls zu binden.

Zurück in Deutschland, beginnt eine hektische Überzeugungstournee, bei der Mülleneisen versucht, ein Asta-Nielsen-Konsortium auf seine Linie zu bringen. Ohne eine Einigung erzielt zu haben, setzt der überzeugte Asta-Nielsen-Bewunderer alles auf eine Karte und lädt per Telegramm neben Vertretern der Filmindustrie aus Berlin, Straßburg und Wien Asta Nielsen und Urban Gad nach Frankfurt am Main. Angeblich sind alle mit allem einverstanden, es fehlen nur die Unterschriften.

Als sich alle in der Kaiserstraße 64 bei Paul Davidson, dem einflussreichen Gründer der »Union-Theater«, Deutschlands größter Kino-Kette, gegenübersitzen, treten die Differenzen schnell zu Tage. Nielsen und Gad am Gewinn der Filme beteiligen? Unmöglich, erklären die Herren der Filmindustrie. Hätte Asta Nielsen nachgegeben, wäre Urban Gad ihr wohl gefolgt. Doch ein Kompromiss ist nicht in Sicht. Die beiden dänischen Gäste ziehen sich übermüdet in ihr Hotel zurück; sie waren die ganze vorangegangene Nacht mit dem Zug durchgefahren.

»Ein paar Stunden später«, so Asta Nielsen in ihren Erinnerungen, »klingelte das Telefon im Hotelzimmer Sturm. Man war auf unsere Bedingungen eingegangen und bat uns, ins Büro zurückzukommen.« Paul Davidson hatte seine Kollegen überzeugt, dass die Schauspielerin aus Dänemark »ein Geschäft für die Welt« sei: auf sie zu setzen bedeute, größtmöglichen Gewinn zu machen. Am nächsten Tag, dem 27. Mai 1911, wurden die Verträge beim Notar unterzeichnet und zum 1. Juni die »Internationale Film-Vertriebs-Gesellschaft« mit Sitz in Wien gegründet. Asta Nielsen und Urban Gad verpflichteten sich für die neue Gesellschaft zu einem unglaublichen Arbeitspensum: acht Filme pro Jahr bis 1914, Buch und Regie Urban Gad, Hauptdarstellerin Asta Nielsen. Dafür wurden beide zu 33,3 Prozent am Gewinn beteiligt, Nielsen erhielt außerdem eine Jahresgage von 80 000 Reichsmark.

In der ersten Juniwoche 1911 verkündete *Der Kinematograph* den Kinobesitzern in Deutschland die Sensation mit einer großformatigen »Bekanntmachung«. Der neu gegründeten »Internationalen Film-Vertriebs-Gesellschaft« sei es gelungen, »die Fortuna der Kinokunst, Frl. Asta Nielsen nebst dem beliebtesten Kino-Schriftsteller Herrn Urban Gad zu verpflichten«. Zwei Filme würden die beiden im Juli noch für die dänische Filmproduktion drehen. Von weitergehenden Verpflichtungen kaufte sie ihr neuer Arbeitgeber mit Konventionalstrafen frei. Die gerichtliche Auseinandersetzung darüber ging bis 1913. Nielsen und Gad blieben davon unbehelligt.

In der zweiten Folge der Serie *Mein Weg zum Film*, die im Herbst 1928 in der Berliner Boulevardzeitung *B. Z. am Mittag* erschien, schreibt Asta Nielsen über den Beginn des Jahres 1911, als sie von der Bioscope Verträge für zwei Filme bekam, die in Berlin gedreht werden sollten: »So entfloh ich der mir damals bedrückend erscheinenden Enge meines Vaterlandes und machte mich hoffnungsfreudig auf den Weg nach Berlin.«

Dass der Erfolg Asta Nielsens, die 1902 ihr Debüt am Dagmar Teatret in Kopenhagen hatte, als Filmschauspielerin 1911 in Deutschland weiterging, fand unter ihren Landsleuten ein unterschiedliches Echo. In *Politiken* schrieb der Kritiker zur dänischen Premiere vom Bioscope-Film *Heißes Blut*, er sei von besonderem Interesse für die Dänen, denn »die deutsche Filmindustrie hat eine dänische Schauspielerin gewählt, Fräulein Nielsen, um die weibliche Hauptrolle zu spielen. Das passiert zum ersten Mal.« Eine andere Besprechung erklärte, dass Asta Nielsens Erfolg in *Afgrunden* sie zu Dänemarks weltberühmtester Schauspielerin gemacht habe. Eine Botschafterin, auf die das kleine Land am nördlichen Ende des europäischen Kontinents stolz sein konnte.

Während die Dänen den zweiten Film ihrer Landsfrau genossen, ging der dänische Journalist, Schriftsteller und Dichter Sophus Claussen in Paris, wo er seit 1906 lebte, ins Kino und sah *Afgrunden*. Er hielt es für seine »Schuldigkeit als Däne und Patriot«, der Öffentlichkeit seine kritischen Gedanken zu diesem Film mitzuteilen. Sie erschienen am 5. Mai 1911, ebenfalls in *Politiken*. Claussen, 1865 geboren, gehörte zur kulturellen Elite des Landes und war für seine provokanten Analysen bekannt, schwankend zwischen modernem Lebensgefühl und der Sehnsucht nach dem festgefügten Gestern. Den Frauen zugetan, versuchte er in seinem Leben »das Sinnliche mit dem Heiligen zusammenzuführen« und seine erotischen Verwicklungen in Literatur umzusetzen.

Sophus Claussen bestätigte *Afgrunden* Eleganz und Leidenschaft. Doch weil sie von »Theatermenschen mit südländischer Hautfarbe« – gemeint waren die Hauptdarsteller Poul Reumert und Asta Nielsen – verkörpert wurden, sah er darin eine ernste Gefahr: dass der Film im Ausland einen falschen Eindruck von Dänemark erzeugen würde.

Dänische Filme sollten etwas »von unserer Ausgeglichenheit« zeigen und »von jenem liebenswerten Volk, wo Andersen Märchen zu Hause sind«. Gerade weil der dänische Film ein wichtiges Exportgut war, sollten seine Produzenten darauf achten, »dass uns ein gewisser Grad von Blondheit kleidet und Sympathien schafft. … Haltet eure Filme rein!« Trotz solcher beschränkter Vorstellungen gehörte Sophus Claussen zum Kreis der Vertreter des modernen Dänemarks, die in den Salon von Emma Gad eingeladen wurden. Es ist durchaus möglich, dass der Liebhaber dänischer Blondheit dort zuvor Asta Nielsen, die diesem nationalen Ideal tatsächlich nicht entsprach, begegnet ist.

Es ist ein pikantes Zusammentreffen, dass die Schauspielerin »mit südländischer Farbe« zum Zeitpunkt der Kritik mit Urban Gad die zwei Filme vorbereitete, die sie dänischen Firmen vertraglich zugesagt hatte. Gleichzeitig warb ihr zukünftiger deutscher Arbeitgeber, die Internationale Film-Vertriebs-Gesellschaft, am 19. Juli 1911 im *Kinematograph* mit einem Paukenschlag für »Ein Unikum in der Kino-Branche!«. Man werde bis Februar 1912 rund 1 400 000 Mark in die Produktion der neuen Filme investieren: »Das heißt Courage haben!« Es sei möglich, weil die neue Gesellschaft »den Star Asta Nielsen, die Duse der Kinokunst besitzt« und »den Schriftsteller und Regisseur Urban Gad, den Autor von ›Abgründe‹… Diese beiden Namen sind den Kinobesuchern in Fleisch und Blut übergegangen und garantieren volle Häuser!!« Konkret wird für den 19. August *Der schwarze Traum* angekündigt, einer der zwei dänischen Asta-Nielsen-Filme.

Die Internationale Film-Vertriebs-Gesellschaft hat ihn für Deutschland gekauft, denn mit dem Vertrag vom Mai ist die Dänin der exklusive Superstar auf dem deutschen Kinomarkt geworden. In *Reclams Universum Weltrundschau* steht Asta Nielsen im Zentrum der Besprechung vom *Schwarzen Traum*: »Man sieht stückweise ihr Herz brechen bei dem fürchterlichen Seelenkampfe des liebenden Weibes, das sich selbst verkauft, um den Geliebten zu retten.« In der ersten größeren Asta-Nielsen-Biografie, die der spanische Journalist Pablo Diaz schon 1920 herausgeben wird, erinnert er sich: »›Der schwarze Traum‹ rollt wieder vor meinen Augen ab, den ich in Berlin vor einem Publikum gesehen habe, das von diesem unerhörten Spiel niedergedrückt zu sein schien … und kaum glänzten die Lichter des Theaters, als ein Beifallsorkan losbrach, den kaum eine Sprechbühne gehabt hat!«

Die selbstbewusste Frau aus dem Arbeiterviertel Nørrebro stellt sich der totalen Vermarktung ihrer Person, die am Beginn dieser neuen Epoche der Kinogeschichte steht, nicht in den Weg. Es passt zu ihrer Überzeugung, mit ihrem künstlerischen Können ganz allein den Film als eine neue Dimension der Kunst durchzusetzen. Auf diesem Weg akzeptiert sie alles, was zum Publikumserfolg beitragen kann. Nur wenn die Kinokassen klingeln, wird die Internationale Film-Vertriebs-Gesellschaft Asta Nielsen, den einzigen Joker in diesem riskanten Geschäft, nicht fallen lassen.

Warum sollte es Asta Nielsen nicht schmeicheln, als »Duse der Filmkunst« beworben zu werden? Zumal ihre neuen Arbeitgeber so klug sind, die Schauspielerin einerseits als Weltstar herauszustellen und andererseits ihre Nähe zum Publikum zu betonen. »Asta Nielsen, die populäre Kinoschauspielerin« steht über der Lobeshymne, die im September 1911 in der *Lichtbild-Bühne* erscheint. Der Monat, in dem Asta Nielsen ihren dreißigsten Geburtstag feiert. Geschrieben ist der Artikel vom Chefredakteur, der hinter den Kulissen als »Impresario« die neuen Asta-Nielsen-Filme als Werbefachmann begleiten soll. Die Männer, die ihr unternehmerisches Schicksal an Asta Nielsen gebunden haben, besitzen ein Gespür für die neue Zeit – nicht kleckern, sondern klotzen.

Die Drehbücher für die allermeisten Filme sind noch nicht geschrieben, da soll ein weiterführender Anreiz die Kinobesitzer süchtig nach immer mehr Asta Nielsen machen. Im Herbst 1911 werben Anzeigen im *Kinematographen* für die kommenden »Asta-Nielsen-Serien«. Sie werden aus acht Filmen bestehen und als fortlaufende Serien ab 1911/12 bis 1913/14 angekündigt.

Der schwarze Traum macht den Anfang. Anschließend soll jeden Monat ein neuer Film in den Kinos Premiere haben. Je eher die Kinobesitzer diese Serien buchen, umso sicherer können sie sein, dass diese Filme nicht an die lokale Konkurrenz gehen.

Ein gewaltiger Blankoscheck für die Zukunft, der nur einen einzigen Namen trägt. Doch Asta Nielsen, auf die sich alle Zukunftsträume projizieren, beschweren die ungeheuren Erwartungen nicht. Im engen, heißen Studio der Bioscope hat im Sommer 1911 schon die Arbeit an den weiteren Filmen der ersten Asta-Nielsen-Serie begonnen.

8. Kapitel

EIN DREHORT IM AUSLAND PRO JAHR

Zensur: Der Star mischt sich ein – Ein neuer Atelierkomplex: Der Anfang von Babelsberg – Barcelona: Sehnsucht nach Jesta

1911, Herbst – 1912, Februar

Drama, ganz großes Drama: »… das Feuer breitet sich rasch und verzehrend aus, bald steht das ganze Schloss in Flammen. … Durch Qualm und Glut tastet sie sich glücklich nach dem Bette ihres unversehrt gebliebenen Kindes. Sie nimmt es auf den Arm und tritt den schrecklichen Rückweg an.« Inmitten des Infernos bricht die Mutter ein Loch in eine Mauer; Umstehende hören ihre Schreie, legen eine Leiter an, mit letzter Kraft kann sie ihr Kind durch die Öffnung nach draußen reichen. Gerettet: »Es war die höchste Zeit. Im nächsten Moment stürzt der Bau zusammen, begräbt die heldenhafte Mutter unter seinen Trümmern.« So steht es im Programmheft für den Film *Im großen Augenblick*.

Am 16. September 1911 wirbt eine Anzeige in der sozialdemokratischen Tageszeitung *Vorwärts* – »Heute Erstaufführung« – für diese »dramatische Novität … In der Hauptrolle: Asta Nielsen, die ›Duse der Kino-Kunst‹«. Eine Woche zuvor waren in Berlin rund neunhundert Kritiker, Schauspielerinnen und Schauspieler, Schriftsteller und Künstler in eine Vorstellung geladen. Allein in den Berliner Zeitungen begleiteten zweiunddreißig Besprechungen den Auftakt des Films, der in Deutschland unter dem »Ehrenschutz des Bundes für Mutterschutz« gezeigt wurde.

Nur vier Wochen zuvor hatte *Der schwarze Traum* Premiere gehabt, mit Asta Nielsen als Stella, einer eleganten Zirkusreiterin, die in ein Drama zwischen zwei Verehrer gerät.

Im großen Augenblick – auch *In dem großen Augenblick* genannt – spielt sie als Annie in einem Schloss ein Hausmädchen, das von einem adligen Verwandten ihrer Dienstherrin verführt und verlassen wird, als sich ein Kind ankündigt. Obwohl von ihr hinausgeworfen, übergibt Annie der verhassten Schlossherrin ihr Kind, weil sie zu arm ist, es auch nur zu ernähren. Die Sehnsucht nach dem Kind mündet in eine Entführung, die Annie ins Gefängnis bringt. Am Ende traut sie sich als Einzige in das brennende Schloss und rettet ihre Tochter um den Preis des eigenen Lebens aus den Flammen.

Als der Film in der ersten Novemberwoche 1911 in einem der fünfzig Stockholmer Kinos seine schwedische Premiere haben soll, schreitet die Zensur ein: Die Aufführung wird für das ganze Land verboten. Die Horrorszenen im brennenden Schloss hätten einen brutalisierenden Effekt auf das Kinopublikum. Das Königreich Schweden hatte im September weltweit als erstes Land eine zentrale Zensurstelle eingerichtet.

Die deutsche Produktionsfirma setzt im Kampf für die freie Filmkunst und gegen die Zensur auf die beste Waffe, die sie hat – Asta Nielsen. Am 8. November veröffentlicht *Stockholms-Tidningen,* die größte Tageszeitung der Hauptstadt, einen offenen Brief, den die Hauptdarstellerin an das »hochverehrte Fräulein Gagner« geschrieben hat, ein geschickter Schachzug. Die Lehrerin Marie Louise Gagner war die einzige Frau unter den vier Mitgliedern der Zensurbehörde. Asta Nielsen schrieb sozusagen von Frau zu Frau. Es ist kein rührseliger Brief, sondern ein ausführlicher, eloquenter Appell, der auf die verschiedenen Aspekte des Film eingeht: das uneheliche Kind, eine Mutter, die zwischen dem eigenen und dem Leben ihres Kindes wählen muss. Es geht um moralische Werte, und sie hat ihr Bestes gegeben. Fräulein Gagner sei sicher die Erste, das »als Frau« zu erkennen. Müssten nicht Shakespeare und Schiller ebenso verboten werden, wenn sich die Maßstäbe der schwedischen Zensur durchsetzten?

Asta Nielsen ist bei aller Höflichkeit sehr direkt: »Und nun sind wir beim Kern der Sache, verehrtes Fräulein!« Es geht um eine »neue Kunst, die Millionen Menschen auf der ganzen Erde berührt, eine so breite und mächtige Flut, dass es hoffnungslos ist, sie auf Dauer mit Hilfe der Zensur eindämmen zu wollen«. Eine erfolgreichere Werbekampagne hätte keine Werbeagentur anschieben können. Über drei Wochen beherrscht das Thema die Schlagzeilen der Stockholmer Zeitungen und strahlt aus auf das ganze Land. »Ist das Kinodrama Kunst oder nicht?«, heißt es auf Seite eins von *Dagens Nyheter.*

Am 14. November legt Asta Nielsen mit einem zweiten Brief nach. Am 15. ist der Star bei einer Privatvorstellung für Journalisten in Stockholm anwesend und gibt freizügig Interviews. Inzwischen hatte man die Premiere ihres Films *Ballettänzerin* für Schweden vorgezogen; er lief ab dem 12. November, noch bevor er in Dänemark in die Kinos kam. In *Stockholms-Tidningen* schreibt der Theaterkritiker und Schriftsteller Carl Daniel Fallström ein flammendes Plädoyer gegen das Verbot. Seit er Asta Nielsen wenige Jahre zuvor in Stockholm als Mitglied der Theatertruppe »Die Acht« kennengelernt hatte, gehörte er zu ihren Bewunderern und war ein persönlicher Freund geworden: »... eine Frau wie Asta Nielsen würde sich niemals so leidenschaftlich für eine Kunst einsetzen, wenn sie wertlos wäre.«

Die Freiheit der Kunst ist ein fester Bestandteil demokratischer Gesellschaften. In den staatlichen Ordnungen Europas vor 1918 hatte sie keinen Platz. Im deutschen Kaiserreich, wo Asta Nielsens Filme seit 1911 produziert wurden, mussten Bücher, Zeitungen, Theaterstücke und Filme von der Zensurbehörde genehmigt werden, bevor sie an die Öffentlichkeit kamen. Für das neue Medium Film waren seit 1911 im Berliner Polizeipräsidium vier Zensurbeamte aktiv, drei davon hatten Abitur gemacht. Mit nur einem Filmapparat mussten sie täglich um die zwanzig Filme ansehen und beurteilen, ob diese ganz oder teilweise die öffentliche Ordnung gefährdeten, gegen Sitte und Moral verstießen, die Religion oder Seine Majestät den Kaiser beleidigten.

Rigoros wurden Szenen herausgeschnitten; der Film konnte teilweise oder ganz verboten werden, zum Beispiel für Kinder oder Jugendliche. Letzteres traf für viele Asta-Nielsen-Filme zu, auch für *Im großen Augenblick*. Gegen die Verbote gab es keinen Einspruch. Ob die Kinobesitzer sich strikt daran hielten, war eine andere Frage. Die Berliner Behörde war für Preußen zuständig. Das Königreich Bayern hatte in München seine eigene Zensurabteilung, die wegen ihrer Schärfe besonders gefürchtet war.

Das Jahr 1911 brachte Asta Nielsen ein Arbeitstempo, wie sie es nie zuvor erlebt hatte. Vom Frühjahr bis in den Spätsommer waren im Takt von acht Tagen bis maximal zwei Wochen in der Berliner Chausseestraße die neuen Filme abgedreht worden. In den folgenden Herbst- und Wintermonaten schrieb Urban Gad die Drehbücher für die nächste Serie, und Asta Nielsen konnte sie einstudieren. Die Reise nach Stockholm, wo die Hauptdarstellerin am 15. November für die Journalisten-Vorführung vom verbotenen *Großen Augenblick* anwesend war, ist wichtig, aber kurz. Schon zwei Tage später zeigt sich Asta Nielsen, nun zusammen mit Urban Gad, ihren Bewunderern und Verehrerinnen in Düsseldorf.

Am 17. November 1911 wird an der Gustav-Adolf-Straße 37 feierlich das neue Asta-Nielsen-Theater eröffnet – mit dem Film *Der fremde Vogel*, der am 3. November in Berlin Premiere hatte. Der Rückblick ist atemberaubend: Am 28. November 1910 hatte der dänische Film *Abgründe* mit einer bis dahin unbekannten Schauspielerin in Düsseldorf Premiere. Ein Jahr später kann Asta Nielsen als Hauptdarstellerin auf acht Filme zurückblicken und wird europaweit als der überragende Star des neuen abendfüllenden Films gefeiert. Im Kino ihres Namens in Düsseldorf dirigiert der Hofkomponist persönlich den ihr zu Ehren komponierten Asta-Nielsen-Walzer.

Drei Tage später wird im Städtchen Göding im südlichen Mähren – damals Teil der österreichisch-habsburgischen Monarchie, heute als Hodonín in Tschechien gelegen – ein feierliches Schreiben verfasst: »Der am 20. November 1911 im großen Rathauskeller-Saale zu Göding in Mähren versammelte CLUB DEUTSCHER KUNSTFREUNDE erlaubt sich auf einstimmigen Beschluss, die im weiten Norden weilende, dem deutschen Stamme entsprossene allgemein beliebte, jugendliche Theater-Heldin, als die derzeitige Perle der modernen KINOTHEATERKUNST, das hoch geschätzte Frl. Asta NIELSEN, Schauspielerin in KOPENHAGEN, anlässlich Ihrer so lebensgetreuen, temperamentvoll- und leidenschaftlich-graziösen Darstellung der Hauptrollen …, deren Aufführung in unserer Stadt den größten Beifall fand, auf diesem Wege herzlichst zu beglückwünschen.«

Ob Göding, Paris oder Zürich, Rom oder Amsterdam, Stockholm oder Warschau: Innerhalb von zwölf Monaten war es Asta Nielsen gelungen, als Filmschauspielerin die Menschen über alle nationalen Grenzen hinweg zu berühren und zu begeistern. Sie traf einen Nerv im Leben von Millionen, unabhängig von deren sozialem Stand, ihrer Bildung oder ihren religiösen Ausrichtungen.

Und sie nahm diese Rolle unaufgeregt und selbstbewusst an. »Die Filme, die wir 1912 drehen werden«, erklärte sie im Oktober 1911 dem dänischen Journalisten Viggo Schiørring in einem Interview, »sind schon weltweit verkauft, obwohl die Käufer keine Ahnung haben, worum es geht. Das Einzige, was sie wissen, ich spiele darin … Sie sehen, dass aus mir ein ›Welt-Monopol-Paket‹ gemacht worden ist.« Der Stummfilmstar wusste sich beredt ins rechte Licht zu setzen.

Die Jahre der Armut in Kopenhagen und die erniedrigende soziale Umgebung hat Asta Nielsen nicht vergessen. Aber dies war nicht ihre einzige Prägung. Die Zeit in Malmö, während ihres zweiten und neunten Lebensjahrs, als Vater, Mutter und die beiden Töchter glücklich waren und fast ein bürgerliches Leben führten, hat sie mindestens ebenso sehr geprägt. Als Asta in zwei Sprachen aufwuchs und bei den vielen Besuchen der eleganten Lotte, die sich im rosa Plüsch auf ihrem Prunkbett räkelte, eine andere, faszinierende Welt in sich aufnahm. Oder wenn an ihren Geburtstagen Lottes Freundin, die zupackende Mathilda, zu Hause willkommen war und zur Gitarre griff. Ihre Entschlossenheit, gegen den Willen der Mutter Schauspielerin zu werden und das ärmliche Milieu hinter sich zu lassen, nährte sich von der Bereitschaft, sich unterschiedlichen Welten anzupassen, aber auch eigenständig zu handeln und sich nicht einschüchtern zu lassen.

Ihrer Verwandlungskunst und ihrem Talent, in jedem Film als eine ganz andere Frau aufzutreten und dennoch die Gleiche zu bleiben, bot *Der fremde Vogel* eine weitere Bühne. Asta Nielsen spielt Miss May, eine junge reiche Engländerin, die mit ihrem Vater, Sir Arthur, und einer munteren Gesellschaft den Spreewald bereist. Der Verlobte ist schon ausgesucht, doch die junge Frau verliebt sich in den Bauernknecht, der ihren Kahn steuert. Auf beiden Seiten wollen die Familien diese Verbindung verhindern. Die Verliebten fliehen. Bei der Verfolgungsjagd durch die verwinkelten Kanäle stürzt May aus dem Boot und ertrinkt. Von Seerosen umkränzt, wird ihr Leichnam gefunden.

Nicht nur, dass Asta Nielsen nach der armen, vom Schicksal gebeutelten Annie ihren Frauenrollen wieder eine neue Facette hinzufügt. *Der fremde Vogel* wurde komplett im Spreewald gedreht mit der Natur als lebendiger, eindrucksvoller Kulisse, vom Kameramann Guido Seeber meisterhaft eingefangen – das silbern glitzernde Wasser, das magische Mondlicht zwischen den Bäumen.

Geheimnis und Erfolg der Asta-Nielsen-Serie waren die Kontraste, mit denen die Filme sich in unglaublich rascher Folge wie kostbare Perlen einer Kette aneinanderreihten. Im Dezember 1911 schaltete Bioscope im *Berliner Tageblatt* eine große Anzeige: »Von Neujahr an finden unsere kinomatographischen Aufnahmen nur noch statt in unserem eigenen neuerbauten Riesen-Atelier Neubabelsberg, Stahnsdorfer Straße 99-101.« Mit dem Ruhm waren die filmtechnischen Ansprüche gestiegen. Das enge, heiße Atelier in der Chausseestraße hatte ausgedient.

Die Bauarbeiten für den neuen Atelierkomplex hatten im Herbst begonnen, nachdem Guido Seeber einen idealen Standort außerhalb der Stadt entdeckt hatte: ein leer stehendes Fabrikgebäude auf grüner Wiese im Südwesten Berlins nahe Potsdam. An eine Außenwand wurde ein dreihundert Quadratmeter großes Atelier angebaut, die gläsernen Wände ohne Kitt verfugt. Immer noch musste bei den Aufnahmen das letzte Quäntchen Tages- und Sonnenlicht ausgenutzt werden; der Strom, den die E-Werke lieferten, war für eine optimale Filmbeleuchtung zu schwach. Im sanierten Fabrikgebäude sollten Garderoben, Requisiten, Büros und ein großes Labor für die Entwicklung der Filme untergebracht werden. Es war der Anfang des später weltberühmten Filmstudios Babelsberg.

Trotz des strengen Winters gingen die Arbeiten termingerecht weiter, während Asta Nielsen, Urban Gad und ihre filmische Produktionstruppe zum Jahresende 1911 Richtung Süden aufbrachen. Nach dem erfolgreichen Außenfilm *Der fremde Vogel* hatte Gad Spanien als Kulisse gewählt, wo Asta Nielsen als feurige Südländerin einen exotischen Auftritt bekommt.

Auf dem Weg zu den Schauplätzen des Films in Sevilla und Granada kamen die Berliner am Weihnachtsabend in Barcelona an. Asta Nielsen hatte Sehnsucht und ein schlechtes Gewissen. Erstmals erlebte ihre Tochter Jesta das Fest ohne ihre Mutter. So behütet sie bei der Großmutter und Tante Johanne aufwuchs, Weihnachten war ein Familienfest. Diese drei bildeten Asta Nielsens kleine Familie. Ihr blieb jedoch kaum Zeit für familiäre Nähe in Kopenhagen, seit sie ihre Rolle als »Welt-Monopol-Paket« der deutschen Filmindustrie akzeptiert hatte und ihre

Arbeit sie an Berlin band. An einem Tag wie Weihnachten aber ließ die Sehnsucht sich nicht verdrängen.

Unter Urban Gads konzentrierter Leitung arbeitete das deutsche Filmteam das spanische Drehbuch ab. Für das neue Jahr war schon ein wichtiger Termin festgelegt: Am 12. Februar 1912 fiel im supermodernen gläsernen Atelier in Neubabelsberg die erste Klappe für den ersten Film, der hier gedreht wurde – *Totentanz*. Im Mittelpunkt Asta Nielsen, die im hautengen Abendkleid mit tiefem Dekolleté, einen wagenradgroßen Hut auf dem Kopf, zwei Männern den Kopf verdreht und – wie in *Abgründe* – die Gewalttätigkeit des enttäuschten Liebhabers mit einem tödlichen Messerstich abwehrt.

9. Kapitel

IHR MARKENZEICHEN: DER MODERNE FRAUENTYP

Tod der Mutter – Heirat mit dem Regisseur – Umzug nach Berlin – Glückliche Tage mit Johanne – Der Erfolg ist kein Strohfeuer

1912

Die Filmzeitschrift *Lichtbild-Bühne* meldet unter dem Titel »Asta Nielsen's Popularität« am 8. Februar 1912: »Sie beginnt bereits in das nahrhafte Gebiet einzudringen. – In dem bekannten Kölner Restaurant ›Ewige Lampe‹ vermeldet die glänzend assortierte Speisekarte unter anderem: ›Asta-Nielsen-Schnittchen (Caviar, Lachs, Austern) Mk. 1,75.‹«

Am 2. März 1912 hat der Film *Die arme Jenny* Premiere, in dem Asta Nielsen die Titelrolle, ein Mädchen aus rechtschaffener, aber armer Familie spielt. Als der reiche Eduard sie beim Treppenputzen anspricht und zum Rendezvous einlädt, hofft Jenny auf ein besseres Leben. Eduard entpuppt sich jedoch als Lebemann; ihr rigoroser Vater verstößt sie, als er von dieser Beziehung erfährt. Jenny bleibt nach einem kurzen Intermezzo als Tänzerin nur die Prostitution. Als Eduard sich mit einer anderen verlobt, sieht die verzweifelte Jenny im Selbstmord den einzigen Ausweg. Sie irrt durch die kalte Winternacht, bis sie – so das Programmheft eines Wiener Kinos – »müde und matt in den weichen Schnee sinkt, in dem sie nun den letzten Schlaf und ihre Erlösung findet«.

Am 11. März 1912 bringt die *Deutsche Montags-Zeitung* ein »Plauderstündchen« mit der »nordischen Duse der Kinokunst«. Der Interviewer fragt den »erfolgsgekrönten« Filmstar, ob die

Kinotätigkeit Asta Nielsen genauso viel wert sei wie die frühere Schauspielerei: »Da schienen alle Fäden ihres Inneren wie mit einem Schlage bloßgelegt. Mit großer Lebhaftigkeit schilderte sie, wie gerade eine echte, ihren Beruf ernstnehmende Künstlerin von der Filmtätigkeit eine gewisse höhere, ethische Anschauung haben müsste.« Asta Nielsen stellte ihr Licht nicht unter den Scheffel: »Sie wissen vielleicht nicht, ... dass die Rolle, die ich in dem Aufnahmeatelier vor 3 Personen spiele, ... in den verschiedensten Kinotheatern durchschnittlich von über sechs Millionen Menschen angesehen wird.«

Als das Interview erschien, saß Asta Nielsen in Kopenhagen am Krankenlager ihrer Mutter. Die Neunundsechzigjährige hatte eine Lungenentzündung, das Herz war lange schon geschwächt. Der Arzt machte den Schwestern Asta und Johanne keine Hoffnung. Sie wachten nachts abwechselnd bei der Kranken, sprachen ihr Trost zu: »Schließlich verbot der Professor uns, bei ihr zu bleiben. Er meinte, es beunruhige sie.« In der folgenden Nacht – es war der 17. März 1912 – starb Ida Frederikke Nielsen, allein.

Ihre Töchter standen traurig und mit schlechtem Gewissen vor dem Sarg in der Krankenhauskapelle: »Sie lag, als ob sie von der Einsamkeit flüsterte, der wir sie im letzten Jahr überlassen hatten. Zu spät, um etwas wiedergutzumachen. ... Alles hoffnungslos zu spät.« Asta hatte sich mit ihrem Berufswunsch Schauspielerin gegen die Mutter durchgesetzt, Johanne hatte die jüngere Schwester vehement mit Argumenten und ihrem geringen Verdienst unterstützt. Es war eine schwierige Mutter-Töchter-Beziehung, dennoch hatte die Mutter, ohne zu zögern, 1901 das unehelich geborene Kind ihrer jüngeren Tochter in ihre Obhut genommen. Und damit Asta Nielsens Berufstätigkeit als Schauspielerin und ihre Karriere als weltberühmter Filmstar möglich gemacht, ohne ihr Kind in ein Heim geben zu müssen. Auch die nun Elfjährige hat mit dem Tod der Großmutter einen unermesslichen Verlust erlitten.

Der Tod der Mutter im März 1912 war ein Einschnitt, der mit Asta Nielsens Entschluss zusammenfiel, »meinen Wohnsitz nach Berlin zu verlegen, wo ich für drei weitere Aufnahmezyklen gebunden war«. Im Mai hatte die *U. T. Z. – Union-Theater-Zeitung* – eine gewaltige Überraschung für ihre Leserinnen: »Unsere berühmte Kopenhagen-Schauspielerin und Filmtragödin ist so von Berlin angetan, dass sie überlegt, ihre Wohnung im Norden gegen Berlin zu tauschen …« Die *U. T. Z.* war zum Jahresbeginn als Organ der Union-Theater-Kinos gegründet worden und ein weiterer Werbeträger für den hauseigenen Superstar. Der Besitzer der größten Kinokette Deutschlands war ein wichtiger Teilhaber im Filmkonsortium, das Asta Nielsen im Mai 1911 eingekauft hatte.

Im Juli 1912 erfuhr die *U. T. Z*-Leserschaft aus erster Hand: »Die Duse der Kinematografie hat jetzt ein gemütliches und geschmackvolles Heim eingerichtet … das bunte Leben der jungen kosmopolitischen Metropole Berlin ist genau der richtige Ort, um die letzten Reste von Heimweh zu verjagen … als bald völlig akklimatisierte Berlinerin hat sie uns gebeten, ihre besten Grüße an ihre neuen Landsleute zu richten.« Das Lob auf die lebendige internationale deutsche Hauptstadt entsprach den Tatsachen. Berlin gehörte mit fast drei Millionen Einwohnern und zweiundzwanzig Bahnhöfen neben London und Paris zu den größten europäischen Metropolen. Die skandinavische Kolonie an der Spree wuchs beständig. Die dänische Tageszeitung *Politiken* schrieb 1912: »Es ist nicht die Schönheit, die Dänen nach Berlin zieht, sondern Museen und Unterhaltung …« Hier gab es Aktivität rund um die Uhr.

Endlich war es vorbei mit dem Hotel-Leben. In der hochherrschaftlichen Kaiserallee 203 im feinen Wilmersdorf – nach den Zerstörungen im Zweiten Weltkrieg als Bundesallee wieder aufgebaut – hatte sich der Weltstar niedergelassen. Und war dort nicht allein. Was weder die *U. T. Z.* noch Asta Nielsen in ihren Erinnerungen verrieten: Am 11. Mai 1912 hatten Urban Gad und die Hauptdarstellerin all seiner Filme in Kopenhagen geheiratet. Die kirchliche Heirat galt als staatliche Eheschließung. Doch die beiden verzichteten auf den festlichen – und damit allzu öffentlichen – Auftritt in einer Kirche. Asta Nielsen und Urban Gad gaben sich in der Dienstwohnung von Pfarrer Olfert Richards das Ja-Wort. Er war ein bekannter populärer Vertreter der lutherischen Staatskirche; ein bisschen etwas Besonderes sollte es schon sein.

Wurde anschließend zu einer privaten Feier ins Haus der Schwiegereltern, Admiral Gad und seiner Frau Emma, Dronningens Tvaergade 40, nahe Kongens Nytorv und Schloss Amalienborg eingeladen? Vielleicht mit Johanne und Jesta? Was bedeutete dieser offizielle Schritt zwei Menschen, die durch ihre gemeinsame Arbeit engstens miteinander verbunden waren? Die den größten Teil ihrer Zeit zusammen im Filmatelier verbrachten?

In der von Asta Nielsen geprägten öffentlichen Darstellung in Zeitungsberichten und Interviews aus dieser Zeit und den folgenden Jahren tritt Urban Gad zwar als ihr Regisseur, aber niemals als Ehemann auf. Wie in den beiden Erinnerungsbänden von 1945 und 1946 hat sie um ihren innersten emotionalen Bereich eine unüberwindbare Mauer hochgezogen. Doch tauchen in späteren Jahren bei der Recherche Gedankensplitter auf, mit denen Asta Nielsen kurze – gezielte? – Einblicke in ihr Gefühlsleben gewährt.

Der deutschen Tageszeitung *Die Welt* sagte die Neunundsechzigjährige 1950 in einem Interview: »Mit Gad war ich eineinhalb Jahre lang verheiratet, wir kannten uns aber sieben Jahre. Eigentlich sollte das die gesetzlich vorgeschriebene Höchstzeit für eine Ehe sein.« Damit hat Asta Nielsen mit gehörigem Zeitabstand bestätigt, was allen, die seit dem Ende der 1910er Jahre zum engeren Umkreis von Nielsen und Gad zählten, bekannt gewesen sein muss: Die beiden waren lange vor ihrer Heirat ein Paar. Zählt man von ihrer Trennung 1914 sieben Jahre zurück, dann auch schon 1910, als sie das Experiment *Afgrunden* wagten. Als sie 1912 heiratete, wohnte Asta Nielsen in Dronningens Tvaergade 29, direkt gegenüber der Villa ihrer Schwiegereltern, wo für den erwachsenen Urban Gad sein Zimmer immer bereitstand.

Dass die Idee zu einem Film mit Asta Nielsen in der Hauptrolle bei einem zufälligen Treffen mit Urban Gad auf dem Rathausplatz in Kopenhagen entstand, wird durch das Interview von 1950 mehr als fragwürdig. Aber mit ihrer vielzitierten Erzählung, die auch unterschlägt, dass Gad schon Regieerfahrungen hatte, ist es Asta Nielsen gelungen, einen Mythos zu begründen, der den Beginn ihrer zweifellos einmaligen Filmkarriere zu einem unergründlichen Rätsel macht.

Verhüllt die Zeit, die vergeht, emotionale Widersprüche mit einem Schleier? Setzt sie vielleicht manches in ein günstigeres Licht oder wird dieser Schleier radikal zerrissen, wenn im Rückblick ein entspannter Augenblick unterdrückte Gefühle freisetzt? Die bittere Selbstanklage Asta Nielsens beim Tod ihrer Mutter – »alles hoffnungslos zu spät« – ist glaubwürdig. Die hektische Produktion ständig neuer Filme in Berlin ließ ihr kaum Zeit für ihre kleine Familie in Kopenhagen. Dass dieser Tod auch gegenteilige Emotionen auslöste, die die Öffentlichkeit nichts angingen, offenbarte Jahrzehnte später die über Fünfundsiebzigjährige einem engen Freund.

Asta Nielsen, die stets misstrauisch beobachtete, ob Menschen sie aufgrund ihrer Berühmtheit ausnutzen wollten, war um 1955 überzeugt, in dem Antiquar für »Theatré – Film – Ballet«, der in der Adelgade 33, nahe dem Hauser Plads in Kopenhagen, ein kleines Geschäft hatte, einen Menschen gefunden zu haben, dem sie bedingungslos vertrauen konnte. Frede Schmidt kümmerte sich um sie, versorgte sie mit Büchern, brachte ihr leckere Kleinigkeiten zum Essen und fragte fast täglich per Telefon an, wie es ihr ging. Asta Nielsen schätzte diese vertraulichen Telefonate, erzählte offen über ihre Krankheiten, die Probleme ihrer

Tochter Jesta, gab kritische Geschichten aus ihrer Filmkarriere oder über ihren Ex-Mann Urban Gad zum Besten.

Was sie im Traum nicht ahnen konnte: Frede Schmidt hat von 1956 bis 1959 diese Telefongespräche heimlich mitgeschnitten. Nach seinem Tod wurden die Aufnahmen, rund hundert Bänder, gefunden. In Dänemark wurde diskutiert, ob es ethisch erlaubt ist, daraus zu zitieren. Inzwischen ist diese Schranke in dänischen Fernsehdokumentationen gefallen; 2016 erschien in Kopenhagen ein Buch, in dem große Teile der Gespräche abgedruckt sind. (Eva Tind: *Astas Skygge*, s. Literaturhinweise. Daraus stammen die übersetzten Zitate, wenn ich mich auf Asta Nielsens Telefongespräche beziehe.)

In einem Telefonat sagte Frede Schmidt, seine Mutter komme zu Besuch und würde gern Asta Nielsen sehen. Gern, er soll mit ihr vorbeikommen. Im Voraus entschuldigt sich Schmidt für seine Mutter, die sich für nichts interessiere, nichts lese. Darauf Asta Nielsen: »Das war dasselbe mit meiner Mutter, es gab keine geistige Verbindung. Man mag sich, aber man kann es auch unterlassen, viel zusammen zu sein …« Dann erinnert sie daran, dass ihre Mutter anderthalb Monate vor ihrer Hochzeit mit Urban Gad starb: »Ich dachte, es war sehr passend, dass sie kurz vor unserer Heirat starb. … Ich hätte sie ungern in die Familie des Admirals eingeführt – denn die war sehr kritisch. Emma Gad war besonders kritisch, obwohl ich sie sehr mochte. Und Mutter war nicht bescheiden. Sie trat sehr bestimmend auf, spielte die erste Geige, wo sie hinkam, das war sehr peinlich.«

Für Asta Nielsen war die Heirat nebst gemeinsamer Wohnung offensichtlich auch eine Konzession an bürgerliche Gepflogenheiten. Sie erzählte schon bald danach – und immer wieder gern –, was sie dachte, als während des Umzugs ihre und die Möbel von Urban Gad in der gemeinsamen Wohnung zusammenkamen; zwei gleiche Kronleuchter waren darunter: »O Gott, gibt das ein Durcheinander, wenn wir uns einmal scheiden lassen – das alles wieder teilen – oje.« Eine witzige Anekdote, deren feine Ironie spiegelt, was Asta Nielsen vom offiziellen bürgerlichen Ehepakt hält.

Die »Bildpostkarte Deutsches Reich« aus Berlin mit dem Poststempel vom 28.8.1912 ist adressiert an »Frk. Johanne Nielsen« in Kopenhagen, Godthåbsvej 20/2. Die Vorderseite – »Astas Skygge« – zeigt Asta Nielsens Profil im Schattenriss. Auf der Rückseite die stolze Meldung: »Haben 6 Filme fertig … Wir haben es alle gut, Jesta inbegriffen … 10 Zentimeter gewachsen. Beste Grüße, auch an Frau Andersen, von Urban Gad.« Hier schreibt kein frisch vermählter Ehemann, der seine Schwägerin erst bei der Hochzeit im Mai kennengelernt hat. Aus den wenigen Zeilen spricht eine familiäre Vertrautheit, in die nicht nur Jesta – nun Urban Gads Stieftocher –, sondern ebenso Johannes Lebenspartnerin, die Schauspielerin Isi Andersen, einbezogen ist.

Die Berliner Wohnung bot einen Familientreffpunkt an dem Ort, wo seit Beginn 1911 Asta Nielsens Lebensmittelpunkt war. Sehr wahrscheinlich, dass Johanne die neue Wohnung der »kleinen Schwester« schon besichtigt hatte. Wahrscheinlich war sie zusammen mit Jesta nach Berlin gereist, wo es für die Zehnjährige jetzt einen festen Platz bei der Mutter und deren Mann gab. Und einen für Johanne.

Wenn Asta Nielsen in ihren Erinnerungen von den »schönen, stillen und glücklichen Tagen« erzählt, als ihre Schwester sie in der Berliner Wohnung besuchte, wird ihr im Rückblick noch warm ums Herz: »Oft hatte sie sich gerade vom Krankenlager erhoben und genoss nun die Abwechslungen in der großen Stadt, deren unzählige Erlebnisse sie mit kindlicher Freude in sich aufnahm. Wie glücklich und dankbar war sie für jede Kleinigkeit, mit der ich sie erfreuen konnte, so klein und gering sie waren gegenüber den Entbehrungen, die sie in der frühen Jugend auf sich genommen hatte, um mir auf dem Weg ins Theater zu helfen.«

Die Rollen hatten sich umgekehrt. Aus der kleinen war die

große Schwester geworden, die dank ihrer grandiosen Erfolge als Filmschauspielerin über unerschöpfliche Finanzmittel verfügte und Johanne großzügig ihren Dank zu vergelten suchte. Die Ältere hatte zeitlebens »unter Krankheiten und Schmerzen zu leiden, aber sie trug ihr Schicksal mit Geduld und meistens einem Lächeln«. Ohne dass je darüber ein Wort fällt, hat Asta Nielsen zweifellos den Lebensunterhalt für Johanne, die keiner Arbeit mehr nachgehen konnte, übernommen. In Berlin verbrachten die beiden Schwestern »die Abende oft in einer Loge im Theater oder in den großen Varietés. Ihr blondes Haar und ihr heiteres Lächeln erhellten das Halbdunkel der Logen. Sie strahlte in ihren hübschen Kleidern und vergaß ihr schwaches Herz über alle die kleinen Dinge, die für sie zum Erlebnis wurden«.

Johanne streifte gern durch Berlins Kaufhäuser, doch da konnte Asta Nielsen sie nicht begleiten. Wenn die Filmschauspielerin sich in den Straßen Berlins zeigte, war sie sofort von einer Menschentraube umgeben, unzählige Hände berührten sie. Asta Nielsen empfand diesen Preis des Ruhms als übergriffig und bewegte sich nur noch mit dem Auto durch die Stadt. Im Theater schützte ein dünner Vorhang in ihrer Loge sie vor neugierigen Blicken. Bald musste bei den Premieren ihrer Filme berittene Polizei für Ordnung sorgen.

Diesseits und jenseits der Grenze fanden die »Asta-Nielsen-Serien« reißenden Absatz. In den Niederlanden wurde ab 1912 kein Filmstar so oft in den Zeitungen erwähnt wie die Dänin aus Berlin, »die berühmteste Tragödin der Film-Kunst«. Ähnliches gilt für die Schweiz. In Innsbruck eröffnete ein neues Kino im April 1912 mit der Werbung, die exklusiven Rechte an allen Asta-Nielsen-Filmen zu haben. Das zweite Kino im isländischen Reykjavík startete am 29. Juni 1912 mit einem Asta-Nielsen-Film – *Der Nachtfalter*. Der *Mannheimer Generalanzeiger* meldete am 26. August 1912 in großer Aufmachung: »Trotz dem schönen Wetter war der Sturm auf die Kasse des

Union-Theaters ganz enorm! Täglich ab 3 Uhr beginnend: Die Sensation aller Sensationen, das große vieraktige Sittendrama: Der schwarze Traum mit der berühmten Tragödin ASTA NIELSEN. Kinder haben keinen Zutritt.«

Jeder Film, der im Lauf des Jahres 1912 in die Kinos kam, bewies: Der sensationelle Auftritt und der Erfolg von Asta Nielsen im September 1910 in *Afgrunden* waren kein Strohfeuer. Asta Nielsen berührte und eroberte wie kein Filmstar zuvor Menschen, und sie konnten nicht genug von ihrer Kunst und ihrer persönlichen Ausstrahlung bekommen. Die Schauspielerin aus Kopenhagen war ins internationale Licht der Scheinwerfer getreten, um dortzubleiben.

10. Kapitel

EINE NEUE KUNST ENTSTEHT

Revolution der Filmtechnik – Aufbruch der Frauen – Ein ideales Arbeitsteam nutzt die Gunst der historischen Stunde

Eine Aussage wie in Stein gemeißelt: »Gefühle allein schaffen niemals Kunst.« Sie steht im zweiten Band von Asta Nielsens Erinnerungen *Die zehnte Muse*, in dem sie vehement beansprucht, dass es ihr Lebenswerk war, den Film als eine neue Form neben den traditionellen Künsten zu etablieren. Ein befremdlicher Satz vor dem Hintergrund ihrer Schauspielkunst, die sie im Film auf eine Weise auslebt, die keine Theaterbühne zulassen würde. Wenn Asta Nielsen auf der Leinwand agiert, ist dann nicht alles Gefühl, großes Gefühl?

Sie spielt Frauen, die in ihrer Liebe leidenschaftlich alle Grenzen überschreiten und weder Mord noch Selbstmord scheuen. Ihre Bewegungen strotzen vor Sinnlichkeit, ohne dass sie sich die Kleider vom Leib reißen muss. Sie stürzt sich ins Flammenmeer, um ihr Kind zu retten. Sie lässt sich bei Nacht von einem Zirkuscowboy aus dem Elternhaus ihres Verlobten entführen. Wenn das Drehbuch sie zu Tränen herausfordert, sind es echte Tränen, die sie auf der Leinwand weint.

Aber Asta Nielsens Gefühlswelt hat zwei Seiten. Emotionen und Leidenschaft können bei ihr handfeste Folgen haben. Asta Nielsen verteilt hemmungslos Ohrfeigen und reißt Haarbüschel aus. Sie prügelt sich und geht den Männern an den Kragen. Hier tritt eine Frau auf, die nicht Opfer sein will, sondern zielstrebig ihren Weg geht, selbst wenn er in Tod und Selbstzerstörung endet.

Asta Nielsen hat ihre Kunst und ihr Talent immer aufs Neue

reflektiert und gern darüber Auskunft gegeben. Die Grundlage ihrer spektakulären Schauspielkunst ist ein Ritt auf der Rasierklinge: Verstand und Gefühl gehen bei ihr ein Bündnis ein, Bewusstes und Unterbewusstsein sind auf subtile Weise miteinander verkoppelt. Wenn Asta Nielsen auftritt, scheint die Leinwand nicht mehr zu existieren, ist die Distanz zwischen ihr und dem Publikum aufgehoben. Das alles ohne Worte und ohne die ungewohnte Stummheit mit Grimassen oder marionettenhaftem Verhalten kompensieren zu wollen.

»Beseelte Kunst« will sie dem Publikum vermitteln, schreibt Asta Nielsen in der Fortsetzungsreihe *Mein Weg zum Film* in der *B. Z. am Mittag* am 26. September 1928. Sie beschreibt die unglaublich disziplinierte innere Arbeit, die in ihrer Kunst steckt: »Denn nur mit der Seele, also durch Entfesselung des Unbewussten nach völliger Beherrschung des Bewussten, lässt es sich suchen, erkennen und durchdringen, das große Mysterium des Films, dem ich seit je zu dienen glaubte.« Asta Nielsen ist keine Naive, die sich auf spontane Eingebung verlässt. Bei ihr werden höchste Konzentration und Kreativität eins.

Eine seltene Gabe, die das Publikum honoriert und nicht müde wird in den vielfältigsten Variationen zu erleben. Aber sie allein macht den Erfolg nicht aus. Asta Nielsen trifft mit ihrer Kunst auf eine Gunst der historischen Stunde, in der verschiedenste Umstände ineinandergreifen und sich im neuen Medium des Kinofilms verbünden.

Am Beginn steht eine technische Revolution: Es ist der Langfilm, der es möglich macht, eine Hauptdarstellerin in den Mittelpunkt zu stellen und das Drama eines Lebens zu erzählen. Und die großen Gefühle der vielen Leben, die Asta Nielsen verkörpert, sind nicht Kunst um der Kunst willen. Sie haben einen harten Kern, der die Wirklichkeit derer spiegelt, die vor der Leinwand sitzen.

Das Publikum, das seit 1910 in die Kinos strömt, wo die Langfassungen der Asta-Nielsen-Filme gezeigt werden, ist keine graue undefinierbare Masse. Asta Nielsen und ihr Regisseur Urban Gad wissen sehr genau, wer mehrheitlich in den Kinosesseln sitzt – Frauen. Genauer gesagt: die neuen Frauen, die in allen sozialen Schichten den Umbruch am Beginn des 20. Jahrhunderts zum Aufbruch in ein neues Leben nutzen.

Was mit dem Aufkommen des Films nach der Jahrhundertwende von Pfarrern, Lehrervereinen, konservativen Politikern als »Proletenkino« denunziert wurde, hatte mit *Afgrunden* 1910 endgültig eine qualitativ andere Ebene und ein anderes Publikum gefunden: Der abendfüllende Stummfilm war weiblich, und das hatte Folgen. Es waren vor allem Frauen, die die neuen Lichtspielhäuser und Tonhallen füllten. Nachmittags kamen die Hausfrauen. In den Abendvorführungen erschienen Frauen, die erstmals in der Geschichte in großer Zahl außer Haus berufstätig sein konnten – Kontoristinnen, Telefonistinnen, Verkäuferinnen. Die sich auch am Abend ohne männliche Begleitung in der Öffentlichkeit bewegten und im Kino auf eine Gemeinschaft von Frauen trafen, die sich mit den weiblichen Schicksalen in Asta Nielsens Filmen identifizieren konnten.

In den Filmen der Asta-Nielsen-Serien verkörpert die Schauspielerin nicht sentimental die Welt von gestern, sondern konsequent die neue Frau der Moderne. Die berufstätige Frau mit einem unehelichen Kind aus dem Arbeiterviertel Nørrebro, deren Traum von einer Karriere am Theater zu scheitern schien, spiegelt den Alltag und die Sehnsüchte ihres weiblichen Publikums: durchsetzt von Brüchen und Hoffnungen, Kämpfen, Enttäuschungen und Erfolgen.

Ob als arme Jenny oder reiche Engländerin auf Urlaub im Spreewald: Quer durch alle sozialen Schichten bricht sie aus herkömmlichen Konventionen aus. Mochte das Drama auf der Leinwand auch tragisch für sie enden, Asta Nielsen unterfüttert jede Rolle mit ihrem Selbstbewusstsein, ihrem Selbstverständnis als emanzipierte Frau. Was immer geschieht, es ist ihre Entscheidung. Sie zeigt ein neues Rollenmodell, in dem Frauen sich ihre Freiheiten nehmen. Nichts anderes ist auch der Gang in den Kinosaal für ihr weibliches Publikum – ein neu gewonnener Freiraum, fern von Kindern, Küche, Kirche.

Diese neue Sicht hatte zwei Partner: Asta Nielsen, die »Fortuna der Kinokunst«, und Urban Gad, der »beliebteste Kino-Schriftsteller«. Es war Asta Nielsens Bedingung, dass Gad das Monopol auf Drehbuch und Regie bei den acht Filmen hatte, die bis 1914 jährlich mit ihr als Hauptdarstellerin produziert werden sollten. Ihr war offensichtlich bewusst, dass sie den Erfolg ihrer Filme nicht allein kreieren konnte und Urban Gad daran entscheidenden Anteil hatte. Und die Filmbranche verschwieg es nicht. In den Anzeigen der ersten Asta-Nielsen-Serie wurde Urban Gad an erster Stelle genannt. Langsam schob sich der Name der »Kino-Duse« in den Vordergrund, um dann der alles beherrschende Blickfang zu werden.

Ein »Urban-Gad-Schnittchen« hätte man 1912 in Köln nicht auf die Speisekarte gesetzt. Mit jedem Film brannte sich die Performance von Asta Nielsen in die Köpfe, wurde sie Kult, ihre Person ein Markenzeichen – von einer geschickten Werbemaschinerie gesteuert. Dennoch geht Gads Name auf den Anzeigen nicht gänzlich verloren. Auf den Standfotos, die bei jeder Produktion gemacht wurden und Teil der Werbung waren, ist immer auch der Regisseur zu sehen. Urban Gad sticht mit Strohhut aus dem Aufnahmeteam heraus, ein kräftiger, großer Mann, ernst schaut er in die Kamera. Obwohl 1912 erst dreiunddreißig Jahre alt, traut man ihm zu, viel Verantwortung zu übernehmen.

Das Drehbuch ist die Grundlage jeder Inszenierung, ob im Theater oder im Film. Urban Gad liefert für jeden Film eine andere, überraschende Erzählung, in der sich Asta Nielsen mit ihren vielfältigen Talenten bewähren kann. »Er erdachte auch alle Manuskripte«, hat Asta Nielsen in der *B. Z. am Mittag* 1928 Gad zugestanden, als die beiden schon lange geschieden waren. Seine Drehbücher waren keine flüchtigen Skizzen, sondern sorgfältig ausgearbeitet. Als Regisseur entschied Urban Gad über die

Dramaturgie des Films, dessen ästhetische Anmutung und den Schnitt, wenn alle Szenen abgedreht waren.

Genaueres über diese Zusammenarbeit erfährt man aus einem »Gespräch mit der Künstlerin«, das die *Kinematographische Rundschau* am 2. März 1913 veröffentlichte, zehn Monate nach der Heirat: »Ob sie sich gewisse schauspielerische Freiheiten gestatte, darüber hinausgehe, was der Dichter vorschreibe?« Asta Nielsen: »Nein«. Dann wird Urban Gad, »der Dichter«, befragt, wie er seine Dialoge gestalte. Da gibt es eine klare Unterscheidung zwischen den »fremden Schauspielern« und der Hauptdarstellerin. Für die Schauspieler um Asta Nielsen herum lege er mit genauen Worten schriftlich fest, wie sie ihre Rolle gestalten sollen: »Die Rolle seiner Frau bespreche er nur.«

Der Interviewer interpretiert: »Er ist tief in das künstlerische Wesen Asta Nielsen, die wieder ihren Dichter voll versteht, eingedrungen und mit wenigen Worten kann er ihr seine dichterischen Intentionen klar machen.« Asta Nielsen formuliert treffend, dass »ihr Spiel und seine Dichtung eine gegenseitige Ergänzung bilden«. Man kann es einen Glücksfall nennen, dass diese beiden Persönlichkeiten dank ergänzender Verschiedenheiten und gleicher Überzeugungen im Medium des neuen Langfilms eine ideale gemeinsame Arbeitsplattform fanden.

Zwischen den kleinen, ärmlichen Stuben im Arbeiterviertel Nørrebro, die Familie Nielsen bewohnte, und der Gad-Villa mit zehn Zimmern im Zentrum von Kopenhagen lagen Welten. Asta Nielsen brachte knapp acht Jahre Volksschule hinter sich, wenngleich immer ehrgeizig bei den Besten in der ersten Reihe. Urban Gad, nur zwei Jahre älter, wuchs auf inmitten einer intellektuellen Elite, die sich regelmäßig im Salon seiner Mutter Emma versammelte und das liberale, moderne Dänemark repräsentierte. Zu den »brennenden Fragen«, die hier diskutiert wurden, so erinnerte sich Urban Gad in seiner autobiografischen Skizze *Klunketiden … – Die Gründerzeit aus anderer Sicht –*, gehörten »Ehe und freie Liebe und die Stellung der Frau und

Emanzipation«. Das waren die Herausforderungen der Moderne, von Emma Gad als führendem Kopf der bürgerlichen dänischen Frauenbewegung in der Öffentlichkeit angestoßen und vorangetrieben.

Urban Gad war ein »Muttersohn«, während sein älterer Bruder dem Vater, Admiral Gad, mit einer militärischen Laufbahn nachfolgte. Emanzipierte Frauen waren für Urban Gad eine Selbstverständlichkeit. Wie seine Mutter schätzte er Literatur und Kunst. Emma Gad widmete das erste Exemplar ihres erfolgreichen Buches *Takt og Tone* – ein dänischer »Knigge« für eine emanzipierte Gesellschaft – ihrem jüngeren Sohn, »mein Freund, mein Ratgeber – habe Dank«. Beide zusammen schrieben ein Frauen-Drama, das 1909 in Det Kongelige Teater in Kopenhagen aufgeführt wurde – Regisseur Urban Gad, Hauptdarstellerin Asta Nielsen. Um diese Zeit war Asta Nielsen schon Gast im Salon von Emma Gad.

Im Det Ny Teater sind sich Asta Nielsen und Urban Gad erstmals begegnet, die Schauspielerin und der Inspizient, der schon 1908 in einem ausführlichen Artikel in *Berlingske Tidende* seine Vorstellung von einem modernen Theaterregisseur darlegte. Asta Nielsen hatte bereits vor der Jahrhundertwende zielstrebig ihr soziales Milieu im Arbeiterviertel hinter sich gelassen und ein doppeltes Ziel: der Kunst zu dienen und frei ihren eigenen Weg zu gehen. Die als Schauspielschülerin ihre Bildungsdefizite erkannte und mit eiserner Disziplin auffüllte. Asta Nielsen war kein »hässliches Entlein«, auch wenn die Parallele mit Dänemarks Lieblingsdichter und seinem Märchen verführerisch naheliegt, als sie ins dänische und sehr bald ins internationale Scheinwerferlicht trat. Als Asta Nielsen und Urban Gad 1910 *Afgrunden* wagten, war sie eine selbstbewusste Frau, die trotz sehr unterschiedlicher Herkunft nicht wenige Schnittstellen mit dem Regisseur aus liberalem bürgerlichen Hause hatte.

Vielleicht das stärkste Band war ihre gemeinsame Liebe zur Kunst, der sie den Film als gleichrangige Kunstsparte zuführen wollten. Einen eindrucksvollen verschwiegenen Liebesbeweis legte Urban Gad im Januar 1913 ab, als er es ablehnte, einen Artikel über den Film als Kunst zu schreiben. Eigentlich sein Thema, doch zu sehr verknüpfte es ihn mit privatesten Gefühlen. Dem Anfrager vertraute er »unter dem Siegel der Verschwiegenheit« an, »dass ich überhaupt nur die Arbeit meiner Frau in dieser neuen Branche für Kunst halte – sie ganz allein«. Womit der Ehemann selbst bestätigt, dass an der Einzigartigkeit von Asta Nielsens Leistung, unabhängig von seiner Arbeit als »Dichter« und Regisseur, kein Zweifel besteht.

Asta Nielsen hatte die Jahre des Elends und der Armut hinter sich gelassen, aber diese Zeit nicht vergessen. Urban Gad war kein Liberaler im Elfenbeinturm, sondern überzeugt, dass die neue Zeit grundlegende soziale Änderungen bringen müsse. Und dass der Film Bahnbrechendes dazu leisten könne. In einem guten Film, wird er 1919 in seinem Buch *Der Film* schreiben, ist die Hauptrolle so besetzt, dass sie sich »als Träger einer Idee zeigt, die in bewusstem und gerechtem Kampf der bestehenden Gesellschaftsordnung gegenübersteht, oder als schwaches, irrendes und leidendes Opfer von dieser selben Gesellschaftsordnung unterjocht wird. Auf diesem Wege kann man große Sympathie für eine Figur erwerben, mag sie auch noch so sehr mit Fehlern behaftet sein.« Asta Nielsen war die ideale Sympathieträgerin.

Im Sommer 1912 fanden im Neubabelsberger Glasatelier die Dreharbeiten für *Die Kinder des Generals* statt. Eine turbulente, verwickelte Geschichte, doch in acht Tagen war der Film fertig. Im Mittelpunkt steht die junge Thekla. Sie wirbelt alle durcheinander, findet immer neue Auswege, um die Schwächen ihres Bruders, eines notorischen Spielers, der vor Falschspiel nicht zurückschreckt, vor dem strengen Vater zu verstecken. Darüber gerät die Liebe zwischen ihr und James, einem Engländer, ernstlich in Gefahr. Die Eltern zürnen ihr. Aber Thekla überzeugt durch ihre edelmütigen Motive am Ende alle, auch James. Das

Liebespaar findet sich »in einem langen Kuss zusammen, zusammen für ein ganzes Leben«, so das Programmheft. Dass der deutsche General seit Jugendzeiten mit Lord Hill befreundet ist, dessen Sohn James gastfreundlich aufnimmt und ihn als englischen Schwiegersohn herzlich willkommen heißt, darüber wird in der illustren Gesellschaft kein Wort verloren. Nationale Engstirnigkeit kennen die Asta-Nielsen-Filme nicht.

Klug, selbstbewusst, kein Risiko scheuend – allen Männern überlegen –, setzt sich Asta Nielsen als Thekla auch in diesem Film durch. Wieder gilt, was ein dänischer Filmkritiker über ihre Darstellung in *Der schwarze Traum* schrieb: »Hier hat sie die Gelegenheit … einen unkonventionellen, überzeugenden Frauentyp darzustellen.«

Dass der Star des neuen deutschen Stummfilms aus Dänemark kam, störte das deutsche Publikum nicht, im Gegenteil. Die *Lichtbild-Bühne* nannte sie stolz »unsere Kopenhagen-Schauspielerin«. Asta Nielsen brachte kosmopolitisches Flair nach Berlin und in die deutsche Kino-Landschaft. Stand doch Dänemark als Vorbild an der Spitze, wenn es um modernes Leben, eine liberale Gesellschaft und die neuen unkonventionellen Frauen ging – oder?

11. Kapitel

DAS GESPALTENE VATERLAND

Typisch dänisch ist sie nicht – Das Besondere erregt Misstrauen

Der markante Bau mit seinem poppigen Farbanstrich ist unübersehbar, wenn man aus dem S-Bahnhof Vesterport kommt und in Richtung H. C. Andersens Boulevard und Innenstadt geht. Wo einst Kopenhagens erster Bahnhof lag, entstand 1912 das Palads Teatret. Eröffnet wurde es am 8. Oktober 1912 mit der dänischen Premiere von *Die Kinder des Generals*. Asta Nielsen, die bis zum Frühjahr ihren festen Wohnsitz in Kopenhagen hatte, war anwesend, und stolz schrieb *Politiken*: »Wir sind nicht nur fähig, eines der größten Kinotheater in Europa zu bauen, sondern auch eine wahre Primadonna hervorzubringen, die dessen Einweihung schmückt.«

Alle ihre Filme wurden in Dänemark aufgeführt, in den Zeitungen und von den großen Kinos prominent beworben. Nicht immer gefiel der Inhalt, doch das Spiel »unserer berühmten Landsmännin« wurde ausnahmslos begeistert aufgenommen, über jeden Besuch in Dänemark berichtet. Am 23. Dezember 1912 wurde die Premiere eines Asta-Nielsen-Films im Palads Teatret mit einem Weihnachtsbazar verbunden, zu dem bekannte Autoren, Schauspielerinnen und Künstler geladen waren. Über diesen Aufwand erlaubte sich *Politiken* in der Vorankündigung, patriotisches Selbstlob mit Ironie zu würzen: »Die Diva des Films erscheint wiederum auf der Leinwand in der Stadt ihrer Geburt, die für sie jetzt fern und klein geworden scheint. Frau Asta Nielsen-Gad hat die Welt erobert, ihr Name wird mit Hochachtung in den Metropolen Europas und den Dörfern Afrikas genannt, und am Montagabend muss Kopenhagen vor ihrer Kunst niederknien.« Dass der Weltstar einen Dänen aus angesehener Familie geheiratet hatte und seinen Namen trug, lässt die dänischen Herzen noch ein wenig höher schlagen.

So international Asta Nielsen in ihren Filmrollen auftritt – in keiner ist sie als Dänin zu erkennen –, so bewusst pflegte sie ein gutes Verhältnis zur dänischen Presse und gab großzügig Interviews. 1912 empfing sie einen Journalisten in ihrer Berliner Wohnung in einem eleganten Kimono aus roter Seide mit prächtiger Goldstickerei. Ohne Worte gelang es ihr, sich in das gleiche schillernde Licht zu setzen wie in ihren wechselvollen Filmrollen: eine Frau, die den gängigen Klischees und Konventionen nicht entspricht – eine neue, selbstbestimmte Frau. Mit diesem Modell identifizierte sich das weibliche Kinopublikum jenseits der dänischen Grenzen und war überzeugt, dass dieses vorbildliche emanzipierte Frauenleben von Asta Nielsens dänischer Herkunft geprägt war. Für diese Annahme standen dänische Errungenschaften, auf die Frauen in anderen europäischen Ländern, Deutschland inbegriffen, noch lange warten mussten.

1875: Die Universitäten werden gleichberechtigt neben den Männern auch für Frauen geöffnet (in Deutschland begann diese Öffnung zögerlich ab 1900, Preußen zog erst 1908 nach). 1879: Ibsens Emanzipations-Drama *Nora oder Ein Puppenheim* erlebt in Det Kongelige Teater seine Uraufführung. 1880: Verheiratete Frauen bestimmen selbst über ihre Einkünfte (in Deutschland erst in der zweiten Hälfte des 20. Jahrhunderts). 1903: Frauen erhalten das aktive und passive Wahlrecht in Gemeinden und großen Städten. 1915: Im ganzen Land wird das allgemeine Wahlrecht auch für Frauen eingeführt (in Deutschland Ende 1918, am Beginn der deutschen Republik). 1910 tagt in Kopenhagen ein sozialistischer Frauenkongress, der durchsetzt, ab 1911 jährlich den 19. März weltweit als Internationalen Frauentag zu feiern.

Wer diese Veränderungen in Dänemark bejahte, bekannte sich zu einer offenen Gesellschaft, einer freien Sexualmoral, auch für

Frauen. Doch was man außerhalb der Grenzen kaum wahrnahm, war eine starke nationalistische Gegenströmung. Für sie vertrat Asta Nielsen in ihren Rollen keineswegs das dänische Frauenideal, im Gegenteil. In den Augen der radikalen Konservativen war der Weltstar ein gefährlicher Exportartikel, weil das Ausland durch Asta Nielsen ein verzerrtes Bild dänischer Identität bekam.

Im Oktober 1912 verurteilte die Zeitung *Aarhus Stiftstidende* die Landsmännin scharf als »Priesterin der Sinnlichkeit … sie löst beim Betrachter verwirrende sinnliche Lust aus«. Der konservative Studentenverband an der Universität Kopenhagen warf Asta Nielsen vor, ihre Filme hätten eine »zerstörerische Wirkung« wegen ihrer »kosmopolitischen Ausrichtung, die nicht in Tradition und patriotischer Erinnerung gründet«. Den dänischen Schriftsteller und Journalisten Sophus Claussen nicht zu vergessen, der Asta Nielsens Schauspielkunst in *Afgrunden* lobte, doch von der dänischen Filmindustrie »mehr Blondheit« in den Produktionen forderte, um das traditionelle Dänenbild wieder in den Vordergrund zu rücken.

Dem Bild der blonden Dänin entsprach Asta Nielsen allerdings ganz und gar nicht. Sie war ein dunkler Typ mit schwarzem Haar, den sie bei etlichen Filmrollen – als spanische Tänzerin, französische Adlige, Zigeunerin – bewusst ausspielte. Sie war weder typisch dänisch-nordisch, was einen Teil ihrer Landsleute mit Misstrauen erfüllte, noch typisch deutsch, was das deutsche, vorwiegend weibliche Publikum nicht hinderte, den Star aus Dänemark mit jedem neuen Film mehr zu verehren.

In Dänemark kam niemand auf die Idee, Asta-Nielsen-Schnittchen zu servieren; ihre Filmpremieren mussten nicht mit Polizei gegen die Masse ihrer Verehrerinnen geschützt werden. Doch das hatte nicht nur mit ihrer Person zu tun, sondern auch mit der dänischen Mentalität, die es grundsätzlich verabscheute, wenn jemand aus der Reihe tanzte. Der dänisch-norwegische Schriftsteller Aksel Sandemose hat für diese gleichmachende Einstellung 1933 in seinem Roman *Ein Flüchtling kreuzt seine Spur* das »Gesetz von Jante« – janteloven – geprägt. Seitdem ein sprichwörtlicher Moralkodex, der auch rückwirkend gilt. »Janteloven« ist eingeteilt in zehn Gebote, das erste lautet: »Du sollst nicht glauben, dass du etwas Besonderes bist.« Mochte Asta Nielsen in der Welt draußen als etwas Besonderes gelten, für die Dänen war sie eine Mitbürgerin, die sich beim Bäcker anzustellen hatte wie alle anderen.

Der elegante rote Kimono, der Asta Nielsen für den dänischen Journalisten mit internationalem Flair umgab, war eine selbstbewusste Botschaft an ihre Landsleute: Ich habe mir aus eigener Kraft einen besonderen Platz in der Welt der Kinokunst errungen und Anspruch darauf, sichtbar von den üblichen Konventionen abzuweichen.

Der Stolz auf die berühmte Künstlerin, deren Ruhm auf ihr Heimatland zurückstrahlte, überwog in den ersten erfolgreichen Filmjahren die innerdänische Kritik. Es war schließlich eine überraschend positive Erfahrung, die das kleine Land erstmals machte. Die großen Kopenhagener Zeitungen lobten mit jedem neuen Film unbeirrt Asta Nielsens schauspielerische Qualitäten. 1912 trat sie unter der Regie ihres Ehemannes Urban Gad erstmals in einer Hosenrolle auf und zog alle Register ihres Talents für Komik. Als der Film *Jugend und Tollheit* Anfang 1913 in Dänemark Premiere hatte, schrieb *Politiken*: »Asta Nielsen steht der Herrenanzug vorzüglich, sie sieht glänzend aus und spielt die lustige Intrige mit viel Humor und Grazie.«

12. Kapitel

PANTOMIME STATT FILM

Umjubelte Auftritte in Wien, Budapest und Lemberg – Familienurlaub bei den Schwiegereltern – Die positive Suffragette – Weihnachten mit Jesta in Italien

1913

Das Jahr begann mit einem Verehrungsbrief, abgeschickt am 14. Januar 1913 in Ramleh, nahe der ägyptischen Stadt Alexandria, und beschwor die »unfehlbare Asta, Königin der Kinos«. Im Februar mockierte sich in der Kopenhagener Boulevardzeitung *Ekstra Bladet* ein gewisser Tommen darüber, dass der dänische Filmstar nun auch in »Mannkleidern« auftrat: »Asta Nielsen-Gad hat wirklich eine höchst unvorteilhafte Figur. Sie ist lang und schlaksig. Sie ist flachbrüstig ... Wäre es nicht an der Zeit, sie zu bitten, ihren Körper wieder in weibliche Kleider zu hüllen?« Hinter dem Pseudonym Tommen versteckte sich Carl Th. Dreyer, der ein Jahr später für das dänische Filmunternehmen Nordisk seinen ersten Film produzieren würde und schnell als Drehbuchautor und Regisseur europaweit Karriere machte. In seinen Filmen hatte die »neue Frau« keinen Platz. Dreyers Frauenfiguren waren bemitleidenswerte Opfer. Kein Wunder, dass er mit den selbstbewussten Frauenrollen von Asta Nielsen über Kreuz lag.

Dieses provinzielle Kopenhagen war Mondjahre von der weltoffenen deutschen Hauptstadt entfernt, wo Asta Nielsen gerade einen Journalisten der Frauenzeitschrift *Elegante Welt* zu einem langen Interview empfangen hatte. Die fotografische Aufmachung des Artikels zeigt Asta Nielsen im körperengen schwarzen Kleid mit armfreiem Dekolleté; ein riesiger Hut umrundet das kess in die Luft gereckte Gesicht. Im Foto darunter begrüßt »Die ›Duse des Films‹ in Berlin« im knöchellangen, pelzbesetzten winterlichen Outfit vor ihrem Haus in der Kaiserallee den Journalisten, der höflich seinen Hut zieht.

Der Artikel nennt sie die »dänische Duse«, die »Dänin Asta Nielsen« und führt den Leserinnen vor Augen, was für eine großartige Persönlichkeit sich Berlin als Lebens- und Arbeitsmittelpunkt ausgesucht hat: »… ihr Gesicht gehorcht den leisesten Gefühlsregungen, und so ist sie in Wahrheit die Künstlerin, … als die sie allseits anerkannt und gefeiert wird.« Ziel erreicht, konnte Asta Nielsen sich sagen.

Die *Elegante Welt* war einen Hauch mondäner als ihre Konkurrenz *Die Dame* aus dem Ullstein Verlag, die beide mit modernem Layout und vielen Fotos seit 1912 von Berlin aus mit einer erfolgreichen Mischung die Frauen der bürgerlichen Mitte ansprachen: Mode, Haushalt und Gesellschaftsklatsch gehörten dazu, aber die Kultur nahm ebenso viel Raum ein. Kurt Tucholsky, Vicki Baum und Bert Brecht gehörten zu den Autoren. Als Leserinnen in ihren Briefen zunehmend mehr Information über die Kinowelt und ihre Schauspielerinnen verlangten, reagierten die Zeitschriften. Die Künstlerin Asta Nielsen entsprach dem Bild der neuen Frau, das die Redaktionen wie ihr französisches Vorbild *Vogue* propagierten, und das den Leserinnen ein ermutigendes Beispiel war.

In Kopenhagen stützte Emma Gad im März 1913 mit einem Artikel in der angesehenen Tageszeitung *Politiken* indirekt ihre Schwiegertochter Asta Nielsen und deren hohen Anspruch an die neue Filmkunst: »Sagt, was ihr wollt, die lebenden Bilder sind eine wunderbare Erfindung, entsprungen aus dem Geist der Zeit, demokratisch im besten Sinn des Wortes … besonders weil sie die Völker einander näher bringen, die verschiedenen Rassen, deren gegenseitiges Verständnis jahrtausendelang durch verschiedene Sprachen verhindert wurde.«

Als der Artikel erschien, hatte Asta ein neues Kapitel ihrer künstlerischen Karriere begonnen. Vom 1. März bis zum 8. Mai 1913 trat sie nacheinander auf Bühnen in Wien, Budapest und Lemberg auf – Mittelpunkt der Pantomimen *Harlekins Tod* und *Cingara*. Als zwei Agenten ihr völlig unerwartet dieses Angebot unterbreitet hatten, unterschrieb sie mehr aus Jux; überzeugt, von den beiden nie wieder etwas zu hören. Aber nun wartete sie am 1. März hinter der Bühne des beliebten Varieté Ronacher in Wien – dank vieler Colatabletten »vollkommen ruhig, beinahe vergnügt« – auf das musikalische Zeichen, eine breite weiße Treppe hinabzusteigen. Beim Hinabsteigen, als der Beifall aufbrandete, zitterten dem berühmten Star dann doch die Knie »vor Rührung und Dankbarkeit. Und das hörte nicht auf, solange der Beifall andauerte«. Aber als Asta Nielsen, von der Musik getragen, »zu spielen begann, durchströmte mich eine unglaubliche Ruhe, und ein nie zuvor gekanntes Glücksgefühl«.

Auch für dieses Unternehmen war Urban Gad ein idealer Begleiter. Er hatte die Idee zu *Prinz Harlekins Tod*, hatte einen kongenialen Komponisten für die Musik gefunden und einen Künstler, der »märchenzarte Dekorationen und prachtvolle Kostüme zauberte«. Urban Gad war nach Wien vorausgefahren, bändigte das Chaos der ersten Proben mit einem unwilligen Orchester, schlug sich mit Bühnenarbeitern und Beleuchtern herum, wie Asta Nielsen anerkennend in ihren Erinnerungen schreibt. Nach der Premiere kehrte Gad nach Berlin zurück. Er konnte sicher sein, für seine Frau in den kommenden Tourneewochen alles auf einen höchst erfolgreichen Weg gebracht zu haben.

Die Wiener Presse berichtete von »einem großen Triumph«, von »rauschenden Beifallsstürmen, die ihr jetzt allabendlich im Varieté Ronacher gespendet werden«. Nannte sie uneingeschränkt die »Weltherrscherin des Kinos« und sah gerade deshalb einen wichtigen Grund für den Jubel in Asta Nielsens Kinoerfolgen: »Man kommt, um endlich einmal persönlich die berühmte Asta zu sehen, die das Kino so populär gemacht hat …« Die Filmschauspielerin zieht daraus einen doppelten

Gewinn. Denn »man wird in Hinkunft um so lieber ins Kino gehen, wenn man Asta Nielsens Filme geben wird, um den Vergleich zu ziehen, der zweifellos zugunsten des Kinos ausfallen wird«. Diese hintergründige Kritik konnte der Star verschmerzen.

Tatsächlich wurde Asta Nielsen auf ihrer Reise durch die drei traditionsreichen Städte der Habsburgermonarchie, die damals Ungarn und große Teile des ehemaligen Polen umfasste, von Beifall und Bewunderung überschüttet. Einen fast erschreckenden Triumph erlebte sie bei ihrer Ankunft in Budapest, der zweiten Station. Vom 1. bis 15. April war das Varieté-Theater Fővárosi Orfeum in Pest für *Prinz Harlekins Tod* gebucht. Der spanische Journalist Pablo Diaz, der in Kopenhagen erste Kontakte zu Asta Nielsen geknüpft hatte, hielt sich gerade in Rumänien auf, als er von ihr persönlich ein Telegramm erhielt: Sie werde Ende März für mehrere Auftritte nach Budapest kommen. Asta Nielsen wusste, wie wichtig die Presse – unabhängig vom eigenen Können und Talent – für ihre erfolgreiche Kinomission war.

In der ersten umfassenden Biografie des Weltstars hat Diaz beschrieben, was er in Budapest erlebte: »Am Westbahnhof in Budapest war ein wildes Gedränge. … es mochten wohl dreißigtausend Menschen auf dem Bahnhof versammelt sein. Warum? Einer rief es dem andern zu: Asta Nielsen kommt! Der Zug lief ein, am Fenster das lächelnde, freudige Gesicht Astas. Im Augenblick war sie von einem paar riesiger Blumenwagenräder verdeckt. Und kam nicht eher als kurz vor ihrem Auto zum Vorschein.«

Die Zeitung *Pester Llyod* hatte in der Vorankündigung nicht erwähnt, was für ein Stück das Publikum erwartete. Der Filmruhm allein war Garant für Großartiges: »Persönliches Debut der von der ganzen Budapester Bevölkerung mit Spannung erwarteten weltberühmten Kinodarstellerin ASTA NIELSEN.« Bis zum 15. April gab sie sonntags und donnerstags zusätzliche

Nachmittagsvorstellungen von *Prinz Harlekins Tod* zu ermäßigten Preisen. Pablo Diaz konnte nicht genug bekommen: »Prinz Harlekin: das war die Nielsen. In einem schwarzen Hamletkostüm, überbleich, mit dunklen flammenden Augen. Und dabei voll innerer Scherzhaftigkeit; man war bezaubert von dem Charme dieser Erscheinung und fühlte die Melancholie schmerzhaft durch. ... Erschütternd, wenn aus ihrem edlen stummen Spiel plötzlich der Schrei aufbricht, langziehend, durchdringend, voll Klage und Schmerz.« Da waren ihre »Augen, die von Schwermut leuchteten und die Heiterkeit des Lebens bis zum Rest genießen wollten. ... Die Budapester waren außer sich.«

Es folgte im selben Theater bis zum Monatsende die Pantomime *Cingara*, eine Zigeunergeschichte: »Man weiß ja, wie die Nielsen dann aussieht: im dürftigen Kleid, mit wildem Haar, Blumen und einem unsagbar koketten Lächeln.« Die Begeisterung des Journalisten war steigerungsfähig: »Astas Sache ist nun einmal Temperament, Sinnlichkeit und Leiden. ... Es war ein tobender Erfolg, und als ich Asta nachher in der Garderobe besuchte, war sie matt, atmete schwer, ganz hinfällig – aber ihre Augen glänzten.« So ging es bis zum 30. April.

Am 2. Mai kam Asta Nielsen gegen 23 Uhr in Lemberg an (von 1918 bis 1939 das polnische Lwów, seit 1991 das ukrainische Lwiw). Schon am nächsten Tag stand sie auf der Kinobühne des Colloseum. Die anderen Kinos der Stadt feierten den Star mit einer Retrospektive ihrer bisherigen Filme.

Selbst für eine Zweiunddreißigjährige müssen die sechsundsiebzig pausenlosen Abende auf der Bühne allein physisch eine Herausforderung gewesen sein; abgesehen von der totalen Präsenz in ihrer Rolle, an der Asta Nielsen keine Abstriche machte. Von Berlin aus hatte Urban Gad im Ferienhaus seiner Eltern am Meer Erholung geplant, für die ganze Familie. Gegen Ende des Monats schrieb seine Mutter Emma Gad an Freunde: »Am Sonntag kommen Urban, Asta und ihr kleines Mädchen zu Besuch ... wir freuen uns, doch Gott weiß, wie das gehen soll, wenn wir in dem winzig kleinen Haus für die unzähligen Koffer und Hutkästen der Diva zusammenrücken.«

Irgendwie klappte es schon mit den Koffern und Kästen, sie gehörten zu Asta Nielsens Reiseleben. Viel entscheidender war, dass sie endlich wieder einmal mit Jesta zusammen sein konnte. War ihre Mutter viele Wochen abwesend wie zur Zeit der Pantomimen-Tournee, lebte die Zwölfjährige weiterhin bei Johanne in Kopenhagen. Zwischendurch besuchte sie die Mutter und Urban Gad in Berlin.

Der Urlaub in Dänemark war mit Arbeit verknüpft, und über beides wurde in *Politiken* am 9. Juni 1913 ausführlich berichtet. Eigentlich war der Artikel eine Besprechung der dänischen Premiere von *Tod in Sevilla*, in dem ausdrücklich der Anteil des Regisseurs Urban Gad positiv erwähnt wurde. Am Anfang jedoch steht der Hinweis, dass Frau Asta Nielsen-Gad zurzeit im Sommerhaus ihrer Schwiegereltern Emma Gad und Admiral Gad in Humblebæk zu Besuch ist. Der dänische Weltstar vergisst seine Heimat nicht, ist der stolze Unterton. Nicht nur Asta Nielsen-Gad war mit ihrem Ehemann bei der Premiere in Kopenhagen anwesend. Auch Emma Gad war gekommen und ihre Schwiegertochter hatte sie gebeten, sich beim Empfang mit um ihre Verehrer zu kümmern. Noch eine positive Schlagzeile.

Diesmal war die kleine Berliner Familie nicht allein angereist. Urban Gad hatte einige deutsche Schauspielerinnen und Experten der Berliner Produktionsmannschaft in einem Hotel von Humblebæk einquartiert, ein beliebter dänischer Küsten-Ferienort nördlich von Kopenhagen (inzwischen durch »Louisiana«, das außergewöhnliche Museum für Moderne Kunst, weltberühmt.) Man wollte prüfen, ob sich Dänemark als Drehort für einen Nielsen-Film eignete. Die Antwort fiel negativ aus. Dass es dennoch eine vergnügte Zeit war, belegt ein holpriges, anrührend persönliches Gedicht, das Asta Nielsens Mitarbeiterin für die Filmgarderoben am 12. Juni 1913 in Humblebæk aufgeschrieben hat. Es beginnt mit einem Blick auf ihren gemeinsamen Arbeitsplatz in Berlin:

»Dort war sie meine Herrin, ich ihre Garderobier' … / Sie schien mir fast unnahbar, / zurückweisend und kalt / Und doch, welch liebes Lächeln / Wie zierlich die Gestalt. / Nun weile ich seit Tagen / Mit ihr am Öresund, / Wie wird sie verehrt, umschwärmt, / Wie lacht ihr jeder Mund./ Hier zeigt sie ihr innerstes Wesen, /… Hier scherzt und tanzt und lacht sie … im nasskalten Deutschland / Ein ›Fremder Vogel‹ war sie. / Doch wer sie hier geseh'n, / Vergisst Asta Nielsen nie. / Asta Nielsen gewidmet in aufrichtiger Verehrung Mary Scheller.«

Zurück in Berlin, mussten die langen hellen Sommertage genutzt werden, um die jährliche Produktionsquote von acht Filmen abzudrehen. Asta Nielsen und Urban Gad fanden sich auch 1913 in eiserner Arbeitsdisziplin zusammen. Um nur einige ihrer neuen Filme zu nennen: *Die Filmprimadonna, Das Kind ruft* und *Die Sünden der Väter* zeigen Asta Nielsen in sehr unterschiedlichen Dramen als eine Frau, deren unerschütterliche Größe wächst, je härter ein grausames Schicksal in ihr Leben eingreift. Der Tod ist nicht Sieger, sondern bekräftigt am Ende diese Größe. Für Karl Bleibtreu, einen der angesehendsten Filmkritiker im deutschsprachigen Raum, ist Asta Nielsen der beste Beweis, dass mit dem Stummfilm eine neue zutiefst wahrhaftige Kunst entstand. »Die Nielsen aber ist in jeder Faser das Leben selbst, die Natur, jeder Zug ist unverfälschte Wahrheit«, schreibt Bleibtreu im Juli 1913 in *Die Ähre,* der Züricher »Wochenschrift für Dichtung, Theater, Musik, Kunst«.

Wie unverfälscht diese Wahrheit sich zeigte, dafür stand eine neue Technik, die nicht jedem Kritiker behagte – die Großaufnahme. Für Asta Nielsen schien sie als Krönung ihrer Kunst wie gemacht, war doch schon ohne die totale Annäherung der Kamera ihr expressives, aber nicht grimassierendes Mienenspiel ein wesentliches Element ihrer Schauspielkunst. »Die beliebig mögliche Vergrößerung des Bildes«, schrieb die *Lichtbild-Bühne* im September 1913, »gestattet die subtile Nahebringung der seelischen Vorgänge.« Bei Asta Nielsen werde »das Bild ihres Antlitzes vielfach vergrößert vorgeführt, damit uns nichts in diesem unglaublich beweglichen und ausdrucksvollem Gesicht entgeht«.

In keinem seiner Filme für Asta Nielsen hat Urban Gad einen so aktuellen politischen Stoff aufgegriffen wie in *Die Suffragette*. Das Programmheft nennt den Film »ein Bild aus unserer nervösen schnelllebigen Zeit« und bewundert, wie der »Dichter Urban Gad ... es verstand, den Zeitspiegel einer ganzen Epoche in einen Rahmen zu fassen, ohne in tendenziöse Einseitigkeit zu verfallen«. Eine mutige Entscheidung bei einem Thema, das auch die Gemüter in Deutschland aufregte und den Bund Deutscher Frauenvereine im Mai 1913 dazu brachte, sich von den radikalen Mitgliedern der englischen Frauenbewegung zu distanzieren, die als Suffragetten Geschichte schrieben.

Es ist nur eine kleine Gruppe von Frauen, die sich 1903 vom englischen Dachverband der Frauenbewegung trennt, der in seinem Kampf für das Frauenwahlrecht zivilen Ungehorsam propagiert, aber grundsätzlich legal und gewaltlos für sein Ziel eintritt. Unter der Führung der verhassten und bewunderten Emmeline Pankhurst und ihrer zwei Töchter gehen die Suffragetten schließlich mit gewalttätigen Aktionen an die Öffentlichkeit.

1910 zerschlagen elegant gekleidete bürgerliche Frauen Hunderte von Schaufenstern in der Londoner Oxford Street. Sie zerschneiden Telefonleitungen, zünden Briefkästen an und lassen in Bahnhöfen Bomben hochgehen. 1912 wird Emmeline Pankhurst mit über zweihundert Frauen verhaftet und im Gefängnis zwangsernährt, als sie in den Hungerstreik tritt. Im Februar 1913 explodiert auf dem Landsitz des Premierministers eine Bombe. Im Juni wirft sich eine Suffragette beim berühmten Epsom-Rennen vor das Pferd des Königs und stirbt vier Tage später. In Großbritannien brennen Kirchen, Ämter und Landhäuser, um das Frauenwahlrecht endlich durchzusetzen. Ein Land im Bürgerkrieg.

All das machte fette Schlagzeilen in Deutschland, als *Die Suffragette* am 12. September 1913 im Berliner Union-Theater-Kino an der Friedrich-, Ecke Taubenstraße Premiere hatte. Das Kino hatte um berittene Polizei gebeten, um den Sturm der Fans in geregelten Bahnen zu halten. Die Ähnlichkeiten mit den realen Ereignissen in England waren überdeutlich. Asta Nielsen spielt Nelly, die Tochter einer einflussreichen Suffragette, die sich mit Leidenschaft dem Kampf ihrer Mutter anschließt. Wüste Straßenkämpfe und brutale Zwangsernährung werden dem Kinopublikum zugemutet. Nelly platziert unter dem Schreibtisch eines Ministers, der den Suffragetten besonders feindlich gesinnt ist, eine »Höllenmaschine«. Bei einer Audienz soll sie ihn mit Liebesbriefen einer ehemaligen Geliebten erpressen. Hier setzt eine verwickelte emotionale Geschichte ein. Nelly erkennt, dass sie sich in ebendiesen Minister unbekannterweise verliebt hat und lotst ihn aus seinem Zimmer, bevor die Maschine explodiert.

Im Gegensatz zu manch anderem Asta-Nielsen-Film schließt *Die Suffragette* mit einem Happy End. Das Programmheft beschreibt begeistert, wie Asta Nielsen in der traditionellen Frauenrolle endet: »Wir finden Nelly als glückliche und zufriedene Gattin wieder, inmitten einer lachenden Kinderschar. Und ihr heiteres, sorgloses Wesen sagt uns, dass sie ihr wahres Glück in dem Beruf fand, den die Natur der Frau zugewiesen hat.« Dieser platten Interpretation widerspricht, mit wie viel sympathischer Ausstrahlung Asta Nielsen zuvor ihre Rolle als überzeugte Suffragette Nelly verkörpert. Diese Nelly ist eine starke moderne Frau. Wenn Asta Nielsen am Ende inmitten von vier Kindern das traditionelle Mutterglück zelebriert, kann ihre steife und übertriebene Pose durchaus als Ironie vom Feinsten gedeutet werden.

Mit dem Herbst begann die produktionsfreie Zeit. Immer noch konnte die Elektrizität nicht die Helligkeit des Sonnenlichts ersetzen. Aber auf Asta Nielsen wartete keine freie Zeit. Ihr Erfolg auf der Pantomimen-Tournee im Frühjahr 1913 hatte Begehrlichkeiten bei Deutschlands Theaterdirektoren geweckt. Als der Sommer vorbei war, nahm sie im Frankfurter Schumann-Theater, damals Europas größte Bühne, ihr Gastspiel wieder auf. Zur Premiere reiste ihre Schwester Johanne an und fuhr sofort weiter nach Bad Nauheim zur Kur für ihr schwaches Herz, auf Kosten der Schwester, deren Vermögen längst in die Millionen ging: »Ich brachte es nicht übers Herz, sie zu bitten, bei mir zu bleiben, und so war ich wieder der Einsamkeit und dem Gefängnis meines Hotelzimmers überlassen.«

Als sich das Jahr dem Ende zuneigte, musste Asta Nielsen Koffer und Hutkästen für eine lange Reise packen. Die Marmorbrüche von Carrara im Norden Italiens mit wilder Natur ringsum hatte Urban Gad als Drehort ausgewählt, um den jährlichen Reisefilm zu produzieren – *Zapatas Bande*, ein romantisches Lustspiel. In Gedanken an die kommenden Wochen erinnerte sich Asta Nielsen an das Weihnachtsfest 1912. Sie erlebte es wegen Dreharbeiten mit ihrem Filmteam in Barcelona, einer Stadt, »die jede Weihnachtstimmung im Keim erstickte«: »… da überfiel mich eine erdrückende Sehnsucht nach meiner kleinen Tochter, die ich nach Dänemark geschickt hatte. Und ich beschloss, das Kind dieses Weihnachten mit nach Italien zu nehmen.«

Unter dem Titel *Weihnachten in Massa*, wo das Filmteam während des Italien-Drehs in einem Hotel einquartiert war, schreibt Asta Nielsen sechsunddreißig Jahre später in der Zeitung *Nationaltidende Søndag* vom 18. Dezember 1949 mit großer Offenheit über ihr privates Glück: »Als sich die Abreise näherte, … hatte meine treue Köchin Emma die gesamte Küche in eine Süßwarenfabrik verwandelt.« Es entstand Marzipan in allen Formen und Geschmacksrichtungen, mit Schokolade und mit Fruchtmasse gefüllt. Zwar konnte man sich in Berlins Geschäften die leckersten Sachen kaufen, »aber Emma bestand darauf, dass alles, was am Weihnachtsbaum hängen würde, von daheim sein müsse, wenn ich das Fest mit Jesta in einem anderen ›Weltteil‹ verbringen würde«. Asta Nielsen zog tagelang durch Berlins Kaufhäuser, um kleine Geschenke für Jesta und das Filmteam zu kaufen.

»Bei der Abfahrt Mitte Dezember war Berlin wie auf einer Weihnachtskarte schneebedeckt, als wir pelzverhüllt, mit Paketen und Koffern beladen, den Zug bestiegen.« Es war eine internationale Truppe von Männern und Frauen, die Urban Gad für den Film ausgesucht hatte. Um die Hauptdarstellerin gruppierten sich zwei deutsche Schauspielerinnen, je ein Schauspieler aus Österreich, Holland und Ungarn; für Kamera und Technik waren zwei Dänen, ein Franzose und ein Italiener angeheuert. Asta Nielsen, die ihre Tochter in ihrer Autobiografie mit keinem Wort erwähnt, erzählt im Zeitungsartikel freimütig, wie sich die Zwölfjährige im Hotel von Massa mit einem englischen Ehepaar anfreundet, während die Mutter fortmuss zu Aufnahmen in der wilden Natur. Jesta durfte sich im Hotelgarten eine große Tanne als Weihnachtsbaum aussuchen, die an den dänischen Weihnachtsbaum erinnerte.

Am 24. Dezember 1913 um 18 Uhr nahm die Mutter Jesta an der Hand, und die beiden gingen in die Domkirche von Massa. Das weihnachtliche Festmahl im Hotel war für 20 Uhr angesetzt. Da saßen dann acht europäische Nationen um den festlich geschmückten Weihnachtsbaum. Der englische Gast setzte sich ans Klavier, spielte und sang schöne englische Lieder, die aber nur seine Frau kannte. »Und dann sangen auch einige andere ihre Lieder, aber die meisten von uns konnten eins zusammen singen ›Stille Nacht, heilige Nacht‹.« Jahrzehnte später erinnert sich Asta Nielsen in ihrem Zeitungsartikel an das beglückende Zusammensein mit Jesta beim Gang von der Kirche zurück ins Hotel: »Die kleine pummelige Hand meiner Tochter ruhte weich in meiner, wir waren so intim verbunden wie die Madonna mit dem Jesuskind …« Augenblicke, die kostbar waren, weil sie nicht zum Alltag von Mutter und Tochter gehörten.

13. Kapitel

EINE GENIALE MISCHUNG AUS KOMIK UND EROTIK

Ehrengast auf dem Luxusliner »Vaterland« – Freund Georg Brandes, Kämpfer für ein modernes Dänemark – Letzter Dreh mit Urban Gad in Sachsen

1914, Januar bis 23. Juli

Das Filmjahr 1914 begann mit einem Paukenschlag. Obwohl von der Zensur verboten, war im Januar in Berlin Premiere von *Engelein*. Der Chef der marktbeherrschenden Union-Theater-Kinokette löste mit seinem Widerstand gegen staatliche Autoritäten großen Wirbel aus. Das Verbot wurde schließlich aufgehoben, und es hätte keine bessere Werbung geben können.

Dem neugierigen Publikum wurde eine pikante Geschichte geboten. Die zweiunddreißigjährige Asta Nielsen spielt ein siebzehnjähriges Mädchen, das sich gegenüber dem reichen Onkel aus Amerika als Zwölfjährige ausgeben muss, damit sich ihre Eltern dessen großzügige finanzielle Spende nicht verscherzen. Wie in drei anderen Filmen trägt Asta Nielsen in dieser Rolle den Namen ihrer Tochter, ein heimlicher Verweis auf ihre tiefe Verbundenheit zu ihrer Jesta. Im Film verliebt sie sich als zwölfjährige Jesta in den verwitweten Onkel und nach vielen Verwicklungen gibt es ein Happy End – Heirat.

Zu den Höhepunkten des Films zählen die komischen Klamaukszenen, in denen Asta Nielsen als rebellische Siebzehnjährige ein Mädchenpensionat durcheinanderwirbelt. Sie raucht und tanzt, trinkt und tobt und dank unbändiger Verrenkungen kommen ihre langen Beine wiederholt zum Vorschein. Richard Huelsenbeck, Mitbegründer des Dadaismus, Schriftsteller und

Psychoanalytiker, war zweiundzwanzig, als er Asta Nielsen in *Engelein* sah: »Sie spielte damals die Rolle eines halbwüchsigen Mädchens mit einem sehr kurzen Rock und Beinchen mit Wadenstrümpfen. … Asta Nielsen war damals sehr unartig – so wollte es die Rolle –, ich war erstaunt, in welch genialer Weise sie die Unartigkeit nachahmen und darstellen konnte. Sie war ganz und gar Ausdruck der Unartigkeit, das Gesicht verzerrt und wieder geglättet, je nachdem Wille und Wunsch oder Abwehr und Ekel darüber hinweggingen. … Sie war außerordentlich.«

Urban Gad hat mit diesem Stoff seiner Frau wieder eine unschlagbare Mischung geboten: eine Kombination aus Komik und Erotik, mit der Asta Nielsen vergnügt-subtile Zeichen für Emanzipation und Grenzüberschreitungen setzt. Es ist der unartige Backfisch, der in dieser Geschichte die Fäden zieht, seine Liebe am Ende öffentlich macht und so den älteren Onkel zu einer positiven Reaktion herausfordert. Die *Kinematographische Rundschau* hat es in ihrer Besprechung auf den Punkt gebracht: »Über allem Lustigen des Stückes selbst schwebt die Tollheit der Asta Nielsen, die in der dezentesten Weise manches zeigt und vieles erraten lässt.«

Der Kritiker in *Bild und Film* sah es ebenso, zog daraus allerdings andere Schlüsse: »Das Stück ist ein Blender und die Darstellung auch. … Weder die Ungezogenheit des Mädchens im Pensionat noch die etwas weitgehende Preisgabe ihrer weiblichen ›Reize‹ lassen sich erzieherisch-ethisch irgendwie rechtfertigen …« Zur Ehrenrettung der »göttlichen Asta«, deren Publikum der Kritiker nicht erzürnen möchte, bietet er eine erstaunliche Lösung: »… die Nielsen darf sich dank ihrem an sich so gänzlich unerotischen Körper vieles erlauben, was bei andern gemein wirken würde …« Augen zu und durch, denn immerhin zeige sich »hie und da ein künstlerischer Humor … und ist von der allerdings seltenen Art, dass sowohl der Feinschmecker wie das breite Publikum darüber lachen«.

In einer Szene von *Engelein* lümmelt sich Jesta in einem Sessel und liest deutlich sichtbar die moderne Frauenzeitschrift *Die Dame*. Eine ideale Vorgabe, auf die prompt mit einem Artikel über die Künstlerin Asta Nielsen reagiert wird, der ihre »erstaunliche Wandlungsfähigkeit, ihre ungeheure Vielfalt« lobt. Im Frühjahr 1914 informiert die Konkurrenzzeitschrift *Elegante Welt* Leserinnen, die an einem Kontakt zu Asta Nielsen interessiert sind: »Briefe erreichen die Kino-Diva durch unsere Redaktion.«

Engelein war der erste Film, der – noch 1913 – in einem komplett neu erbauten Filmstudio in Berlin-Tempelhof gedreht wurde, wie alle, die im Jahr 1914 folgten. Auch in dieser Umgebung herrschte die alte Arbeitsdisziplin des Teams Gad-Nielsen: Acht Tage mussten für die Herstellung eines Films ausreichen. Zu den Filmen des Jahrgangs 1914 zählt *Das Feuer*, ein »großes mimisches Drama«, an dessen Ende Asta Nielsen mit ihrem jugendlichen Liebhaber in einem Pavillon verbrennt. Die Idee für *Die ewige Nacht* hatte Asta Nielsen, weil sie als Künstlerin nicht auf ihre »großen dunklen Augen« reduziert sein wollte. Sie spielt eine Frau, die von Geburt an blind ist, Liebe und Enttäuschung durchlebt und in aussichtsloser Verzweiflung den Tod findet. Asta Nielsen hatte sich für diese Rolle in einer Berliner Blindenanstalt umgesehen. *Vordertreppe und Hintertreppe* ist ein Lustspiel, in dem Asta Nielsen als Mädchen aus dem Hinterhaus den Offizier aus dem Vorderhaus mit Klugheit, Komik und Selbstbewusstsein als erbärmlichen Vertreter einer Schicht vorführt, der sie glücklicherweise nicht angehört.

Die ununterbrochene Arbeit zehrte an den Nerven. Als Asta Nielsen und Urban Gad unerwartet die Einladung zu einigen außergewöhnlichen Urlaubstagen bekamen, haben sie ohne Zögern zugesagt. Am 13. Mai 1914 legte der Dampfer »Vaterland« der Hamburg-Amerika-Linie – HAPAG – im Hamburger Hafen zu seiner Jungfernfahrt nach New York ab. Er war mit 290 Metern Länge und 54000 Bruttoregistertonnen weltweit das größte Passagierschiff. Sein prominenter Vorgänger war in der Nacht vom 14. auf den 15. April 1912 nach dem Zusammenstoß mit einem Eisberg innerhalb von knapp drei Stunden in den Tiefen des Atlantiks versunken, was 1514 Passagieren das Leben kostete. Um die Katastrophe der »Titanic« aus den Köpfen potentieller Reisender zu verdrängen und das Vertrauen in die Sicherheit eines Riesendampfers neu zu befestigen, hatte die »Vaterland« prominente Zeitgenossen zur Premierenfahrt eingeladen. Bis Southampton war das Ehepaar Gad-Nielsen dabei, dann ging es von Bord, weil die Filmarbeit in Berlin keinen zu langen Aufschub duldete. Die Zeit auf dem Wasser war eine vergnügliche Unterbrechung und zeigt, wer in den Augen der HAPAG im Frühjahr 1914 werbewirksam die moderne künstlerische Elite Westeuropas vertrat.

»Es waren unvergessliche Tage an Bord des Riesendampfers, der ungestört durch die wildbewegte Nordsee glitt«, schreibt Asta Nielsen in ihren Erinnerungen. Der Luxus des Schiffes habe »einen Rahmen großen Stils um die internationale Gesellschaft« gebildet. Ihrem Tisch im Speisesaal waren zugeordnet der Schriftsteller Bernhard Kellermann, dem mit seinem Science-Fiction-Roman *Der Tunnel* 1913 ein weltweiter Bestseller gelungen war; aus Berlin kam Alfred Kerr, gefürchtet als Deutschlands führender Theaterkritiker – unbestechlich, unerbittlich, von präziser sprachlicher Eleganz. Und dann saß am Tisch ein Vertreter des modernen Dänemark: »Georg Brandes war mein Tischherr, und auf den Glockenschlag fand er sich vor meiner Kabine ein und führte mich ritterlich zu Tisch …« Georg Brandes verband mit Asta Nielsen eine Freundschaft, die von gegenseitigem Respekt geprägt war – zwischen dem radikalen, in ganz Europa gefragten Intellektuellen und der weltweit gefeierten Filmschauspielerin.

»So sehr Sie und Frau Asta mich gern gesehen hätten, ich kann morgen Abend nicht ausgehen …«. Diese Antwort erhielt Emma Gad auf ihre Einladung an Georg Brandes in ihren Kopenhagener Salon. Eine Zeitangabe fehlt, geschätzt wird ungefähr 1908. Selbst wenn die Absage ein, zwei Jahre später datiert, darf angenommen werden, dass Asta Nielsen schon vor ihrer Heirat mit Urban Gad 1912 im Hause Gad willkommen war und dort Georg Brandes kennengelernt hat.

Weihnachten 1913 schrieb Georg Brandes in seinem Heim in Kopenhagen, Strandboulevarden 27, in seiner eleganten zierlichen Schrift an die »Liebe Asta Nielsen«: »Ich kann Ihnen gar nicht genug danken für Ihren willkommenen Besuch und für Ihre freundschaftliche Umsicht in Bezug auf den großen Krug mit Oliven, den Sie den langen Weg von Spanien geschleppt haben. Bekümmert fühle ich, dass ich nie das Geringste für Sie getan habe.« Besuch und Oliven-Geschenk lagen schon Monate zurück, aber Brandes war daran gelegen, den Faden der Freundschaft und emotionalen Verbundenheit nicht abreißen zu lassen. Das gegenseitige respektvolle Einverständnis begleitete Asta Nielsen und den knapp vierzig Jahre älteren Brandes bis zu dessen Tod 1927.

Georg Brandes, der älteste Sohn einer assimilierten jüdischen Familie in Kopenhagen, schockierte im November 1871, gerade zum Dr. phil. promoviert, Dänemarks intellektuelle Elite mit einer Lesung an der Universität über »Die Hauptströmungen in der Literatur des 19. Jahrhunderts«. Der akademisch-unaufgeregte Titel verbarg eine radikale These: Literaturforschung müsse neben der persönlichen Interpretation immer mit einer gesamtgesellschaftlichen Perspektive verbunden sein. Brandes wollte nicht als Wissenschaftler im Elfenbeinturm auftreten: »Ich sehe es als eine Pflicht und als eine Ehre an, den Prinzipien zu huldigen, zu denen ich mich bekenne: der Glaube an das Recht der freien Forschung und an den endgültigen Sieg des freien Gedanken.« Seine Universitätslesung wurde das Manifest für den »Durchbruch der Moderne« in Dänemark.

Als 1883 sein Buch über *Die Männer des modernen Durchbruchs* erschien, hatte Brandes endgültig den Maßstab gesetzt, der hitzige Debatten im ganzen Land auslöste und an dem sich die kulturelle Elite Dänemarks heftig zerstritt: Man gehörte entweder zum »Durchbruch« – gennembrud – oder war entschieden dagegen. Brandes sah sich als aufgeklärten Patrioten, der Dänemark mit seinem »Durchbruch« in Europa wieder auf die intellektuelle Landkarte gebracht hatte. Er plädierte für Offenheit und Liberalität in Fragen von Religion und Sexualität, forderte Demokratie, Rechte für Minderheiten und Emanzipation der Frauen. Seine Gegner warfen ihm vor, Moral, traditionelle Werte und das Vaterland, ja den Kern dänischer Identität zu untergraben. Als »undänisch«, weil jüdisch, wurde er verunglimpft.

Ein Kulturkampf war entbrannt, der Georg Brandes für ein paar Jahre nach Berlin ausweichen ließ. Er entdeckte Nietzsche, knüpfte Kontakte zu den wichtigsten zeitgenössischen Schriftstellern in Europa und baute ein journalistisches Netzwerk auf. Von nun an war Brandes in allen wichtigen Zeitungen zwischen Warschau und Paris kontinuierlich mit Kommentaren und Aufsätzen vertreten. Um 1900 war kein Däne außerhalb des Landes so bekannt und bewundert wie er: Georg Brandes galt als Symbol der modernen dänischen Gesellschaft und Kultur.

Ein Dutzend Jahre später trat ein dänischer Filmstar in ähnlicher Funktion an seine Seite: Asta Nielsen, die den Stummfilm weltweit im Alleingang in kürzester Zeit auf eine künstlerische Ebene hob, wurde mit ihren Rollen und ihrem Spiel weit über Deutschland hinaus zum Symbol einer modernen dänischen Frau. Es lässt sich nachvollziehen, dass die Begegnung dieser beiden Persönlichkeiten in Emma Gads Salon, trotz des großen Altersunterschiedes, schnell über ein flüchtiges Gespräch hinausging. Hinzu kommt, dass Georg Brandes ein Faible für schöne und kluge Frauen hatte, was zu etlichen außerehelichen Affären führte. Die Freundschaft zu Asta Nielsen blieb von solchen Verwicklungen unberührt.

Jedes Jahr reiste Brandes viele Monate über den Kontinent, wo gleichgesinnte berühmte Schriftsteller und Politiker ebenso wie Bewunderer auf eine Begegnung hofften. Dabei lag Berlin in der Regel auf seinen Reisewegen, und Asta Nielsen »fühlte immer eine große und tiefe Freude, wenn mein Freund, meist auf der Durchreise, mich besuchte«. Georg Brandes nahm sich Zeit und kam zum Lunch in ihre Wohnung, »er war ein Anhänger von gutem, aber nicht zu vielem Essen«. Asta Nielsen hatte inzwischen »die meisten seiner Werke mit Eifer verschlungen und war glücklich mit der Zeit zu erfahren, dass er sie schätzte«. Die beiden dänischen Ikonen, der intellektuelle Literat und der umjubelte Filmstar, sprachen beim Essen nicht nur über das Wetter. Das hatte Asta Nielsen seit der Jugend im Arbeiterviertel Nørrebro begriffen: Um in dem Milieu, in dem sie sich wohlfühlte, mitreden und sich selbstbewusst bewegen zu können, musste sie in Eigenarbeit die vielen Wissenslücken ihrer kurzen Schulzeit auffüllen. Sie war wissbegierig genug, diese Einsicht in die Tat umzusetzen.

Nach der Rückkehr aus Southampton von der »Vaterland« ging es »unter Hochdruck« mit den Filmaufnahmen im Tempelhofer Atelier weiter. Noch einmal wurden die Koffer gepackt: »Den letzten Film in diesem Sommer drehten wir in Böhmen, und dort hörten wir die ersten Kriegsgerüchte, während wir in den romantischen Bergen arbeiteten.« Die deutschen Kollegen seien sehr besorgt gewesen, während sie und Urban Gad mit typisch »dänischem Optimismus« einen Krieg in Europa als völlig sinnlos abgetan hätten. Asta Nielsen ist diese Dreharbeit keine weiteren Informationen wert. Nach gerade zehn Zeilen in ihren Erinnerungen ist die Filmcrew wieder in Berlin angelangt.

Der zweite Band von Asta Nielsens Aubiografie – *Die zehnte Muse* – erschien 1946. Hundert Jahre nach den Dreharbeiten »in Böhmen«, wurde im Archiv des Dänischen Filminstituts in Kopenhagen ein Manuskript von einhundertzwei Seiten entdeckt, dessen Handschrift eindeutig Urban Gad zugeordnet werden kann. Ein Datum fehlt, der Text bricht auf der letzten Seite mitten im Satz ab, er füllt dennoch eine Lücke. Er ist ein informativer Augenzeugenbericht über das, was der Schreiber und Asta Nielsen in der Zeit zwischen dem 23. Juni und dem 11. August 1914 erlebten.

Wer ihn liest, den überzeugt die These, dass Urban Gad ihn nach dem Erscheinen von Asta Nielsens zweitem Band 1946 geschrieben hat. In seinen Aufzeichnungen widerspricht er mit kräftigen Akzenten dem Bild, das seine erste Frau der Öffentlichkeit präsentiert hat – was sie selbst und ihre Beziehung zu Urban Gad betrifft. Wie viel Dramatik hinter dem abgebrochenen letzten Satz steckt, lässt sich nicht recherchieren. Urban Gad ist am 27. Dezember 1947 in Kopenhagen gestorben.

Diese Zeilen eröffnen der Nachwelt zum ersten Mal den authentischen Blick auf die Künstlerin in der Zeit vom Sommer 1910 bis zum Kriegsausbruch im Sommer 1914. Keine der bisherigen Quellen aus dieser Zeit kommt dem Menschen Asta Nielsen so nahe. (Auszüge aus Urban Gads Text werden in dieser Biografie über Asta Nielsen erstmals ins Deutsche übersetzt.) Zusammen mit Tagebucheintragungen von Asta Nielsens Schwester Johanne, die ab Anfang August in Berlin und während der komplizierten Flucht aus der Hauptstadt dabei war, lässt sich jetzt über diese angespannten Tage ein genaues und vielschichtiges Bild zeichnen. (Die Tagebucheintragungen stammen aus der Asta-Nielsen-Biografie von P. Malmkjær.)

Was den Drehort in »Böhmen« im Juli betrifft, irrte Asta Nielsens Gedächtnis. Urban Gad berichtet in seinem Rückblick stolz, man habe »den ganzen Sommer 1914 Filme gemacht, Tag für Tag, in glühender Hitze haben wir gearbeitet … Wir schlugen wirklich alle Rekorde: die 8 großen Filme waren gut und in 46 Arbeitstagen fertiggestellt.« Aber für einige wenige Aufnahmen war das Atelier in Tempelhof nicht der richtige Ort: »Nur bei einem Film fehlten noch die Szenen, die wir in Italien nicht aufnehmen konnten … Es sollten Gebirgslandschaften mit einem Bauernhof sein – und deshalb waren wir die letzten schicksalsschwangeren Tage des Juli 1914 in Schandau in der Sächsischen Schweiz.« Inzwischen als Bad Schandau Kneippkurort, liegt der kleine Ort malerisch am rechten Elbufer im Elbsandsteingebirge. Die siebenköpfige Filmcrew logierte in Hotels, und der Regisseur Gad fand umgehend, was er suchte: »Die hochaufragenden kahlen Schrammsteinfelsen erwiesen sich als ideal für die wilde Natur, die ich noch brauchte.«

Was nach Romantik pur aussieht, war schwere Arbeit. Da kein Wagen auf das Felsplateau fahren konnte, mussten alle Apparate, Requisiten und das Essen für die Crew nach oben getragen werden. Dort war es bitterkalt, und Asta Nielsen, die für ihre Rolle eines ihrer berühmten »Fetzenkleider« trug, klapperte mit den Zähnen. Für die Pausen wurde eine kleine Lammfelljacke besorgt, »aber wie immer war sie tapfer und hielt durch«. Nein, mit Groll auf seine Frau, den Weltstar, blickt Urban Gad nicht zurück.

Die kleine meckernde Ziegenherde, die ebenfalls nach oben getrieben wurde, um das Bergidyll einiger Szenen perfekt zu machen, war ständig im Weg. Trotzdem gelang es, alle erforderlichen Aufnahmen an einem Tag zu erledigen, dank einiger Weinflaschen, die zum Proviant gehörten, in übermütiger Stimmung, »singend und juchzend zwischen den Felsen«. Zurück in Schandau, wurde die gute Laune jäh vertrieben: »Die Abendzeitung brachte das Ultimatum von Österreich-Ungarn an Serbien. Das machte alle anderen nervös – alle fürchteten den zukünftigen Krieg, einen Weltkrieg.« Urban Gad versucht, die Ängste zu zerstreuen, Krieg sei eine Unmöglichkeit. »Echt dänisch«, nennt er das im Rückblick, und ein Erbe seiner Mutter, die überzeugt war, dass das Bessere sich stets durchsetzt. Doch sein deutsches Filmteam überzeugt er nicht: »Alle widersprachen mir, nur Asta … stand an meiner Seite.«

Das Ultimatum aus Wien wurde Serbien am 23. Juli gestellt.

Es war die Antwort auf den Mord des österreich-ungarischen Thronfolgers und seiner Frau durch einen serbischen Nationalisten in Sarajewo am 28. Juni 1914. Die bis dahin unterdrückte europäische Kriegsmaschinerie lief bald auf Hochtouren.

Für Serbien war das Ultimatum unannehmbar, am 28. Juli erklärte Österreich-Ungarn dem Land den Krieg. Damit war auch Russland, Serbiens Verbündeter, involviert, dem Deutschland am 1. August den Krieg erklärte. Die deutsche Kriegserklärung an Frankreich folgte am 3. August. Am 4. August überfällt die deutsche Armee Belgien und Luxemburg, um blitzartig in Frankreich einzumarschieren. Noch am selben Abend erklärt Großbritannien, mit Frankreich verbündet, Deutschland den Krieg. In Europa nahm eine mörderische Auseinandersetzung seinen Lauf, die in den folgenden vier Jahren fast alle Kontinente überzog, und als der Erste Weltkrieg insgesamt siebzehn Millionen Menschen das Leben kostete.

Am 24. Juli 1914 ist das Gad-Nielsen-Team von seinem erfolgreich-vergnügten Dreh in der Sächsischen Schweiz zurück in Berlin. Wenige Tage später, so Asta Nielsen in ihren Erinnerungen, »war die ganze Stadt mit Fahnen geschmückt. Der Krieg war ausgebrochen«.

14. Kapitel

DER WELTSTAR WIRD NERVÖS

Bei Kriegsausbruch mit Jesta, Johanne und Urban Gad in Berlin – Von deutschen Patrioten bedrängt – Die Flucht in die Schweiz misslingt – Schwierige Rückkehr nach Dänemark

1914, 24. Juli bis 12. August

Gut dreißig Jahre später versucht Urban Gad in seinen Aufzeichnungen über den Kriegsausbruch, die Stimmung hinter dem Hurra-Patriotismus zu erfassen, der durch die Straßen von Berlin schwappte. Er spürte keine wirkliche »Begeisterung, sondern ein klammes, kaltes Fieber«. Vor dem Reichstag klang es »Deutschland, Deutschland über alles«, doch es war nur »ein kleiner Demonstrationszug«. Er konnte an keinen Krieg glauben. Aber dass diese Wochen einen tiefen Einschnitt bedeuten, ist unübersehbar. Das Ehepaar Gad-Nielsen beschließt, seine Wohnung aufzugeben und ins Hotel Excelsior zu ziehen. Die Möbel wandern ins Magazin; was zum täglichen Leben nötig ist, wird in Koffer gepackt und ins Hotel gebracht.

Inzwischen hat Asta Nielsen ihre Schwester Johanne angerufen, die mit Jesta in Buckow in der Märkischen Schweiz Urlaub macht. Das prächtige Hotel Weiße Taube liegt auf einem Hügel über dem Scharmützelsee. Die Badeanstalt, in der sich normalerweise fröhliche Menschen drängeln, ist wie ausgestorben. Im Hotel sind fast nur noch Frauen und Kinder; die Männer haben den Ferienort Hals über Kopf verlassen, als die ersten Kriegsgerüchte die Runde machten. Unter dem 1. August heißt es in Johanne Nielsens Tagebuch: »Es ist 6 Uhr und die Kirche schickt ihren Glockenton über die kleine Stadt. Da ertönt plötzlich eine Autohupe, und Sekunden später umarme ich meine liebe Schwester und den Schwager, die gekommen sind, um Jesta und mich nach Berlin zu holen.« Urban Gad schreibt drei Jahrzehnte später, dass »Johanne und Jesta sehr beruhigt waren, als sie uns sahen«. Zum Abschied versucht er, den Besitzer des Hotels zu trösten. Man werde nach dem Krieg wiederkommen, »aber der schüttelte müde den Kopf. Für ihn war alles aus, er war ruiniert, er war am Ende«.

Asta Nielsen hat im zweiten Band ihrer Erinnerungen drei Zeilen über die Buckow-Fahrt geschrieben: »Es glückte mir, ein Auto aufzutreiben, mit dem ich meine Schwester nach Berlin brachte. Nun galt es, so rasch wie möglich heim nach Dänemark zu kommen.« Diszipliniert bleibt sie ihrer Linie treu, wenn sie die Öffentlichkeit in ihr Leben schauen lässt: Jesta existiert nicht, und Urban Gad tritt nur als Regisseur ihrer Filme auf. Kein Wort darüber, dass er in diesen Tagen als ihr Ehemann gegenwärtig ist und sie zu viert eine kleine Familie bilden.

Erst der Vergleich mit seinem Augenzeugenbericht legt offen, was für ein schiefes Bild dieses Verschweigen produziert. Es verschiebt in den angespannten Tagen des August 1914 den Schwerpunkt der Aktivitäten deutlich zu ihren Gunsten. Urban Gads detaillierte Aufzeichnungen und ebenso das Tagebuch ihrer Schwester belegen, dass Asta Nielsen keineswegs als Einzige handelt, sondern es sich um gemeinsame Aktionen des Ehepaares handelt.

In Berlin bleibt die Familie fest zusammen, alles wird gemeinsam gemacht. Am ersten Tag geht es in den Zoo, wahrscheinlich, um der dreizehnjährigen Jesta die Konfrontation mit einer Stadt, die Asta Nielsen einen »brodelnden Hexenkessel« nennt, zu erleichtern. Am 3. August fahren sie nach Tempelhof auf das Filmgelände, wo Asta Nielsen ihren gewaltigen Fundus an Kleidern und Kostümen packen lässt; Urban Gad kümmert sich um die Filmrollen, die dort eingelagert sind. Die Bevölkerung wird immer nervöser, überall vermutet man Spione. Urban Gads Aufzeichnungen: »… marschierende Soldaten überall, die

Stimmung konnte jederzeit explodieren, der Hass stieg. In den überfüllten Restaurants wurde heiß diskutiert, Kellner konnten sich kaum einen Weg bahnen.«

Als England am 4. August Deutschland, das Frankreich überfallen hat, den Krieg erklärt, notiert Johanne Nielsen in ihrem Tagebuch, das Café Piccadilly sei umgetauft in Kaffeehaus Vaterland. Asta Nielsen, die sich in Friedenszeiten nicht auf der Straße bewegen konnte, ohne von jubelnden Fans erdrückt zu werden, will ins Freie und erklärt, an einem solchen Tag haben die Menschen anderes im Kopf als einen Filmstar. Man wagt einen Spaziergang Unter den Linden. Das folgende Ereignis hat Asta Nielsen in ihren Erinnerungen beschrieben, ebenso ihre Schwester in ihrem Tagebuch.

Einige Spaziergänger erkennen den Weltstar, schreibt Johanne Nielsen, ihre Schwester wird von einem Menschenpulk eingekeilt und von der restlichen Familie getrennt. Manche allerdings rufen erregt »eine Russin«; ein älterer Herr fragt: »Sind Sie Russin oder Engländerin?« Ein anderer ruft: »Das ist doch die Asta!« Asta Nielsen wiederholt wie im Schock: »Ich bin Asta Nielsen.« Immer mehr Hurras werden gerufen, die Menschen wollen Arme und Hände der berühmten Frau drücken, ihr Kleid berühren: »… hilflos steht sie da, nickt und lächelt.« Ein Umstehender erkennt, dass die Situation brenzlig wird. Es gelingt ihm, einen vorbeifahrenden Wagen für Asta Nielsen anzuhalten. Die restliche Familie erreicht ebenfalls das Auto. »… und vorbei an winkenden und schreienden Menschen – ›die Asta, die Asta‹ – lassen wir das Brandenburger Tor hinter uns …«

Im Kern erzählt Asta Nielsen Ähnliches; aus ihrer Sicht ging es verständlicherweise noch dramatischer zu. Der Hut wird ihr vom Kopf gerissen, es fließt Blut, »eine Angst wie nie zuvor ergriff mich zwischen all diesen schreienden, verzerrten Gesichtern«. Ihr Retter »erwischt in einer Seitenstraße wirklich eine Pferdedroschke, die mich mit vielen Umwegen nach Hause brachte«. Asta Nielsens Erinnerungen sind sehr bewusst komponiert. Nicht grundlos wurden sie von den Kritikern als literarisches Kunstwerk gelobt. Was die Szene Anfang August 1914 Unter den Linden betrifft und ihre Rettung, entschied die Autorin, dass selbst die geliebte Schwester, die Augenzeugin war, nicht vom Drama, das die Hauptperson umgab, ablenken sollte. Es geht nur um ihre Person. (Johanne Nielsen starb 1939, etliche Jahre bevor die weltberühmte Schwester ihre Erinnerungen niederschrieb.)

Es waren zweifellos dramatische, nervenaufreibende Tage. Mit jedem der frühen Augusttage 1914 putschte der Krieg die Gemüter mehr auf, veränderte das Leben in Berlin. Aus Urban Gads Sicht erfahren wir, wie Asta Nielsen auf diese eskalierende Situation reagiert: »Mein Hass auf alle Massensuggestion übertrug sich auf sie, unterstützt von ihrem Unwillen auf alles Preußische. Aber ihr Standpunkt wechselte, je nach den Schwingungen in ihren Nerven: Mal rief sie begeistert Hurra, wenn ein Regiment vorbeimarschierte – mal demonstrierte sie sichtbar gegen die herrschende Stimmung, was ziemlich gefährlich war, für sie selbst und auch für uns.«

Den Abend des 4. August, nach dem Vorfall Unter den Linden, beschloss das Ehepaar mit Johanne Nielsen den Tag im Café ihres Hotels Excelsior. Was dort geschah, hat Urban Gad ebenfalls später aufgeschrieben:

»Die Musik setzte ein und spielte ›Wir treten zum Beten‹ … Das Publikum war sehr angetan, während Asta verächtlich lächelte und eine sarkastische Bemerkung machte, was mich schon bedenklich werden ließ. Sofort danach spielte die Kapelle ›Deutschland, Deutschland über alles‹. Jeder erhob sich, auch ich und Astas Schwester. Aber Asta blieb sitzen und weigerte sich, trotz meiner inständigen Bitten, aufzustehen. Es war das erste Mal, dass sie sich direkt weigerte, etwas zu tun, das ich befahl. … Nur der Umstand, dass alle Gäste sahen, wie sowohl Johanne als auch ich versuchten, sie mit den Armen hochzuziehen, rettete uns vor großen Unannehmlichkeiten …«

Fast eine Szene wie aus einem Asta-Nielsen-Film: Eine standhafte Frau widersetzt sich dem nationalistischen Sog der Masse, egal, welche Folgen es haben könnte. Asta Nielsen lässt sich diese Geschichte in ihren Erinnerungen nicht entgehen. Dass sie sich bei ihr »in einem Café in der Königgrätzer Straße« und Tage später abspielt, ist noch die geringste Abweichung. Wie an anderen Stellen gelingt es ihr, ein dichtes atmosphärisches Bild von Berlin in diesen Tagen zu zeichnen: »Überall das gleiche Bild: Die Truppen marschieren in einem fort, Tag und Nacht. Junge, hoffnungsvolle Gesichter unter blumengeschmückten Helmen ziehen vorbei, weinende junge Frauen schleppen sich neben den Soldaten dahin, und alte Mütterchen lehnen sich schluchzend an die Mauern. Man selber ist nur ein einziges großes Fragezeichen: Wie ist dieser Wahnsinn möglich?« In dieser emotionalen Stimmung sitzt sie im Café: »… plötzlich erklingt die Nationalhymne, und alle erheben sich, nur ich bleibe sitzen. Meine Nerven streiken bei dem unaufhörlichen Marschieren, dem Weinen und der Aufregung. Ich protestiere und bleibe an meinem Stuhl kleben.«

Damit nicht genug: »Wenige Sekunden darauf fliegt eine Seltersflasche an meinem Kopf vorbei und zersplittert an der Wand. Meine Schwester, die pflichtschuldig neben mir steht, wird am Arm gestreift. Entsetzt reißt sie mich hoch, alle starren auf uns … Wir machen, dass wir nach draußen kommen …« Was ist Dichtung, was ist Wahrheit im Vergleich zu den Aufzeichnungen ihres Ehemanns? Welche Streiche kann das Gedächtnis spielen?

Die Details der Geschichte sprechen für Urban Gads Erinnerung, auch wenn er sie nutzt, um dem Bild zu widersprechen, das Asta Nielsen nicht nur in ihrer Autobiografie, sondern in vielen Interviews von sich selber gibt: eine Frau, die in ihrem Leben, ihrer Filmkarriere und in ihren Rollen ihre Vorstellungen rigoros durchgesetzt hat; die sich von niemandem Vorschriften machen ließ. Diese starke Frau soll seit der Zusammenarbeit mit Urban Gad im Sommer 1910 bis zum August 1914 nur getan haben, was Urban Gad ihr »befahl«? Schwer vorstellbar – doch eine überzeugende Antwort auf diese Frage kann es nicht geben.

Urban Gad hat in seinen Aufzeichnungen keineswegs ein durchgängig negatives Bild seiner ersten Frau gezeichnet. Aber Asta Nielsens öffentliche Darstellung, dass sie alles und vor allem ihre Karriere als Filmschauspielerin ausschließlich sich selbst verdankte, glaubte er wohl nur durch eine entschiedene Gegenrede aus der Welt schaffen zu können: dass der gefeierte Weltstar sich nicht nur seinen Vorgaben als Drehbuchautor und Regisseur unterworfen hatte, sondern privat eine Frau war, deren Stimmungen extrem schwankten, die irrational und egoistisch handeln konnte. In diesen aufgewühlten Zeiten ein Grund, Berlin so schnell wie möglich zu verlassen: »Mir wurde klar, mit Astas unausgeglichenem Gemütszustand war es gefährlich, in der Stadt zu bleiben.« Einen objektiven Grund unterschlägt Gad nicht: Ein Krieg zwischen Deutschland und Dänemark war nicht auszuschließen. Dann würde die dänische Familie in der Hauptstadt in der Falle sitzen. Nichts wie fort aus dem deutschen Kriegszentrum.

Da alle Züge für Soldatentransporte belegt waren, blieb nur noch eine Möglichkeit: Mit großer Mühe gelang es Urban Gad, über einen jungen Regieassistenten ein Auto mit Chauffeur zu organisieren; das Benzin mussten sie in der Apotheke kaufen. Geld spielte für die Filmdiva – und auch für Urban Gad – keine Rolle. Luzern in der Schweiz war das erste Ziel, und es musste schnell gehen. Am 5. August 1914 fuhr das Auto im Dämmerlicht durch den Lieferanteneingang in den Hof des Hotels, nur kein Misstrauen bei den Gästen wecken. Die Koffer von Asta Nielsen und Urban Gad wurden hinten auf dem Auto festgezurrt. Johanne und Jesta teilten sich die Rücksitze mit ihrem Gepäck. In Johanne Nielsens Tagebuch heißt es: »Um neun Uhr am Abend fuhren wir, in warme Kleidung eingepackt, mit Schleier und Autobrillen aus Berlin hinaus ...« Die Hoffnung war, in Kürze Wittenberg zu erreichen und dort zu übernachten. Eine naive Vorstellung.

Die erste Militärkontrolle stoppte den Wagen schon an der Grenze zu Potsdam. Bei aufgepflanzten Bajonetten durchwühlten Soldatenhände alle Koffer und ließen nichts aus. Asta Nielsens seidene Unterwäsche wurde genüsslich hochgehalten, ihre Handtasche nach außen gekehrt. Wenn der Filmstar bei den folgenden elf Kontrollen im Schein der Lampen erkannt wurde, hieß es bedauernd: »Vorschrift« und weiter ging die quälende Prozedur. Die Nacht verstrich, die Stimmung der Reisenden schwankte zwischen Mutlosigkeit und stummer Wut. Schließlich fahren sie in Wittenberg ein. Da ertönt eine Stimme und befiehlt »nach rechts«. Die Uhr schlägt Mitternacht, als das dänische Reisegrüppchen in einen Kasernenhof einfährt und von scharfem Licht angeleuchtet wird. Urban Gad verlangt, den Kommandanten der Festung zu sprechen. »Hier«, erwidert eine Stimme aus dem Dunkel.

Der Kommandant sieht sich die Pässe an, dann sollen die Koffer folgen. Da wird Asta Nielsen noch einmal ins Gesicht geleuchtet, ein junger Leutnant sagt: »Ist das nicht Frau Asta Nielsen?« Plötzlich interessieren die Koffer nicht mehr. Der Kommandant, im zivilen Leben Schriftsteller, hieß Paul Oskar Höcker und hat nach dem Krieg in seinem Buch *An der Spitze meiner Kompagnie* die Szene und ihre Folgen beschrieben: »Ein Trüpplein Offiziere, im Begriff den Kasernenhof zu verlassen, erkannte sie sofort. Es ist die Asta Nielsen. Sie hat große Bange vor den Gewehren mit den aufgepflanzten Bajonetten.«

Der Kommandant möchte sich und seine Kompagnie von bester Seite zeigen. Mit dem Verpflegungsoffizier begleitet er die dänischen Reisenden ins Hotel Weintraube in der Stadt. Bei einem Glas Wein beantworten die deutschen Offiziere bereitwillig »neugierige Fragen. Und die Herren bemühen sich, der schwarzäugigen Filmkönigin einen möglichst guten Begriff von der Kultur unserer Wehrleute beizubringen«. P.O. Höcker gehörte im Oktober 1933 zu den achtundachtzig deutschen Schriftstellern, die »ein Gelöbnis treuester Gefolgschaft« für den Reichskanzler Adolf Hitler ablegten; er war neben Gottfried Benn, Otto Flake, Max Halbe, Ina Seidel und Oskar Lörke in guter Gesellschaft.

Wesentlich jünger ist eine Quelle über diese Nacht in Wittenberg, die dreiundfünfzig Jahre später Asta Nielsen in Kopenhagen per Post erreichte. Absender war ein gewisser Victor Boiton; der Brief wurde am 12. Juli 1967 in Rom verfasst: »Liebe Frau Asta Nielsen, aus einer italienischen Zeitung ersehe ich, dass Sie noch leben und bei bester Gesundheit sind. Ich freue mich mit Ihnen darueber …« Die Notiz habe ihn an ein Ereignis aus den ersten Augusttagen 1914 erinnert: »Ich war gerade als junger Unteroffizier … dem Infanterieregiment in Wittenberg (Elbe) zugeteilt.« Mit sechs Kameraden stand er an der Elbbrücke und sollte ausländische Wagen kontrollieren, da sie möglicherweise aus dem feindlichen Russland Gold ins feindliche Frankreich schmuggeln wollten: »Endlich kam ein gruener Wagen mit einer auslaendischen Nummer angefahren. Ich hob den Arm und rief ›Halt!‹ und dachte mir, endlich wuerde ich wohl ein Goldauto erwischt haben. Der Wagen hielt und wer stieg aus? Frau Asta Nielsen mit ihrem Gatten, dem Schriftsteller Urban Gad und im Fond sass die etwa 14-jaehrige Tochter.« Mit ihm wollten die dänischen Reisenden sich offensichtlich gut stellen: »… und ich folgte Ihrer liebenswuerdigen Einladung, in einem Hotel-Restaurant am Marktplatz von Wittenberg ein reizendes Sektfruehstück einzunehmen.«

Der Chauffeur sollte am nächsten Morgen um halb sieben zur Weiterfahrt bereit sein. Um sechs Uhr erfährt Johanne Nielsen von ihrem Schwager: »Schlaf nur weiter. Wir fahren zurück!« Was sie nicht weiß: Zwischen Urban Gad und seiner Frau hatte es eine heftige Auseinandersetzung gegeben – Gad wollte weiter in die Schweiz fahren; Asta Nielsen weigerte sich.

Er könne ja allein weiterreisen, sie würde mit Schwester und Tochter zurück nach Berlin fahren. In ihren Erinnerungen hat sie, ohne den Streit zu erwähnen, ihre Argumente ausgebreitet: »Alle Offiziere rieten uns inständig, unsere Weiterfahrt aufzugeben und am nächsten Tag sofort umzukehren. Es sei lebensgefährlich, durch Süddeutschland zu fahren. Die Bauern seien mit Gewehren von den Bergen heruntergekommen und patrouillierten die Landstraßen. Und wer von denen könnte einen Pass lesen oder würde sie erkennen?«

Das waren die Argumente, die Urban Gad zu entkräften suchte, »um ihre Ängstlichkeit zu vermindern«, wie er schrieb. Zwei Frauen und ein Kind ihrem Schicksal zu überlassen und allein weiterzufahren, »das ging natürlich nicht«. Er war gezwungen, mit den andern umzukehren, »kochend vor Verbitterung«. In Asta Nielsens Autobiografie findet sich die entgegengesetzte Version, wiederum ohne Urban Gads Präsenz zu erwähnen: »Vielleicht hätte ich trotz aller Ermahnungen meine Reise fortgesetzt, wäre ich allein gewesen. Ich hatte aber kein Recht, meine Schwester in Lebensgefahr zu bringen, und beschloss, den wohlgemeinten Ratschlägen zu folgen.« Das »Wir«, das sich durch die gesamte Fahrt nach Wittenberg durch Asta Nielsens Erzählung zieht, lässt nur einen Schluss zu: Die beiden Frauen haben sich mit Wagen und Chauffeur allein auf den Weg gemacht.

Der Streit zwischen den Eheleuten sollte an diesem Tag noch eskalieren, so jedenfalls beschreibt es Urban Gad. Als sich der Wagen auf dem Rückweg Potsdam näherte, war die Frage: Wo sollen die vier die nächsten Tage verbringen? Wieder im brodelnden Hexenkessel Berlin? Nein, lieber am Rand der Stadt, um notfalls schnell verschwinden zu können. Sie hielten Ausschau nach einer Unterkunft. Die erste, die längs der Landstraße dazu geeignet schien, war eine Villa, und Asta Nielsen entschied: Die muss es sein. Urban Gad argumentierte dagegen: Ringsum wohnten zu viele Menschen, die würden die Filmdiva erkennen und ihr keine Ruhe lassen. Doch Asta Nielsen, die sonst immer Abstand zu ihren Verehrern hielt, war von ihrer Wahl nicht abzubringen. Diesmal gab Urban Gad nicht nach – und Asta Nielsen bekam einen Weinkrampf, überhäufte ihn mit Vorwürfen. »Johanne und Jesta«, heißt es in seinen Aufzeichnungen, »hatten Mühe, sie zu beruhigen.«

Wenig später fuhren sie an der winzigen Havelinsel Lindwerder vorbei und fanden hier ein gemütliches, abseits gelegenes Quartier. Der Fährmann setzte die kleine Gesellschaft samt Koffern über. Der Chauffeur fuhr weiter nach Berlin, um Gads hilfreichem Regieassistenten einen Brief zu bringen mit der Bitte, anzurufen. Gemeinsam machten sie Ausflüge; Jesta vergnügte sich mit zwei Boxerhunden und einem Affen, die einen anderen Gast begleiteten; Asta Nielsen vertrieb sich die Zeit mit Stickereien. In ihren Erinnerungen preist sie die prächtigen Mittagessen. Es gab »Erbsensuppe mit Schweinsohren«, dazu »Münchner Bier aus großen Glaskrügen und wir fühlten uns glücklich, fern von allem Unfrieden«. Aber die nächtlichen Wanzenattacken wurden so unangenehm, dass alle nach zwei Tagen von der Idylle Abschied nahmen.

Zurück in die Stadt, zurück zu den Soldaten, die weiterhin durch die Straßen marschierten. Durch Urban Gads Bericht wissen wir, die Familie zog ins Hotel Zum Reichstag, wo man sie kannte, und erfuhr noch am selben Tag, dass am nächsten Abend ein Zug Richtung Kiel fahren würde. Vielleicht die letzte Chance, zurück nach Dänemark zu kommen. Bevor sie die wahrnahmen, wurde Asta Nielsen buchstäblich mit dem Gesicht des Krieges konfrontiert. Aus dem Völkerkundemuseum war ein Lazarett für verwundete Soldaten geworden. Zur Ablenkung wurde der Film *Engelein* gezeigt, und die Hauptdarstellerin war bereit, die Soldaten zu besuchen.

Nach der Vorführung wurde Asta Nielsen durch die Krankensäle geführt. Sie sah sich um, ob sie vielleicht auf ein bekanntes Gesicht stoßen würde. Nein, sie kannte niemanden von denen, »die sie mit bleichen, versteinerten Gesichtern ansahen, die in dem Grauen, das sie gesehen und erlebt hatten, zu wächsernen Masken erstarrt waren, in denen nur ein paar glühende, fiebernde Augen davon erzählten, dass in ihnen noch Leben war«. Im Saal mit den Leichtverwundeten sprach sie ein junger Mann auf Dänisch an. Er kam aus dem südlichen Dänemark – das seit dem Krieg 1862 als Nordschleswig zu Deutschland gehörte und dessen männliche Bewohner in der Reichswehr dienen mussten –: »Seine Augen drückten nur eines aus: Angst«, auch im dänischen Original steht das deutsche Wort. (Etwa fünftausend dieser wehrpflichtigen Dänen sind im Ersten Weltkrieg im Kampf für Deutschland gefallen.)

Weil er nur leicht verwundet war, würde er wieder zur kämpfenden Truppe eingezogen werden: »Können Sie mir sagen, wofür ich kämpfe?« Asta Nielsen versucht, ihn zu trösten: »Wir Kleinen müssen ja immer für die Großen leiden; denken Sie nur an das arme Belgien.« Sie verschweigt nicht, dass sie darauf eine »harte Antwort« bekommt: »Da komme ich her. Vielleicht haben die Deutschen dort etwas zu suchen, aber was soll ich dort?« Sie sprechen noch eine Weile miteinander, am Ende sagt der junge Mann: »… es hat gutgetan, mit Ihnen zu reden.«

In Asta Nielsens Erinnerung geht es dann ziemlich schnell ins heimatliche Dänemark. Es sei ihr gelungen, Benzin und ein Auto zu organisieren, mit dem sie von Berlin nach Kiel fuhren – die beiden Schwestern muss man annehmen. Schwester Johanne notiert in ihrem Tagebuch eine andere Geschichte, die mit den Aufzeichnungen von Urban Gad übereinstimmt. Mit Essen von Kempinski versorgt, fahren die vier – das Ehepaar Gad-Nielsen, Jesta und Johanne Nielsen – am 11. August 1914 mit dem Zug von Berlin nach Lübeck. »Alles aussteigen«, heißt es dort, der nächste Zug nach Kiel fahre um 23 Uhr. Urban Gad geht in die Stadt, um ein Auto mit Fahrer aufzutreiben. Das gelingt ihm, und so fahren sie schon um 14 Uhr in Lübeck ab. Johanne genießt es als »eine herrliche Tour durch Schleswig-Holstein … das ganze Land so dänisch …«.

In Kiel angekommen, reiht sich ein glücklicher Zufall an den anderen. Um 21 Uhr würde ein Zug mit Soldaten nach Flensburg fahren, den auch Zivilisten nutzen durften. Um 2 Uhr 30 kommt die Familie in Flensburg an; in fünf bis sechs Stunden soll ein Zug über die dänische Grenze nach Vamdrup fahren. Sie übernachten im Wartesaal. »Asta hatte ein Sofa zum Liegen, hart wie Feuerstein; ich einen Wiener Stuhl, der aus der Fassung geriet, sobald ich mich rührte«, erinnerte sich Urban Gad. Johanne Nielsen notierte im Tagebuch, dass »die drei Erwachsenen einen tüchtigen Schluck Kognac nahmen«.

Am nächsten Morgen, den 12. August, schlagen die Menschen im Wartesaal ab 6 Uhr nach und nach die Augen auf. Schließlich kommt der Zug nach Vamdrup. Johannes Tagebuch ist immer dabei: »Wir sind in einem 1. Klasse-Abteil, können uns waschen und frisieren und an der nächsten Station sind wir auf dänischem Boden.« Kaum lag die Grenze hinter ihnen, schien es Asta Nielsen, »dass selbst die Vögel hier anders sangen«. Sie wechseln ohne Kontrolle in einen planmäßigen Zug, der rollt auf die Fähre und erreicht um 20 Uhr 30 Kopenhagens Hauptbahnhof. Johanne Nielsen: »Die andern fahren weiter nach Humblebæk, und Urban, liebenswürdig und nett wie immer, fragt, ob ich nicht Lust hätte, mit ihnen zu seinen Eltern zu kommen.« Sie lehnt dankend ab: Sie hat ja ihr eigenes kleines Heim in Kopenhagen, wohin bald ihre Lebenspartnerin Isi aus den Ferien in Schweden zurückkommen wird.

Die Aufzeichnungen von Urban Gad, die mit den letzten Filmaufnahmen auf den Schrammsteinfelsen in der Sächsischen Schweiz am 22. Juli beginnen, brechen mitten im Satz ab, als er die glückliche Ankunft im Heimatland Dänemark am 12. August 1914 schildert: »Am gleichen Abend erreichen Asta, Jesta und ich Humblebæk, wo …«

15. Kapitel

BRUCKSTÜCKE EINER TRENNUNG

Der Ehemann zeigt Gefühle – Zwei verwirrende Postkarten

1914, Juli und November

Das Ende ist offen. Ob die dreiköpfige Familie sich am 12. August in Humblebæk gemeinsam im dortigen Ferienhaus von Gads Eltern einquartiert oder Asta Nielsen mit Jesta in eine Pension zieht, darüber gibt der abgebrochene Satz im Manuskript von Urban Gad keine Auskunft. Die nächste Information: Am 15. Oktober 1915 reicht Asta Nielsen die Scheidung ein. Trotz mangelnder Beweise, was die zwölf Monate zuvor betrifft, ging man bisher davon aus, dass sich die Wege des Ehepaares nach der Rückkehr aus Berlin sofort getrennt haben. Am Jahresbeginn schien es allerdings noch ausgemacht, dass beide als erfolgreiches Arbeitsteam zusammenbleiben und den Schritt in die Selbstständigkeit wagen wollten.

Die Aussage in Asta Nielsens Erinnerungen stimmt mit dem Rückblick von Urban Gad auf die Filmarbeit im Sommer 1914 überein: »Die neue Serie sollte unsere beste werden … auch weil sie nach unserm Vertrag mit der Union die letzte sein sollte. Nächstes Jahr wollten wir auf eigene Rechnung arbeiten.« Deshalb sollte dieser letzte Film ihren Wert noch steigern, um der neuen Ära »einen goldenen Glanz zu geben … auch was die finanzielle Seite betrifft«.

Dass Urban Gad ihr mit seinen Drehbüchern für rund dreißig Filme Rollen lieferte, mit denen sie ihre Talente voll ausleben konnte, hat Asta Nielsen in ihrer Autobiografie nicht verschwiegen. Doch in den vielen Interviews nach der Trennung von Gad, die sie gern und ausführlich gab, hat sie seinen Anteil am Erfolg ihrer Filme stets weit in den Schatten gestellt. Ihr allein als Schauspielerin und »Dichterin« gehörte die Bühne, Gads Name war keine Erwähnung wert.

Noch rigoroser hat sie ihn als Menschen verschwiegen. Ihn nicht als Ehemann zu erwähnen, war das eine, aber öffentlich kein einziges emotionales Wort über einen Menschen zu verlieren, mit dem sie jahrelang täglich zusammen war, muss Urban Gad getroffen haben. Das wollte er nicht stehen lassen. In seinen Aufzeichnungen über den Sommer 1914 gibt Urban Gad viel von sich preis: Asta Nielsen war für ihn mehr als eine geniale Schauspielerin, sie hatte sein Herz berührt.

Als die Filmcrew Ende Juli 1914 nach Bad Schandau in der Sächsischen Schweiz fuhr, wusste Gad, dass damit ihr bisheriger Vertrag zu Ende ging. Neidlos war ihm klar, wer im Mittelpunkt des unglaublichen Erfolges stand, und er hatte sich eine besondere Liebeserklärung ausgedacht: Als allerletztes Bild sollte Asta Nielsen eine Ziegenherde einen steilen Weg hinuntertreiben – »sie allein«. Gar nicht so einfach mit den sturen Ziegen, aber »es glückte – geschafft«.

Das war der Augenblick, als Urban Gad hoch oben auf den Schrammsteinfelsen seine Gefühle vor der Filmcrew nicht verbarg – und wohl auch Asta Nielsen überraschte: »So nahm ich sie in meine Arme und dankte ihr für alles, was wir zusammen als gute Kameraden in all den Jahren geschafft hatten; und auch sie küsste mich zum Dank – während der Donner über uns grollte und der Himmel einen Regenguss über uns ausschüttete. Das war das Ende unserer Zusammenarbeit, die uns beide weit gebracht und uns beiden viel Freude gemacht hatte.« Es ist müßig, an der Bezeichnung »Kamerad« herumzudeuteln. Urban Gad war es wichtig, dieses Bekenntnis öffentlich zu machen, rund dreißig Jahre nachdem Asta Nielsen die Scheidung eingereicht hatte.

Ob diese Trennung wirklich sofort und radikal im Herbst 1914 einsetzte, daran lassen zwei bisher unbekannte Postkarten zweifeln. Sie irritieren, weil sie dokumentieren, dass Asta Nielsen nur drei Monate nach der Flucht aus Berlin in die deutsche Hauptstadt zurückkehrte – mit ihrer Tochter Jesta und Urban Gad. Bisher galt, dass sie erst im Sommer 1916 – mit Freddy Wingaardh als neuem Partner – wieder in Berlin war und acht Filme drehte.

Der Poststempel auf der ersten Karte sagt: »Charlottenburg 14.11.14«; die Handschrift von Asta Nielsen auf der zweiten »Berlin 15-11-14«. Die Adresse ist »Frl. Abba Nielsen« und »Frk. Abba Nielsen« – Frøken, dänisch Fräulein – im Tagensvej in Kopenhagen. »Abba« ist der Spitzname von Schwester Johanne, die auf der Karte vom 15. November zusammen mit »Isi«, ihrer Lebenspartnerin, von allen gegrüßt wird: »Viele Gruesse an Isi und Dich von P.U. (Peter Urban), Jesta und Deine ergebene A.«.

So kurz die Botschaften sind, es ist eine spektakuläre Quelle. Die beiden Karten sind das erste handschriftliche Zeugnis von Asta Nielsen, noch dazu auf Deutsch geschrieben. Daraus folgt zum einen, dass Johanne Nielsen während ihrer Berlin-Aufhalte bei der Schwester Deutsch gelernt hat. Es war außerdem ein kluger Schachzug, in Kriegszeiten – wo alles Geschriebene in Deutschland durch die Zensur lief – dafür zu sorgen, dass die Mitlesenden erkannten, hier ging es tatsächlich um private Dinge. Vor allem zeigt sich erstmals an diesen Karten, wie gut und flüssig Asta Nielsen die deutsche Sprache schon 1914 schriftlich beherrschte, Berliner Dialekt inbegriffen.

Die wichtigste Nachricht an die Schwester vom 14. November: »Du hast wohl mein Telegr. bekommen. Also leider, Jesta ist krank, Halzenzündung; hoffentlich werde es dabei bleiben. Morgen fahre ich sie im Krankenwagen hierher zu uns und werde sie hier pflegen.« Was »hierher« bedeutet, sagt die Karte nicht. Schon am nächsten Tag kann die Mutter Gutes melden: »Jesta ist jetzt seit Gestern hier bei uns zu Hause und befinde sich Gott sei dank ausgezeichnet; sie hat heute sehr wenig Fieber und ist beinahe all zu ›plisch‹ um ins Bett zu sein. Hoffentlich ist sie in ein Par Tagen wieder ganz gesund, und wahrscheinlich komme ich dann nächste Montag nach Kopenhagen.« Ob sie sich mit Urban Gad noch einmal in Tempelhof um ihre Filme gekümmert hat? Ob es ein längerer Aufenthalt – in einer Wohnung – war und Asta Nielsen deshalb Jesta mitnahm und nicht, wie so oft, bei Johanne in Kopenhagen ließ?

Es gibt keine Antworten, aber die Gewissheit: Die kleine Familie ist im August 1914 nicht total auseinandergebrochen. Vielleicht lagen positive Emotionen in dieser Beziehung nicht nur auf Urban Gads Seite. Auch wenn die Filmdiva lebenslang darauf bestand, dass diese Ehe eine Arbeitsgemeinschaft war. »Was bedeuteten Ihnen Ihre Ehemänner?«, fragte sie 1969 ein dänischer Journalist für eine Radiosendung. Ohne zu zögern antwortete die achtundachtzigjährige Asta Nielsen: »Außer dass Urban Gad die Rollen für mich schrieb, hatte er für mich keine Bedeutung.«

16. Kapitel

DER GÖTTLICH SCHÖNE SCHWEDE

Mit Freddy Wingaardh nach Südamerika –
Mitten im Krieg: Drehort Berlin – Zu zweit in Kopenhagen –
Festliche Gelage in der »Gulasch-Zeit«

1915-1916

Das Königreich Dänemark hatte sich für neutral erklärt, und es gelang ihm, diese Politik durchzuhalten, während viele Staaten sich auf Europas Schlachtfeldern mit jedem Monat mehr in einen sinnlosen Krieg verbissen. Was macht ein Weltstar, dessen Leben seit dem Sommer 1910 aus rastloser Arbeit bestand? Bis in den Juli 1914 hatte Asta Nielsen im Sommer einen Film nach dem anderen gedreht und sich in den Wintermonaten mit den neuen Drehbüchern vertraut gemacht. Sie hatte sich daran gewöhnt, von jubelnden Menschen umgeben zu sein, sobald sie in der Öffentlichkeit auftrat – ob in Wien, Budapest oder Düsseldorf; Interviews zu geben, sich Fototerminen zu stellen. Das unaufgeregte Kopenhagen war nicht Berlin. Zurück in der alten Heimat, ohne Aussicht, wie es weitergehen könnte, war sie sich selbst überlassen; niemand stellte einen Terminkalender für Asta Nielsen auf.

Um eine neue Wohnung in Kopenhagen musste sie sich nicht kümmern, die hatte sie seit ein paar Jahren am Tagensvej 35, nur drei Häuser von ihrer Schwester Johanne entfernt, die in Nummer 29 mit ihrer Partnerin Isi Andersen lebte und mit Jesta, wenn deren Mutter in Berlin von der Filmarbeit völlig in Beschlag genommen war. Die roten Wohnblocks liegen an einer breiten Ausfallstraße Richtung Westen, direkt gegenüber heute die Gebäude vom angesehenen Ringshospital und Institute der Universität.

Exakte Daten über ihre Aktivitäten im Jahr 1915 sind rar, die Monate in diffusen Nebel gehüllt. Vielleicht vergleichbar mit ihrem Empfinden in dieser Zeit, als sie sich an einen bisher unbekannten Lebensrhythmus gewöhnen musste; als es keine Ziele gab, auf die sie entschlossen zusteuern konnte. Welche würde sie sich setzen?

Im Februar kam ein Brief von Emma Gad, offiziell noch ihre Schwiegermutter. Mit Urban Gad lebte Asta Nielsen nicht mehr zusammen, aber ihre positiven Gefühlen für seine Mutter waren geblieben – und galten auch umgekehrt: »Meine liebe Asta! Dein prächtiger weißer Flieder erleuchtet mein Zimmer und erinnert mich an die vergangene Zeit. Danke für Deine lieben Gedanken und für alle, die Du mir aus warmem Herzen schickst …« Emma Gad war am 21. Januar 1915 dreiundsechzig Jahre alt geworden. Daran hatte sich Asta Nielsen erinnert und einen Gruß geschickt.

Die Freundschaft mit Georg Brandes war für Asta Nielsen ein Erbe, das die Salonzeiten überdauerte. Weil Emma Gad davon wusste, konnte sie ihrem alten Freund Brandes im Juni 1915 mit Bedauern schreiben: »Asta ist für mich in diesem europäischen Wirrwarr verschwunden … ich habe nicht mal ihre Adresse.« Vielleicht hoffte sie, dass er besser informiert war. Wahrscheinlich ist Asta Nielsen im Frühjahr nach Stockholm gefahren, wo sie seit ihrer Skandinavien-Tournee mit der dänischen Theatertruppe »Die Acht« mit dem Schriftsteller, Journalisten und Theaterkritiker Carl Daniel Fallström und seiner Frau Anna befreundet war.

1912, als die weltberühmte Asta Nielsen mit einem offenen Brief gegen das Verbot ihres Filmes *Im großen Augenblick* in Schweden eine lebhafte öffentliche Debatte anstieß, stand Fallström mit seinen Artikeln fest auf ihrer Seite. Auf der Schwedenreise 1915 muss sie auch die Familie des schwedischen Schiffsreeders Wilhelm Wingaardh getroffen haben – darunter seinen Sohn Ferdinand, von allen nur Freddy genannt.

Freddy Wingaardh war Oberleutnant der Marine, einunddreißig Jahre alt und »göttlich schön«, wie Asta Nielsen sich später ausdrückte. Was als erster Hinweis über diese Beziehung dokumentiert ist: Asta Nielsen und Freddy Wingaardh reisen mitten im Ersten Weltkrieg als Passagiere auf dem schwedischen Frachtschiff »Nautilus«, das Zement geladen hat, nach Südamerika. Die beiden müssen sich nach ihrer Begegnung in Stockholm schnell einig gewesen sein, dass sie eine lange Zeit, isoliert von der Welt und ohne aussteigen zu können, gut miteinander auskommen werden.

Asta Nielsen inszeniert sich in ihren Erinnerungen allerdings wiederum als Frau, die ein solches Abenteuer allein in Angriff nimmt. Der Anstoß für die Schiffsreise sei gewesen, sich selber vor »unnötigen Grübeleien« zu retten; Europa und die »täglichen Mitteilungen über ein Grauen, an dem man nichts ändern konnte« eine Zeitlang hinter sich zu lassen. Ein »Zufall« sei ihr zu Hilfe gekommen: »… eines Tages konnte ich an Bord eines Frachtschiffes gehen, das Richtung Südamerika fuhr und meinen schwedischen Freunden gehörte. … Freddy Wingaardh, Oberleutnant der schwedischen Marine, Sohn des Schiffsreeders, übernahm selbst das Kommando an Bord, und das war sehr beruhigend für mich, falls mich die Angst packen sollte …« Sie hätte sich auch an niemand anderes klammern können. Was Asta Nielsen nicht erwähnt: Außer ihr und »Kapitän Wingaardh« sind keine weiteren Passagiere an Bord.

Als der Frachter die Kanarischen Inseln erreicht, ist es Ende April, und die Hitze wird lästig. Schnell kehrte Asta Nielsen von einem Rundgang durch Las Palmas an Bord zurück, wo ihr der Kapitän einen großen Affen schenkt, den er an Land gekauft hatte. Las, so wurde er getauft, saß bei den Mahlzeiten »wohlerzogen mit uns am Tisch« und ging nach dem Essen an der Hand von Asta Nielsen »wie ein gutmütiges Kind mit über Deck«. Als man Las eines Tages seine stinkende Leinenhose vom Leib zog, schlug die Stimmung um. Aus dem angepassten

Tier wurde ein wütender Affe, der auf dem Schiff umhertobte, sich nicht bändigen ließ und auch gegenüber Asta Nielsen die Zähne fletschte. Las musste schließlich angekettet werden.

Asta Nielsen durchlebte tobende Stürme, wurde seekrank, und dreimal rief der Posten »Mine in Sicht!«. Auch auf dem Atlantik war Krieg. Daneben gab es in der kleinen Welt des Schiffes Momente von »großem, tiefem Glück«, dem Festland entflohen zu sein. Bald bewegte sich die Filmdiva gekonnt mit »breitem, wuchtigem Seemannsgang« über Deck. Nach sieben Wochen wurde der Zielhafen erreicht, das argentinische Rosario: »Natürlich gingen Wingaardh und ich gleich an Land …« Als sie an einem Kino vorbeikommen, nutzt Asta Nielsen die Gelegenheit, nach langer Zeit wieder einen Film zu sehen, einen amerikanischen. Zu ihrer Überraschung wird sie in der Pause von der Leinwand auf Spanisch und Englisch begrüßt. Das Publikum klatscht und steht auf, um sie in der Menge zu entdecken. Der Kinobesitzer kommt und bittet sie, sich zu erheben. Das Personal an der Kasse hatte sie erkannt. Auch in Südamerika ist Asta Nielsen keine Unbekannte.

Die Reise auf dem Frachtschiff war anstrengend, »ich beschloss, die Heimreise mit einem Passagierdampfer zu machen«. Auch auf der Rückreise war Freddy Wingaardh ihr Begleiter, nur dass er sein Kapitänspatent jetzt nicht brauchte und bei der Beschreibung dieser Fahrt von Asta Nielsen in ihrer Autobiografie nicht erwähnt wird. Bei jedem »ich« in den folgenden Zitaten muss ein »wir« mitgelesen werden.

Schon am Tag nach dem Kinobesuch ging es weiter nach Buenos Aires, wo das holländische Passagierschiff »Frisia« bald in Richtung Europa ablegen würde. Asta Nielsen, eine Opernliebhaberin, besuchte eine *Bajazzo*-Matinee mit Caruso, den sie bisher nur von Schallplatten kannte: »Die Tränen saßen mir während der ganzen Vorstellung im Hals und erstmals verstand ich, dass ein Mensch für einen Künstler außer sich geraten kann.« Wenig später versuchte sie, in einem kleinen exklusiven Restaurant nahe der Oper »zur Ruhe zu kommen«. Als sie aufblickt, sitzt Caruso am Nebentisch. Asta Nielsen starrt ihn an und sieht, dass er sie erkennt: »Wir lächeln beide und ohne dass ich wusste wie, saßen wir am selben Tisch.«

Mit der »Frisia« fuhren Asta Nielsen und ihr Kapitän die südamerikanische Küste nordwärts. In Bahia erinnerte ein niedliches Äffchen in einem Obstladen die heimwärts Reisende an Lars, von dem sie sich in Rosario hatte trennen müssen, weil er mit Menschen nicht mehr zusammen sein wollte. Das Äffchen aus Bahia wurde Asta Nielsens ständiger Begleiter: »Im Gegensatz zu Lars war er die Gutmütigkeit selbst, gewöhnte sich sofort an mich, folgte mir, am Hals sitzend, überall hin und man dachte, er sei ein kleiner Pelzbesatz.« Bis Dänemark genoss der kleine Gast sein neues Leben, durfte im kalten Kopenhagen sogar mit seiner Besitzerin im Bett schlafen: »Doch dann wurden seine Hinterbeine lahm, er vertrug weder das Klima noch die Nahrung.«

Ihrem Freund Frede Schmidt, der zwischen 1956 und 1959 heimlich seine vertraulichen Telefongespräche mit Asta Nielsen aufnahm, hat sie vom Ende des »kleinen Affen, den ich so schrecklich gernhatte«, erzählt: »Ich wollte nicht, dass ein Arzt seinem Leben ein Ende setzte … Und so legte ich ihn in eine kleine Kiste und hielt ihm Äther unter die Nase. … Ich liebte das kleine Tier. Ich wünschte nur, dass er seinen Frieden fand.«

An der Ungewissheit aufgrund des Krieges hatte sich nichts geändert, keine Filmarbeit war in Sicht. In ihrer Fortsetzungsgeschichte »Mein Weg im Film« in der *B. Z. am Mittag* schreibt Asta Nielsen am 6. Oktober 1928: »Im Jahr 1915 unternahm ich eine längere Reise nach und durch Spanien. Dann hielt ich mich auch in der Schweiz auf.« Wie ein U-Boot tauchen die beiden Reisen mit dieser Bemerkung im Strom von Asta Nielsens Leben auf. Nirgendwo sonst werden sie fassbar, wenn man in den sichtbaren Dokumenten ihres Nachlasses recherchiert. Aber im Untergrundmaterial der Telefonmitschnitte von Frede Schmidt kommt Asta Nielsen auf Spanien zu sprechen: »Ich kaufte einmal ein Schloss in Granada, aber ich weiß einfach nicht, was daraus geworden ist.« Sie habe im Gefühl, dass Freddy Wingaardh die Papiere besaß: »Wir waren auf dem Weg zur Alhambra, da sahen wir das Schloss mit seinem wunderbaren Blick über die Felder liegen. Ich gab wahrscheinlich nicht mehr als 20000 Mark dafür aus.«

Offenbar eine Kleinigkeit, denn Asta Nielsen vergaß nach eigener Aussage alles über das Schloss. Als es ihr eines Tages wieder einfiel, war Freddy Wingaardh tot. Sie konnte ihn also nicht mehr fragen, wo die Papiere waren: »Ich weiß nicht, vielleicht hatte er es in der Zwischenzeit verkauft. Ha, ha.« Gegenüber dem vertrauten Freund am anderen Ende der Leitung hatte sie keine Hemmungen, sich einen ironischen Witz zu erlauben.

Dass diese Spanienreise mit Freddy 1915 stattfand, macht Sinn, denn in den folgenden Jahren ist dafür kein Platz. Es bietet sich die Zeit nach der Rückkehr aus Südamerika an. Das wiederum führt zu einer Indizienkette: Asta Nielsen und ihr Kapitän sind sich während der vielen Wochen in der kleinen Welt an Bord des Frachters und des Passagierdampfers so nahe gekommen, dass sie beschlossen, von nun an zusammenzubleiben. Noch war Asta Nielsen nicht von Urban Gad geschieden. Für eine moderne selbstbewusste Frau kein Grund, frisch verliebt auf eine Reise zu zweit durch die Schweiz und Spanien zu verzichten. Und warum nicht im Überschwang der Gefühle nebenbei ein Schloss kaufen?

Zurück in Dänemark, investierte Freddy Wingaardh, der Reederssohn aus wohlhabendem Hause, ebenfalls in die neue Beziehung. In der Innenstadt von Kopenhagen mietete er in der Vestergade 2 unter dem Dach eine Wohnung mit bester Aussicht auf Gammeltorv zur einen und prächtige alte Dächer und das Kreuz der Domkirche zur anderen Seite. Ein idealer Ort, um als neues Paar die aufregende Stimmung, die Dänemarks Hauptstadt ergriffen hatte, zu genießen.

Der Ausbruch des Ersten Weltkriegs kostete die beteiligten Länder nicht nur unzählige Menschenleben auf den Schlachtfeldern, sondern Elend und wirtschaftlichen Niedergang im Inneren. Das neutrale Dänemark dagegen profitierte vom Krieg und erlebte einen wirtschaftlichen Boom, der ebenso das kulturelle Leben in der Hauptstadt zum Blühen brachen. Seine Kaufleute und Unternehmer exportierten Nahrungsmittel an alle Seiten, die in den Krieg verwickelt waren, und verdienten mehr als je in Friedenszeiten. Gulaschkonserven konnten sie gar nicht genug liefern, weshalb man in Dänemark doppeldeutig von einer »Gulasch-Periode« spricht. Die Restaurants waren überfüllt. »Champagnerkorken sprangen wie Granaten von den Tischen«, erinnerte sich Asta Nielsen. Zugleich wirkte Kopenhagen wie ein Magnet auf die Künstler der übrigen skandinavischen Länder, deren Werke zahlreich ausgestellt wurden und ausgabenfreudige Käufer fanden. Vom »Paris des Nordens« sprachen stolz die Einheimischen.

Asta Nielsen nennt die dänischen Kriegsgewinnler in ihren Erinnerungen indigniert den »neuen Adel«, bei dem ein Fest das andere ablöste, um krampfhaft den Multimillionären in amerikanischen Filmen nachzueifern. Doch auch die Filmdiva war kein Kind von Traurigkeit. In einem Telefonat mit Frede Schmidt erzählt sie vierzig Jahre später, dass mit ihrer Rückkehr nach Dänemark die Beziehung zu Clara Pontoppidan, ihrer Schauspielerfreundin seit der gemeinsamen Zeit um 1900 in der Schule von Det Kongelige Teater, sich aufs Neue bewährte: »Da kamen wir wieder zusammen und blieben zusammen. Wir waren jung, jede Nacht wurde durchgemacht. Entweder gab es Gelage bei ihr oder bei mir.«

Clara Pontoppidan, eine von Dänemarks beliebtesten Schauspielerinnen im 20. Jahrhundert, hat über die abwechselnden Feste der beiden Freundinnen in ihren Memoiren berichtet: »Schlank wie ein Windhund sprang sie meine letzte Treppe hinauf, festlich und schön, wie eine dunkle Greta Garbo stand sie da in meinem Zimmer. Die berühmten Augen waren voller Zärtlichkeit und Klarheit: ›Feiern wir heute abend bei Dir oder bei mir?‹ … An ihrem Gästetisch unter dem Dach in der Vestergade herrschte eine Renaissancefreudigkeit, die man nicht mehr kennt oder erst in Generationen wieder erleben wird.«

Der »glänzende Mittelpunkt« im Kreis der Freunde, die sich bei Asta Nielsen in diesen Kriegsjahren trafen, war Georg Brandes: »Genau drei Minuten nach der verabredeten Zeit stand G.B. als erster Gast in meinem Zimmer mit der Präzision, die oft große Männer auszeichnet.« In ihren Erinnerungen beschreibt Asta Nielsen eine typische Brandes-Reaktion während der Feier zu seinem 77. Geburtstag 1919. Sie bekam die ehrenvolle Aufgabe, das berühmte Geburtstagskind nach der Festrede mit einem Lorbeerkranz zu schmücken: »Als ich versuchte, ihn auf sein Haupt zu legen, riss er ihn sofort wieder weg und sagte irritiert: ›Was soll ich denn mit diesem Flitterkram?‹«

Die Feste halfen über den Winter. Aber das Jahr 1916 begann ohne jeden Hoffnungsschimmer. Aus tiefer Verzweiflung schrieb Georg Brandes im Mai einen Appell an die kriegsführenden Länder auf beiden Seiten der Front: »Jeder der kämpfenden Großmächte behauptet, dass der Krieg, den sie führt, Notwehr sei. … Da also keine der Mächte den Krieg gewünscht hat, so lasst sie den Frieden schließen! … Was auch geschehen, welche Schlacht auch gewonnen oder verloren wird, … wie viele von den Männern der kämpfenden Mächte auch getötet oder verwundet oder gefangen genommen werden, das eine ist gewiss: alles wird mit Waffenstillstand und Verhandlungen enden. Warum denn nicht jetzt mit Verhandlungen beginnen?« Vergeblich. Der Krieg ist ein irrationales Unterfangen, keine Seite will die erste sein, die nachgibt und auf Kompromisse setzt.

Für Asta Nielsen brachte das dritte Kriegsjahr im Sommer eine Wende: »1916 sah ich Berlin wieder. Ich schloss einen Vertrag mit einer Verleihfirma für acht Filme, die ich auf eigene Rechnung drehen würde …« Wieder war das »ich« in Wahrheit ein »wir«. Freddy Wingaardh kam mit und die wohlhabende Reederfamilie finanzierte neben Asta Nielsen die Neutral-Film, die im Sommer 1916 acht Filme produzierte. Die Diva stand im Mittelpunkt aller Filme, aber sie organisierte diesmal auch. Sie kümmerte sich um Manuskripte, Regisseure, Kameramänner, Schauspielerinnen und Schauspieler, und mit der Neutral zusammen mietete sie große Ateliers in Tempelhof, die aufgrund des Krieges leer standen. Asta Nielsen gab das Arbeitstempo vor: acht Tage für einen Film, wie sie es von der Arbeit mit Urban Gad gewohnt war.

Berlin hatte sich verändert. Keine blumengeschmückten Soldaten marschierten durch die Stadt. Stattdessen beschreibt Asta Nielsen, wie sich Frauen mit Messern auf ein Pferd stürzen, das in einer Straße tot zusammenbricht, um jeden Zentimeter Fleisch kämpfen und die Blutströme, die über Gesichter und Kleider spritzen, von ausgemergelten Gestalten in Schüsseln aufgefangen werden. An den Gebäuden hängen lange Listen mit den Namen der gefallenen Soldaten; Frauen, die sie lesen, sinken ohnmächtig zu Boden. Kriegsblinde tasten sich durch die Stadt neben jungen Männern mit Krücken oder ohne Arme, statt des Unterkiefers gähnt ein großes Loch oder das ganze Gesicht ist zu einer grotesken Maske verzerrt.

Zur selben Zeit entstanden Filme, die aus dem Alltag und dem Elend hinwegführen sollten in eine andere Welt. Als hätte es keine Pause seit dem Sommer 1914 gegeben, entfaltete Asta Nielsen vor der laufenden Kamera ihr meisterliches Talent in komischen wie in dramatischen Geschichten. *Das Eskimobaby* lebt vom Clash zweier Kulturen: Die Eskimofrau Ivigtut, die Polarforscher Knud Pretorius als seine Frau nach Berlin bringt, kämpft mit den Tücken von Messer und Gabel, schläft lieber auf dem Fußboden als in einem weichen Bett, grüßt nicht mit einem Handschlag, sondern mit Nasenkuss und entwendet staunend in einem Kaufhaus feine Damenunterwäsche.

So, wie Asta Nielsen diese Frau spielt, entspannen sich Szenen voller Komik, die der Fremden nicht ihre Würde nehmen, im Gegenteil. Im Vergleich mit ihrem Witz und ihrer Auffassungsgabe erscheint eher die Elite der europäischen Kultur als Karikatur. Am Ende erweist sich Ivigtut als eine starke Frau, die im Kampf um ihren Mann Siegerin bleibt und niemals ihr Eskimo-Outfit ablegt. Das etwas ungelenke Spiel des Polarforschers passt durchaus zur Rolle, ist aber auch der Tatsache geschuldet, dass es der erste – und letzte – Filmauftritt von Oberleutnant Freddy Wingaardh ist. Asta Nielsen, die an die Filmkunst hohe Ansprüche stellte, akzeptierte erstmals einen Lebenspartner als Partner auf der Leinwand.

Das Kind aus der Kopenhagener Arbeitervorstadt hatte keine Probleme damit, sich den veränderten Umständen in Deutschlands Hauptstadt anzupassen. Kein Chauffeur öffnete der Diva den Schlag, wenn sie nach getaner Arbeit in ihr Hotel fuhr; Asta Nielsen nutzte die Straßenbahn. Weil die Haltestelle in Tempelhof weitab von den Ateliers lag, fuhr der Sohn des Pförtners sie mit einem Kinderwagen dorthin.

Das Eskimobaby wurde aufgrund der Kriegswirren erst 1918 in Wien vorgeführt. Aber zwei der neuen Asta-Nielsen-Filme hatten am 16. August 1916 im prächtigen Berliner Marmorhaus am Kurfürstendamm Premiere: Das *Liebes-ABC*, in dem die Diva wieder in einer Hosenrolle glänzt und *Dora Brandes*, wo sie an frühere Filme anknüpft und ein Frauenleben in tragischer Verzweiflung endet. Regisseur dieser beiden Filme war der österreichische Schauspieler und Regisseur Magnus Stifter.

Im Asta-Nielsen-Archiv der Universitätsbibliothek im schwedischen Lund befinden sich zwei Postkarten an »Fräulein Jesta Nielsen«, Tagensvej 35 in Kopenhagen, eine Seltenheit. Mit der ersten vom 20. August schickte die Schauspielerin »viele herzlichste Gruesse« aus Berlin an ihre fünfzehnjährige Tochter mit dem Hinweis »hier alles gut, hoffe auch bei Euch«. Die nächste vom 28. August 1916 hat eine erboste Asta Nielsen auf Dänisch geschrieben: »Liebe Jesta – wir sind jetzt seit 14 Tagen hier ohne ein einziges Wort von Dir zu hören. Es liegt nur an Freddy, dass Du von uns etwas hörst …« In beiden Fällen sendet Freddy im Nachtrag auf Schwedisch herzlichste Grüße, einmal auch an »Abba und Isi«. Längst gehört Freddy Wingaardh, wenngleich ohne Trauschein, wie einst Urban Gad zur Familie.

Die bisher unbekannten Karten aus Berlin füllen mit ihren Daten ein wenig das chronologische Niemandsland, das 1916 für Asta Nielsens Leben vorherrschend ist. »Wir sind jetzt seit 14 Tagen hier«, heißt es am 28. August: Asta Nielsen und Freddy Wingaardh sind offensichtlich nach anstrengenden Produktionswochen in den Ateliers von Tempelhof auf einen Kurzbesuch nach Dänemark gefahren und haben sich am 14. August von Jesta in Kopenhagen verabschiedet, weil sie am 16. August zur Premiere ihrer Filme im Marmorhaus wieder in Berlin sein wollten. Am 20. August ist der Absender das Berliner Hotel Friedrichsbahnhof; am 28. Georgenstr. 22, nur Minuten von der Friedrichstraße entfernt. Ob und warum sie das Hotel mit einem Apartment getauscht haben – nirgendwo ein Hinweis.

Die beiden Karten sind die einzigen, die sich aus der Korrespondenz von Asta Nielsen mit ihrer Tochter – sie muss vielfältig gewesen sein über die vielen Jahre der Trennung – erhalten haben. Ein kostbarer winziger Blick in eine Beziehung, die die berühmte Mutter in ihren Erinnerungen konsequent verschwiegen hat – mit der Begründung, Jesta sei der Mensch gewesen, den sie mehr als alle anderen geliebt habe. Der kurz angebundene Gruß vom 28. August 1916 lässt darauf schließen, dass Asta Nielsen ihre Tochter dennoch nicht in Watte packte.

Die Georgenstraße war nicht die letzte Adresse in Berlin im Spätsommer 1916: »… um 6 Uhr morgens klopfte es an meine Hoteltür; es ist die Staatspolizei, ich soll sofort öffnen. Ich habe kaum Zeit, mir einen Morgenmantel umzuwerfen, als vier Herren eindringen, meine Koffer beschlagnahmen, und alles untersuchen, von der Decke bis zum Fußboden …« Die Diva des Stummfilms darf sich bei offener Tür im Badezimmer anziehen, dann bringen die vier Herren sie mitsamt ihren Koffern ins Polizeipräsidium am Alexanderplatz: »Es war das erste Mal, dass ich in diesem Jahr in Berlin in einem Auto saß ...« Während des Verhörs im Präsidium erfährt Asta Nielsen, dass sie als Spionin verdächtigt wird: Sie wolle mit ihren Möbeln, die tatsächlich für den Transport nach Kopenhagen vorbereitet sind, Filme ins Ausland schmuggeln.

Da Asta Nielsen ein »engelreines Gewissen« hatte, konnte sie sich während des Verhörs ein Lachen nicht verkneifen. Der Beamte fand das gar nicht lustig und erklärte ihr, sie sei nur dank ihres Namens noch in Freiheit. Nachdem die Möbel und alle Koffer untersucht waren, lösten sich sämtliche Vorwürfe in Luft auf. Asta Nielsen signierte zum Abschied Filmfotos für die Beamten im Polizeipräsidium. Sie gaben ihr den Rat, als Ausländerin Deutschland zu verlassen, zumal sie bei ihrer Popularität mit Anzeigen von Neidern rechnen müsse. Das bedeutete: Sie dürfe erst in Friedenszeiten wieder zurückkehren. Die Alternative: Sie müsse in Deutschland bleiben, solange der Krieg dauere. Asta Nielsen entschied sich für die Heimkehr nach Kopenhagen. In einem Kriegsland wollte sie nicht leben; aber einmal würde dieser Krieg doch vorbei sein.

Wer in ihrer Autobiografie liest, wie es in Kopenhagen ab Herbst 1916 weitergeht, erfährt: »Meine Wohnung hatte ich mir in einem Dachgeschoss eingerichtet.« Nichts anderes ist gemeint als die Wohnung Vestergade 2, die Freddy Wingaardh schon im Jahr zuvor für sie beide gemietet hatte. Nach dem produktiven Sommer 1916 in Berlin genoss das Paar die »Gulasch-Zeit«, die immer noch anhielt, zusammen mit dem alten Freundeskreis. Jesta fand in der Vestergade bei der Mutter und Freddy ein neues Zuhause. Gut zwei Jahre war es her, dass sie zusammen mit ihrer Tante Johanne in Buckow Ferien machte, das aufgewühlte Berlin in den ersten Kriegstagen erlebte und dass Urban Gad für die kleine Familie die »Flucht« über Wittenberg und zurück nach Dänemark organisierte.

»Heure bleu im Oktober! Auf der Vestergade steigen Nordsee-Nebel auf. Die große Stehlampe versendet gelb und violettes Licht, das gedämpft auf Silber und Krystall und schmalwandigem Porzellan spielt. Und die schlanke, aparte Frau im silbergrauen tea-gown, die vorsichtig die japanische Kanne vom Teewagen nimmt, ist Asta Nielsen.« Im Herbst 1916 war der spanische Journalist Pablo Diaz nach Kopenhagen gekommen, ein weit gereister Kosmopolit, der im Auftrag einer südamerikanischen Zeitung führende Persönlichkeiten der neutralen Länder interviewte. Für Dänemark stand Georg Brandes auf seiner Liste. Am Ende des Interviews zeigte ihm Diaz die Liste derer, die er noch befragen wollte. Brandes nickte zustimmend »und warf halb lächelnd ein: ›Und Asta Nielsen?‹«.

Der brillante Literat und Kämpfer für ein modernes Dänemark brauchte nicht mehr zu sagen. Pablo Diaz kannte ihre Filme, hatte erlebt, wie im Mai 1913 auf ihrer Pantomimen-Tournee rund vierzigtausend Menschen Asta Nielsen am Bahnhof von Budapest zujubelten. In Kopenhagen suchte er die Diva in einer Loge von Det Kongelige Teater auf. Der Kontakt war sogleich wieder hergestellt, und die beiden waren sich über das Stück einig: »Es war nicht sehr erfrischend und nach dem zweiten Akt brachen wir auf.« Nichts Besseres konnte Asta Nielsen passieren, die jedes Interesse daran hatte, während der Kriegsjahre – nun fest an Kopenhagen gebunden – bei ihrem Kinopublikum nicht in Vergessenheit zu geraten: dass ein international erfolgreicher Journalist sich für ihre Kunst interessierte und noch dazu die Idee hatte, ihre Biografie zu schreiben.

Bereitwillig lud sie Pablo Diaz in die Dachwohnung in der Vestergade und wusste sich eindrucksvoll zu inszenieren für das erste Gespräch zur Blauen Stunde. Dann geht auch noch die Tür auf, und »ein frisches und rotbackiges Mädchen tritt ein, gesund und rank: ›Das ist meine Tochter Jesta‹, sagt Asta Nielsen«. Viele weitere Gespräche mit Pablo Diaz folgten, bevor die Biografie 1920 erschien.

Die festlichen Zusammenkünfte unterm Dach in der Vestergade oder bei Freundin Clara Pontoppidan begleiteten den Winter und den Übergang ins neue Jahr 1917. Doch so interessant und vergnügt sie waren, sie erlösten Asta Nielsen nicht von ihrer inneren Unruhe, während Europa immer tiefer im Krieg versank. Sie brauchte ein Ziel und neue Anregungen. Sie wollte sich nicht lähmen lassen von fatalistischen Prognosen.

Warum nicht einmal um die Welt reisen? Über Nordamerika nach Japan und dann weiter durch Sibirien: »… weshalb ich wieder an Bord eines Dampfers ging, diesmal nach New York.« In ihrem Rückblick für die Öffentlichkeit macht sie sich wieder alleine auf ins große Abenteuer. Doch längst gehört der göttlich schöne Marineoffizier aus Schweden zu ihrem Leben. Auch bei Asta Nielsens Aufbruch in die Neue Welt ist Freddy Wingaardh dabei.

17. Kapitel

DEINE AUGEN SIND MONDE, DEINE HAARE WÄLDER

Trost der Soldaten – Muse der Poeten

1914-1917

Bevor Asta Nielsen die Koffer für die lange Reise packte, lag Weihnachten 1916 in der Post für sie »en Hilsen fra Skyttegravene« – ein Gruß aus dem Schützengraben. Absender war Jørgen Hansen aus dem südlichen Dänemark, das als Nordschleswig seit 1862 zu Deutschland gehörte, weshalb der junge Mann für Deutschland auf die Schlachtfelder des Weltkrieges geschickt wurde. Asta Nielsen wird sich beim Anblick dieser Post an den 11. August 1914 erinnert haben. Am Tag bevor sie mit Tochter, Schwester und Ehemann das vom Krieg aufgewühlte Berlin verließ, hatte sie ein Lazarett besucht und war von einem jungen Südjütländer auf Dänisch angesprochen worden. Er war nur leicht verletzt und würde wieder an die Front geschickt werden: »Können Sie mir sagen, wofür ich kämpfe?«

Der Brief aus dem Schützengraben stellte keine harten Fragen. Er enthielt in Versen einen Dank an die verehrte, geliebte Schauspielerin, die für Jørgen Hansen viel mehr war als ein flüchtiges Erlebnis im Kinosaal:

Du hängst an der Wand im Schützengraben –
Dein Lächeln erleuchtet die dunkle Ecke der Höhle.
Mir scheint fast, Deine stummen Lippen
sprechen jetzt zu mir mit altertümlicher Sprache. …

Und lächelst uns zu, wenn wir todesmüde
die Tür zu unserm tristen Heim öffnen.

Wenn der Posten mit einem Brief von der Heimat kommt
und das Auge feucht wird von einem mütterlichen Wort –
meine ich immer, Deine großen Augen
lesen vertraut mit mir zusammen den Brief.

Wer täglich mit seinem Tod rechnen musste und sah, wie Kameraden von Granaten zerrissen wurden, brauchte Ablenkung. Die deutsche Heeresleitung schickte ambulante Kinowagen an die Front, ließ Reklameposter und Filmfotos verteilen; die von Asta Nielsen gehörten zu den populärsten. Ernst Moritz Mungenast wusste es aus eigener Erfahrung. Als Sechzehnjähriger war er 1914 begeistert in den Krieg gezogen. In vier Jahren lernte er die Hölle kennen. Er überlebte sie schwer verwundet, und in seiner Erinnerung brannten sich einige Minuten ein, die Erlösung bedeuteten:

»Mitten im Kriege. In der Champagne. In einem Unterstand der voller Verwundeter, Sterbender und Toten war. Das Bild war in den goldenen Rahmen eines Spiegels geklemmt … Er griff danach und rief ›Asta Nielsen‹. Für eine halbe Sekunde verstummt das Wimmern und Röcheln der Kameraden …« Das Bild ging von Hand zu Hand »und alle wurden ganz anders, … ließen das Fluchen und sagten mit veränderter Stimme: Ja, das ist sie.« Dann erinnert sich der Schreiber, dass die »großen Augen … alles wussten und sahen … Das ganze Schlachtfeld von Ypern bis hinab zu den Vogesen. – Ich fühlte diese Augen in mir brennen wie zwei feurige Kugeln. Sie gaben mir meine Seele zurück …«

Als Jugendlicher hatte Mungenast in seiner Heimatstadt Metz vor Kriegsbeginn in einem großen Zelt mit Freunden einen frühen Asta-Nielsen-Film verschlungen. Es blieb der lebendige Eindruck »an eine ungewöhnlich schlanke Frau in starker Schwarz-

Weiß-Wirkung, deren Gesicht und vornehmlich deren Augenpaar das Einprägsamste geblieben sind«. Asta Nielsen hat den jungen Mann auch nach dem Krieg nicht mehr losgelassen. Er wurde Journalist und Schriftsteller und 1928 erschien in Stuttgart seine Asta-Nielsen-Biografie. Es war die dritte nach Adolf Langsted und Pablo Diaz.

Das dänische Weihnachtsgedicht war nicht die einzige Post, die Asta Nielsen von der Front bekam. Am 20. Oktober 1916 hatte es einen Soldaten an der russischen Front gedrängt, Fanpost an den Weltstar zu schicken: »Sehr verehrtes Fräulein. Im Namen von 30 Kameraden aller Chargen, bis zum Hauptmann, sende ich Ihnen als Verehrer Ihrer Person … die besten Grüße. Ihr ganz ergebener Fr. Hollmann.« Vom »nördlichen Kriegsschauplatz« schickte »Leutnant Stefan Adler – K.u.k. Feldkanonenregiment Nr. 20« am 9. März 1915 eine rosa Feldpostkarte an die »Hochgeehrte Künstlerin«. Er habe vor drei Jahren über ihren damaligen Plan geschrieben, eine größere Filmfabrik zu bauen, »und nun freut es mich, dass er bereits ausgeführt ist«. Stefan Adler fühlt sich als Seelenverwandter und schließt »mit Künstlergruß«.

Neben den vielen Frauen ist es eine Generation junger Männer, die sich von Asta Nielsen und ihrem Medium, dem Film, angesprochen fühlt. Als hoffnungsvolles Zeichen für eine neue demokratische Zeit, die mit den Vätern im kaiserlichen Deutschland gebrochen hat. Junge Männer, die aufbegehren gegen einen technokratischen Fortschrittsglauben, in dem Gefühle und Visionen buchstäblich unter die Räder der Industrialisierung gekommen sind. »Expressionismus« heißt das Erkennungszeichen dieser Generation für die ersten Jahrzehnte nach dem Aufbruch ins 20. Jahrhundert. Asta Nielsen steht für diesen Aufbruch, und die Dichter haben ihr mit einer eigenen aufwühlenden Sprache und exzentrischen Bildern gehuldigt.

»… Deine Augen sind Monde, das macht, dass ich traurig
bin …
Deine Haare sind Wälder, darin ich irrging im Schlaf, …

Tausend Tauben habe ich für dich gekauft, Asta,
und Dir die schöne Giraffe zum Reittier gerichtet. …

Immer und immer muss ich im Kino hocken,
Stieräugig reiße ich dich aus jedem Film.
Ratlos bin ich nur noch der Teil meines Lebens,
Der dunkelleise vor der Leinwand nach dir weint.«

Der Darmstädter Abiturient Hans Schiebelhuth ist neunzehn Jahre alt, als er Asta Nielsen im Juli 1914 dieses Gedicht widmet; er war siebzehn, als sein erster Gedichtband erschien. Nach dem Krieg setzt er sich als Dichter, Schriftsteller und Übersetzer durch, ist eng mit Carl Zuckmayer befreundet und hat Kontakte zum Kreis um Stefan George. Sein expressionistischer Dichterkollege Walter Rheiner ist derselbe Jahrgang 1895. Sein Band *Das schmerzliche Meer* von 1918 enthält Gedichte, die er 1915/17 im Feld geschrieben hat, eins davon mit dem Titel »Asta Nielsen«:

»Deines Gesichtes bleiche Orchidee
geht in uns auf, wenn du dich kaum bewegst.
Ist über uns, wenn du die Lippen regst
und deine Augen öffnest. …

In all dem Vielen, das du bist, lebt Eines,
voll Scham und Sehnsucht, ewig sehr verwundet,
und schattenhaft, wie Düfte schwarzen Weines!«

Auch ein Prosastück enthält der Band, das mit religiöser Glut aufgeladen ist:

»Du aber, frauengleiches Wesen, bist das bestürzende Unbegriffene, nicht zu Begreifende. Nächtige Gebirge ruhn in deinen Augen, schwarz-unterirdische Flüsse ziehn in deinem Haar.

…

Schenk auch uns deine Gnade, Einmalige, Einfache! *Du Wasser, du Feuer, du Luft, du Erde!*

…

Segne uns mit deinem Blick, mit der Morgenröte deines Antlitzes, dass alle Straßen und Städte in uns wach werden!

Bleibe uns, du schwingendes Saitenspiel des Unbegreiflichen, *das ist Gott!*«

Ob bei den Soldaten oder den Dichtern und bei den vielen, die ins Kino drängten, sobald ein neuer Film von ihr angesagt war: Es wehte ein Hauch von Erlösung um Asta Nielsen, den die Kriegsjahre nicht vergessen machen, sondern die Sehnsucht nach ihr nur steigern.

18. Kapitel

DIE STIMME IST ROMEO, DIE GESTALT IST JULIA

Mit Freddy Wingaardh in den USA – Die erste Biografie – Georg Brandes' Liebeserklärung – Endlich geschieden – Der Krieg ist aus, zu Neuem bereit

1917-1918

Über Kanada und die Niagarafälle reiste das Paar nach New York. Kaum angekommen, erhielt Asta Nielsen das erste Angebot einer Filmgesellschaft: die Hauptrolle in einer Detektivserie – nein, danke. Als Nächstes kam ein Brief von Foxfilm mit dem Vorschlag, Frida Strindberg zu treffen, um über ein Filmprojekt zu sprechen. August Strindbergs zweite, geschiedene Frau versuchte, Asta Nielsen für eine Verfilmung von *Brott och Brott* – Liebe und Brot – zu gewinnen. Auch diesmal lehnte der Weltstar aus Europa ab. Das amerikanische Kinopublikum sollte in einen Strindberg-Film strömen? Undenkbar.

Mit jeder Woche in New York schrumpfte der Geldvorrat in Nielsens Koffer, und Freddy Wingaardh konnte oder wollte nicht alles ausgleichen. Vom eleganten Biltmore zogen die beiden in ein kleines Hotel am Central Park. Als nach fünf Monaten eine Einladung von Frau Strindberg ins jüdische Theater kam, nahm Asta Nielsen sie an und zeigte sich kompromissbereit. Sie könne sich nun doch die Mitwirkung in einem Strindberg-Film vorstellen. Gleich für den nächsten Tag wurde eine Fahrt ins Atelier organisiert.

Asta Nielsen, die großzügigen Ateliers in Tempelhof gewohnt, wo sie der Star aller Drehtermine war, traute ihren Augen nicht. In dem kleinen Atelier der Foxfilm arbeiteten drei Regisseure an drei Filmen, jeder in einer der drei Ecken. In der vierten wurde gerade eine Dekoration für ein weiteres Projekt zusammengehämmert. Der Lärm war ohrenbetäubend. Frauen in Rokokokostümen drängten sich an Herren im Frack und Cowboys in Lederkluft vorbei. Kameramänner rangelten miteinander, weil sich ihre Stative verheddert hatten. Hier sollte ein Film mit ihr gedreht werden? Lieber wollte die Diva auf Bänken im Central Park schlafen.

In Russland war im Februar 1917 die Revolution ausgebrochen, der Zar hatte im März abgedankt. An eine Weltreise, weiter über Japan und Sibirien, war nicht mehr zu denken. Im April 1917 erklärten die USA dem Deutschen Reich den Krieg. Auf dem Atlantik tobte ein unbegrenzter U-Bootkrieg. Asta Nielsen saß in New York fest. Nach sechs Monaten endlich »konnte ich das erste Schiff nehmen, das nach Europa fuhr, ein norwegischer Dampfer«. Das Paar Nielsen-Wingaardh kehrte in seine Dachwohnung in Kopenhagen zurück, und Asta Nielsen schwor, »in Dänemark zu bleiben, bis der Krieg zu Ende war, egal, wie lange das dauern würde«. Sie hat Wort gehalten.

Im Juli 1917 schrieb General Erich Ludendorff, neben Paul von Hindenburg der einflussreichste Militär in der deutschen Obersten Heeresleitung, einen Brief an das Berliner Kriegsministerium, der den deutschen Filmmarkt völlig umkrempeln würde: »Der Krieg hat die überragende Macht des Bildes und Films als Aufklärungs- und Beeinflussungsmittel gezeigt. Leider haben unsere Feinde den Vorsprung, den sie auf diesem Gebiet hatten, so gründlich ausgenutzt, dass schwerer Schaden für uns entstanden ist.« Für einen »glücklichen Abschluss des Krieges« sei die Einwirkung deutscher Filme »unbedingt erforderlich«. Der Film als Propagandawaffe.

Der Anstoß des Generals führte im Dezember in Berlin zur Gründung der zentralen Universum-Film AG, in der sich die wichtigsten deutschen Filmunternehmen zusammenschlossen. Ein Einheitsunternehmen, das als Ufa in den zwanziger Jahren die deutsche Filmproduktion beherrschte. Der ursprüngliche Auftrag war, international mit Filmen für die deutsche Kultur zu werben. Alle Beteiligten wussten, nur mit hohen künstlerischen Standards würden die zukünftigen deutschen Filme mit den ausländischen Produktionen konkurrieren können.

In Dänemark erschien 1917 ein schmaler Band mit dem Titel *Asta Nielsen*. Der Autor Adolf Langsted hatte einen Namen als Schriftsteller und Pädagoge und neben vier Gedichtbänden über ein Dutzend Romane geschrieben. Wie den spanischen Journalisten Pablo Diaz hatte ihn Asta Nielsen im Jahr zuvor zu ausführlichen Interviews empfangen. Wohl mit besonderer Genugtuung, denn es war nicht die Regel, dass ihre außerordentliche Karriere in Dänemarks kultureller Elite begeisterte Vermittler fand.

Zwölf Jahre lebte Langsted in Paris, wo er vor Ausbruch des Krieges im Kino saß und entdeckte, dass »die erste Filmschauspielerin von Weltrang die Dänin Asta Nielsen war«. Ihre Filme »eroberten die Pariser Boulevards im Sturm«, und »sie schuf das grundlegende Repertoire für den dramatischen Film«. Seine Bewunderung für den Film als neue Kunst und dessen »Primadonna assoluta« war ungebrochen, als er nach Dänemark zurückkehrte und Asta Nielsen befragte. Sie war von Berlin zurück und noch ganz erfüllt von den Dreharbeiten zu den acht Filmen, die sie dort im Sommer 1916 abgeschlossen hatte: »Wir entfalteten eine solche Energie, einen solchen Fließ, dass wir 5 bis 600 Meter pro Tag drehten – einen ganzen Film in 5 bis 6 Tagen.«

Adolf Langsted war zu beeindruckt – oder zu höflich –, um daran zu erinnern, dass Urban Gad als Drehbuchautor und Regisseur ein solches Arbeitstempo für ihre ersten dreißig Filme erfolgreich bei gleichbleibender Qualität vorgegeben hatte. Adolf Langsted rollt ihr mit seinem Buch den roten Teppich aus, und Asta Nielsen kann ihrem Publikum ausführlich darlegen, dass für einen herausragenden Film allein ihre vielfache Kreativität entscheidend ist: »Ich benutze das Manuskript des

Schriftstellers als eine Vorgabe, die ich ausfülle. Ich ›dichte‹ selber weiter. Ich will frei sein, meine Rollen so zu spielen, wie ich sie sehe – wie sie vor meinem inneren Auge stehen …« Eine Primadonna duldet niemanden neben sich.

1918 erscheint die zweite Auflage von Langsteds Buch, in dem er auch Asta Nielsens Erinnerungen an die frühen Jahre der Armut im Arbeiterviertel Nørrebro weitergibt und dass sie sich als Kind im Traum oft mit großen weißen Flügeln sah; waren es die Flügel von Schwänen oder von Engeln? Egal: Ihre hochfliegenden Träume waren in Erfüllung gegangen. Langsted übernahm von der bewunderten Diva einen Mythos, der vielfach nacherzählt wurde, obwohl es keinen Beweis dafür gibt: »In ihren Adern floss Zigeunerblut.«

Im Sommer war es zwei Jahre her, dass Asta Nielsen nicht ausüben konnte, was ihr zum Lebenssinn geworden war. Außerdem schrumpfte ihr Konto in Dänemark bedenklich und das Geld, das sie in Japan deponiert hatte, blieb aufgrund der kriegerischen Zeiten unzugänglich. Von Freddy Wingaardhs Zuschüssen abhängig zu sein, entsprach nicht ihrer Persönlichkeit. Asta Nielsen sprang über ihren Schatten und drehte 1918 für die Nordisk Films Kompagni den Film *Mod Lyset* – Zum Licht – in Deutschland *Der Fackelträger* genannt.

Fernab von ihren bisherigen Rollen ist Asta Nielsen in diesem Film eine lebensfrohe Komtesse, die sich von einem eifernden Prediger für den »Weinberg des Herrn« begeistern lässt. Der Film war kein Erfolg, wahrscheinlich weil zu viel an Moral propagiert wurde und Asta Nielsens glänzendes Spiel alle anderen neben ihr zu »braver Durchschnittsleistung« degradierte. So das Urteil im *Film-Kurier*, der außerdem von Kitsch und unfreiwilliger Komik sprach.

Asta Nielsen war mit ihren Gedanken längst woanders. Am 30. Mai 1918 wurde in Kopenhagen eine Karte abgestempelt, die sie an »Herrn Schauspieler Magnus Stifter« in Berlin N. W. 23, Siegmundshof 15, adressiert hat. Der gebürtige Österreicher und gelernte Schauspieler hatte vor dem Krieg kurz Urban Gad als Regisseur assistiert. Im Sommer 1916 hatte Asta Nielsen Magnus Stifter in Berlin als Regisseur für *Das Liebes-ABC* und *Dora Brandes* engagiert, durchaus mit Erfolg.

Der Kontakt war offenbar über die Arbeit hinausgegangen und seitdem nicht abgerissen: »Lieber Herr und Frau Stifter. Vielen herzl. Dank für Ihre liebe, freundliche Brief. Es freut uns immer alle, von Ihnen zu hören.« Und dann schreibt sie aus Kopenhagen, worauf sie ihr Hoffen und Streben setzt: »Sollte ich so glücklich sein meine Passchwierigkeiten zu überstehen hoffe ich auf baldige Zusammenarbeit. Mit den herzlichsten Gruesse von uns beide bin ich Ihre sehr ergebene Asta Nielsen.« Eine solche Zusammenarbeit konnte es nur in Berlin geben. Die kriegerische Politik, die die Dänin aus der deutschen Hauptstadt vertrieben hatte, verweigert sich aber auch im fünften Jahr jedem Kompromiss.

Es blieben die Feste unterm Dach, die Gespräche mit guten Freunden, zu denen treu Georg Brandes gehörte, der vergebens weiterhin europaweit seine Stimme gegen den Krieg erhob. Seine Liebeserklärung an Asta Nielsen dagegen wird unvergessen bleiben, solange man ihrer gedenkt. Sie ist Teil einer festlichen Rede zu Ehren des genialen Filmstars, wahrscheinlich an ihrem siebenunddreißigsten Geburtstag am 11. September 1918 gehalten: »Ein jeder kennt Astas Schönheit. Sie ist eine Vollblut-Rose, eine Moosrose.« Warum er sich für diesen Vergleich mit einer der seltensten Rosen entschieden habe, hat Asta Nielsen ihren Freund später gefragt. Nicht nur, weil sie einen besonders intensiven Duft habe, antwortete Georg Brandes, sondern weil sich diese Rose nie ganz öffnet; es bleibt immer ein letztes Geheimnis.

In seiner Rede auf Asta Nielsen fuhr er fort: »Ein jeder kennt ihre ausdrucksvollen Augen, ihre Geschmeidigkeit und Verwandlungsfähigkeit, den Weltruf, den sie genießt. Nähme ich die Schwingen der Morgenröte und ginge ich zu dem äußersten

Meere, auch dort würde ich Astas Namen begegnen.« Der radikale Modernisierer Brandes hat keine Hemmungen, für die Diva den 139. Psalm der hebräischen Bibel zu zitieren, wo es darum geht, dass niemand Gott entkommen kann: »Fliege ich dorthin, wo die Sonne aufgeht, oder zum Ende des Meeres, wo sie versinkt: auch dort wird deine Hand nach mir greifen …«

Damit ist der vielzitierte Brandes-Spruch noch nicht zu Ende. Eine interessante Charakterisierung folgt: »Mich zieht sie besonders durch ihre tiefe Stimme, ihre Altstimme an. Diese Stimme hat die vereinigte Anziehungskraft des Männlichen und des Weiblichen, die Schönheit der Hermaphrodite. Die Stimme ist Romeo, die Gestalt ist Julia; aber in der Stimme singen Romeo und Julia Duett. Diese Stimme ist eine Glocke, in deren Laut Kupferklang und Silberklang zusammengeschmolzen ist. So ist Asta –.« Georg Brandes, Dänemarks führender »Mann des Durchbruchs der Moderne«, der für eine aufklärende Literatur wie für eine freie Beziehung der Geschlechter plädierte, konnte davon ausgehen, dass seine Freundin Asta Nielsen auf dieses ausgefallene Lob stolz war.

Das Jahr war fast zu Ende, da erreichte Asta Nielsen ein Dokument, mit dem eine Epoche ihres Lebens offiziell abgeschlossen wurde, die sie schon lange hinter sich gelassen hatte. »Wir Christian der Zehnte«, begann die Urkunde, die mit dem 16. Dezember 1918 die Scheidung der »Filmschauspielerin Asta Sophie Amalie Gad, geborene Nielsen … von ihrem Mann, dem Schriftsteller Peter Urban Bruun Gad« bestätigte. Das Ehepaar habe, wie vorgeschrieben, drei Jahre, seit dem 19. Oktober 1915, »von Tisch und Bett getrennt gelebt«.

Seit dem Mai, als Asta Nielsen auf einer Postkarte an Magnus Stifter ihr Sehnsuchtsziel offenbarte, war die Welt eine andere geworden. Am 9. November 1918 wurde in Berlin die deutsche Republik ausgerufen, Kaiser Wilhelm II. flüchtete ins Exil in die Niederlande. Am 11. November unterzeichneten vier Vertreter Deutschlands im Wald von Compiègne bei Paris bedingungslos den Waffenstillstand, den die alliierten Kriegsgegner vorlegten. Das Morden hatte ein Ende. Aus den Trümmern Europas musste eine neue Welt entstehen. Asta Nielsen wusste, wo ihr Platz war und dass sie mit viel Schwung, Tatkraft und ihren Talenten die Filmkunst auch in dieser neuen Zeit prägen würde.

19. Kapitel

DIE ASTA ZURÜCK IN BERLIN

Regisseur Lubitsch: Die Diva gibt nach –
Ein dänischer Star als Stütze der Weimarer Republik –
Zweite Heirat – Ein flämischer Bewunderer

1919

Kaum war in Berlin die Republik ausgerufen und die Grenze wieder offen, machte sich Carl Meinhard, Schauspieler, im Filmgeschäft erfahren und Direktor von vier Berliner Theatern auf den Weg nach Kopenhagen. Er überzeugte Asta Nielsen mit einer Idee, die sie bei ihrem Aufenthalt in New York noch abgelehnt hatte – in Strindbergs *Brott och Brott* zu spielen. In Deutschland wieder einen Film zu drehen, auf nichts hatte sie seit Monaten sehnlicher gehofft, zumal sie wusste, welche geordneten Verhältnisse sie in deutschen Ateliers – im Gegensatz zu den USA – erwarteten. Bei näherer Überlegung war die Verfilmung dieser modernen dramatischen Literaturvorlage für Asta Nielsen eine ideale Herausforderung, nach der erzwungenen Pause glaubhaft den Aufbruch zu neuen Film-Ufern darzustellen. *Rausch* sollte der neue Strindberg-Film heißen.

Die Barrikaden waren kaum am Alexanderplatz abgeräumt, die Toten der erbitterten Märzkämpfe 1919, als rechtsradikale Freikorps im Auftrag der demokratischen Regierung den Aufstand von Arbeitern und radikalen Sozialisten gnadenlos niederschossen, kaum begraben, da reisten Asta Nielsen und Freddy Wingaardh nach Berlin. Sie nahmen Quartier im exquisiten Grand Hotel Esplanade am Potsdamer Platz, das besonders bei Künstlern und Filmschauspielern beliebt war. In kaiserlichen Zeiten hatte Wilhelm II. sich hier bei seinen Herrenabenden amüsiert.

Mit dem Briefkopf vom Hotel Esplanade schreibt Asta Nielsen am 25. April 1919 an »Herrn Direktor Meinhard«. Sie hat nach ihrer Ankunft das Drehbuch für den geplanten Film erhalten und weiß, dass Ernst Lubitsch der Regisseur für ihren ersten Nachkriegsfilm sein wird. 1911, mit neunzehn Jahren, schon Schauspieler am renommierten Deutschen Theater, wechselte der gebürtige Berliner bald zum Film und hatte bis 1919 bereits zwanzigmal Regie geführt. Ob Urban Gad oder Ernst Lubitsch: Asta Nielsen wollte nahtlos an ihre bisherige erprobte und erfolgreiche Zusammenarbeit zwischen Hauptdarstellerin und Regisseur anschließen. »Ich will frei sein, meine Rollen so zu spielen, wie ich sie sehe«, hatte sie 1916 ihrem ersten Biografen Adolf Langsted in den Block diktiert.

Ihren Brief an Carl Meinhard, den Mittelsmann zwischen ihr und Regisseur Lubitsch, hat sie höchstwahrscheinlich als eine Selbstverständlichkeit angesehen: »… muss ich Sie leider bitten zu veranlassen, dass die Teile des Films im Verbrecherviertel umgearbeitet werden. … Also ich bitte Sie freundlichst, die Umarbeitung zu veranlassen, dass ich, ehe wir anfangen, das Manuskript akzeptieren kann …« Umgehend signalisierte Meinhard im Namen des Regisseurs Ablehnung. Genauso schnell retourniert Asta Nielsen am 26. April, es habe ihr sehr leidgetan, dass Meinhard ihr »nicht einmal das Recht einräume zu verlangen die Veränderungen zum Par Szenen in einem für mich ganz neuen Manuskript«. Das ist die Filmdiva nicht gewohnt.

Aber Asta Nielsen ist zu klug, die neue Brücke in die deutsche Filmwelt abzubrechen. Sie betont, wie wichtig ihr die Zusammenarbeit sei, sechs Seiten Erklärung für ihre Änderungswünsche folgen. Und sie schließt: »Sie fühlen sich gekränkt, … dafür bitte ich um Verzeihung, ich habe es viel schlimmer, ich fühle mich betrübt. Ich bin also um 7 Uhr heute Abend im Berliner Theater …« Die persönliche Aussprache brachte kein Einlenken, keinen Kompromiss, »Lubitsch ließ sich nicht erweichen«. Er sah sich als Herr des Verfahrens und würde sich bei der filmischen Umsetzung der Strindberg-Vorlage der »Duse der Filmkunst« nicht beugen. Sie bat Carl Meinhard um die Auflösung ihres Vertrags. Doch der blieb ebenso hart – und Asta Nielsen gab nach.

Rausch hatte im August 1919 Premiere und war ein Erfolg. »Asta Nielsen kennt keine Scheu vor sich«, schreibt die *Neue Hamburger Zeitung* am 26. August 1919, »sie reißt ihrem Seelen-Ich rücksichtslos die Kleider vom Leibe, ihr Lachen ist hässlich, ihre Verführung hässlich … und das Ganze als Leistung überwältigend, teuflisch schön«. Asta Nielsen verschwieg in einem langen Interview im Oktober 1920 ihre künstlerischen Differenzen mit Lubitsch nicht. Aber sie konnte differenzieren und bekannte nochmals in ihren Erinnerungen: »Trotz aller Meinungsunterschiede, was das Drehbuch anging, wurde es eine glückliche Zusammenarbeit mit Lubitsch. Seine herausragenden Fähigkeiten als Regisseur waren mir sofort klar.«

Ihr Biograf Pablo Diaz hatte das Glück, im Mai 1919 in Berlin zu sein und einen Blick auf die Dreharbeiten werfen zu dürfen, die wie zum Anfang von Nielsens Karriere im kleinen Dachatelier in der Chausseestraße 123 stattfanden: »… Asta war mit ihren Gebärden noch sparsamer und kristallklarer geworden, ihre Augen sprachen noch wilder und unterirdischer. Und mit welch fabelhaftem Geschick wirbelte die neu aufkommende deutsche Weltberühmtheit, der Regisseur Ernst Lubitsch, die Groß- und Weitaufnahmen durcheinander. … Asta Nielsen glühte vor Mitarbeit, in jeder Szene lebte sie mit … Heute lese ich in den Zeitungen, dass ›Rausch‹ in Berlin aufgeführt worden ist und schon seit Wochen vor vollen Häusern gespielt wird.« Asta Nielsen hat oft betont, wie wichtig die positive Reaktion der deutschen Presse war, auch im Frühjahr 1919: »Meine Rückkehr nach Deutschland wurde von der Presse begeistert begrüßt; sie hat mich nie im Stich gelassen.«

Der bekannte Journalist Egon Jacobsohn traute seinen Augen nicht, als er im Berliner Stadtteil Friedrichstadt spazieren ging und bei einem vorbeifahrenden Auto durch die Scheibe sah: »*Die Nielsen*? Unmöglich!« Hatte sie nicht Deutschland verlassen und sich ins Privatleben zurückgezogen? Nach kurzer Recherche gab er seine Entdeckung an die Leser und Leserinnen von *Bühne und Film* weiter: »Aber es ist *die Asta*! … Sie ist nach allem nach Hause zurückgekommen!« Wie nie zuvor wird Asta Nielsen – »es stimmt, sie ist eine Dänin« – von Egon Jacobsohn, der damit ein Zeichen setzt, im Frühjahr 1919 nach Deutschland eingemeindet, in das »liebliche Berlin … unzählige Erinnerungen verbinden sie mit dem deutschen Reich … Jetzt ist sie wieder unser«. Die Deutschen waren stolz auf die deutschen Filme des Superstars aus Dänemark. Aber die Begeisterung über ihre Rückkehr hatte ihre Wurzeln auch in tiefer liegenden Gefühlsschichten.

Nach *Rausch* drehte Asta Nielsen in gewohnt diszipliniertem Tempo drei weitere Filme; dass die eher solider Durchschnitt waren, störte nicht. Zu groß waren die Begeisterung und die Freude einer gedemütigten und besiegten Nation über einen Weltstar, der sich in Deutschland zu Hause fühlte und Berlin wieder zu seinem Lebensmittelpunkt machte. Konnte nicht eine Frau, die mit ihren Filmen und ihrem Leben bewiesen hatte, dass sie für eine neue moderne Zeit stand, den demokratischen Geist der ersten deutschen Republik stärken und stützen?

In den Sammlungen des Filmmuseums Potsdam liegt der überdimensionale »Sonderdruck UNSERE WELT – Asta Nielsen, Filmschauspielerin Berlin«, 41 × 29 Zentimeter. Die handgeschriebene Widmung von Asta Nielsen »An meine liebe Fräulein Erna« stammt aus dem September 1919. Im Vorwort verkündet der Mundus-Verlag, er habe »sich die schöne und hohe Aufgabe gestellt, … eine Galerie führender Persönlichkeiten der Gegenwart zu schaffen …, die durch geniale Veranlagung und hervorragende Tüchtigkeit in ihrem Fache Großes und Vorbildliches geleistet haben und noch leisten«. Der Beitrag »Kunst« kritisiert die »schwülstige, übertriebene Kunst … der Gründerzeit und der ersten Regierungsjahre Wilhelm II.«. Der Sonderdruck weist auf Vorbilder, die nicht einem engen Nationalismus verhaftet waren: »Tiefer schaffende Künstler wandten sich neuen vom Ausland herkommenden Kunstformen zu.« Am Ende des Vorworts das Bekenntnis zu einer Kunst, die nicht abseits steht: »Die Kunst der deutschen Republik wird notwendigerweise von den politischen Umwälzungen nicht unberührt bleiben. … Anstelle der äußerlichen ›Großmannssucht‹, anstelle des leeren Glanzes tritt Verinnerlichung, Schlichtheit und Vermenschlichung.«

Das trifft sich mit der Charakterisierung von Asta Nielsen, die einerseits »eine Filmschauspielerin von Gottesgnaden genannt werden muss«, die ihre »Extravaganzen« pflegt, aber zugleich »eine durchaus sympathische Persönlichkeit« ist. Der Sonderdruck will ausdrücklich dazu beitragen, ihren Neustart in der deutschen Republik positiv zu begleiten: »Drei Jahre mussten wir auf den Hochgenuss verzichten, Asta Nielsen zu sehen und zu bewundern … Die Wartezeit ist endlich überstanden, die Diva zurückgekehrt. … Wir können nur von Herzen wünschen, dass diese echte, begnadete Künstlerin den deutschen Lichtspielen erhalten bleiben möge …«

Mit dem Poststempel vom 24. August 1919 bekamen Asta Nielsens Schwester und deren Lebenspartnerin eine Postkarte aus Berlin: »Liebe Abba und Isi! – Vielen Dank für Eure Freundlichkeiten in Erinnerung an den gestrigen Tag. Asta war diesmal frei von Arbeit … so hatten wir mit einigen Freunden einen festlichen Tag.« Der 23. August war Freddy Wingaardhs Geburtstag, und er bedankte sich für die Geburtstagsgrüße aus Kopenhagen. Seit dem Herbst 1915 gehörte Freddy – wie einst Urban Gad – zu Astas Familie. Er hatte auch Neuigkeiten: »Wir kommen bald für einige Tage nach Hause, um unsere Pässe in Ordnung zu bringen.« Die indirekte Botschaft: Asta Nielsen und Freddy werden auf Besuch in Kopenhagen sein, um mit korrekten Papieren weiterhin in Berlin zu leben.

Ihre jährlichen Weihnachtsgrüße verschickte Asta Nielsen meist auf Karten mit ihrem Bild, die zum Werbematerial einer Filmdiva gehörten. Darauf bezieht sich der Seufzer ihres Freundes Georg Brandes in seinem Brief vom 24. Dezember 1919: »Wenn ich doch auch nur schön wäre, Asta, dann hätte ich auch jede Menge Fotos von mir, die herumlägen und ich würde eines davon nehmen und ›Frohe Weihnachten‹ darauf schreiben und Dir damit zeigen, dass ich an Dich denke. Aber ich bin alles andere als jung und schön ... Liebe Asta, lieber Wingårdh, mein Herz gehört Euch, und es gibt leider nur sehr wenige Menschen, an denen mir etwas liegt, an der Schwelle zu 1920.«

Vielleicht hat sich Brandes mit den beiden an der Jahreswende in Kopenhagen getroffen. Denn nicht nur, dass Asta sehr viel daran lag, zusammen mit Jesta Weihnachten zu feiern. Ihre Tochter lebte 1919 wieder bei Johanne und Isi; das Hotel Esplanade im Nachkriegsberlin war kein Ort für eine Achtzehnjährige und Asta Nielsen mit Filmaufnahmen viel zu beschäftigt, um sich um Jesta zu kümmern. Es gab einen weiteren sehr persönlichen Grund, dass Asta Nielsen im Dezember 1919 in ihrer Geburtsstadt war und Freddy Wingaardh an ihrer Seite.

In der Amtswohnung des Pfarrers der Frederiks Kirke in Kopenhagen heiratete Asta Nielsen am 31. Dezember 1919 zum zweiten Mal, für Freddy Wingaardh war es die erste Ehe. Beim Eintrag in die Heiratsurkunde gab die Siebenunddreißigjährige als Geburtsjahr 1885 an – statt korrekt 1881. Damit war Asta Nielsen offiziell nur ein Jahr älter als ihr 1886 geborener Mann.

Bevor der Krieg Vergangenheit wurde, erhob ein junger Vertreter der flämischen Avantgarde mit expressiver Sprachkraft Asta Nielsen zur Trösterin von vielen, deren Welt in den Kriegsjahren zerbrochen war und die auf Erlösung hofften. Paul van Ostaijen war zweiundzwanzig, als er im Herbst 1918 von Antwerpen nach Berlin flüchtete. Er fürchtete, nach der Befreiung der Stadt von den deutschen Besatzern wegen Kollaboration mit dem Feind verfolgt zu werden. Mit sechzehn hatte Ostaijen seinen ersten Gedichtband herausgegeben. Während des Krieges schrieb er Artikel für den *Vlaamse Courant*, der die Bestrebungen für ein autonomes Flandern unterstützte. In Belgien jedoch hatte die französischsprechende Elite das Sagen.

Berlin war vom Krieg gezeichnet, der Hungerwinter 1918/19 zermürbte die Menschen. Doch den Ruf einer weltoffenen Stadt hatte die Metropole nicht verloren. Paul van Ostaijen schlug sich kümmerlich durchs Leben, aber er knüpfte Kontakte zu Künstlerkreisen: traf Thomas Mann, Stefan Zweig und Bauhaus-Künstler. In allem Elend machte er aus der Zeit der Besatzung seiner Heimatstadt durch die Deutschen Literatur. Mit dem Manuskript von die *Bezette stad* kehrte der Exilant 1921 nach Antwerpen zurück. Ob der junge Mann aus Flandern, wie kolportiert wird, tatsächlich Asta Nielsen in einem Berliner Künstlercafé getroffen hat, ist nicht überprüfbar.

Zweifellos hatte er viele ihrer Filme in Antwerpen gesehen. In Berlin mischte er die Erinnerung an die erfüllten Kinostunden mit der Untergangsstimmung in der »Besetzten Stadt« zu einem gigantischen, acht Seiten langen Gedicht über die göttliche Asta:

ASTA
Astra
Stern
Königin Unsere Liebe Frau
Unsere Liebe Frau von Dänemark
dich tragen wir unter Baldachinen
herrliche HOSTIE
du
der größte Trost für müden Menschen …

sie ist so vielseitig unendlich vielseitig
sie ist die vielfältig Eine
und die eine Vielfältige …

Expressionismus und Dadaismus haben Pate gestanden. Wie die jungen deutschen Expressionisten in ihren Asta-Gedichten hat Paul van Ostaijen die betäubende Vielfalt als Kern von Asta Nielsens magischer Ausstrahlung empfunden, als Projektionsfläche unendlich vieler Sehnsüchte. Eine himmlische Macht, die inmitten von Tod und Zerstörung Erlösung verheißt.

20. Kapitel

DIESE FRAU IST DER FILM

Erfolgreich wie in alten Zeiten – Eine eigene Firma – Umjubelt in den Niederlanden – Offene Kritik am Regisseur – Sind die Asta-Tränen echt?

1920

Sie waren keine Dichter, sondern handfeste Frauen und Männer aus Recklinghausen-Ost im Ruhrgebiet, die im Frühjahr 1920 einen »Klub der Asta-Nielsen-Freunde« ins Leben riefen und »der großen Meisterin« in einem Brief vom 19. April für »die großen und schönen Werke, die Sie mit Ihrer gewaltigen, unvergleichlichen Kunst uns aus dem Volke gegeben«, dankten. Wilma Burg, Paul Volland, Elfriede Hartung wünschten im Auftrag aller »der Unbesiegten, der Königin des Films auch für die Zukunft Glück und Lorbeeren« und versicherten sie ihrer »unwandelbaren Liebe und Treue«. Ihre Verehrung und ihre emotionale Verbundenheit mit dem Weltstar Asta Nielsen sind den pathetischen Versen der Dichter durchaus ebenbürtig. Nichts vom Glanz der Diva hatte sich während der Kriegsjahre verflüchtigt. Er war noch intensiver geworden und ihr Publikum mehr denn je bereit, sich von dieser Frau und Künstlerin erschüttern zu lassen.

Nach Ernst Lubitsch beweist ein anderer Regisseur, dass der Ruhm der Nielsen aus der Vorkriegszeit keineswegs von gestern ist, sondern ihre Kunst ebenso in die aufgewühlte neue Zeit passt. 1919 hatte Richard Oswald, Filmregisseur in Berlin seit 1914, unter Mitarbeit des Sexualforschers Magnus Hirschfeld, der vehement für die Abschaffung von Paragraf 175 eintrat, *Anders als die Andern* gedreht. Ein Film, der sich erstmals an das Tabuthema Homosexualität wagte, für Toleranz und Akzeptanz warb und ein kurzes Zeitfenster nutzte, in dem die Republik von Weimar die Zensur abgeschafft hatte. Im Frühjahr 1920 hatte Oswalds Film *Der Reigen* Premiere, in der Hauptrolle Asta Nielsen, die am Ende den Mann, der sie brutal ausnutzt und demütigt, und sich selber tötet. Im Sommer folgte *Kurfürstendamm*, ein »Höllenspuk«, mit dem Richard Oswald eine Parodie auf die prominenteste Straße der Hauptstadt gelang. Im Mittelpunkt stand Asta Nielsen als »Kurfürstendamm-Mädel, als Köchin, als Filmstar, als Mulattin auf einem Maskenball«.

Die Probe, ob sie nach langer Pause auf dem freien Filmmarkt noch so gefragt war wie zu ihren Glanzzeiten in den Jahren vor 1914, hatte Asta Nielsen glänzend bestanden. Trotzdem regte sich wieder der Wunsch, mit einer unabhängigen Filmgesellschaft eigene Vorstellungen von Filmkunst und extravagante Ideen, was den Stoff betraf, gestalten zu können. »Mit Hilfe schwedischen Kapitals«, schreibt sie in ihren Erinnerungen, gründete sie 1920 im frühen Sommer in Berlin eine eigene Produktionsfirma – Art-Film. Tatsächlich kam das Geld von der Familie Wingaardh, Freddy Wingaardh wurde Direktor der neuen Gesellschaft. Das erste Büro befand sich in der Charlottenstraße 6. Asta Nielsen behielt sich ausdrücklich vor, neben den eigenen Produktionen weiterhin für den freien Filmmarkt zu arbeiten.

Auch 1920 bekam Freddy Wingaardh zu seinem Geburtstag am 23. August doppelte Glückwünsche aus Kopenhagen. Im Asta-Nielsen-Archiv der Universitätsbibliothek von Lund haben sie sich erhalten. »Herzlichen Dank für die Telegrammwünsche«, schrieb er seiner Schwägerin »Abba Nielsen« schon zwei Tage später, und für das feine Geschenk, das er durch Asta erhalten habe; »der Tag verlief festlich mit alten und neuen Bekannten«. Auch Isi Andersen bekam eine Extra-Karte, sie ging an dieselbe Adresse im Tagensvej: »Ich danke Dir herzlichst für Deine Erinnerung an den 23. …«

Interessant an diesen Karten sind auch die Rückseiten: Standfotos von dem ersten Produkt, das Art-Film 1921 in die Kinos bringen würde. Die Dreharbeiten für diesen ausgefallenen Asta-Nielsen-Film liefen seit Juni 1920 auf Hochtouren. Weil das Jahr 1920 noch einige Überraschungen bereithält, soll dieses Geheimnis erst am Jahresende gelüftet werden.

Anfang September reiste die Diva mit Ehemann nach Amsterdam. Sie war als Ehrengast zur »Internationalen Kinoausstellung« – I. K. T. – eingeladen, die im Concertgebouw, dem traditionsreichen Kulturtempel, stattfand. Der niederländischen Filmindustrie lag daran, nach dem Ende des Krieges die internationalen Kontakte wieder herzustellen. Wenn Asta Nielsen in den Straßen erschien, wurde sie umjubelt wie die große Sarah Bernhardt. Als sie mit einem holländischen Kollegen auf der Bühne des Concertgebouw Szenen aus *Engelein* und aus der *Kameliendame* spielte, kam doppelt so viel Publikum wie an anderen Tagen.

Zurück in Berlin, ging es mit den Dreharbeiten für einen neuen Film weiter: *Steuermann Holk*, ihr Filmpartner war zu ihrer großen Freude Paul Wegener. Von eindrucksvoller Statur, hatte Wegener in Max Reinhardts Inszenierungen ab 1906 in Berlin als Schauspieler Karriere gemacht. Dann entdeckte er als Filmschauspieler und Drehbuchschreiber den Stummfilm als neue Kunstform für sich und eroberte mit *Der Golem*, 1914 und *Der Student von Prag*, 1915 das Kinopublikum. Wegener und Nielsen waren künstlerisch Seelenverwandte. Während der Dreharbeiten zu *Steuermann Holk* entwickelte sich »eine enge, unverbrüchliche Freundschaft, und so oft wir Zeit hatten, besuchten wir uns in unseren Wohnungen«. Darauf musste Wegener allerdings noch etwas warten, denn das Ehepaar Wingaardh – Asta Nielsen hatte offiziell den Namen ihres Ehemannes angenommen – lebte immer noch im Hotel Esplanade.

In Kopenhagen informierte der »väterliche Freund« Georg Brandes am 8. Oktober Asta Nielsen über seinen Einsatz, ihr bei dem Vorhaben zu helfen, eine Konzession zur Führung eines

Kinos in der Hauptstadt zu bekommen; eine übliche indirekte staatliche Unterstützung für dänische Künstler. Der berühmte Kämpfer für ein modernes Dänemark bezweifelte, ob sein Wort in diesem Fall Gewicht haben würde: »Ich habe gerade meine Empfehlung geschrieben, so eindringlich und wohlformuliert, wie ich nur kann …« Der König musste einer Konzession zustimmen, und da hakte es schon: »Ich selbst bin nie dem König vorgestellt worden. Ich bin nie zur Hoftafel gebeten worden …« Deshalb sei fraglich, ob »mein Einfluss groß sein würde«. Zum Ausgleich ist er sicher, dass Asta Nielsen bald – Weihnachten naht – in Kopenhagen sein wird: »Ich freue mich darauf, Sie zu sehen … Nie hätte ich gedacht, dass die Filmarbeit eine so kräftezehrende Schufterei ist. Meine herzlichen Grüße an Vingårdh, Ihr allzeit ergebener Georg Brandes.« Asta Nielsens erster Antrag für eine Kino-Konzession wird abgelehnt – der Anfang einer langen, frustrierenden Geschichte.

Einen Tag nachdem der Freund seinen Brief schrieb, erschien am 10. Oktober in der Branchenzeitschrift *Die Lichtbild-Bühne* der Artikel »Bei Asta Nielsen«. Selbstbewusst nutzt Asta Nielsen die Gelegenheit, ihre Auffassung, was Filmkunst sein sollte, darzulegen, und freimütig offenbart sie, dass sie ihren hohen Anspruch bei Regisseur Lubitsch als Schauspielerin in *Rausch* nicht durchsetzen konnte. Lubitsch, so ihr Vorwurf, habe Strindbergs literarische Vorlage nicht verstanden und ihn deshalb nicht adäquat filmisch umsetzen können. Der Regisseur habe »das Künstlerische« zugunsten einer »Hervordringung des Technischen« in den Hintergrund gedrängt und so ein Publikum bedient, das »immer nur Handlung, gedrängte Situation« wolle. Dem Künstler werde keine Zeit gelassen, sich im Lauf des Films schauspielerisch voll zu entwickeln. Wenn es ihm dennoch gelingt, »so nimmt die Schere des Regisseurs hinterher das Beste weg: als ›überflüssig‹«.

Es wurde eine öffentliche Diskussion auf Augenhöhe. In der nächsten Nummer der *Lichtbild-Bühne* am 15. Oktober unterläuft Ernst Lubitsch als Regisseur den Vorwurf, indem er ihn mit dem außerordentlichen künstlerischen Talent der Diva konfrontiert: »Sie können es mir immer noch nicht verzeihen, dass ich Sie bei einer Großaufnahme statt 5 nur 2 Meter habe weinen lassen. Aber glauben Sie mir, Ihre Tränen kullerten so echt aus den Augen über die Backen auf die Bluse, dass das Publikum nach 2 Metern vollauf ergriffen war.« Die Kritiker ebenso, die *Rausch* ein »Meisterwerk« nannten und außerdem die von Nielsen kritisierte Technik, mit der Lubitsch erstmals gegensätzliche Bilder blitzartig hintereinander setzte, als »originell und neu« lobten.

Der Kritiker im *Film-Kurier* vom 3. August 1919 hatte in Asta Nielsens Spiel genau das gesehen, was sie selbst vermisste – ganz in ihrer Rolle aufgegangen zu sein: »Diese Frau ist der Film. Sie ist nicht eine von unseren größten Filmschauspielerinnen, sondern sie steht ganz außerhalb von diesen. … Sie springt aus der Leinwand heraus. Ihr Gesicht lodert, zuckt, schmerzt, brüllt, lacht. Wenn sie weint, so weint ihr ganzes Ich.« Hatte Asta Nielsen in Lubitsch einen Meister gefunden, dem sie sich grundsätzlich nicht ergeben wollte, auch wenn er ihre Größe und Einzigkeit nicht minderte?

Im Asta-Nielsen-Archiv der Universitätsbibliothek Lund befindet sich ein Brief, der am 31. Oktober 1920 an die Schauspielerin geschrieben wurde. Unterzeichnet hat ihn »in tiefster Ergebenheit der kleine Student aus München Franz Ludwig Rumpff«. Er sagt »tiefsten Dank für die wunderbar liebenswürdige Erfüllung meines Wunsches« – Asta Nielsen wird ihm ein signiertes Foto geschickt haben. Dem Brief ist ein Gedicht über »Asta Nielsen« beigelegt: »… Ihre Augen sind Fragen – / geheimnisvoll wie ein See / aus uralten Wundersagen. / Ihre Hände sind Königinnen / die tagsüber silberne Seide spinnen.«

Der »kleine Student« war einer von unzähligen Bewunderern und Verehrerinnen, die auf sehr persönliche Weise bestätigten, wie sehr die Kunst der Asta Nielsen die Fantasie der Menschen bewegte. Sie hat auch diese Post vom Oktober 1920 aufbewahrt und später an den Rand geschrieben, dass es sich um Heinrich Rumpff handelt, der gern mit seinen vielen Vornamen spielte. Er hat sich 1925 am Beginn seiner Karriere als Schriftsteller wieder bei Asta Nielsen gemeldet. Eine treue Freundschaft begann, die ihre Biografie über Jahrzehnte begleiten wird und ihren Nachlass mit vielen Briefen füllt.

Steuermann Holk hatte Anfang November 1920 in Berlin Premiere. Für Willy Haas, einen unbestechlichen Pionier der Filmkritik, ist dieser Film eine Sternstunde der Asta Nielsen: Hier spiele sie bis zum Äußersten aus, was ihre Genialität ausmacht. Der Höhepunkt ihrer Schauspielkunst sei nicht »der Widerspruch mit sich selbst«, sondern »die ›Explosion des Individuums‹, jener Moment höchster Steigerung des Ich-selbst, in welchem der Mensch eine Naturkraft oder – die Animalität streift«. Für Willy Haas, der ab 1920 die Tageszeitung *Film-Kurier* von einem schmalen Blatt für Kenner zu einer populären und seriösen Publikation für ein breites Publikum machte, war Asta Nielsens Gesicht ihr »schöpferisches Zentrum«. Asta Nielsen, die sich nie auf einen Typ festlegen wollte, durchbricht auch in *Steuermann Holk* eine »festgelegte Charakterlinie« und hat einen »ganz genialen Augenblick«.

Zum einen spielt sie »ein mageres Biest von einer Schiffsdirne, ein Sexualtier; sie girrt, züngelt, reibt die Lippen aneinander vor Sinnlichkeit, reißt zwei große hungrige Augen auf. – Aber nachher liegt sie im Spital … Ein Mann kommt. Sie schmiegt sich an ihn … und zeigt plötzlich das einfache Gesicht eines jungen Mädchens und zwei arme, hilfesuchende Kinderaugen.« Dies im Kino zu erleben, nicht als künstlerisches Kalkül, sondern als grenzenloses Aus-sich-Heraustreten, schafft die beispiellose Intimität zwischen Asta Nielsen und ihrem Publikum. Während die Menschen in den neuen Film strömten, hatte Asta Nielsen schon eine lange geplante Tournee durch Holland angetreten.

La main – Die Hand – hieß das Mimodram in einem Akt, Musik und Text von Henri Béreney (1871-1932), das als Höhepunkt innerhalb eines längeren Bühnenprogramms für die »Duse des Kinos« wie geschaffen schien. Asta Nielsen war in den Niederlanden so populär wie keine andere Filmschauspielerin. Daran änderte auch der kritische Blick der Presse nichts, als sie in Rotterdam, in Scheveningen, im prächtigen Theaterbau des Zoos von Den Haag und in Leiden auf die Bühne trat. Sie könne ihre Stärken nicht ausspielen, zu viel der Zeit werde für drittklassige niederländische Schauspieler verschwendet. Der Kritiker vom *Leidsch Dagblad* nannte am 29. November Asta Nielsens Auftritt im Theater von Leiden unumwunden »eine durchgehende Enttäuschung«. Zwar lobte er ihren »Schatz von Kostümen« sowie ihren »geschmeidigen Körper« und dass man ihre »außerordentliche Ausstrahlung« spüre. Sein Fazit: »Nein, da ziehen wir die Film-Asta der leibhaftigen Asta vor.«

Aus dem Land der Windmühlen ging es direkt nach Kopenhagen in die Dachwohnung an der Vestergade. Endlich Weihnachten, endlich Jesta wiedersehen und mit ihr zusammenleben. Kein Dokument existiert, um die Beziehung zwischen Tochter und Mutter in dieser Zeit auch nur schemenhaft andeuten zu können. Seit fast zwei Jahren lebte Asta Nielsen mit Freddy Wingaardh immer noch im Hotel Esplanade. Seltsam, denn längst waren die deutsche Filmindustrie wieder ihr idealer Arbeitgeber und Berlin ihr erneuter Lebensmittelpunkt geworden. Vielleicht wird das neue Jahr 1921 eine Antwort bringen.

Das alte Jahr war noch nicht abgelaufen, da entwickelte sich während Asta Nielsens Holland-Tournee in deutschen Filmkreisen eine kuriose Debatte über die Echtheit ihrer Tränen. Regisseur Lubitsch hatte in seiner Antwort auf den offenen kritischen Brief Nielsens im Oktober dafür geworben, dass schon zwei Meter Film mit ihren Tränen das Publikum erschütterten. Das verführte einen ihrer Schauspielkollegen dazu, ein weiteres

Diskussionsfeld zu eröffnen. Anonym stellte er in der *Lichtbild-Bühne* vom 4. Dezember kühl fest: »Die großen dicken Tränen gehören zum Handwerk, sind ein Requisit des Filmdarstellers oder der hierin besonders bewanderten Darstellerin. Die großen dicken Tränen, die den Augen voller Traurigkeit entquellen, sind – Glycerintropfen, die vor der Aufnahme im Augenwinkel untergebracht, und im psychologisch wirkungsvollen Momente rinnen gelassen werden.« Aus dem Hinterhalt sollte die weltberühmte Diva – deren Tränen ein Merkmal ihrer dramatischen Filme waren – in ihrer Glaubwürdigkeit getroffen und wie nebenbei entzaubert werden. Wollte hier ein Unbekannter den Weg in die Zukunft des Films weisen: in der nicht mehr das Künstlerische, nicht mehr die Gefühlsebene im Zentrum stehen, sondern die technische Meisterschaft von Bildschnitt und Dramaturgie über den Erfolg entscheiden würde?

»So ein Blödsinn«, dachte Paul Wegener, Nielsens Filmkollege in *Steuermann Holk*, als er das las und vergaß es schnell. Aber dann erreichten ihn so viele Fragen aus dem Publikum, dass er in der Zeitschrift *Der Film* vom 8. Januar 1921 öffentlich mit deutlichen Worten Stellung nahm. Zum einen schädige »ein solch leichtgläubig hingenommener Unsinn den Ruf einer großen Darstellerin, indem man sie als kalt routinierte Mätzenmacherin« darstelle. Außerdem unterstütze diese Unterstellung »die vielen Vorurteile, die immer noch gegen die Kinokunst im gebildeten Publikum eingewurzelt sind«. Anschließend kommt er auf zwei Szenen aus *Steuermann Holk* zu sprechen, in denen Asta Nielsen laut Drehbuch zu weinen hatte. Paul Wegener entscheidet sich, nicht mit »ästhetischen Erörterungen«, sondern mit der Praxis zu überzeugen. Er hatte der »hinreißend genialen Schauspielerin« in einer Szene »die Tränen von den Wangen zu küssen, und ich konstatiere, dass die Tränen wässerig und salzig waren, Glycerin ist aber bekanntlich fettig und süß«.

Die öffentliche Solidarität von Paul Wegener hat Asta Nielsen sicherlich geschätzt. Lange wird die Tränen-Debatte sie nicht beschäftigt haben, denn ihre Gedanken waren längst woanders: Am 4. Februar 1921 stand in Berlin die Premiere des ersten Films auf dem Kalender, den ihre eigene Filmgesellschaft nach ihrer Idee mit ihr als Hauptdarstellerin produziert hatte – Asta Nielsen war Hamlet.

21. Kapitel

KASSENSCHLAGER *HAMLET*

Asta Nielsens Hamlet ist Mann und Frau – Eine Meisterin der Werbung – Ihr Gesicht: Maske und schöpferisches Zentrum

1921, Februar

»Ich habe niemals eine solche Freude gehabt wie über Hamlet; niemals wurde ich so durch und durch kritisiert und niemals bin ich so in den Himmel gehoben worden.« Gut vierzehn Tage nach der offiziellen *Hamlet*-Premiere in Berlin gab Asta Nielsen dem dänischen Journalisten Henning Brøchner in ihrem Brief vom 21. Februar 1921 einen freizügigen Blick in ihr Gemütsleben. Sie wusste aus der vorangegangenen Korrespondenz, dass Brøchner, »ihr einziger dänischer Ritter«, im Gegensatz zu den meisten dänischen Filmkritikern ihre Auffassung von Kinokunst teilte, ihre Filme schätzte und ein interessierter und kluger Begleiter ihrer zweiten Karriere war. Dass es galt, mit solchen Sympathisanten guten Kontakt zu halten und sie mit Informationen zu versorgen, gehörte zum Repertoire der Filmdiva.

Als dieser Brief nach Kopenhagen ging, hatte sich *Hamlet. Ein Rachedrama* schon als Kassenschlager an Deutschlands Kinos durchgesetzt. »Verzweifelt stand die halbe Tauentzienstraße vor der ausverkauften Kasse«, schrieb das *Berliner Tageblatt*, »Asta ist betörend, das Publikum rast vor Begeisterung.« Ins europäische Ausland waren die Rechte verkauft, und in New York würde *Hamlet* im November eine glänzende Premiere haben. Dieser Film war das Ereignis der internationalen Filmwelt von 1921.

Nur Dänemark, das Vaterland des Prinzen Hamlet und des Weltstars Asta Nielsen, spielte nicht mit. Schlechte Kritiken beherrschten die Schlagzeilen. Dass Asta Nielsen eine exzellente

Schauspielerin war, nun ja, das wusste man. Aber der Film insgesamt sei »hohl und anmaßend«, ein »geschmackloser deutscher Film«. Das wiederum ließen die deutschen Zeitungen nicht auf »ihrer Asta« sitzen. »Idiotisch«, nannte die *B.Z. am Mittag* die dänische Kritik. Deutschland werde sich schützend vor Asta Nielsen stellen.

Was war das für ein Film, der die Gemüter erhitzte und zu radikal gegenteiligen Urteilen führte? Obwohl niemand an der außergewöhnlichen Kinokunst der Hauptdarstellerin zweifelte. Dass eine Frau die Rolle des Hamlet spielt, war nicht neu; dafür gibt es Vorbilder seit dem 18. Jahrhundert. Erst 1899 hatte die große Sarah Bernhardt mit einer aufsehenerregenden *Hamlet*-Aufführung in Paris, Wien, London und New York auf der Bühne gestanden. Was war so anders am Hamlet der Asta Nielsen?

Die praktischen Dinge sind schnell erzählt. Beim ersten Projekt der Art-Film kümmerte sich Freddy Wingaardh um die finanzielle und um die organisatorische Seite; alle Entscheidungen, die die künstlerische Seite des Films betrafen – Drehbuchautor, Regisseur, Kameramann, Schauspieler, Drehorte außerhalb des Ateliers –, wurden von Asta Nielsen getroffen. Am Rand von Berlin waren die Jofa-Ateliers angemietet worden. Die riesigen gläsernen Hallen, umgebaut und auf dem neuesten Stand der Filmtechnik, gehörten zum Flughafen Johannisthal im Bezirk Treptow. Während des Ersten Weltkrieges wurden hier Kampfflugzeuge gebaut, deren Produktion mit dem Versailler-Vertrag endete; die restlichen Maschinen wurden am Boden zerstört.

Als idealen Schauplatz für das Schloss in Helsingör, wo Hamlet zu Hause ist, hatten Asta Nielsen und ihr Regisseur Sven Gade, ebenfalls ein Däne, die Kaiserpfalz in Goslar entdeckt. Überall, wo Asta Nielsen während dieser Reise auftauchte, wurde sie erkannt, angestarrt, bildeten sich Menschentrauben, aus denen es wisperte: »Die Asta! Die Asta!« Ein Polizist musste ihr den Weg zurück ins Auto bahnen.

Asta Nielsen hatte nicht vergessen, dass ihr außerordentlicher Ruhm nicht nur auf ihrer Schauspielkunst gründete, sondern auch auf den exzellenten Werbe- und Medienkampagnen ihrer deutschen Filmproduzenten. Sie war eine gelehrige Schülerin. Schon im Sommer 1920 wurden die führenden deutschen Film-Zeitschriften mit Informationen zu ihrem Hamlet-Projekt gefüttert. Ihre Art-Film schaltete im September und Oktober im Branchenblatt *Der Film* drei- und vierseitige Beilagen, die der Kinoindustrie »einen ganz großen Erfolg« versprachen.

Asta Nielsen sah den Sturm voraus: der Filmkritiker, der Shakespeare-Fans, der Hüter patriarchalischer Weltbilder – und nutzte ihn, um ihre Botschaft so früh wie möglich ins Gespräch zu bringen und die öffentlichen Diskussionen so lange wie möglich am Köcheln zu halten. Darum bestand sie in einem langen Zeitungsinterview schon 1920 darauf, dass »unser ›Hamlet‹« überhaupt keine Shakespeare-Verfilmung ist: »Wir verfilmen eine alte Hamletlegende, … an die wir uns ganz eng halten … Zu verfilmen ist Shakespeare nicht.« In einer Beilage von Art-Film heißt es zum Streitpunkt Shakespeare, »sein dichterisches Genie bleibt unangetastet«.

Ein Satz, den Asta Nielsens Hamlet im Film seiner Mutter entgegenschleudert, enthält das ganze Drama dieses Menschen und die sensationelle Sicht dieses Films: »Ich bin kein Mann! Und muss keine Frau sein!« Asta Nielsen zieht keine ritterliche Kleidung an, um einen femininen Mann zu spielen, sensibel, emotional schwankend – vielleicht homosexuell, ein großes Thema der 1920er Jahre. Hier geht es nicht um Travestie, wie in einigen ihrer beliebten Filme vor 1914, als Asta Nielsen in Hosenrollen glänzte.

Vom Beginn des Films an weiß das Publikum: Dieser Hamlet hat nach den biologischen Fakten ein weibliches Geschlecht – das Asta Nielsen mit jedem Meter Film systematisch und überzeugend dekonstruiert. Als die Mutter gleich nach Hamlets Geburt erfährt, dass ihr Mann – Hamlets Vater, König von Dänemark – in der Schlacht getötet wurde, gibt sie die Tochter als

Sohn aus, die radikal männlich erzogen wird, um als Prinz von Dänemark die Thronfolge für die Familie zu retten, von der Frauen ausgeschlossen sind.

Asta Nielsen hat in der ersten Hälfte des Films sichtbar Vergnügen, diese männliche Rolle zu verinnerlichen und mit markanten Gebärden nach außen zu demonstrieren. Unter den Studenten der Universität von Wittenberg bewegt sie sich wie ein Fisch im Wasser. Was bei ihrer Umgebung kein Misstrauen weckt, so überzeugend spielt sie den männlichen Hamlet, führt dem Kinopublikum von Beginn an vor Augen, dass Geschlecht keine eindeutige Verfassung ist. Das enganliegende schwarze Trikot, das Asta Nielsens Hamlet durch den gesamten Film trägt, unterstreicht einmal sein jünglingshaftes Alter – er ist zwanzig Jahre alt, als das Drama sich entfaltet. Zugleich ist das Trikot keine Verkleidung, denn es zeichnet eindeutig und provokant einen weiblichen Körper ab.

Asta Nielsen kreiert einen Hamlet, in dem männliche und weibliche Elemente gleichermaßen angelegt sind, was kein permanentes harmonisches Miteinander bedeutet. Als er vom hinterhältigen Mord an seinem Vater durch den Geliebten seiner Mutter erfährt, rächt Hamlet ihn mit einer nüchternen Grausamkeit, die als »typisch männlich« dem traditionellen Geschlechterbild entspricht. Gekonnt erfüllt er die Regeln im Spiel um die Macht, an der Frauen nicht den Hauch eines Anteils haben.

Asta Nielsens Hamlet entlarvt einseitige Geschlechter-Bilder als falsche Wahrheiten. Der Mensch gehört zu einer Gattung, die nicht auf Entweder-oder angelegt ist, sondern auf Gegensätze, die sich ergänzen können, aber auch schmerzliche Brüche provozieren. Szenen der Unsicherheit offenbaren Hamlets verzweifelte Suche nach einer eigenen Identität jenseits der vorgegebenen Stereotypen von männlich und weiblich. In einer Welt, die Verschiedenheit nicht akzeptiert, muss die Suche für Hamlet tödlich enden.

Mit ihrem Hamlet hat Asta Nielsen 1921 eine der wichtigsten

Diskussionen der Moderne aufgegriffen und mit einer zeitlosen Dynamik versehen. Auch im 21. Jahrhundert ist die Vielseitigkeit von Gender – Geschlecht – noch nicht grundsätzlich akzeptiert; werden schrille Attacken losgetreten, wenn es darum geht, dass Menschen ihre Identität selbst bestimmen wollen. Immer noch herrschen einseitige Zuweisungen, die vor allem Frauen in vorgegebene Bahnen zwingen, und ihnen ihren Anteil an der Macht verweigern.

Asta Nielsens Hamlet ist nicht vom Himmel gefallen. Er nimmt einen Faden auf, der sich seit ihrem Film *Abgründe* durch alle ihre Filme zieht und ihren herausragenden Erfolg am Aufbruch zur Moderne begründet: Die Frauen, die Asta Nielsen auf der Leinwand verkörpert, gehen entschlossen ihren eigenen Weg, wollen als »neue Frauen« ihr Leben selbst bestimmen, auch um den Preis des Scheiterns, und nicht selten nimmt ihr Drama ein tödliches Ende – wie bei Hamlet. Dass diese Frauenbiografien nicht als sentimentaler Kitsch wahrgenommen werden, sondern das Kinopublikum in außergewöhnlichem Maße berühren, die Filmkritiker überzeugen und zu filigranen Interpretationen führen, gründet in der Kunst Asta Nielsens, die ihr Leben ist.

Einen Tag nach der *Hamlet*-Premiere in Berlin, am 5. Februar 1921, erscheint im *Film-Kurier* eine Besprechung von Willy Haas. Als junger Mann gehörte Haas in seiner Vaterstadt Prag zur Literatenrunde um Franz Kafka, Max Brod und Franz Werfel, die sich im Café Arco traf. Als Filmkritiker in Berlin verbindet er einen scharfen Blick, der handwerkliche Fehler unerbittlich benennt und falsche Gefühle entlarvt, mit Sensibilität für künstlerische Höchstleistungen.

Mit eleganter Ironie nimmt sich Haas am Beginn seiner *Hamlet*-Kritik den Drehbuchautor vor, der diese Aufgabe mit dem Ego eines Cäsars hätte angehen müssen: »Aber Herr Erwin Gépard war eben – zu bescheiden. Er hat, allzu bescheiden, nicht die Rolle Cäsars oder Herostrats für sich ausgesucht, sondern die Rolle des jammernden Universitätsprofessors.« Dann macht er sich über den Regisseur lustig, bei dem alles – die Bauten, »die vielen, vielen Recken«, die Kostüme – »echt, aber so echt« sein mussten. »Shakespeare … würde sich vermutlich totgelacht haben – wenn nicht vorher schon totgelangweilt …« Aber dann – »inmitten einer unabsehbaren Menge von Kriegern, Streitrossen, Hofleuten … und anderer Überflüssigkeiten steht er: Hamlet – Asta Nielsen.« Und dieser Solitär in der Filmlandschaft fordert dem Kritiker Höchstleistungen ab. Willy Haas ist nichts lieber, als sich dieser Herausforderung zu stellen.

Ohne jede Anbiederung gelingt es diesem Beobachter, die Schauspielkunst Astas, die von der Vereinigung totaler Widersprüche lebt, mit der Persönlichkeit ihres Hamlet zu verbinden, dessen Kern eine spannungsreiche Vielfalt ist. Es beginnt mit dem Gesicht des Weltstars – »eine ungeheure Leere, die vollkommene Ausgepumptheit des Genies, von dem nichts Persönliches mehr übriggeblieben ist« – eine Maske. Hier liegt nach Willy Haas das Geheimnis der Asta Nielsen: »Denn diese Maske ist – ein schöpferisches Zentrum.« Einen größeren Gegensatz kann es nicht geben: »Die Wandlungsfähigkeit, Ausdrucksfähigkeit dieser Maske ist völlig unbegrenzt.« Asta Nielsen kann jederzeit »in ein anderes Ich hinüberschwanken« – nicht nur als Hamlet. Als Willy Haas die Bilanz der Hamlet-Leistung zieht, tauchen lautlos im Hintergrund Dutzende von Asta Nielsens Filmpersönlichkeiten auf: »Es wäre lächerlich, von ›guten Momenten‹ zu sprechen – wo jede Sekunde meisterhaft ist.«

Die letzte Szene des Films zeigt Hamlet, tödlich von einem Schwertstich getroffen, sterbend in inniger Umarmung mit Horatio. Ein typisches Ende für einen Asta-Nielsen-Film, dessen stummes erschütterndes Pathos beredter und wahrhaftiger ist als jedes letzte Wort.

22. Kapitel

EINE RUSSISCHE LIEBE

Mit Herzflimmern im Krankenhaus – Gregori Chmara: Begegnung beim Tee – Ringelnatz-Kabarett: Beginn einer Freundschaft – Asta-Nielsen-Kino in Den Haag – Trennung vom Marineoffizier – Jesta kommt nach Berlin

1921

»Asta Nielsen – Prinz von Dänemark« titelte der *Film-Kurier* am 30. Juli 1920 seinen Bericht über den *Hamlet*-Film, dessen Dreharbeiten gerade in Berlin begonnen hatten. Die Hauptdarstellerin, überzeugte Berlinerin, hatte keine Hemmungen, die dänische Komponente ihres neuen Films gegenüber der Presse herauszustellen. Hamlet war der größte Held Dänemarks, das sie auch als Star des deutschen Kinos niemals als ihr Heimatland verleugnet hatte.

Asta Nielsen kannte die zwiespältige Gefühlslage ihrer Landsleute gegenüber Deutschland. Jahrhundertelang war die deutsche Kultur ein bewundertes Vorbild, Berlin für Dänemarks Elite ein vertrauter Ort gewesen, von dem aus sich ihr das übrige Europa erschloss. Doch der Krieg von 1864, Dänemarks vernichtende Niederlage gegenüber Preußen-Österreich und der daraus folgende Verlust der Herzogtümer Schleswig und Holstein, die bis dahin unter dänischer Oberhoheit standen, hatte die traditionelle Verbundenheit radikal zerstört. Nur die wirtschaftlichen Vorteile einer neutralen Politik hielten Dänemark davon ab, sich im Ersten Weltkrieg gegen das deutsche Reich zu positionieren.

Der Vertrag von Versailles, mit dem Deutschlands Niederlage im Großen Krieg besiegelt wurde, kam auch Dänemark zugute. Im Februar 1920 fanden im nördlichen und südlichen Schleswig-Holstein Volksabstimmungen über die zukünftige staatliche Zuordnung statt. Die Bewohner von Nordschleswig – das Gebiet um Tondern, Sonderburg, Hadersleben – stimmten mit 74,39 Prozent für eine Rückkehr ins dänische Vaterland. Dass sich der Süden – um Flensburg, Amrum, Husum, Sylt – mit 86,2 Prozent für Deutschland entschied, entsprach der allgemeinen Stimmung. Doch dänische Nationalisten empfanden dies als schwere Niederlage.

Auf diesem Hintergrund erweist sich Asta Nielsens ständiger Hinweis auf das dänische Erbe, das ihren Hamlet präge, als sensibles Entgegenkommen. Umso frustrierender müssen für sie die harschen Urteile ihrer Landsleute über den Film gewesen sein. »Gegen Dummheiten kämpft man vergebens«, schreibt sie in ihrem Brief an Henning Brøchner vom 3. Februar 1921. Asta Nielsen ist überzeugt: »Wenn man *den* Film geschmacklos findet, nur weil er in Deutschland gedreht wurde, dann ist man in einem Morast, der nur einen politischen Hintergrund haben kann, und da ist jeder Protest unmöglich.«

Einen Tag vor der offiziellen Premiere in Berlin am 4. Februar, gab es in Hamburg eine Vorführung des *Hamlet*-Films. Hamburg war für Kopenhagens Journalisten wesentlich schneller erreichbar als Berlin. Asta Nielsen wusste deshalb am 3. Februar schon, dass ihr Versuch, Dänemarks Nationalempfinden mit ihrem Film zu stärken, fehlgeschlagen war. Sie war durch ihre Rückkehr nach Berlin 1919 und ihre erneuten Erfolge in den Augen der dänischen Filmkritik mehr denn je eine Deutsche geworden.

Klein beizugeben war jedoch für die Schauspielerin keine Tugend. Selbstbewusst schreibt sie Henning Brøchner am 3. Februar, wenn er zu *Hamlet* eine Äußerung von ihr wünsche, dann hat »die dänische Presse – wenn ich sie überhaupt ernst nehmen soll – mir ein großes Kompliment gemacht, worauf ich stolz bin, denn mein Film trägt wirklich das Zeichen ›made in Germany‹«. Es sei immer ihr Ziel gewesen, »durch unermüdliche Arbeit mit den großen Verhältnissen hier auf gleiche Höhe zu kommen«. Und deshalb »ist mein Arbeitsfeld hier und nicht in Dänemark, wo man, wie bekannt, nur duldet, dass alle Bäume im Wald gleich hoch sind«.

Mit treffender Ironie hat Asta Nielsen 1921 zugespitzt, was die einen als dänische Nationaltugend loben und andere seit 1933 sprichwörtlich als das »Gesetz von Jante« – janteloven – missbilligen, weil es die Freiheit und Kreativität des Individuums in moralische Ketten legt. »Du sollst nicht glauben, dass du etwas Besonderes bist«, postuliert das erste der zehn Gebote von Jante.

Asta Nielsen kann frei heraus schreiben, denn der dänische Journalist Brøchner weiß ihre Kinokunst als eine, die hoch über anderen steht, zu schätzen. Hamlet ist abgehakt, schon steht sie täglich am Set für den nächsten Film: »Zurzeit spiele ich eine große und schwere Rolle als Natasja Filipponova in einem Film nach Dostojewskis Roman ›Fürst Mischkin‹.« Das große Filmunternehmen Decla-Bioscop hat die Dänin in Berlin für die Hauptrolle engagiert. Unter dem Titel *Irrende Seelen* wird dieser Film im März 1921 in Deutschland in die Kinos kommen. Mit Art-Film will Asta Nielsen nur einen Film pro Jahr drehen.

Ihr journalistischer Unterstützer in Kopenhagen wird mit weiteren Informationen gefüttert. Nach Dostojewski sind schon die nächsten Dreharbeiten fest eingeplant für einen Film, dessen Vorlage die angesehene Schauspielerin Tilla Durieux nach einem Roman, der gleichzeitig im Ullstein Verlag erscheint, für Asta Nielsen geschrieben hat. »Danach reise ich *vielleicht* nach Rom …« – aufgrund des großen Erfolgs von *Hamlet* hat sie ein Angebot für einen italienischen Film bekommen. Daraus allerdings wird nichts.

Keine drei Wochen später, am 21. Februar 1921, geht wieder ein Brief an Henning Brøchner. Es fehlt der Briefkopf vom Hotel

Esplanade: »Morgen hätte ich mit dem Film von Tilla Durieux beginnen sollen; stattdessen musste ich mich in eine Klinik begeben mit, wie man so sagt, überarbeiteten Nerven und nervösem Herzflimmern. Ich *sollte* mich in vierzehn Tagen erholt haben …« Kein Gedanke an längeres Ausruhen. Im Mai werde sie die Titelrolle in einem Film spielen, der nach dem Fortsetzungsroman *Roswolskys Geliebte* im *Berliner Tageblatt* gedreht wird. Sie ist überzeugt, »er wird ein großes Publikum unterhalten«. So kam es auch. Die männliche Hauptrolle spielte ihr Freund Paul Wegener.

Der Februarbrief endet mit einer persönlichen Note: »Ich sitze im Bett und schreibe. An den Verbesserungen sehen Sie, dass ich müde bin.« Asta Nielsen hat wohl drei Wochen im Krankenhaus verbracht, um die Folgen ihrer Arbeitsdisziplin, die keine Pausen kannte, auszukurieren. Aber vielleicht gab es noch einen anderen Grund, der ihr das Herz schwer machte.

Während die politischen Parteien sich über den Umgang mit der Kriegsniederlage und dem Zusammenbruch des deutschen Reiches heillos zerstritten, die Menschen keine Arbeit und kein Brot hatten, die schwer verwundeten und traumatisierten Soldaten keine Hilfe fanden, verwandelte sich Berlin – schon bisher kein Kind von Traurigkeit – endgültig in die glitzernde, verrufene, freizügige Weltmetropole, die Menschen aus allen Himmelsrichtungen anzog. Wo Revuen, Theater, Kabaretts, Künstlercafés und Kinos die Nacht zum Tag machten; wo Ganoven versuchten, das große Ding zu drehen und Prostituierte und Revuegirls vom großen Geld träumten. Der Mythos von Berlin, dem großen Babylon, nimmt mit Beginn der 1920er Jahre unaufhaltsam Fahrt auf. In der Einheitsgemeinde Groß-Berlin leben rund 3,9 Millionen Menschen, damit ist Berlin nach London und New York die drittgrößte Stadt der Welt. Mit jedem Jahr kommen mehr, um hier ihr Glück zu finden.

Die größte Emigrantengruppe flüchtete aus der neu gegründeten Sowjetunion vor Terror, Hungersnot und der »Diktatur des Proletariats« nach Westen. Etliche zog es nach Paris, andere reisten weiter in die USA. Mindestens 300 000 Russen sollen in der ersten Hälfte der 1920er Jahre versucht haben, an der Spree ein neues Leben aufzubauen. Rund um den Kurfürstendamm hieß es plötzlich »Wir sprechen russisch«, russische Cafés und Restaurants mit Balalaika-Orchestern schossen wie Pilze aus dem Boden. Charlottenburg, wo die Russen bevorzugt wohnten, war für die Berliner bald Charlottengrad, der Bus nach Halensee die »Russenschaukel«. Und mittendrin Asta Nielsen.

»Auf dem Kurfürstendamm hörte man mehr Russisch als Deutsch, daher stammt die in Berlin bekannte Redensart, dass ein Berliner zum andern sagt: ›Nein, ich gehe nicht mehr zum Kurfürstendamm, da bekomme ich Heimweh‹« – das erzählt sie in ihren Erinnerungen. Und weiter: »Bei den Aufnahmen zum Dostojewski-Film … bestanden die Statisten zur russischen Gesellschaft aus lauter ehemaligen Offizieren und Prinzen; sie trugen ihre eigenen Uniformen und Orden, wenn sie die noch nicht zu Geld gemacht hatten.« An dieser Stelle ist die siebte Seite im 16. Kapitel des zweiten Bandes ihrer Autobiografie erreicht. Der Einstieg des Kapitels gehört einem namentlich genannten Russen, »der erste, den ich kennenlernte«.

Es war »der Schauspieler Gregory vom Stanislawski-Theater in Moskau«. Asta Nielsen begegnete ihm erstmals bei einer Gesellschaft, zu der Georg Brandes in sein Berliner Apartment eingeladen hatte. Noch über zwanzig Jahre später hat sie das Bild vor Augen: »Er saß bei meinem Eintreten in die Gesellschaft auf einer Armlehne und spielte und sang mit aufgekrempelten Hemdsärmeln.« Asta Nielsen charakterisiert den Solo-Unterhalter auf eine Weise, die weit über diesen Abend hinausgeht: »Chmara nahm alle mit seinem äußerst charmierenden Wesen ein, mit seiner Schönheit und nicht weniger mit seiner Stimme, wenn er russische Zigeunerlieder zu eigener Gitarrenbegleitung sang.« Aus intimer Kenntnis wusste Asta Nielsen im Nachhinein zu berichten, Chmara habe auf seiner Flucht nach Westen die Grenze mit einer »vornehmen Krokodilledertasche« in der Hand überschritten. Über der Schulter hing »eine seltene Zigeunergitarre mit Perlmutteinlagen«, während die russischen Grenzwächter bei seinem betörenden Gesang genüsslich die Augen schlossen. Das ist kein neutraler Rückblick, sondern offenbart private Gefühle, die sich Asta Nielsen in ihren Erinnerungen ansonsten nur im Zusammenhang mit ihrer engsten Familie, den Eltern und Schwester Johanne, erlaubte.

Die Begegnung mit Gregori Chmara fand im Frühjahr 1921 statt, nach ihrem Krankenhausaufenthalt. Sie wusste um diese Zeit, dass ihr Ehemann, der göttlich schöne Freddy Wingaardh, mit dem sie seit 1915 zusammenlebte und seit 1919 verheiratet war, von der Arbeit in ihrer gemeinsamen Firma Art-Film nicht ausgelastet war. Während seine Ehefrau Tag für Tag vom frühen Morgen bis zum Abend im Filmatelier alles gab, verbrachte er Zeit mit anderen Frauen. Asta Nielsen war nicht bereit, »Seitensprünge« zu tolerieren. Vielleicht auch ein Grund, der ihr Herz beschwerte und ins Krankenhaus führte.

Dass Asta Nielsen ihr Lesepublikum an dem allerersten Eindruck teilhaben lässt, den Gregori Chmara auf sie macht, lässig-charmant auf der Armlehne eines Sessels sitzend, kann als versteckte Botschaft gedeutet werden: In diesem Augenblick begann eine Liebe, die noch vor Jahresende dazu führte, dass Asta Nielsen sich von Freddy Wingaardh trennte, das Hotel Esplanade verließ und mit Gregori Chmara zusammenzog. Der Vorgang entspricht dem Muster ihrer Trennung von Urban Gad. Sie ist der aktive Part und bekennt sich zu ihrem neuen Partner, lange bevor die Scheidung vom Vorgänger ausgesprochen ist.

Als wollte sie die ungewöhnlich intime Offenbarung unter einer spannenden Geschichte gleich wieder verschwinden lassen, schwelgt Asta Nielsen nach dem Abstecher »Russen in Berlin« in ihren Erinnerungen auf vielen nachfolgenden Seiten in einer Reise, die sie mit einem Filmteam im Sommer 1921 nach

Dalmatien in die Berglandschaft von Split führte, um den beliebten jährlichen Reisefilm zu drehen. Unter dem Titel *Brigantenrache* kam er am 17. Februar 1922 in die Kinos. Zwei Wochen zuvor hatte *Fräulein Julie* Premiere, nach dem gleichnamigen Schauspiel von August Strindberg. Asta Nielsen spielte die Hauptrolle. Strindberg gibt die Vorlage für ein echtes Asta-Nielsen-Drama, das die Hauptperson mit eigener Hand und einer Rasierklinge tödlich beendet.

Trotz unermüdlicher Arbeit und persönlichen Veränderungen verzichtete sie am Beginn der zwanziger Jahre nicht auf das wirbelnde Metropolenleben, das sie schon vor dem Krieg geschätzt hatte. Unter den wenigen Tagebucheintragungen, die sich von Asta Nielsen erhalten haben, ist die vom 4. November 1921 auf Deutsch in die Schreibmaschine getippt: »Gestern Abend erlebte ich zum ersten Mal Joachim Ringelnatz. Es war in ›Schall und Rauch‹, er las eigene Gedichte. Bei seiner Entre flog mir aus seiner nackten Matrosenbrust ein blaugemaltes Herz mit meiner Name durchbort von einem Pfeile entgegen. Und auf die Brücke die dieser stumme Gruss zwischen uns warf, sollte in wenigen Minuten meinem Herz in flammendes rot zurückeilen.« Asta Nielsen hatte neben ihrem schauspielerischen auch ein literarisches Talent und keine Hemmungen, sich in ihrem noch nicht ganz geglätteten Deutsch auszudrücken.

»Schall und Rauch« war ein literarisches Kabarett, das sein Publikum im Keller des Großen Schauspielhauses von Berlin versammelte. Wer hier auftrat, war auf dem Weg nach oben. Nach dem Zusammenbruch der kaiserlichen Marine war der Marineleutnant a.D. Hans Bötticher überzeugt, in Berlin ein neues Leben zu finden, das seinen eigentlichen Bedürfnissen und Talenten entsprach. Als Joachim Ringelnatz beginnt der kleine, dünne Mann mit der spitzen Nase 1919 in der deutschen Hauptstadt Gedichte zu schreiben. Er ist sechsunddreißig Jahre alt, trifft Menschen, die sein eigensinniges Genie erkennen, ihn fördern. Erfindet sich im Jahr darauf noch einmal neu als »Seemann Kuttel Daddeldu«, erarbeitet sich eisern ein Kabarettprogramm nach dem andern. Steht Ringelnatz auf der Bühne, scheinen seine poetisch-wirren Assoziationen, die alle Erwartungen konterkarieren, spontan aus einem genialen Gehirn zu entspringen.

Schnell ist er ein Geheimtipp in Künstlerkreisen. Asta Nielsen ist am 4. November 1921 nicht allein mit ihrer Begeisterung: »Denn seine Gedichte und sein Vortrag entzündete uns Künstler, die mit Paul Wegener an der Spitze unten auf ihn stundenlang gewartet hatten, zur einer begeisterten Extase, die Erlösung fand in einem orkanartigen Beifall, der unsere Hände in Feuer und unsere Handschuhe in Fetzen verwandelte.« Damit ging der Ringelnatz-Abend erst richtig los. Die Künstlertruppe nahm den Umjubelten mit in eine Wohnung, »und hier sollte ich ihn kennen lernen als einer der entzückendsten Menschen, die mir je begegnete … von einer Takt durchdrungen, der nicht mit Erziehung sondern nur mit Herz zu tun hat, von eine fast kindliche Lebendigkeit, und eine völlige Mangel an Sentimentalität«.

Gegensätze ziehen sich an. Asta Nielsen war traurig, dass Ringelnatz nicht in Berlin wohnte. Aber sie war »glücklich«, dass sie ihn kennengelernt hatte. Die poetisch-präzise Beschreibung Asta Nielsens markiert den Beginn einer Freundschaft zwischen der groß gewachsenen eleganten Diva und dem kleinen nervös-ironischen Wortgenie, die im Lauf des Jahrzehnts intensiver wurde und erst mit Ringelnatz' Tod ihr irdisches Ende fand. Aus Anlass des Kabarettbesuches im November 1921 hatte sich Asta Nielsen zwei seiner Gedichtbände besorgt. »… ich freue mich unendlich«, schließt die Tagebuchnotiz.

Den wichtigsten Platz in ihrem Leben jedoch nahm nun Gregori Chmara ein. Asta Nielsen hatte sich für einen Mann mit ähnlichem beruflichen Ehrgeiz wie sie entschieden. Chmara hatte vor seiner Flucht in zwei Filmen mitgewirkt. Der Russe war ein gleichgesinnter künstlerischer Lebensbegleiter für Asta Nielsen. Ist es gewagt zu vermuten, dass »Die Asta« in ihrem vierzigsten Lebensjahr auch durch ihre neue Liebe von Aufbruchsstimmung erfüllt wird?

Am 24. Dezember 1921 öffnet in Den Haag ein »feiner kunstvoller Palast für das Lichtspiel« seine Pforten, wie die Tageszeitung *Het Vaderland* berichtet. Der Bau, eine Mischung aus Jugendstil und Expressionismus mitten in der Stadt und für 1200 Plätze ausgelegt, wurde seitdem vielfach verändert und ist heute kein Kino mehr. Doch immer noch prangt – aus gewaltigen Neonröhren geformt – am Rand des Daches zur Straße hin der Name des Weltstars, nach dem dieser Prachtbau genannt wurde: ASTA. Eine Huldigung der vornehmen Residenzstadt an die Filmschauspielerin, die in den Niederlanden alle ihre Kolleginnen und Kollegen an Popularität übertraf. 1916, als das erste Kino in Den Haag eröffnet wurde, war zur Einweihung *Die Kinder des Generals* gelaufen. Zur Eröffnung am Weihnachtstag 1921 war extra ein »Asta-Marsch« komponiert worden. Die so Geehrte war an diesem Tag nicht anwesend; die festliche Gesellschaft, die vielen rühmenden Reden lauschte, wird es verstanden haben.

Dass Asta Nielsen Weihnachten 1921, wie in fast allen Jahren zuvor, nach Kopenhagen reiste, um endlich wieder mit Tochter Jesta zusammen zu sein und mit Johanne, ist eine begründete Vermutung. Ebenso, dass Gregori Chmara mitgekommen ist, um ihre Familie kennenzulernen – wenn das nicht schon zuvor geschehen ist. Sicher wurde dieses Mal nicht unterm Dach in der Vestergade 2 gefeiert, denn diese Wohnung hatte Freddy Wingaardh gemietet. Kein Problem, Asta Nielsen besaß seit vielen Jahren eine Wohnung neben der ihrer Schwester im Tagensvej. Aber wo lebte sie um diese Zeit in Berlin mit ihrem neuen Partner?

Dank großzügig gestellter Fotos – mit der Diva solo oder zusammen mit Tochter Jesta und Gregori Chmara – wird Asta Nielsen während der 1920er Jahre stets mit einer prächtigen Wohnung in der Kaiserallee 203 verortet. Doch diese Fotos datieren nach 1922. Mit der Entscheidung, Freddy Wingaardh und das Hotel Esplanade zu verlassen, muss Asta Nielsen für sich und Gregori Chmara kurzfristig eine Zwischenlösung gefunden haben. Ihre eindrucksvollen Möbel aus der ersten Berliner Zeit, Gobelins und exotische Filmrequisiten, hatte sie 1916 nach Kopenhagen schaffen lassen. Ein Rücktransport musste gut geplant und vorbereitet sein; das schaffte sie bei ihrem prallen Berliner Arbeitsalltag nicht auf die Schnelle.

Bisher unbeachtet, befindet sich in der Asta-Nielsen-Sammlung der Universitätsbibliothek Lund ein Brief, den eine gewisse Ada Rehmer am 17. August 1969 an die Schauspielerin in Kopenhagen geschrieben hat: »Ich war mit Ihrer Tochter Jesta, während Sie in Berlin lebten, sehr befreundet. Wir waren als Mädchen beide im Pensionat Simonsohn bei Frau Jacobus.« In akkurater Schönschrift folgt ein interessanter Anhaltspunkt: »Ich besuchte Sie ab und zu in Ihrer Wohnung, ich glaube, es war in der Großbeerenstr. und einige Jahre später in der Kaiserallee.« Großbeerenstraße? Für die Berliner Jahre vor Kriegsbeginn 1914 steht fest, dass Asta Nielsen ausschließlich in der Kaiserallee wohnte, wo sie im Frühjahr 1912 mit Urban Gad eingezogen ist. Der Brief kann sich demnach nur auf die Zeit nach 1919 beziehen. Wie ein Puzzlestück scheint er sich in den bisher weißen biografischen Fleck in die erste Zeit ihres Zusammenlebens mit Gregori Chmara zu fügen.

Es wäre nicht verwunderlich, wenn Asta Nielsen mit ihrer neuen Liebe die ersten Monate abseits vom Künstler- und Pressequartier im Zentrum Berlins verbracht hätte. Auch das Hotel Esplanade am Potsdamer Platz lebte von dieser bunten Umgebung. Sie wusste, dass die Zeitungen der Republik ihr Publikum mehr denn je mit Neuigkeiten und Gerüchten aus dem Privatleben der Stars fütterten; auch pikante Geschichten über »Die Asta« würden kein Tabu sein. In der Großbeerenstraße südlich von Tempelhof, nahe am Marienpark, war das Paar vor neugierigen Journalisten erst einmal sicher. Unbemerkt konnte Asta

Nielsen von hier aus in eigener Regie aktiv werden: ihre Rückkehr ins Künstlerquartier mit prächtigem, privatem Ambiente organisieren – und als feste Größe gehörte Gregori Chmara dann zu diesem neuen Lebensabschnitt.

Die besondere Überraschung des Briefes von 1969 liegt in seinem Anlass: Die Schreiberin war mit Jesta sehr befreundet, was eine Schlussfolgerung zulässt: Mit dem Ende des Hotelaufenthaltes, der 1919 begonnen hatte, und dem Beginn des Zusammenlebens mit Chmara holte Asta Nielsen ihre Tochter nach Berlin. Genauso hatte sie es im Frühjahr 1912 gemacht, als sie und Urban Gad in Berlin eine Wohnung bezogen. Anschließend lebte Jesta – nach über zehn Jahren in Kopenhagen – erstmals in einer Familie mit Mutter und »Vater« zusammen.

1921 war Jesta zwanzig Jahre alt, sollte im Berliner Mädchenpensionat Simonsohn einen letzten Schliff bekommen, und endlich gehörte der Mensch, der für Asta Nielsen der wichtigste auf der Welt war, wieder zu ihrem festen Lebensrhythmus. In der Großbeerenstraße konnten Mutter und Tochter sich abseits des hektischen Filmkosmos wieder aneinander gewöhnen und alle zusammen an das Leben zu dritt; für Jesta war es der dritte »Vater«. So war die kleine Familie für das hochherrschaftliche Domizil in der Kaiserallee gerüstet, wo dosierte familiäre Medien-Verpflichtungen und die publikumswirksamen Auftritte eines Weltstars zum Alltag gehörten.

23. Kapitel

SENKT DIE FAHNEN VOR IHR

Ende ihrer Firma – Der Neue: Lebens- und Filmpartner – Die Filmkritiker sind begeistert – Eine Konkurrentin: Henny Porten – Zweite Scheidung

1922-1923

Das neue Lebenskapitel mit dem Mann aus Russland erhielt Auftrieb durch die Gewissheit, bei den besten einer neuen Regisseurgeneration, die die Filmgeschichte der Weimarer Republik prägten, für Spitzenbesetzungen gefragt zu sein. Neben Ernst Lubitsch gehörte Leopold Jessner zu dieser Elite, zugleich Intendant führender Berliner Theater. Er drehte mit Asta Nielsen in der Hauptrolle 1922 nach der gleichnamigen Tragödie von Frank Wedekind *Erdgeist*. Zusammen mit ihr waren auf der Leinwand die Publikumslieblinge Heinrich George und Albert Bassermann zu sehen. Für den Filmtheoretiker Béla Balázs ist »der einzige Inhalt dieses Films, dass Asta Nielsen mit sechs Männern kokettiert, flirtet, liebelt und sie verführt«; dass »die erotische Ausstrahlung dieser Frau uns hier das große, vollständige Gebärdenlexikon der sinnlichen Liebe gibt«.

Die Trennung von Freddy Wingaardh bedeutete 1922 das Aus für die gemeinsame Art-Film, in die Wingaardhs Familie viel Geld gesteckt hatte. Im Rückblick geht Asta Nielsen großzügig über die genauen Hintergründe hinweg: »Nach drei glanzvollen Jahren löste ich aus rein privaten Gründen meine eigene Gesellschaft auf, die für mich der beste Rückhalt war, das Ansehen zu halten, das ich erreicht hatte.« Es war ihre Gesellschaft und ihre Entscheidung – so wollte Asta Nielsen in Erinnerung bleiben.

Ihr Freund Joachim Ringelnatz hatte 1920 seine große Liebe geheiratet, die zweiundzwanzigjährige Leonharda Pieper. Sie war für ihn »Muschelkalk«, wie sie sich bald auch offiziell nannte. Muschelkalk hielt den Haushalt in München zusammen, während Ringelnatz in Berlin von einem Kabarettauftritt zum anderen hetzte, Schallplatten besprach und ein Kinderbuch dichtete. Heim nach München fuhr er nur mit dem billigen Nachttarif. Er war ein »gehetzter, müder« Künstler, der inzwischen einen Namen hatte, aber viel Geld kam nicht zusammen. Muschelkalk, die Englisch und Französisch studiert hatte, versuchte, mit Heimarbeit die Haushaltskasse aufzufüllen. »Liebster Kalk«, schrieb ihr Ringelnatz am 14. Oktober 1922 aus Berlin, »sei nicht *zu* fleißig. Gut Putthühnchen. Iß gut. Gesundheit ist gute Kapitalanlage.« Wie gern hätte er sie mit materiellen Dingen verwöhnt. So blieben ihm nur tröstliche Worte am Ende des Briefes: »Falls ich plötzlich sterbe, geliebter Muschelkalk, sei dann stark und froh und tapfer, Dein Leben weiterzuführen. Es ist nur eine Minute was uns trennt.«

Wer mit Ringelnatz eine Freundschaft einging, für den gehörte Muschelkalk dazu. Das wusste Asta Nielsen, und umgekehrt erfuhr »Mein Geliebtes« im Brief ihres Mannes vom 19. Oktober 1922 nicht nur: »Ich habe aufregende und anstrengende 2 Tage hinter mir. … Kurz es ist wieder ›Berlin im Trubel‹.« Sondern auch: »Gestern war die Asta Nielsen in der Rakete.« Vom Kabarett »Schall und Rauch«, wo er das Herz der Diva ein Jahr zuvor in Flammen gesetzt hatte, war Ringelnatz an das literarisch-politische Kabarett »Die Rakete« gewechselt. Mitgegründet hat es 1922 Rosa Valetti, nachdem sie im selben Jahr ihr Kabarett »Größenwahn« schließen musste. Der Erfolg war riesig, die Einnahmen waren gering. Die Schauspielerin und Filmschauspielerin Valetti, die in mehreren Asta-Nielsen-Filmen mitgespielt hatte, war Chansonnière und wichtige Aktivistin in der Kabarett-Szene. Eine Umgebung, in der sich Asta Nielsen zu Hause fühlte.

Valetti, Jessner, Lubitsch und viele andere Künstler waren Deutsche jüdischen Glaubens, die wesentlich zum Glanz und internationalen künstlerischen Ruhm der Weimarer Republik beigetragen haben. Sie gehörten zu den Kreisen, in denen sich Asta Nielsen umso intensiver bewegte, je länger sie im Berlin der Weimarer Republik Teil der Künstlerszene war.

Nicht sehr demokratisch ging es zum Jahresende 1922 in Dänemark zu, als der zweiundzwanzigjährige Rudolf Broby-Johansen seinen ersten Gedichtband – *BLOD* – veröffentlichte. Brobys literarische Vorbilder waren die deutschen Expressionisten; in Sprache und Inhalt eine Provokation für die bürgerliche Gesellschaft. Die Polizei konfiszierte *BLUT* umgehend. Broby wurde wegen Pornografie bestraft und erst in den 1960er Jahren wiederentdeckt. Das erste seiner radikalen Gedichte ist Asta Nielsen gewidmet, die sich in ihren Filmen bis zum Preis ihres Lebens den traditionellen bürgerlichen Rollenvorgaben für Frauen und Männer nicht beugte und dafür von expressionistischen Dichterkollegen in Deutschland und Flandern als Ikone der Moderne gepriesen worden war. Broby-Johansen holte sie in die dänische Literatur:

GROSSSTADT IN DER MONDNACHT

IN DEN HÄUSERSCHLUCHTEN SITZEN MÄNNER MIT
 BLUTIGEN HIRNEN
ÜBER KINDERLEICHNAME GEBEUGT
PAARE UMSCHLINGEN SICH WIE WAHNSINNIG
(BLUT RANKT SICH AN VERSCHWITZTEN LAKEN EMPOR)
BLINDE FRAUEN BETASTEN ENTLEERTE BRÜSTE/
UNFRUCHTBARER SCHOSS
...
AM HIMMEL SCHIMMERT DAS SIEBENGESTIRN

Rudolf Broby-Johansen, Dichter und Kommunist, nutzte den Skandal um seine Gedichte. Er veröffentlichte eine »Rede zur Verteidigung von BLOD«, ein Manifest gegen Militarismus und Kapitalismus und ein vehementes Plädoyer für einen utopischen Sozialismus. Ob Asta Nielsen von diesem Aufruhr um die literarische Avantgarde in ihrem Vaterland wusste, ist nicht bekannt. Sie war mit ihrer Filmarbeit beschäftigt, die dieses Mal ungewohnt persönlich eingefärbt war.

Obwohl feststand, dass Art-Film 1922 aufgelöst würde, einigte sich das Ehepaar Wingaardh, den dritten geplanten Film noch zu produzieren. Es war eine Geschichte Asta Nielsen wie auf den Leib geschrieben. *Der Absturz* hatte im Mai 1923 seine deutsche Premiere und damit war es offiziell: Die männliche Hauptrolle neben Asta Nielsen spielte Gregori Chmara. Diese Entscheidung hatte nur der Weltstar persönlich treffen können, risikobereit und selbstsicher. Denn wie sehr sie mit ihrem Spiel überzeugen würde, wäre es nicht eine pikante Geschichte für die Zeitungen: Alternde Diva protegiert ihren russischen Liebhaber im Filmgeschäft?

Asta Nielsen hatte kühl und richtig kalkuliert, dass zwei Dinge zusammenkamen: Ihr neuer Partner im Leben war ein guter Schauspieler und ihr Kredit bei den Filmkritikern groß genug, um auch unter diesen Umständen ihre Leistung objektiv zu bewerten. Dabei ist »objektiv« fast eine Übertreibung: Die Kritiker überschlugen sich vor ehrfürchtiger Begeisterung, wie Asta Nielsen ihre tragische Rolle bis an ein Ende durchlebte, das vielleicht das bitterste, schmerzlichste und erschütterndste in der langen Reihe ihrer tragischen Film-Frauen war.

Béla Balázs, ein Ungar mit deutschen Wurzeln, floh 1919 nach Wien, ab 1926 lebte er in Berlin. Er war Schriftsteller, Drehbuchautor, Regisseur, Filmkritiker und der Erste, der eine Theorie über den Film als die neue Kunst der Moderne aufstellte. Seine Kronzeugin ist Asta Nielsen: »Wenn man schon verzweifeln möchte an der Berufenheit des Films, eine eigene, wirkliche

Kunst zu werden, die würdig ist, dass sie eine zehnte Muse auf dem Olymp vertritt … wenn man zu zweifeln anfängt, dann ist es doch nur die Asta Nielsen, die einem Glauben und Überzeugung wiedergibt.« Dieses Bekenntnis steht in Balázs' Klassiker *Der sichtbare Mensch oder die Kultur des Films*, 1924 erschienen.

Während der Arbeit an diesem Buch stand Béla Balázs noch unter dem Eindruck des letzten Films von Asta Nielsen – *Der Absturz*. Dieses Drama ist der Aufhänger, eine Summe ihrer Kunst zu ziehen, mit einem Pathos, das wie in Erz gegossen die Zeiten überdauert hat: »Senkt die Fahnen vor ihr, denn sie ist unvergleichlich und unerreicht. Senkt die Fahnen vor ihr, denn durch ihre Kunst wird selbst der *Absturz* des alternden Weibes zum steilen Aufstieg der Künstlerin.« Kaum einer ist dem Geheimnis von Asta Nielsen so nahe gekommen: »Asta Nielsen ist die erlöste Künstlerin, die ihr Leben so restlos in Kunst gestaltet, dass aus dem Schmerz und jedem Verlust doch nur die Freude einer neuen Rolle wird.«

Balázs hat *Absturz* zusammengefasst: »… dass eine schöne, noch glänzende Sängerin einem jungen Liebhaber sagen muss: ›Nein, heiraten wollen wir nicht, ich bin ja zu alt für dich.‹« Der Liebhaber – von Gregori Chmara gespielt – wird ihretwegen zum Mörder und muss für zehn Jahre ins Zuchthaus. Er träumt im Kerker zehn Jahre lang von seiner Geliebten und sieht sie strahlend schön wie am ersten Tag. Doch in dieser Zeit wird sie »alt und hässlich. Mehr noch … sie wird ekelhaft«. Als der Mann aus dem Zuchthaus kommt, sucht er in jeder Frau vor dem Tor seine schöne Geliebte – »und sieht nur eine schäbige alte Frau halb ohnmächtig an einen Baum gelehnt – und geht traurig weiter«.

Er erkennt sie nicht, die er einst vergötterte: »Und jetzt kommen über hundert Meter Großaufnahme von Asta Nielsens Gesicht! Ein bebendes Hoffen, tödlicher Schreck, Augen, die um Hilfe schreien, dass es einem in den Ohren gellt, dann stürzen die Tränen … und wir sehen eine Seele sterben – premierplan, auf dem Gesicht Asta Nielsens. … Senkt die Fahnen vor ihr, denn sie ist unvergleichlich und unerreicht.«

Im Herbst 1916 war der fünfundzwanzigjährige Hans Siemsen, gelernter Buchhändler und Journalist, als Freiwilliger in den Krieg gezogen. Nach einer Verschüttung und zeitweiligen Erblindung kam er als Pazifist und Verteidiger der Republik zurück und machte sich in Berlin einen Namen als Schriftsteller, Kritiker und linker Sozialist, der öffentlich für die Abschaffung des § 175 eintrat. Ab 1923 veröffentlichte er regelmäßig Filmkritiken im *8 Uhr-Abendblatt*. Im Juni 1923 bekennt sich Siemsen – ähnlich wie Béla Balázs – in einem ausführlichen Artikel als Asta-Nielsen-Fan. Eine Liebe, die lange zurückreicht: »Ich habe sie in den wackeligen Zelt- und Bretterbuden des Osnabrücker Stadtmarktes … bewundert. … Ich habe sie wiedergefunden oben auf dem Montmartre … Ich sah sie in Nordafrika in der unwahrscheinlich wackligen Bretterbude von Bab el Mandeb … Ich sah sie wieder 1916 in dem in der zerschossenen Kirche eines Champagnerdorfes eingerichteten Feldkino. Und ich sah sie endlich und sehe sie noch … in den Ufa-Palästen Berlins.«

Wie bei seinem ungarischen Kollegen ist Asta Nielsen für Siemsen eine Pionierin der Filmgeschichte: »Sie war die erste, die den Film aus der Nachbarschaft des Flohkinos in die Regionen der Kunst erhob.« Ihr gelang es, was ursprünglich als technisches Wunder faszinierte, in eine neue Dimension zu führen: »Nicht mehr der Apparat, sondern der Mensch war die Hauptsache.« Es war das Gesicht der Asta Nielsen, »die großen, tränenfeuchten Augen, die schmalen zuckenden Lippen«, die »das Kino zu dem machten, was es heute ist«. Hans Siemsen erinnert an die letzten Szenen ihrer letzten Filme – *Rausch, Fräulein Julie* und »den letzten schauerlichen Akt ihres neuesten Films: Absturz«. Diese Szenen »sind mir die unvergesslichsten unter all den unvergesslichen Leistungen der ersten und größten unter allen lebenden Kinoschauspielerinnen«.

Béla Balázs hat ein bemerkenswertes Gespür, welche persönliche Dimension Asta Nielsen im *Absturz* offenlegt: Jenseits der vierzig, spielt sie eine junge schöne Sängerin, auf die ihr Liebhaber im Zuchthaus wartet, und die am Ende auf erschreckende Weise altert. Ein Zufall? Nicht bei dieser Schauspielerin: »Asta Nielsen ist jetzt öffentlich, vor den Augen des Publikums, alt geworden. Denn sie hat dabei nichts zu verbergen.« Im Gegenteil, sie gewinnt dabei nur: »Für diese Künstlerin ist das Alter keine Niederlage, kein Welken und Verderben. Denn indem sie diese Niederlage, dieses Welken spielt – wird das Alter bloß zu einer neuen Rolle, die als Kunst neu und frisch ist wie nur irgendeine Jugend. So überwindet die Kunst das Leben. Asta Nielsen … kleidet sich in das Alter – in ihre jüngste Kreation – mit siegessicherem Stolz.« Und das in einem Augenblick, als in ihrem Privatleben eine neue Etappe begonnen hat, verbunden mit Aufbruch und Veränderung. Wo Kunst und Leben eins sind, verlieren die Widersprüche ihren Stachel, formt sich aus der Vielheit eine Einheit, für die Asta Nielsen steht.

Gibt es denn keine Filmschauspielerin, die ihr Konkurrenz machen kann? Keine, die das Publikum ebenfalls in sein Herz geschlossen hat? Die von der Kritik ähnlich lobende Worte erfährt? Im Dezember 1923, die eigene Art-Film ist endgültig Vergangenheit, kommt Asta Nielsen mit einem Film in die Kinos, der schon während der Produktion die Gerüchteküche anheizte. Denn neben ihr spielt eine Filmschauspielerin, die – wenngleich auf einer anderen Ebene – ebenfalls seit Jahren ein Publikumsliebling ist: Henny Porten.

Ende 1913 hat die *Illustrierte Kinowoche* unter Leserinnen und Lesern eine Umfrage gestartet: Wer ist der beliebteste Künstler? 1648 Antworten kamen per Post in die Redaktion. Die Mehrheit hatte sich für einen Mann entschieden, den dänischen Filmstar Waldemar Psilander; an zweiter Stelle – und damit als erster weiblicher Star – folgte die Dänin Asta Nielsen; den dritten Platz belegte die in Magdeburg geborene Henny Porten. Neun Jahre jünger als die Nielsen, hatte sie schon 1906 vor der Kamera gestanden, dank ihres Vaters, der von Beruf Tonregisseur war. Anschließend in kurzen und längeren Filmen beschäftigt, wurde Henny Porten bis 1912 vom Publikum und den Medien nicht sonderlich beachtet. 1913 gewann sie mit dem Langfilm *Des Pfarrers Töchterlein* die Filmkritiker für sich. Der wachsende Erfolg und ihre Beliebtheit beim Publikum zeigten sich in der Umfrage am Jahresende und waren von Dauer.

Geht man von ihrer Gegensätzlichkeit auf der Leinwand aus und ihrem beruflichen Werdegang, waren Asta Nielsen und Henny Porten eigentlich keine Konkurrentinnen. Kam die eine vom Theater, hatte die andere keinerlei schauspielerische Ausbildung; war die Nielsen ein groß gewachsener dunkler Typ und verkörperte in allen ihren unterschiedlichen Rollen die neue emanzipierte Frau, spielte die Porten bevorzugt den blonden mütterlichen Typ, der die traditionelle Frauenrolle hochhielt. Sie trat mit theatralisch übertriebenen Posen auf, die Asta Nielsen ein Gräuel waren.

Doch in der Kinowelt war offensichtlich für beide Platz, zumal die Werbung Henny Porten klug nicht als Konkurrenz zum Weltstar Asta Nielsen aufbaute, sondern als die »beste deutsche Kinodarstellerin« – und da war sie tatsächlich konkurrenzlos. Dass die beiden Frauen angeblich gegenseitige Abneigung empfanden, schadete ihrem jeweiligen Image nicht.

Umso größer war das Interesse, als Asta Nielsen und Henny Porten 1923 zusammen in dem Film *I. N. R. I.* auftreten. Der Titel bezieht sich auf die lateinische Inschrift, die römische Soldaten über dem Kopf des sterbenden Jesus ans Kreuz hefteten – »Jesus Nazarenus Rex Judaeorum«, Jesus von Nazareth, König der Juden. Von einer Rahmenhandlung umgeben, stellt der Film das Leben Jesu dar, Asta Nielsen ist Maria Magdalena, Henny Porten spielt Maria. Rund fünfunddreißig Jahre später kommt Asta Nielsen in einem Telefonat mit ihrem Freund Frede Schmidt auf den Film zu sprechen: »Ich spielte mit Henny Porten, und wir saßen jeden Tag zusammen und tranken Kaffee.«

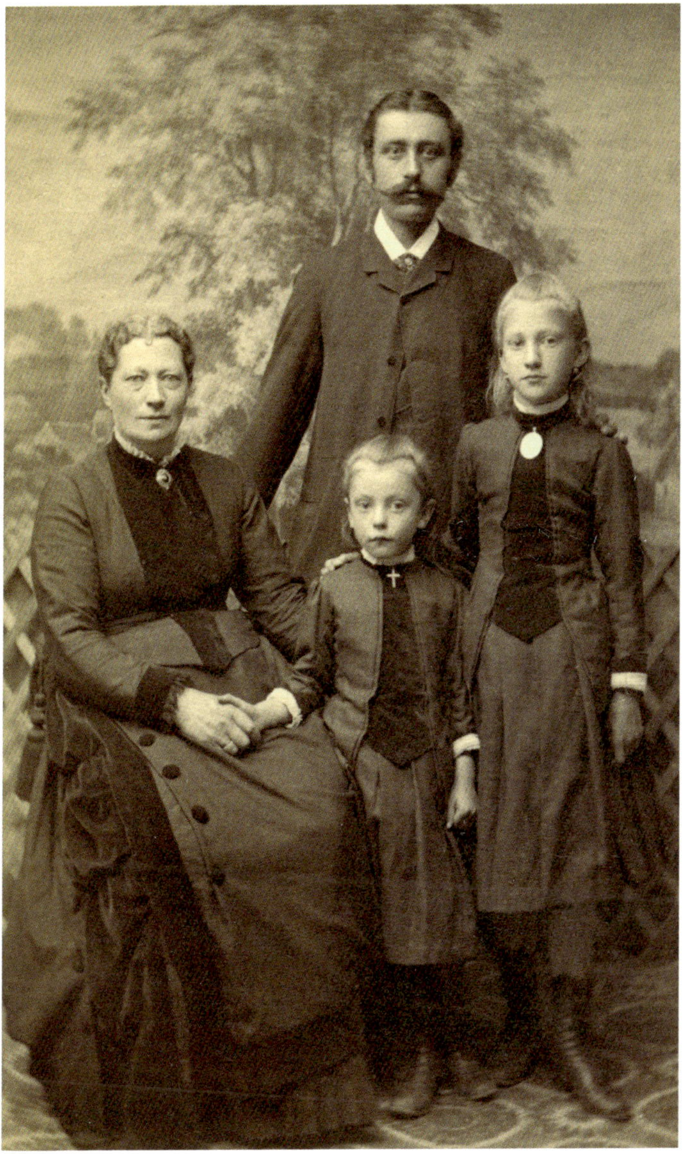

1 1886 in Malmö: Die fünfjährige Asta mit ihren Eltern und der älteren Schwester Johanne. Der Vater hat bis 1890 hier Arbeit gefunden, eine gute Zeit für die Familie.

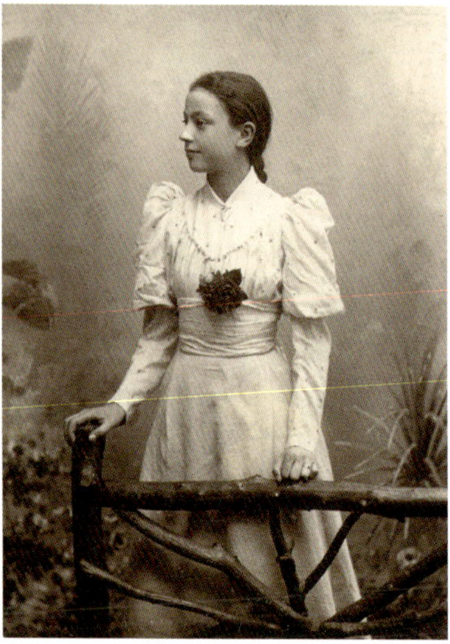

2 29. September 1895 in Kopenhagen: Die vierzehnjährige Asta wird konfirmiert. Sechs Wochen zuvor ist der geliebte Vater gestorben.

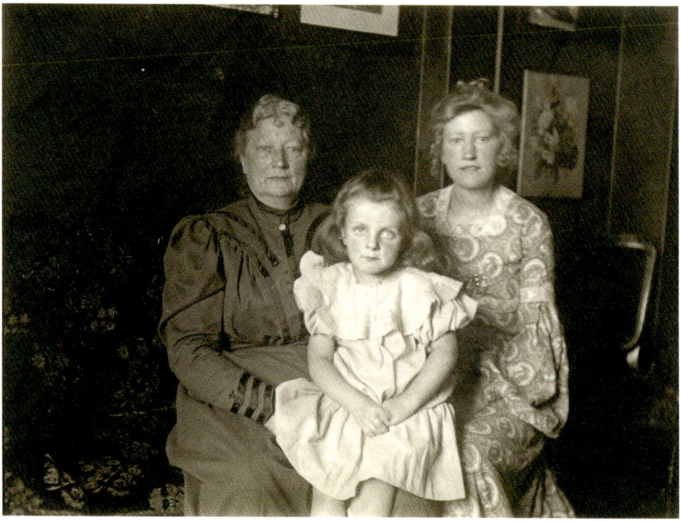

3 Asta Nielsens Tochter Jesta, 1901 geboren, wächst bei Astas Mutter, rechts, und Schwester Johanne auf. Nie gibt sie den Vater preis.

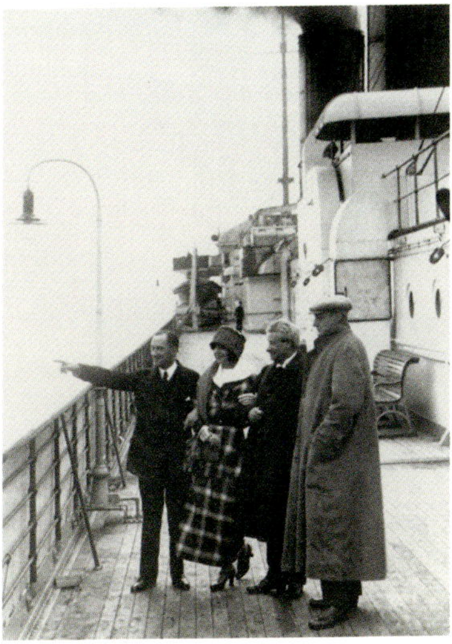

4 Mai 1914 auf dem deutschen Ozeandampfer »Vaterland«: Asta Nielsen ist zur Jungfernfahrt eingeladen, zu ihrer Linken der Journalist Josef Melnik, rechts untergehakt der berühmte dänische Philosoph Georg Brandes, neben ihm Asta Nielsens Ehemann Urban Gad.

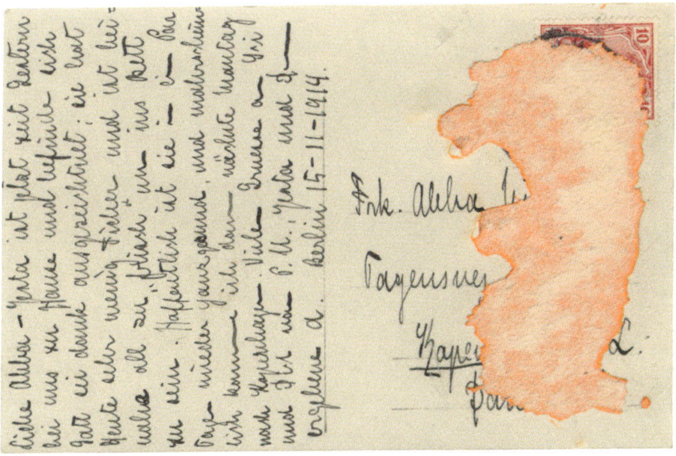

5 November 1914: Asta Nielsen ist mit Tochter Jesta und Urban Gad in Berlin und schreibt an ihre Schwester Johanne, Spitzname »Abba«. Eine rätselhafte neue Quelle: das älteste handschriftliche Zeugnis, noch dazu auf Deutsch; die Familie war erst im August von Berlin nach Dänemark geflüchtet.

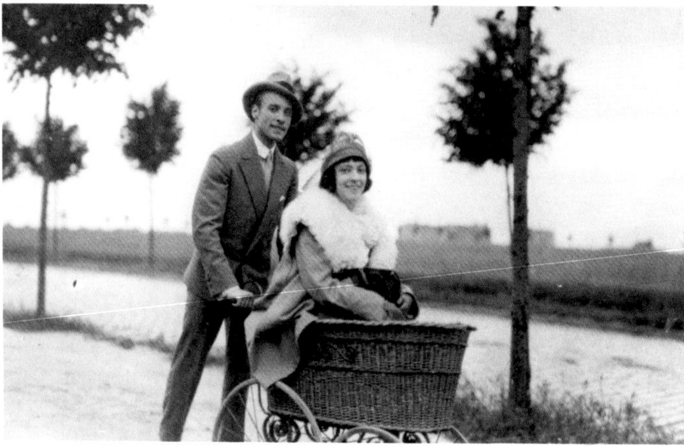

6 Sommer 1916: Mitten im Krieg spielt Asta Nielsen in den Tempelhofer Ateliers von Berlin in acht Filmen die Hauptrolle. Nach der Dreharbeit fährt der Sohn des Pförtners sie zur nächstgelegenen Straßenbahnhaltestelle.

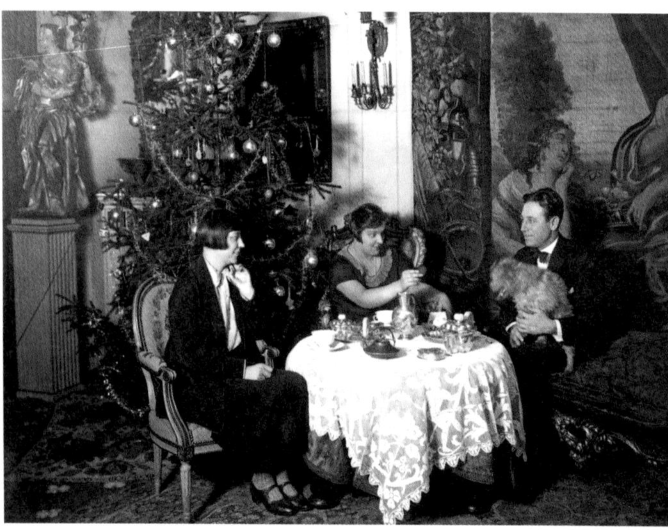

7 1923 hat Asta Nielsen zwei Scheidungen hinter sich. Mit dem russischen Schauspieler Gregori Chmara, rechts, und Jesta, Mitte, zieht sie in die prächtige Wohnung in der Kaiserallee 203 in Berlin.

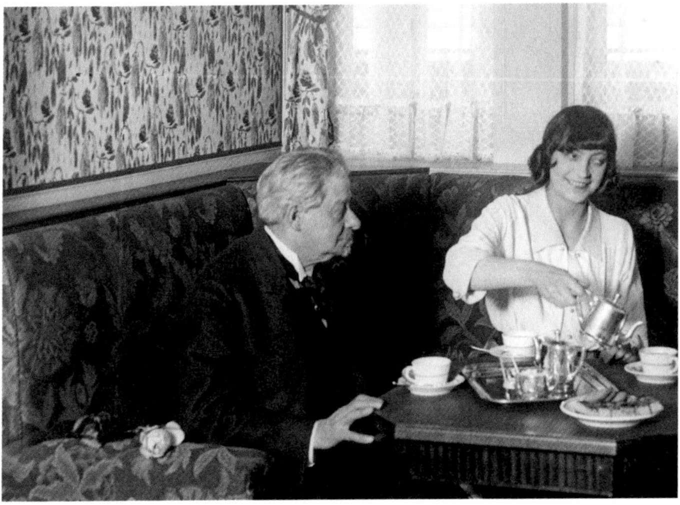

8 Georg Brandes und die Filmdiva verband eine tiefe Freundschaft. Immer wenn der kosmopolitische dänische Intellektuelle während der zwanziger Jahre nach Berlin kam, trafen sich die beiden.

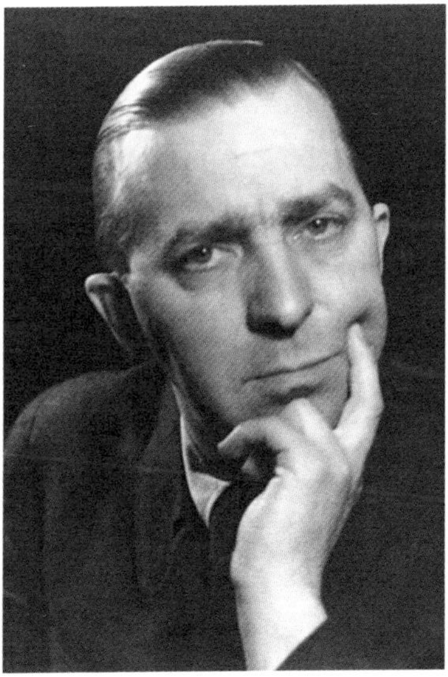

9 Die Freundschaft mit dem Schriftsteller Heinrich Rumpff (1897-1990) begann 1925. Viele von Asta Nielsens sehr persönlichen Briefen bis in die 1960er Jahre haben sich erhalten.

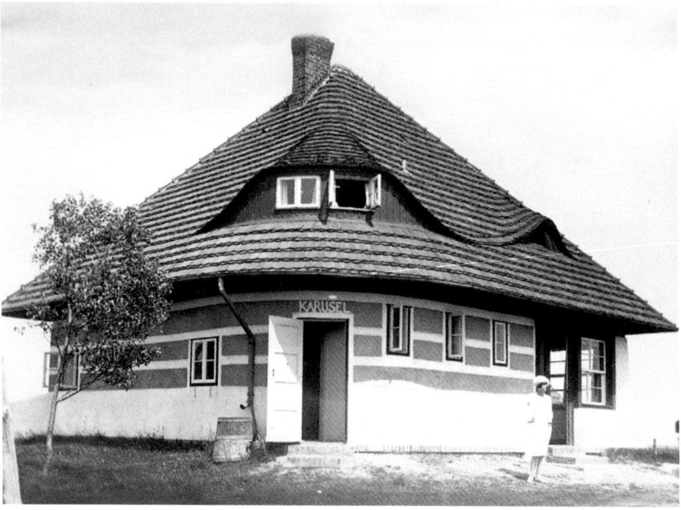

10 Im Frühjahr 1929 kaufte Asta Nielsen auf der Insel Hiddensee ein Ferienhaus und nannte es »Karusel«: »Nirgendwo war ich glücklicher.«

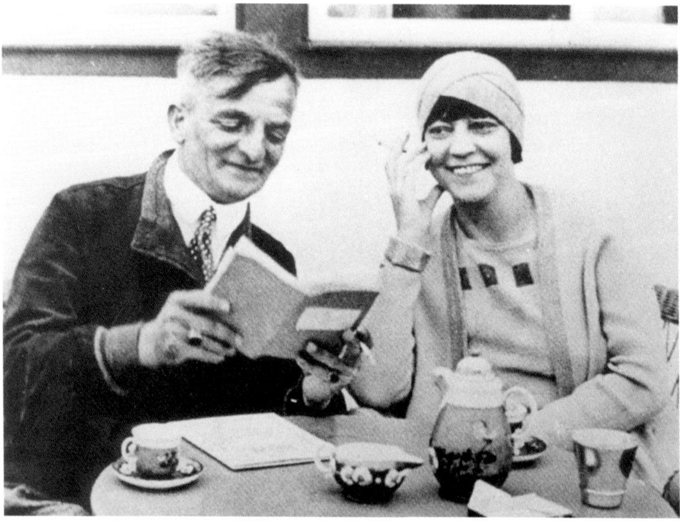

11 Einer der Gäste, die Asta Nielsen ins »Karusel« oft einlud, war ihr enger Freund, der Schriftsteller und Kabarettist Joachim Ringelnatz.

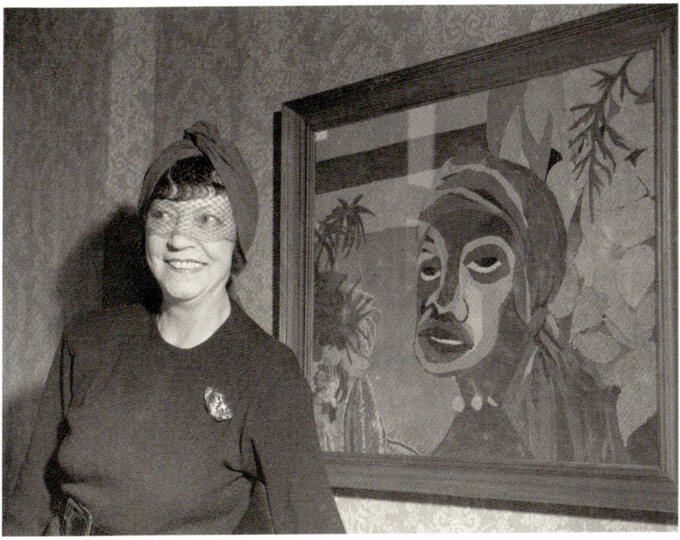

12 1954 in Kopenhagen: Asta Nielsen in der ersten Ausstellung ihrer Gemälde und Stoffcollagen; ein Schwerpunkt ihrer künstlerischen Arbeit nach 1950.

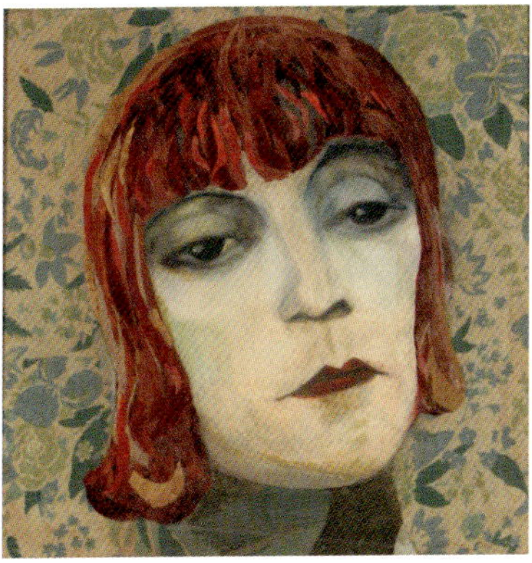

13 Eine Stoffcollage mit Selbstporträt. Asta Nielsen benutzte bevorzugt Stoffe ihrer Filmkostüme.

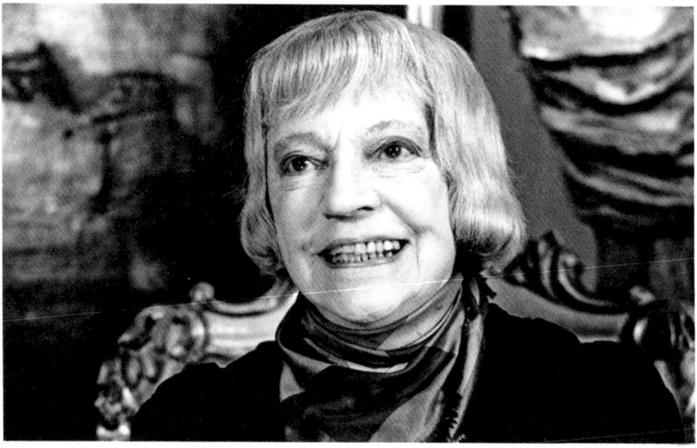

14 »Asta Nielsen« heißt der Dokumentarfilm von 1968, in dem sie Regisseurin und Hauptdarstellerin war.

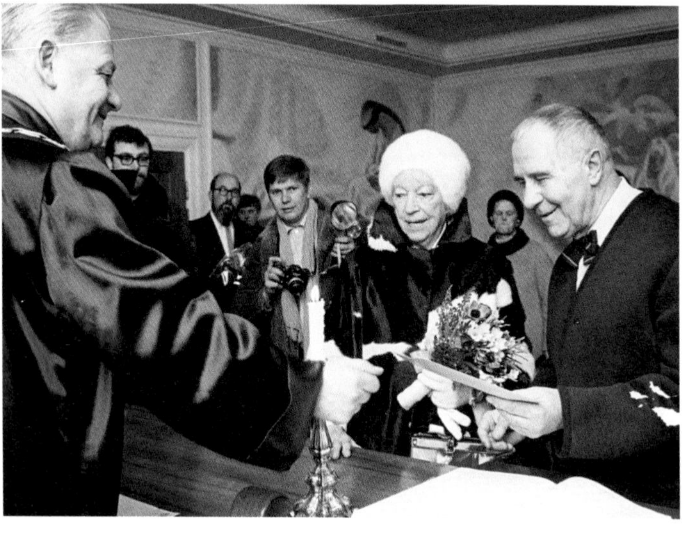

15 21. Januar 1970: Im Rathaus von Frederiksberg, einer autonomen Gemeinde in Kopenhagen, heiratet Asta Nielsen den Kunsthändler Christian Theede. Es ist ihre dritte Ehe.

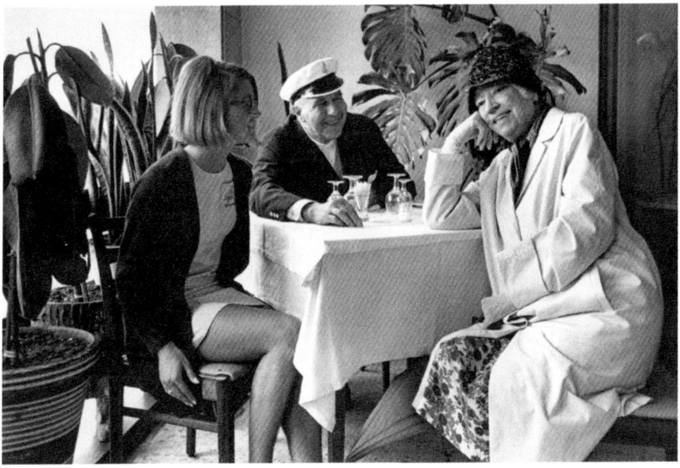

16 Flitterwochen in Las Palmas: Asta Nielsen, 88, und Christian Theede, 70, genießen das südliche Ambiente.

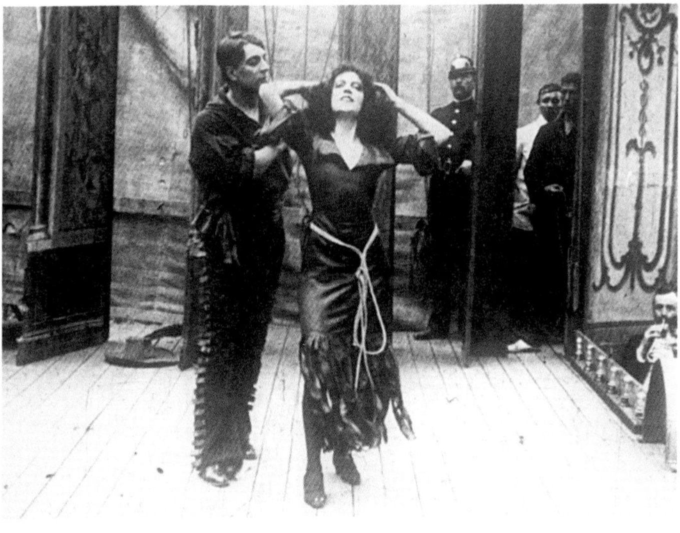

17 *Abgründe*, 1910, ihr erster Film, der sie zum Weltstar machte; über siebzig folgten.

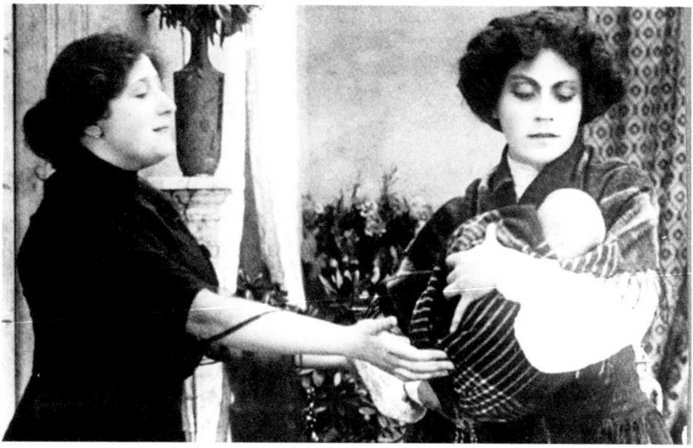

18 *In dem großen Augenblick*, 1911.

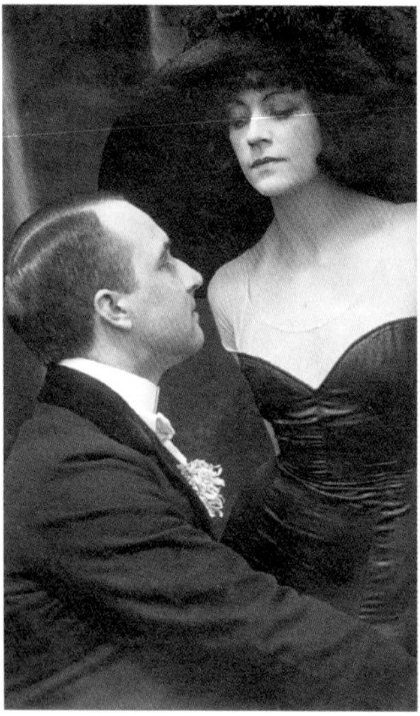

19 *Totentanz*, 1912.

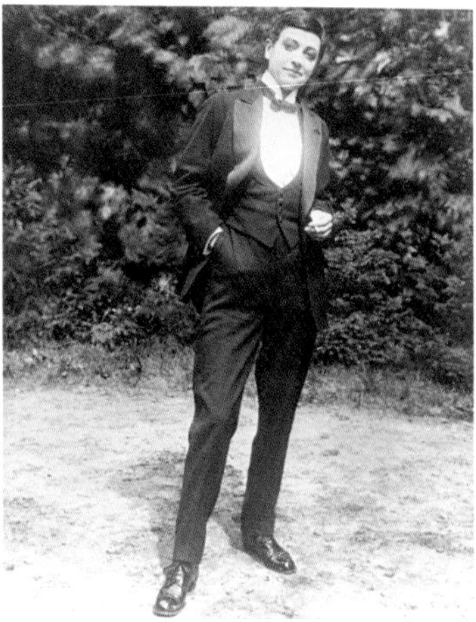

20 *Jugend und Tollheit*, 1912.

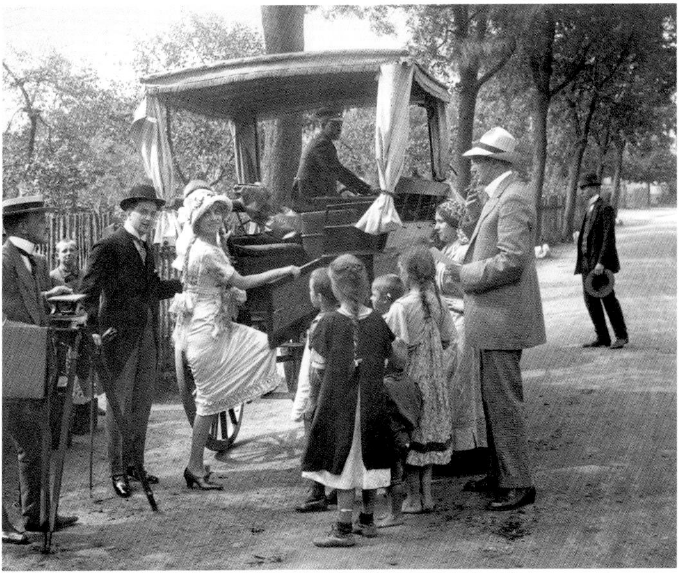

21 Außenaufnahmen 1912, rechts mit Strohhut Urban Gad, Regisseur und Ehemann.

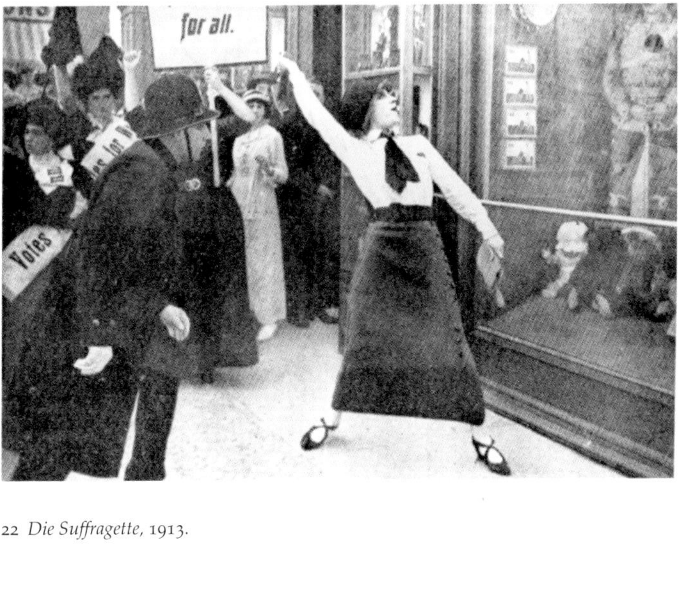

22 *Die Suffragette*, 1913.

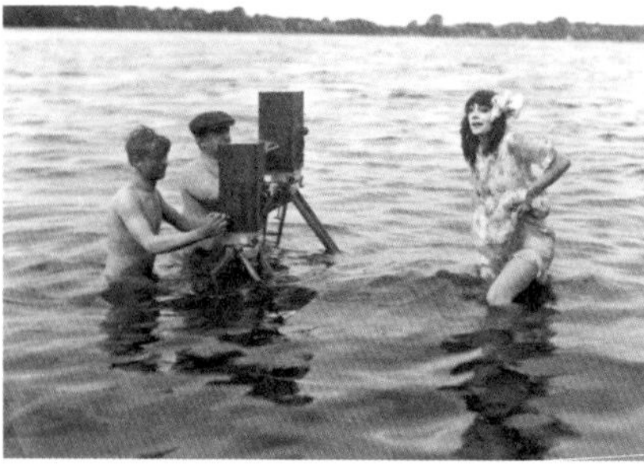

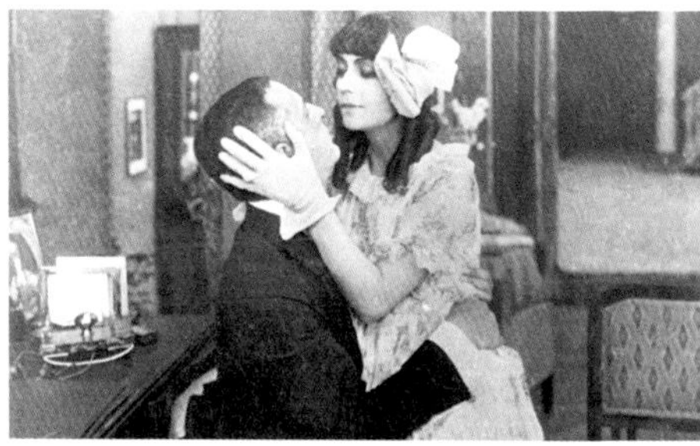

23 *Engelein*, 1914, Aufnahme im Freien und im Studio.

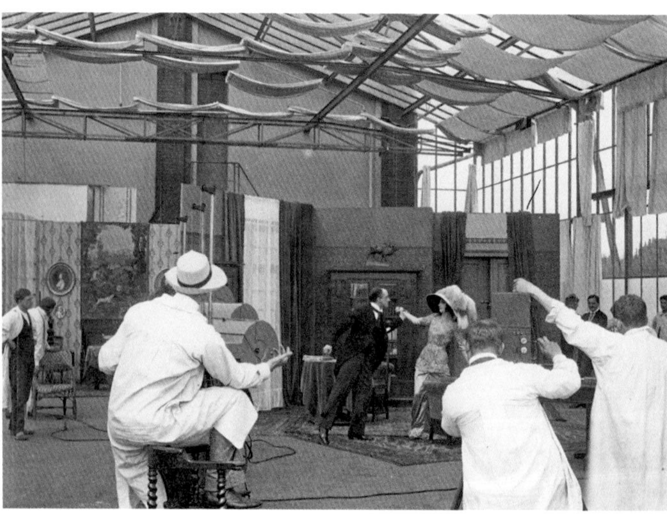

24 Innenaufnahmen Studio Babelsberg, links mit Strohhut Urban Gad.

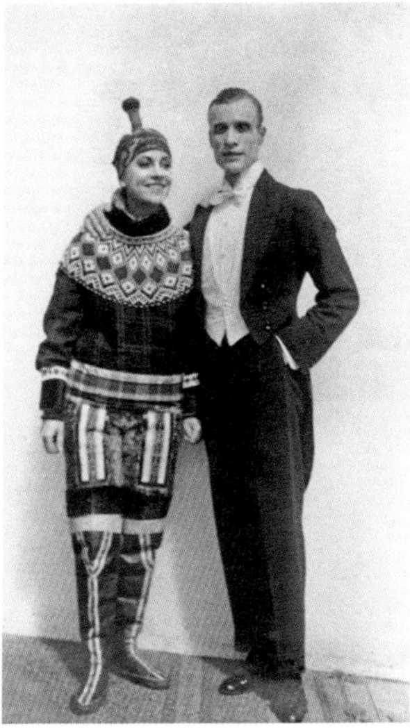

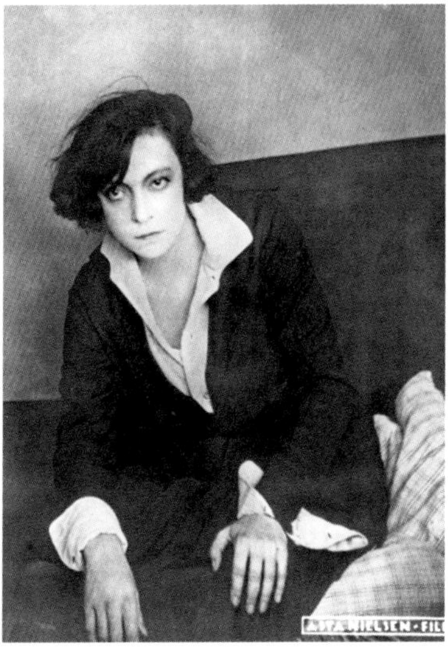

25 *Das Eskimobaby*, 1916, rechts neben Asta Nielsen ihr zweiter Ehemann, Freddy Wingaardh.

26 *Fräulein Julie*, 1920.

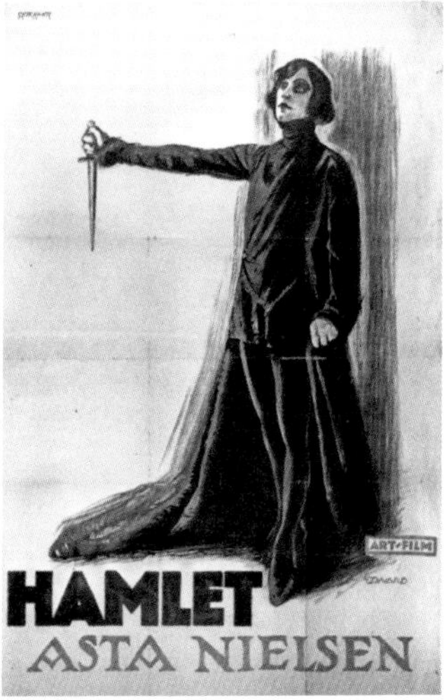

27 *Hamlet*, 1921, Poster.

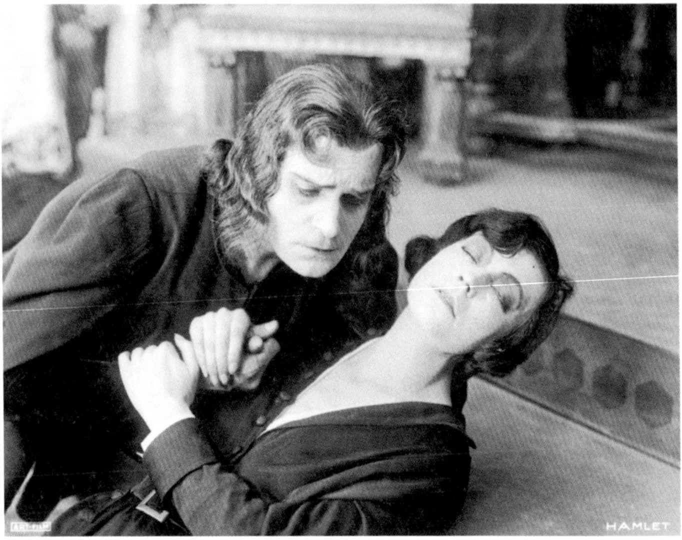

28 *Hamlet*, Sterbeszene.

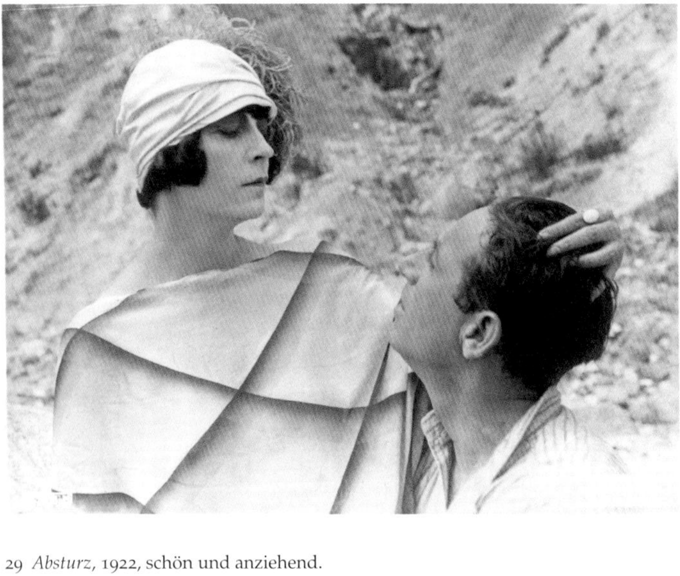

29 *Absturz*, 1922, schön und anziehend.

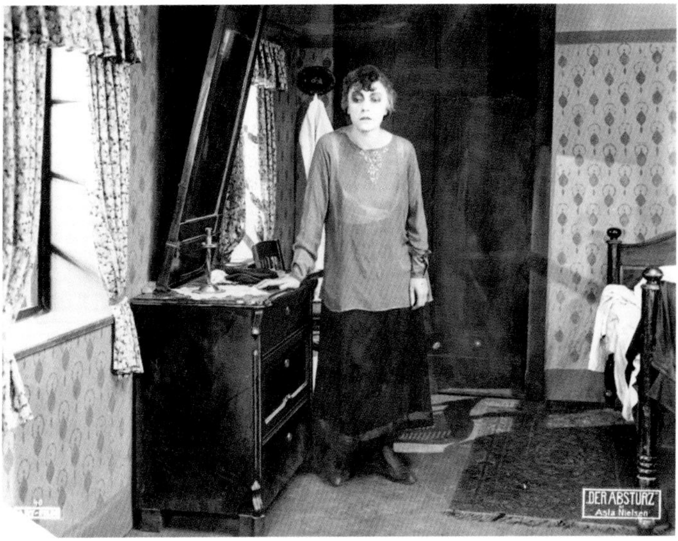

30 *Absturz*, alt und verhärmt.

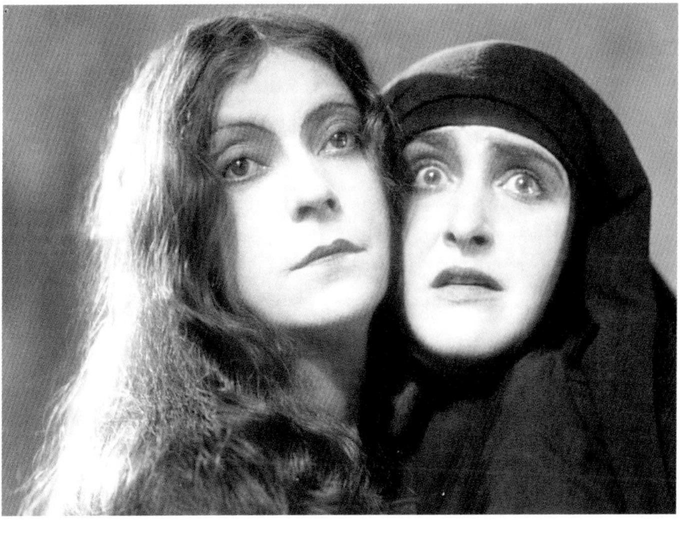

31 *I.N.R.I.*, 1923, Asta Nielsen, links, und Henny Porten.

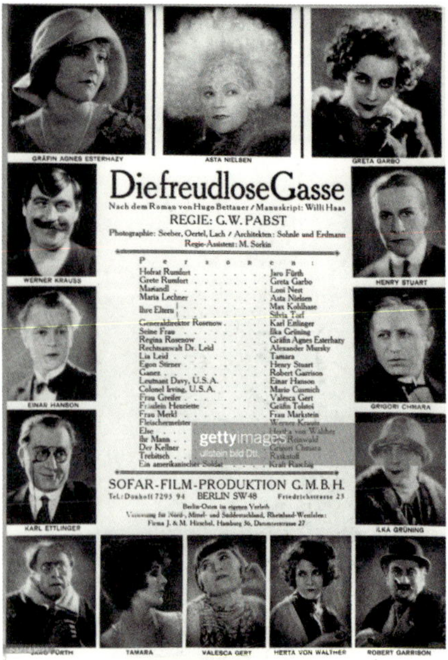

32 *Die freudlose Gasse*, 1925

Neben der 44-jährigen Asta Nielsen, Mitte oben, spielte in diesem Klassiker der Weimarer »Straßenfilme« Greta Garbo, rechts oben, eine Hauptrolle. Die 20-jährige Filmschauspielerin hatte ihre Weltkarriere noch vor sich.

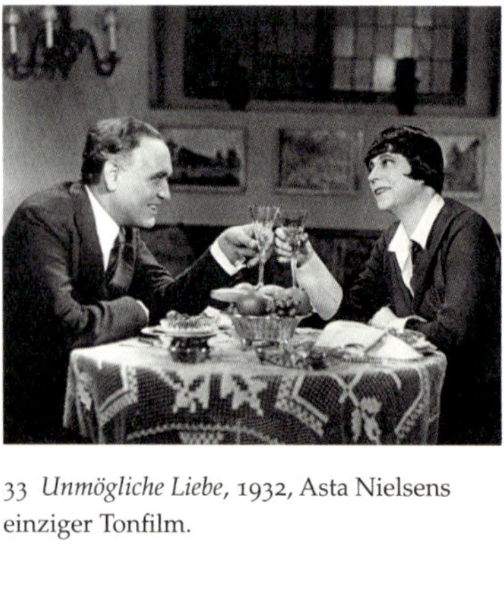

33 *Unmögliche Liebe*, 1932, Asta Nielsens einziger Tonfilm.

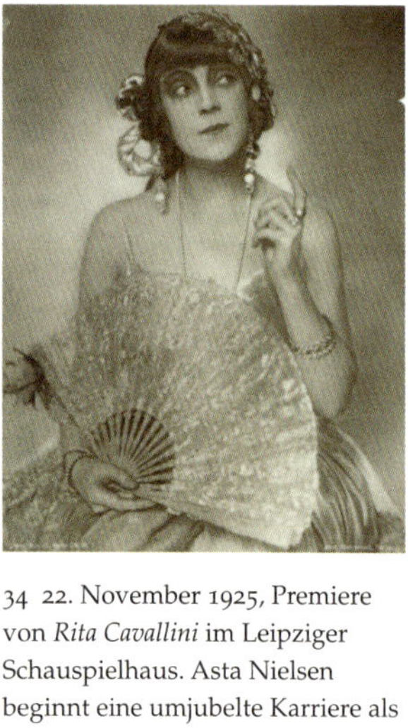

34 22. November 1925, Premiere von *Rita Cavallini* im Leipziger Schauspielhaus. Asta Nielsen beginnt eine umjubelte Karriere als Theaterschauspielerin.

Ihr lag daran, sich in ein anderes Licht zu stellen: »Da stand in der Zeitung, das sei ein Kampf zwischen großen Persönlichkeiten, und ich hätte dafür gesorgt, dass sie mit dem Rücken zur Kamera stand während der Aufnahmen.« Ihr Freund erfuhr: »Zwischen Henny Porten und mir hat es nie ein schlechtes Wort gegeben. Ich hatte sogar überlegt, ob sie in meinem Hamlet-Film die Ophelia spielt, aber viele meinten, sie sei zu träge. Sie war schön und sympathisch und hatte ein breites Publikum ...«

Den Kritikern entging nicht, dass zum zweiten Mal neben Asta Nielsen Gregori Chmara die männliche Hauptrolle spielte – diesmal den Christus. Er überzeugte, und Asta Nielsen hatte sich durchgesetzt. In der dänischen Heimat nutzten die Medien *I. N. R. I.* zu einem kritischen Hinweis: Eine der Hauptattraktionen des Films sei die Hauptdarstellerin, »unsere, oder besser Deutschlands Asta Nielsen«.

24. Kapitel

NEUE FAMILIE OHNE TRAUSCHEIN

Prachtwohnung in der Kaiserallee – Vier Filme auf einen Streich – Skandal in Leipzig – Boykott der Verleiher – Ein Klassiker mit Greta Garbo: *Die freudlose Gasse* – Eine Abfindung bringt die Befreiung

1924-1925

Für Marianne Jahn aus Liegnitz stand sie hoch über allem Streit um Herkunft oder Nationalität: »Wie etwas Heiliges klingt dieser Name. Asta Nielsen, Sie haben mich zum Film bekehrt. … Einsam steht Ihre Gestalt. Leuchtend und einsam. … Kommen Sie, versinkt alles … Leuchten Ihre wundersamen Augen der Verzweiflung Erlösung.« Keine Künstlerin sei Asta Nielsen, schreibt die Verehrerin, sondern »menschgewordene Kunst. Sie sind wie eine Geige mit fünfzig Saiten. Dunkeltönend im Leid. Helljubelnd in der Freude«. Die poetischen Zeilen, aus denen die persönliche Erschütterung spricht, die Asta Nielsen trotz ihrer einsam abgehobenen Persönlichkeit mit ihrer Schauspielkunst bei den Menschen auslöst, sind geschrieben in »grenzenloser Verehrung« am 25. Mai 1924. Dann bittet die Schreiberin um ein signiertes Foto. Die Angebetete hat diese Verehrerpost, wie viele andere, sorgsam aufbewahrt.

Asta Nielsen ist den zahlreichen Bitten um ein Foto nachgekommen, aus Professionalität, aber auch, weil die persönliche Verbundenheit des Publikums sie nicht unberührt ließ. Die Diva vergaß ihre Herkunft aus dem Arbeiterviertel Nørrebro nicht; nicht den kranken, arbeitslosen Vater und die harte Arbeit der Mutter, die die Familie zusammenhielt. Nicht die kleinen, engen Wohnungen und die Gänge zum Pfandhaus, wo der wenige Hausrat verschwand. Ihren unvergleichlichen Aufstieg in die höchsten Höhen einer Kunst, die sie selber mitgeschaffen hatte, wo sie dem Kinopublikum wie eine Erlöserin erschien und von den Kritikern als Genie gefeiert wurde, verdankte sie nur sich selbst. Sie allein hatte entschieden, ihr Talent, ihre Disziplin und ihre totale Hingabe in die Filmarbeit zu stecken.

Asta Nielsen war stolz auf das Erreichte und ließ die Öffentlichkeit daran teilhaben, als sie in Berlin ihre neue kleine Familie in der Wohnung Kaiserallee 203 um sich hatte. Die offizielle Scheidung von Freddy Wingaardh hatte sich 1923 ohne Aufsehen erledigt; Asta Nielsen behielt seinen Namen. Das hatte praktische Vorteile, wenn sie nicht als Filmstar ins Rampenlicht treten wollte, und lässt darauf schließen, dass sie mit Gregori Chmara so bald keine dritte Heirat eingehen wollte. Dass sie beide ein Paar waren und zusammengehörten, daran ließ sie keinen Zweifel, weit über ihre Künstlerkreise hinaus. Als sie die Fotografen für Pressefotos in die Kaiserallee 203 bat, saßen Gregori Chmara und Tochter Jesta mit ihr am Tisch. Asta Nielsen posierte auch allein auf der Chaiselongue vor den wuchtigen Schränken, Statuen und Bildern. Warum sollte sie verstecken, was sie sich erarbeitet hatte, Köchin, Dienstmädchen und Sekretär inklusive?

Jesta war über zwanzig Jahre alt und konnte über ihre Zeit verfügen, wenn Asta Nielsen tagsüber im Atelier war, wie meist auch Gregori Chmara. Es gibt keine Überlieferungen, die etwas über das Verhältnis von Mutter und Tochter in den 1920er Jahren sagen. Und in Asta Nielsens Erinnerungen bleibt es dabei: Wer sie liest, muss davon ausgehen, dass der Weltstar als eigenständige Frau weiterhin allein lebt – keine Jesta, kein Gregori Chmara teilt ihr Leben.

Gerade weil ihre Tochter die wichtigste Person in ihrem Leben war, schirmte Asta Nielsen diesen privaten Bereich radikal nach außen ab. Nur wenn Frede Schmidt am Telefon nach Jesta fragte, gab sie freimütig Einblicke. Einmal geht es darum, ob die

Tochter denn nichts gelernt hat, um sich beschäftigen zu können. Die Mutter erklärt, dass Jesta nie bei dem geblieben sei, was sie angefangen habe, und dabei bezieht sie sich auf die 1920er Jahre in Berlin: »Zuerst wollte sie Stenografin werden, und ich bezahlte dafür. Dann will sie Kinderkrankenschwester werden – sie kommt ins Hospital, aber da kann sie nicht leiden, dass die Kinder in die Windeln machen.« Jesta machte keine Ausbildung und lebte vom Geld der Mutter. Wie hätte Asta Nielsen ihr das verweigern können, die sich wenige Tage nach der Geburt gegen das Kind entschied – so schmerzlich es für sie gewesen sein muss – und es ihrer Mutter verdankte, dass Jesta zurück in die eigene Familie kam.

Das Gespräch über Jesta ging weiter. In ihrem kritischen Rückblick kommentierte Asta Nielsen die Schwierigkeiten ihrer Tochter mit sozialen Kontakten: »Und denken Sie an den Umkreis, den ich in Deutschland hatte. Aber sie hat immer Umgang mit Niederen gesucht, die sozial unter ihr standen. Ich hatte einen guten Freund, der hatte eine Tochter, die im Tiergarten ausritt. Sie lud meine Tochter zu einem Ball, aber Jesta sagte ab: Ich gehe nicht. Ich sagte: Warum nicht? Sie sagte: Glaubst du, ich will mit einer Umgang haben, die im Tiergarten reitet?« Kommentar Frede Schmidt: »Aber sie konnte doch keine Minderwertigkeitskomplexe haben?« Asta Nielsen gibt bereitwillig Auskunft: »Nein, die hatte sie nicht. Sie wollte diejenige sein, die kommandierte …«

Zurück in die prächtige Wohnung in der Kaiserallee. Asta Nielsen war es dank ihres Einflusses gelungen, dass Gregori Chmara als Filmschauspieler eine Chance neben ihr bekam, und er nutzte sie. Die finanzielle Verantwortung für den Dreipersonenhaushalt mit dem selbstgewählten Aufwand hing dennoch vor allem an ihr. In ihrer Autobiografie kokettiert sie damit, sich nach Auflösung der eigenen Art-Film auf dem freien Markt durchschlagen zu müssen: »… bald bekam ich den Ruf, die Filmschauspielerin zu sein, die die meisten Angebote zurückwies. … Aber ich musste ja leben … und aus der Flut der Kolportagen, die man mir vorlegte, wählte ich natürlich die, die mich am wenigsten abschreckte.«

In den Telefongesprächen mit Frede Schmidt bekennt Asta Nielsen rund dreißig Jahre später, welche Ängste sie zu jener Zeit umtrieben. Sie habe in den zwanziger Jahren über Monate nicht schlafen können: »Mein russischer Mann Grisja ging mit mir durch den Garten, um mich müde zu machen. Danach gingen wir ins Bett. Als wir aufstanden, ging ich ins Filmatelier, danach gingen wir aus essen. So probierten wir, ob ich schlafen konnte, aber das war unmöglich. So ging es zehn Jahre, es war grauenvoll.«

Ob aus der Schlaflosigkeit vielleicht im Rückblick ein paar mehr Jahre wurden, ändert nichts an der unerträglichen Situation. Asta Nielsen suchte Hilfe und konsultierte viele Ärzte. Vergebens, bis einer sie fragte, »ob es etwas Besonderes gäbe, worüber ich grübelte. Und so kam ich dahinter, dass es der Augenblick war, wo ich mich von Freddy Wingaardh scheiden ließ, was mir den Schlaf nahm«. Aber es war nicht der Trennungsschmerz von ihrem zweiten Mann, der sie nicht schlafen ließ: »Solange ich mit Freddy Wingaardh verheiratet war, hatte ich meine eigene Filmgesellschaft. Aber das hörte auf, als wir uns trennten. Ab dem Augenblick war es Zufall, ob ich eine Rolle in einem Film bekam. … Es waren meine Nerven.«

Es ist leicht, an dieser Erzählung einiges zurechtzurücken. So erfolgreich die Produktionen der Art-Film waren, es entstanden nur drei in den Jahren zwischen 1920 und 1922. Schon während dieser Zeit hat Asta Nielsen parallel mehrere Filme auf dem freien Markt gedreht, und die folgenden zwei Jahre waren angefüllt mit Dreharbeiten. Es gilt, beides ernst zu nehmen: das festgefügte Bild, mit dem sie in der Öffentlichkeit in Erinnerung bleiben wollte – eine zielbewusste starke Frau, die durch Höhen und Tiefen ihren Weg gegangen ist. Die entschied, den innersten Bereich mit seinen Widersprüchen, dunklen Stunden und sehr persönlichen Gefühlen strikt unter Kontrolle zu halten. Als sie die Tür dazu in ihren Telefongesprächen öffnete, ging sie davon aus, dass dieser Teil der Wahrheit niemals über den Raum der Vertraulichkeit hinausdringen würde.

Diese tiefen Einblicke waren Einsprengsel unter vielen interessanten Informationen aus dem Alltag ihres Prominentenlebens. So verriet sie dem Freund, dass sie russischen Kaviar liebe, der dänische, »ach, der ist so salzig und so langweilig«. Die Diva war anderes gewohnt: »In Berlin kannte ich etliche russische Emigranten, die kamen und verkauften ihn pro Kilo. Wir aßen ihn mit Löffeln, das war wunderbar. … Wir waren bei einem Russen, zu dem auch Albert Einstein kam. Ich hatte ihn an meinem Tisch und da bekamen wir immer Kaviar …«

Während eines Interviews mit der Kopenhagener Zeitung *Berlingske Tidende* im Juli 1924 fragte der Journalist Asta Nielsen, ob sie sich nach Dänemark sehne. Ihre Antwort: »Ja, häufig. In Deutschland ist es traurig und bedrückend. Es gibt keine Freude mehr.« Hatte sie die scharfe Kritik in Dänemark an ihrem *Hamlet* vergessen? Die hymnischen Kritiken in Deutschland über *Der Absturz*? Die Abende im Kabarett und der Beginn einer wunderbaren Freundschaft mit Ringelnatz? Vielleicht hatte zum Zeitpunkt des Interviews gerade jene Stimmung die Oberhand, in der Ängste den Weltstar plagten, dass es vielleicht vorbei war mit seriösen Filmangeboten, die ihrem Anspruch entsprachen.

Am 4. Juli hatte sich der Intendant des Staatlichen Schauspielhauses in Berlin bei Asta Nielsen gemeldet. Er hoffte, dass man »was die Aufführung der Pantomime betrifft, der Klärung näher kommen wird …«. Elf Jahre lag die Pantomimen-Tour zurück, auf der Asta Nielsen in Wien und Budapest bejubelt worden war. An Berlins bester Theateradresse hatte man neue Pläne in dieser Richtung. Der Brief endete »mit allen guten Wünschen für Ihre Erholung und besten Empfehlungen an Ihren Gemahl …«. Der »Erholungswunsch« könnte ein weiterer Hinweis auf eine eher trübe Stimmung sein und Asta Nielsens ungewohnte »Dänemark-Sehnsucht« erklären. Dass Gregori Chmara auch ohne Trauschein als ihr Ehemann galt, war damals in Berliner Künstlerkreisen nichts Besonderes. Offensichtlich legte Asta Nielsen Wert darauf.

»Natürlich gab es auch Lichtblicke«, schreibt sie in ihren Erinnerungen über den zweiten Teil des Jahres 1924 und korrigiert selber ihren Pessimismus in Bezug auf das Filmgeschäft. Die angesehene Produktionsfirma National-Film machte Asta Nielsen ein Angebot, das an die Asta-Nielsen-Serien vor dem Ersten Weltkrieg erinnerte. Unter dem Obertitel *Die vier Jahreszeiten* sollten vier Filme mit ihr gedreht werden, in denen sie vier unterschiedliche Stationen im Leben von Frauen verkörperte. Der erste Film wurde nach Hermann Sudermanns Komödie *Die Schmetterlingsschlacht* gedreht; die dreiundvierzigjähre Asta Nielsen spielte eine Sechzehnjährige. Es folgte die Verfilmung von Henrik Ibsens Drama *Hedda Gabler*, eine ideale Rolle für die bewährte Tragödin.

Am 19. Oktober 1924 schrieb Asta Nielsen in der Kaiserallee 203 einen Brief an Clara Pontoppidan, ihre Freundin seit den gemeinsamen Tagen in der Schauspielschule von Det Kongelige Teater in Kopenhagen: »Meine liebste Clara! ... Wir arbeiten jetzt jeden Tag vom Morgen bis zum Abend im Atelier. Wir filmen ›Hedda Gabler‹ in zeitgenössischen Kostümen; aber die sind nicht gut.« Der Regisseur habe nicht das gleiche Interesse am Film wie sie. Sie sei jedoch »zu dem höchst deprimierenden Standpunkt gekommen, dass das Geld die Hauptsache ist, und das ist jammerschade, wenn man wie ich wirklich Interesse an der Arbeit hatte«. Am Briefende sendet auch »Grischa die herzlichsten Grüße«, der in den neuen Filmen wieder neben seiner Frau spielte.

Noch vor dem Jahresende hatte *Die Schmetterlingsschlacht* am 14. November 1924 in einem Kurfürstendamm-Kino Premiere. Schon am nächsten Tag steht die Kritik von Willy Haas im

Film-Kurier. Wer sie liest, erfährt gleich am Anfang das Wichtigste: »… es gibt zwar allerhand Filmtalente, große, schöne Talente, bei uns und drüben; aber es gibt auf der ganzen Welt nur *ein* Filmgenie; und dieses Genie heißt: Asta Nielsen.« Um sich verständlich zu machen, grenzt der Kritiker das Genie von anderen Schauspielerinnen ab, die durchaus ihre Meriten haben: »… andere können ›sich begreiflich machen‹; Asta Nielsen kann unbegreiflich sein. Andere können sich sauber begrenzen, sauber disponieren; sie kann auf Messers Schneide balancieren. Andere bringen die Handlung um ein Stück vorwärts; sie schraubt die Handlung ab und macht mit ihrem Gesicht Musik in den blauen Himmel hinein, dass dir der Atem stille steht. Das ist der ganze Unterschied.«

Asta Nielsen motivierte mit ihrer Kunst die besten Kritiker zu sprachlichen und gedanklichen Höchstleistungen. Eine Kinowelt ohne dieses Genie – undenkbar für Willy Haas: »Doch tragisch ist der Gedanke, diese Asta Nielsen (möge sie hundert Jahre alt werden) – könnte sterben, bevor die Filmkunst ihr nachgekommen ist: so weit, dass sie einmal, ein einziges Mal hergeben könnte, was sie alles in sich trägt: *alles*, was sie in sich trägt; *und nichts anderes als dieses*, nichts anderes als diese leuchtende Musik ihres Selbst …«

In Leipzig hatte sich die einflussreiche Kino-Kette der Union-Theater das traditionsreiche Battenberg-Theater einverleibt. Zur Eröffnung des neu gewonnenen Juwels noch vor Jahreswechsel war *Die Schmetterlingsschlacht* vorgesehen, und die Produktionsfirma erwartete von der Hauptdarstellerin vollen Einsatz. Asta Nielsen sollte dem festlichen Eröffnungstag durch ihre Anwesenheit Glanz verleihen und außerdem die folgenden acht Tage mit einer Pantomime nebst Ensemble im Theater auftreten. Der Diva gefiel das gar nicht, aber sie fügte sich. Die Zeiten, wo ihr Wort im Filmbetrieb Befehl war, waren vorbei.

Asta Nielsen reist nach Leipzig; gleich am Nachmittag hat sie anstrengende Pantomimen- und Orchesterproben. Die abendliche Eröffnungsfeier samt Filmvorführung zieht sich über Stunden hin. Als sie endlich auf die Bühne geholt wird, fühlt Asta Nielsen sich wie eine Schlafwandlerin. Was folgte, ist theaterreif.

Die Diva sitzt in ihrer Garderobe zum Abschminken und Kleiderwechseln. Nach Asta Nielsens Angaben war es zwei Uhr nachts. Da klopft der Theaterdirektor an die Tür und will mit ihr reden. Geht nicht, erwidert der Ehrengast, sie sei gerade unbekleidet. Das stört mich nicht, sagt der Herr Direktor. Er wolle ihr nur sagen, dass er mit seinen Kollegen vorn im Restaurant sitze und auf sie warte. Asta Nielsen lehnt dankend ab, sie sei zu müde. »Müde«, sagt der Direktor in Asta Nielsens Erinnerungen, »wovon in aller Welt können Sie müde sein, wenn ich es nicht mal bin. Nee, das geht gar nicht, wir erwarten Sie also.« Er verschwand, sie zog sich an »und ging natürlich heim in mein Hotel«. Am nächsten Morgen kam der Direktor und sagte ihr »mit einer gewissen Schadenfreude«, dass rund ein Dutzend Filmverleiher, die in der Kneipe am Theater auf sie gewartet hatten, aus Wut über ihr Fernbleiben beschlossen hätten, ihre zukünftigen Filme zu boykottieren. Die Diva fand das »kindisch« und machte sich keine weiteren Gedanken.

Warum auch, die Ateliers für Dreharbeiten im neuen Jahr waren schon gemietet. Zuerst entstand *Athleten* nach einem Fortsetzungsroman der populären Schriftstellerin Olga Wohlbrück in der *Berliner Illustrierten.* »Der Abend heißt Asta Nielsen«, schreibt der Kritiker der *Filmwoche* nach der Premiere, »wie sie die Rolle der Prinzessin gab, ist ein seltenes Kunstwerk von Gestaltungskraft, Tiefe und Delikatesse. Diese einzigartige Frau adelt jede Rolle.« Nur zwölf Tage später startete am 30. März 1925 *Hedda Gabler*, mit dessen Regisseur Asta Nielsen gar nicht zufrieden gewesen war. Doch in den Augen ihrer Bewunderer zählte nur eines: »Es ist mir ein Bedürfnis Ihnen zu sagen, was für einen ganz großen Eindruck ich von Ihrer ›Hedda Gabler‹ hatte. Sie sind die einzige wirkliche Schauspielerin beim Film ...«

Das Lob kam von Carl Meinhard, Generaldirektor im Berliner Theater, der sie 1919 mit der Hauptrolle in *Rausch* zurück nach Berlin geholt hatte.

Auch die Dichter meldeten sich wieder zu Wort. In der renommierten Wochenzeitschrift *Die Weltbühne* erschien Anfang des Jahres vom Dresdner Lyriker Ossip Kalenter eine amüsante Liebeserklärung unter dem Titel »Asta«:

Du warst die Köstlichste von Allen,
So werd ich sagen, wenn du gehst.
Du hast am besten mir gefallen
Von allen, die mir lieb gewest.

Du konntest weinen, wild, wie Keine,
Und lachen, dass die Welt versank.
Du hattest, Kind, die frechsten Beine
(Auch oberhalb des Knies noch schlank). …

Glaubt man den Erinnerungen von Asta Nielsen, war mit den zwei Premieren im März ihr Filmkontingent für das gesamte Jahr 1925 ausgeschöpft. Hat sie im Rückblick wirklich vergessen, dass im Mai 1925 ein Film seine Erfolgsgeschichte begann, der als Klassiker der Weimarer »Straßenfilme« in die Filmgeschichte eingegangen ist – *Die freudlose Gasse*, Regisseur Georg W. Pabst, mit den beiden weiblichen Hauptdarstellerinnen Asta Nielsen und Greta Garbo? In dieser Reihenfolge stehen sie im Programmheft, denn 1925 war der Ruhm der Garbo noch sehr überschaubar. Als Asta Nielsen in der ersten Hälfte der 1940er Jahre ihre Autobiografie schrieb, war die Schauspielerin aus Schweden unbezweifelt ein Weltstar, die »göttliche Garbo«; ein Status, den Asta Nielsen vor dem Ersten Weltkrieg fast über Nacht erreicht hatte. Ein Lorbeerkranz, der sie seitdem unangefochten schmückte.

Gut ein Jahrzehnt nach dem Erscheinen ihrer Erinnerungen

fragt Frede Schmidt seine Freundin Asta in einem ihrer Telefonate, was sie von dem Regisseur Pabst halte. Sie erinnert sich sofort: »Ich arbeitete mit ihm zusammen in seinem Debüt ›Die freudlose Gasse‹. Er hatte kein Talent, es wunderte mich, dass aus ihm etwas wurde.« Aber nett sei er gewesen und sie seien gut miteinander ausgekommen. Der bei aller Kritik wohlwollende Blick zurück hat einen Grund: »Worin wir uns einig waren: Greta Garbo hatte kein Talent … Er raufte sich die Haare.« Ob diese Einschätzung Georg W. Pabst gerecht wird, sei dahingestellt. Sie lässt aber vermuten, dass der Weltstar Asta Nielsen einer Kollegin, die diesen Ruf nach ihrem Urteil nicht verdiente, in ihren Erinnerungen keinen Platz einräumen wollte.

Stattdessen erzählt sie ausführlich, wie sehr die National-Film über die Wochen und Monate nach dem Frühling 1925 von den Verleihern bedrängt wurde, die zwei noch ausstehenden Filme der Serie *Die vier Jahreszeiten* mit Asta Nielsen nicht zu produzieren. Die Käufer erklärten, diese Filme nicht zeigen zu wollen. National-Film allerdings »war fest entschlossen«, dem Boykott nicht nachzugeben. Dann aber ging die Aktienmehrheit der Firma in amerikanische Hände über.

Wieder erweist sich das Asta-Nielsen-Archiv in Lund als Fundgrube. Dort ist ein Brief der National-Film an die Schauspielerin archiviert, der sich auf die Ereignisse in Leipzig im November 1924 bezieht, als Asta Nielsen sich weigerte, nachts um zwei Uhr noch Kinobesitzer und Filmverleiher in einer Kneipe zu treffen. Dass der Brief am 20. Juli 1925 geschrieben wurde, beweist, wie tief der Groll über ihr Verhalten bei der Produktionsfirma saß, deren Star sie war: »Wie Ihnen bekannt war, hatte Herr Direktor Künzel sämtliche Vertreter der Filmindustrie von Leipzig, auch einen Teil auswärtiger Theaterbesitzer, zu einem gemütlichen Zusammensein nach der Eröffnung eingeladen und wäre es von allen Anwesenden sehr lebhaft begrüßt worden, wenn Sie, wenn auch nur für kurze Zeit, in deren Mitte erschienen wären. Es hat allgemeines Bedauern ausgelöst, dass Sie diese Hoffnung durch Ihr Nichterscheinen zerstört haben …« Der Schreiber, ein gewisser Herr Haller, schließt mit klaren Worten: »Ich bitte Sie, meinen Freimut nicht übel zu nehmen, halte es jedoch für meine Pflicht, Sie darauf aufmerksam zu machen.«

Der Brief lässt vermuten, dass die Beziehungen zwischen Asta Nielsen und der National-Film 1925 nicht so harmonisch waren, wie von ihr dargestellt. Vielleicht führte ihr der positive Ausgang die Feder. Als die amerikanischen Unterhändler, die inzwischen bei der National-Film das Sagen hatten, ihr ein Drehbuch präsentierten, das dreimal so umfangreich war wie bei einem Durchschnittsfilm, um auf diesem Weg den verwickelten Bedingungen für ausländische Filme auf dem deutschen Markt zu entsprechen, verweigerte sich Asta Nielsen. Und zeigte sich nicht abgeneigt, aus dem gesamten Vertrag auszusteigen. Am Ende der Verhandlungen stand eine Abfindungssumme, der die Diva zustimmte. Der Betrag wird nicht klein gewesen sein.

Es war wie ein Wink des Schicksals, und Asta Nielsen entschied sich wieder einmal, selbstbewusst und risikofreudig ihrem Leben, das mit ihrer Kunst auf das Engste verbunden war, eine neue Wendung zu geben. Im Rückblick fiel ihr Urteil eindeutig aus: »… ich glaube, niemals habe ich ein stärkeres Gefühl von Befreiung erlebt, als ich einer Branche den Rücken kehrte, die so wenig mit meinen Idealen übereinstimmte.«

Am 22. November 1925 machten sich die Berliner Theaterkritiker auf den Weg nach Leipzig, darunter auch Herbert Ihering, ihr einflussreichster Vertreter. Sie wollten die Sensation im experimentierfreudigen Leipziger Schauspielhaus live erleben. Dort hob sich am Abend der Vorhang der Sprechbühne für das Theaterstück *Rita Cavallini,* in der Hauptrolle Asta Nielsen.

25. Kapitel

AUFBRUCH ZU NEUER KARRIERE

Triumph-Tournee an deutschen Theatern – Weitere Filme – Der Kraftakt fordert seinen Preis – Hedwig Courths-Mahler: »Sie haben ein Herz« – Der Tod des Regisseurs zerstört neue Filmpläne

1926-1927

Die *Blätter des Leipziger Schauspielhauses*, Jahrgang 1925/26, verkündeten stolz, dass Asta Nielsen Leipzig auserwählt hatte, um sich einer neuen Herausforderung zu stellen: »Jetzt erscheint Asta Nielsen – ›die Mutter des Films‹ – auf der Sprechbühne … Egal, ob sie auf der Bühne Erfolg hat – für sie selbst ist dieser Schritt notwendig, weil sie Anregung und Erneuerung sucht.« Das Muster ihres Lebens gab ihr Recht: Wieder wurde ihr Mut zum Risiko belohnt.

Nach der Aufführung schrieb Herbert Ihering im Berliner *Börsencourier*: »… es war kein Versuch, es war ein Ereignis. … Sie spielt die sich oft gleichbleibenden Liebes-, Schmerz- und Entsagungsszenen … bald mit bubenhafter, bald mit resignierter Heiterkeit und mit einer Diskretion, die doch niemals Zufälligkeit, sondern immer Kunst ist. … Die leuchtende Ausdrucksfähigkeit ihres Antlitzes, ihres Körpers, der Zauber, mit dem sie Liebesszenen spielt, mit dem sie ein Bukett trägt, mit dem sie von der Dame plötzlich ins italienische Volkskind umschlägt – unvergleichlich.« Die Presse war sich einig: Das Stück war veraltet, sentimental bis kitschig, aber es bot Asta Nielsen eine große tragische Rolle, die sie schauspielerisch auf der Bühne ebenso genial und wirkungsvoll füllte wie als Filmstar ihre Rollen auf der Leinwand.

Ausgangspunkt für diese Wende in ihrer Karriere war ihr unguter Leipzigaufenthalt im November 1924. Der Direktor des Leipziger Schauspielhauses hatte ihren dortigen Pantomimen-Auftritt gesehen und machte ihr im Frühjahr 1925 das Angebot, auf der Bühne seines Hauses als Hauptdarstellerin in einem Theaterstück aufzutreten. Er war nicht der Erste. Vor allem von den Theatern in Berlin hatte es immer wieder Anfragen gegeben. Bisher hatte Asta Nielsen stets abgelehnt. Sie fühlte sich dem Anspruch, den sie an sich als Theaterschauspielerin legte, in deutscher Sprache nicht gewachsen und ihre Stimme erschien ihr zu rau und brüchig.

Diesmal ließ sie sich umstimmen; auch deshalb, weil sie mit Gregori Chmara einen Partner an ihrer Seite hatte, der ihr diesen Rollenwechsel zutraute. Er schlug ein Theaterstück vor, in dem sich die Hauptperson ebenfalls nicht in ihrer Muttersprache ausdrückt: *Romance* von dem amerikanischen Dramatiker Edward Shaldon, das seit 1913 erfolgreich aufgeführt wurde, unter anderem in Moskau und Kopenhagen. Unter dem neuen Titel *Rita Cavallini* spielte Asta Nielsen eine berühmte italienische Opernsängerin, die bei einem Gastspiel in New York einen Priester trifft. Eine romantische Liebesbeziehung beginnt, die mit einer tragischen Abschiedsszene endet.

Natürlich waren Publikum und Kritiker gespannt auf den Auftritt des dänischen Stummfilm-Stars in deutscher Sprache. Herbert Ihering setzte in seiner Kritik den Maßstab: »Asta Nielsen spricht nicht gerade gebrochen deutsch, aber schüchtern, verwischt, unbestimmt, also imgrunde bühnenwidrig. … Aber sobald man sich an diese Verlegenheit gewöhnt hat, … sobald man in Asta Nielsen hineingehört hat, beginnt das Wunder …« Was Asta Nielsen zusätzlich Mut gemacht hatte: Ihre Stimme hatte sich aufgrund des langen Aufenthalts im milden Berliner Klima verändert, war weicher geworden; außerdem lag »zu der Zeit eine Vorliebe für tiefe Frauenstimmen in der Luft, das Schicksal war mir wieder einmal gnädig«. In ihren Erinnerungen fügt sie hinzu, »der Übergang vom Film auf die Bühne war für mich so natürlich wie ich einst abrupt vom Theater zum Film gewechselt bin«.

Eine glaubwürdige Aussage, denn Asta Nielsen legte den gleichen künstlerischen Maßstab an Film und Theater: »Die höchste Kunst … ist und bleibt immer die einfache, blutdurchströmte, tief verinnerlichte Gestaltung eines erschütternden Menschenschicksals.« Dieses Bekenntnis hatte sie nur zwei Wochen vor ihrer Premiere in Leipzig im *Film-Kurier* öffentlich gemacht.

Aus den Tagen in Leipzig hat sich der erste datierte Brief erhalten, dem eine jahrzehntelange Korrespondenz folgen sollte. »… vielen herzlichen Dank für ihre lieben Zeilen und das wundervolle Buch …«, schrieb Asta Nielsen am 27. November 1925 auf dem Briefpapier vom Hotel Astoria. Der Adressat war Heinrich Rumpff, jener »kleine Student«, der sich 1920 getraut hatte, seiner Filmgöttin ein Gedicht zu verehren. Jetzt nahm der den Theatererfolg zum Anlass, sich als Schriftsteller vorzustellen, dessen Bewunderung für Asta Nielsen ungebrochen war. Eine Freundschaft begann.

Nach der Begeisterung in Leipzig musste Asta Nielsen nicht auf weitere Anfragen warten. Von Januar bis März 1926 ging sie mit *Rita Cavallini* auf eine erste Tournee; Gregori Chmara kümmerte sich um alles, was die Bühnenvorbereitungen vor Ort betraf. Zweiunddreißig Städte erwarteten sie, darunter Wien und Breslau, Hamburg, München und Dresden. Der Berliner Journalist Ernst Moritz Mungenast hat in seiner Asta-Nielsen-Biografie, die 1928 erschien, diesen Triumphzug beschrieben: »Plakate verkündeten die Ankunft der Gefeierten … Schon tagelang vorher fast ausverkaufte Häuser, am Abend Kassensturm! Prachtvolle Stimmung! Stürmischer Beifall! Ungezähltes Hervorrufen! Rasender Applaus zum Abschied! Ovationen auf der Straße!«

Der Biograf bekam die Ehre, am Ende einer Vorstellung Asta Nielsen in ihrer Garderobe zu befragen: »Letzter Beifall drang noch zu ihr bis an den blumenbedeckten Toilettentisch. ›Ob ich gerne auf Gastspiel reise?‹ Ihre Augen glänzten. ›Oh, sehr gerne!‹ Überall ist Feststimmung, selbst bei Nachtvorstellungen ausverkaufte Häuser! … Am liebsten bin ich in Deutschland auf Tournee. Es hat das begeisterungsfähigste, freieste und wunderbarste Publikum, im Gegensatz zur Schweiz und Skandinavien, wo die Leute sehr trocken und wenig begeisterungsfähig sind.«

In der Kaiserallee kamen die Glückwünsche persönlicher Freunde und Verehrer an. Der Berliner Theaterdirektor Carl Meinhard einen Tag nach der Premiere am 23. November 1925: »Meine sehr verehrte und liebe Frau Asta Nielsen! Nehmen Sie meinen herzlichsten aufrichtigsten Glückwunsch zu Ihrem großen Leipziger Erfolg. Ich hoffe Gelegenheit zu finden, nach Leipzig herüberzukommen, um Sie in aller Verehrung bewundern zu dürfen.« Der Freund und Filmpartner Paul Wegener meldet sich am 15. Dezember: »Liebste Freundin, vielen Dank für Deinen freundlichen Geburtstagsgruß. Ich war gerührt, dass Du an mich gedacht hast. … wusste nie, wo Du bist. Sonst hätte ich Dir längst zu Deinem Riesenerfolg gratuliert, … der bestimmt von größter Bedeutung für Dich werden muss.« Wegeners Geburtstag war am 11. Dezember, der Glückwunsch von Asta Nielsen ist kein Zufall. Sie pflegte ihre Freundschaften. Viele Reaktionen von Vertrauten haben sich erhalten, denen sie mit ihren Glückwünschen ihre Wertschätzung zeigte.

Die berühmte Kollegin Adele Sandrock, mit der Asta Nielsen und Gregori Chmara 1924 zusammen *Die Schmetterlingsschlacht* spielten, adressierte im August, als *Rita Cavallini* im Kleinen Theater in Berlin auf dem Programm stand, eine Karte an »Asta Nielsen, Tragödin«: »Liebste Asta, herzliche Gratulation zum großen Erfolg. Habe mich sehr darüber gefreut.«

Das ungewöhnlichste Lob wurde erst im Januar 1927 abgeschickt. Es hatte sich dem evangelischen Theologen und Schriftsteller Jochen Klepper am 21. Januar 1926 im Theater von Breslau aus dem Herzen direkt aufs Papier gedrängt, als er *Rita Cavallini* sah, und es zwischen dem zweiten und dem dritten

Akt eine Pause gab: »Viel zauberhafter als die Wunder, die wir wünschen und erwarten, / wenn jenes leise Zittern durch den Vorhang geht, /... ist jene Tür, durch deren kahlen Rahmen / Akteure treten in den nackten Fluren ... / ... durch das Gewirr von Balken und von Schnüren / und plötzlich vor uns stehn, ... und wunderliche Dinge in den Händen halten, / und noch vom Übermass des Rampenlichts bestrahlt / ... und eine Stimme, die für tausend Ohren / die Worte hatte einer Mutter, Schwester, Braut / ist in dem Augenblick für Dich allein geboren / und wird, als ob sie Dir nur gelte, laut.«

Der Dreiundzwanzigjährige, der sich in den folgenden Jahren einen Namen als Verfasser geistlicher Lieder machte, die bis heute zum christlichen Liedgut gehören, schickte seine Verse an die »Hochverehrte gnädige Frau« mit der Bitte, sie »Ihnen als Dank für alle Ihre Güte senden zu dürfen«. (Jochen Klepper hat sich in der Erwartung von Zwangsscheidung und der Deportation seiner jüdischen Frau und deren Tochter am 11. Dezember 1942 mit seiner Familie in ihrer Berliner Wohnung für Selbstmord entschieden.)

Am selben Tag, als der junge Jochen Klepper im Breslauer Theater von Asta Nielsen überwältigt ist, wird in Paris im Quartier Latin das Studio des Ursulines, ein ehemaliges Theater, als Avantgarde-Kino neu eröffnet. Zur Eröffnung läuft *Die freudlose Gasse* mit Asta Nielsen und Greta Garbo in den Hauptrollen. Das französische Publikum ist begeistert, der Film wird immer wieder ins Programm genommen.

Erfolg ist anstrengend, und aller Jubel will erarbeitet sein. Jeden Abend zwischen Januar und März 1926 ist volle Konzentration gefragt. Ob vor der Kamera oder auf der Bühne: Asta Nielsen macht keine halben Sachen, immer gibt sie sich ganz. Am 17. April, in der verdienten Tournee-Pause, bedankt sie sich bei Heinrich Rumpff für ein »herrliches Ostergeschenk«: »Sie wissen nicht wie ich mich gefreut habe und wie willkommen gerade Lektüre war. Ich liege nämlich seit 3 Wochen im Bett mit einer leichten Lungenentzündung ...« Am Ende steigert sich der persönliche Ton noch einmal: »Ich bin Ihnen sehr dankbar und hoffe sehr, dass wir uns einmal im Leben treffen können.«

Im Sommer 1926 gab es eine Premiere anderer Art. Asta Nielsen nahm die Einladung eines Berliner Radiosenders an, zusammen mit ihrem Freund, dem populären Filmschauspieler Werner Krauss, aus Filmmanuskripten vorzulesen. Lampenfieber hatte sie schon, sagte hinterher ein Radiokollege, aber Asta Nielsen habe »nicht, wie andere, die Mitmenschen verrückt gemacht, ... sie hat still dagesessen und gewartet, bis sie an der Reihe war«. Hans Siemsen, der im *8 Uhr-Abendblatt* viele ihrer Filme feinfühlig in den höchsten Tönen gelobt hatte, schrieb in seiner Kolumne über dieses besondere Ereignis: »Asta Nielsen las aus dem Filmmanuskript zu ›Fräulein Julie‹, Werner Krauss aus ›Siegfried‹ und dem ›Student von Prag‹ ... Zwei Leute, denen ich auch dann noch zuhören würde, wenn sie Kochrezepte läsen.«

Asta Nielsen gehörte zum Kreis derer, die sich in Siemsens Wohnung in Berlin-Halensee zum Stammtisch trafen – liberale Anhänger der ersten deutschen Demokratie, die für die Freiheit der Kunst wie der Lebensformen einstanden; der homosexuelle Hans Siemsen kämpfte öffentlich für die Abschaffung des § 175. Im *8 Uhr-Blatt* nahm er die Radiosendung zum Anlass, seine geliebte Gesinnungsgenossin mit einem Extra-Lob zu bedenken: »Und Asta Nielsen, aus tausend stummen Bildern uns lebendig und unvergesslich geworden, sie, die unerreichte, größte Künstlerin der stummen Leinwand einmal sprechen zu hören, in ihrem rührend unbeholfenen Dänisch-Deutsch, das ist eine (von allem Künstlerischen abgesehen) rein menschliche Freude, für die ich alle noch so langweiligen Filmmanuskripte der Welt über mich ergehen lassen würde.«

Von September bis Dezember 1926 breiteten unzählige Theater in Deutschland und jenseits der Grenzen für Asta Nielsen mit *Rita Cavallini* den roten Teppich aus. Im Frühjahr hatte sie ihren Part jedes Mal neu mit dem Ensemble des gastgebenden Theaters einüben müssen. Als der Intendant vom Kleinen Theater in Berlin im Sommer vorschlug, als ihr Agent die Angebote der Großen Theater zu bündeln und ihr ein eigenes Ensemble für die nächste Tournee zusammenzustellen, hatte Asta Nielsen erfreut zugesagt. Es erleichterte ihr die vielen Auftritte im Herbst enorm, und Gregori Chmara reiste als künstlerischer Leiter mit.

Der Bericht im Kulturjournal *Comoedia* am 21. September 1926 über den Empfang von Asta Nielsen am Bahnhof in Zürich widerlegt das Urteil der Schauspielerin über das »trockene« Schweizer Publikum: »Eine ganze Stadt ist gekommen, um sie zu begrüßen … eine ältere Dame erklärt auf Französisch: ›Seit den Tourneen von Sarah Bernhardt habe ich den Zürcher Bahnhof nicht mehr in diesem Zustand gesehen.‹« Im Corso-Theater trat Asta Nielsen als *Rita Cavallini* auf, zugleich huldigte Zürich ihr als Weltstar mit der erstmaligen Filmvorführung von *Fräulein Julie*.

Elf Tage zuvor hatte in einer anderen Schweizer Stadt ein bahnbrechendes politisches Ereignis stattgefunden, das Europa und vor allem Deutschland den Weg in eine bessere Zukunft versprach. Die Aufnahme der ersten deutschen Republik am 19. September 1926 in Genf in den Völkerbund stützte den Aufbruch, der kennzeichnend ist für den zweiten Teil der 1920er Jahre und die Politik ebenso umfasste wie die Bereiche des privaten und gesellschaftlichen Lebens. Asta Nielsens mutiger persönlicher Schritt zu einem neuen Abenteuer ist auf unsichtbare Weise mit diesem allgemeinen optimistischen Lebensgefühl verknüpft.

Auch wenn sie nur das Berliner Publikum in Ekstase versetzte, so beherrschte Josephine Baker die Schlagzeilen der Republik, als sie am 14. Januar 1926 im Nelson-Theater am Kurfürstendamm in der Revue *Ausgerechnet Bananen* über die Bühne wirbelte; mit nichts als einem Bananenröckchen bekleidet. Die »Schwarze Venus« hatte nach Paris Berlin für ihren zweiten Auftritt in Europa gewählt. Sie traf auf eine Gesellschaft, die das schreckliche Inflationsjahr 1923 endgültig hinter sich gelassen hatte, als das Geld stündlich an Wert verlor und ein Brötchen eine Million Reichsmark kostete. Die demokratischen Kräfte gewannen die Oberhand, die Republik stabilisierte sich. Die Wirtschaft profitierte von den neuen internationalen Beziehungen. Die Bürger konnten wieder durch ihre Städte flanieren, ohne vor Straßenkämpfen flüchten zu müssen. Mit Josephine Bakers Berliner Auftritt wurde der Charleston in Deutschland gesellschaftsfähig. Ob Bauhaus oder Dadaismus: Die Künste hatten freien Raum, sich in vielfachen Variationen zu zeigen.

Ausgleich und Kompromiss prägten die Politik im Inneren, Verständigung mit den Völkern ringsum war das Ziel des weltoffenen Außenministers Gustav Stresemann. Im Völkerbund saß Deutschland mit den ehemaligen Kriegsgegnern an einem Tisch. In Berlin vor allem waren jene Jahre angebrochen, die im Vergleich zu den Elends- und Aufruhrjahren nach dem Ende des Ersten Weltkriegs durchaus die Goldenen Zwanziger genannt werden können. Und wenn der Weltstar Asta Nielsen 1926 neben den großen Städten die deutsche Provinz mit ihrem Theaterauftritt berauschte, standen der Jubel und die nicht enden wollenden Ovationen auch für ein befreiendes, fast erlösendes Glücksgefühl – es ging wieder aufwärts.

Von ihrem Auftritt im Friedrichstheater in Dessau am 25. November 1926 hat sich der Gastspielvertrag mit »Frau Asta Nielsen und ihrem Ensemble Berlin« erhalten: »Sie erhält 60% der Einnahmen, Reisespesen inbegriffen«; das Theater stellt »1 Klavierspieler, Souffleuse, 12 Statisten für das Volk hinter der Szene«. Falls der Vertrag gebrochen wird, sind 1500 Mark Konventionalstrafe fällig. Vor einem Jahr, am 22. November 1925, hatte Asta Nielsen sich in ihrer neuen Rolle als Theaterschauspielerin auf einer deutschen Sprechbühne der Öffentlichkeit gestellt. Seit Leipzig trug sie eine Woge des Erfolgs durch das Jahr 1926.

Einen Tag vor Weihnachten, am 23. Dezember 1926, tippt sie in ihrer Berliner Wohnung in die Schreibmaschine: »... es ist zu traurig, hier krank zu liegen, man freut sich alle um mir und ist weihnachtseifrig, wie Kinder vorbereitet man Weihnachten in den andern Zimmern, nur ich liege hier so fern und erwachsen und kann nicht mit ...« Wie passt »traurig und krank« zu diesem Jahr, in dem sie viele Male die Begeisterung der Menschen für ihre Kunst an der Bühnenrampe fast hautnah erlebte? Konnte sie nicht zufrieden sein, die richtige Entscheidung getroffen zu haben?

Vertraut man ihren späteren Erinnerungen, dann konzentrierte sie sich ab 1926 ausschließlich auf ihre Theaterarbeit: »Nachdem ich drei Jahre lang ausschließlich Theater gespielt habe, holte mich unerwartet der Film zurück.« Nach dieser Aussage hat Asta Nielsen von 1926 bis 1928 an keiner Filmproduktion mitgewirkt. Doch die Realität entspricht nicht dem Mythos, mit dem sie eine schroffe Trennung von Film- und Theaterarbeit direkt nach ihrer Entscheidung für die Tournee mit *Rita Cavallini* suggeriert. Sie fährt fort, dass sie nach drei filmlosen Jahren »absolut keine Lust hatte, ein Filmatelier zu betreten«. Ihr »guter Freund« Werner Krauss habe sie dann aber überredet, in dem Film *Laster der Menschheit* – es ging um Kokain-Sucht – die weibliche Hauptrolle zu übernehmen.

Tatsächlich hatte *Laster der Menschheit* am 5. April 1927 in Berlin Premiere. Die Dreharbeiten hatten im Herbst 1926 stattgefunden. Die Zeit dafür muss sich Asta Nielsen zwischen ihren Theaterauftritten abgezweigt haben; Routine für sie. Seit ihrem Einstieg ins Filmgeschäft 1910 hat sie viele Jahre mit eiserner Disziplin ein Mammutpensum bewältigt und dabei höchste künstlerische Leistungen abgerufen. Aber diese permanente physische, intellektuelle und emotionale Überforderung hatte ihren Preis.

In einem Telefongespräch mit ihrem Freund Frede Schmidt Ende der 1950er Jahre bekräftigte Asta Nielsen: »Ich liebte es, vor einer Kamera zu stehen. Ich hatte das Gefühl, für die ganze Welt zu spielen.« Zugleich gab sie offen zu, was für eine »schrecklich harte Arbeit« das war: »Meine Nerven waren immer auf dem Siedepunkt, zum Zerreißen gespannt – anders konnte ich nicht filmen.« Die Theatergastspiele dagegen waren »keine Spur anstrengend. Jeden Abend spürte ich den Kontakt zum Publikum. Das ist wunderbar, wenn einem für eine Vorführung gehuldigt wird. … Wenn man in diesem blendenden Licht ganz alleine steht.«

Nicht nur die Produktion von *Laster der Menschheit* fand neben ihren Theateraufführungen statt. Ein Jahr zuvor, als die Premiere in Leipzig anstand, teilte sie im Herbst 1925 ebenfalls Zeit und Energien zwischen Bühnenvorbereitungen und dem Spiel vor der Kamera. Am 1. Januar 1926 berichtet das *Leipziger Jüdische Familienblatt – Wochenschrift für Politik, Literatur, Kunst und Wissenschaft* unter der Überschrift »Asta Nielsen filmt wieder«: »Es schien, als sollte der Film Asta Nielsen an die Sprechbühne verlieren. Was das bedeutet hätte, weiß jeder, der die Geschichte der Filmkunst kennt …« Doch es sei gelungen, »diese große Menschengestalterin wieder für den Film zu gewinnen«. Der Schreiber dieser Zeilen habe sie bei Aufnahmen für einen Film sehen können, der »dem Bedürfnis der Nielsen nach der Verkörperung leidenschaftlich bewegter Frauenschicksale gerecht wird«: »Man darf an den Film ›Die Gesunkenen‹ die größten Erwartungen stellen.« Am 18. Januar 1926 hatte *Die Gesunkenen* Premiere in Berlin. Neben Asta Nielsen spielten Hans Albers, Olga Tschechowa, Otto Gebühr, Wilhelm Dieterle, Namen, die schon zur Filmelite zählten oder am Anfang einer glänzenden Karriere standen.

Auf diesem Hintergrund ist es nicht verwunderlich, dass Asta Nielsen im April 1926 nach drei Monaten als *Rita Cavallini* mit »leichter Lungenentzündung« im Bett liegt. Im Dezember ist es nicht nur die herbstliche Gastspieltournee, die ihr in den Knochen steckt, sondern die gleichzeitige Mitarbeit bei der Filmproduktion *Laster der Menschheit*. Ihre Arbeitsdisziplin schützte die Diva nicht davor, »traurig und krank« zu sein, als sich die Anspannung dieses Doppel-Engagements während der Vorweihnachtstage bemerkbar macht; als Körper und Seele nach diesem Kraftakt ausgelaugt und kraftlos sind.

Im September 1926 war Asta Nielsen fünfundvierzig Jahre alt geworden. Doch statt eine Pause vom aufreibenden Filmgeschäft zu nehmen, hatte *Laster der Menschheit* ihre alte Leidenschaft wieder entfacht. Das Glücksgefühl, abendlich umjubelt auf der Bühne im Rampenlicht zu stehen, konnte die Sehnsucht, vor der surrenden Kamera für Millionen stumm, aber mit einem Gesicht in Großaufnahme die ganze Leinwand zu beherrschen, nicht auslöschen. In den ersten Wochen des Jahres 1927 war wieder eine Filmproduktion mit Asta Nielsen in der Hauptrolle geplant.

Wie ein roter Faden zieht sich durch ihr Leben als Karrierefrau die Entschlossenheit, den Kontakt mit den Menschen, die sie als Star verehren, zu pflegen. Als Künstlerin nicht im Elfenbeinturm zu leben, sondern neugierig zu bleiben und Anteil zu nehmen an den Ereignissen der Welt ringsum. Durch ihre Beziehung zu Gregori Chmara, den sie in ihren Briefen lange schon ihren »Mann« nennt, lernt sie den Kreis der russischen Emigranten näher kennen. Im Januar 1927 besuchen die beiden ein Fest des »Vereins zur Unterstützung russischer Staatsangehöriger in Berlin e. V.«. Ein Brief vom 25. Januar an Asta Nielsen hat sich als Beleg erhalten: »Hochverehrte gnädige Frau, Der Vorstand des unterzeichneten Vereins beehrt sich, Ihnen seinen aufrichtigen Dank für den Besuch unseres Festes vom 13. Januar und für Ihre hochherzige Spende zum Ausdruck zu bringen.«

Am 15. Februar schreibt Friede Bock-Birkner in ihrer Wohnung in Berlin-Wilmersdorf einen Brief an die »Sehr geehrte, gnädige Frau!«. Es ist nicht ihr erster Brief an Asta Nielsen:

»Wie ich Ihnen schon einmal schrieb, verehrt meine Mutter Sie eben so, wie ich Sie in Ihrer Kunst verehre.« Deshalb bittet die Tochter die berühmte Schauspielerin, der Mutter zum sechzigsten Geburtstag »eine kleine, kurze Gratulation« zu schicken und »ganz unbescheiden« auch noch »ein kleines Bild von sich, vielleicht als Rita Cavallini«. Berühmtheiten unter sich: Asta Nielsen erfüllt den Wunsch für das Geburtstagskind und bekommt am 21. Februar einen langen, zweiseitigen Brief aus der Knesebeckstraße 12 in Berlin-Charlottenburg.

Absenderin: Hedwig Courths-Mahler, von den einen als Kitsch-Produzentin geringschätzig belächelt, von einem Millionenpublikum als gefühlvolle Autorin lebensechter Romane bewundert. Die Schriftstellerin bekennt, dass ihr erster Kinobesuch – »unsicher, zweifelnd« – einem Asta-Nielsen-Film galt und sie seitdem eine »begeisterte Kinobesucherin und Ihre begeisterte Verehrerin« ist. Mit ihren beiden Töchtern habe sie *Rita Cavallini* gesehen und »war ein glücklicher Mensch, so lange ich ihrem Spiel folgen konnte«.

Hedwig Courths-Mahler kann Vergleiche ziehen, denn »vor langen Jahren sah ich die Sarah Bernhardt in der Kameliendame – und war entzückt von ihrer kunstvollen Art, gewissermaßen lebende Bilder zu stellen«. Aber es sei »so viel kalte Routine in ihrem Spiel gewesen«. Bei Asta Nielsen jedoch käme zur Anmut der Bewegungen und Gesten etwas anderes hinzu: »… Sie haben ein Herz, das durch Ihre Stimme zittert, haben eine Seele, die mitschwingt in jedem Ihrer Worte.« Der viel gelesenen Autorin geht selbst das Herz über, endlich kann sie ihrer Bewunderung Ausdruck geben und entschuldigt sich, dass sie der Schauspielerin keines ihrer Bücher schickt: »… ich schreibe ja nur eine ganz leichte Unterhaltungslektüre für schlichte Menschen und deshalb unterlasse ich das.« Sie legt auch kein Bild von sich dazu – »was soll Ihnen die schlichte alte Frau? Aber meine Verehrung lassen Sie sich gefallen …«

Als Hedwig Courths-Mahler sich überschwänglich für die

Geburtstagsglückwünsche und »das herrliche Foto« bedankte, war Asta Nielsen schon wieder hochkonzentriert bei der Filmarbeit. Bruno Rahn, ursprünglich Schauspieler, als Regisseur noch nicht aufgefallen, war es gelungen, den Star für seinen Film *Dirnentragödie* zu gewinnen. Am 14. April ist Uraufführung in Berlin. Nur zwei Tage später schreibt Willy Haas im *Film-Kurier* über einen Film, der »sauber, geschickt, spannend ist, ein angenehmer Zeitvertreib vom ersten bis zum letzten Bild«. Aber dann ist da noch Asta Nielsen: »Die kommt aus einer ganz anderen Welt, atmet in einer ganz anderen Welt, trägt eine ganz andere Welt in diese hinein: die Welt der wirklich großen Kunst.« Und im Zentrum ihrer Kunst steht, auch in diesem Film, ihr Antlitz – »ein Hohlspiegel, der alles Gewirr von Qual und Seligkeit und totem Nichts und strahlendem All, durcheinander, den wir Menschenleben nennen, in sich auffangen und spiegeln kann«.

Der Filmkritiker, der schon so viele ihrer Rollen als genial ausgeleuchtet hat, findet neue Superlative für ihr Gesicht in Großaufnahme: »… es ist des Menschen Antlitz schlechtweg, … Ein mimischer Dialog der Asta Nielsen ist der tiefste künstlerische Genuss, den die gesamte Filmkunst zu bieten hat.« Wieder einmal spielt Asta Nielsen eine alternde Prostituierte, die verzweifelt versucht, einen jugendlichen Liebhaber an sich zu binden und am Ende Erlösung nur im Selbstmord findet.

Drei Tage später, am 19. April, lässt ihr Freund Hans Siemsen im *8 Uhr-Abendblatt* seiner Bewunderung freien Lauf: »Welche Freude, sie wieder zu sehen! Sie ist vollkommen geblieben, was sie war: die größte Filmschauspielerin nicht nur Europas, sondern der Welt.« Die Jahre haben Asta Nielsen in den Augen ihrer Kritiker nichts von ihrer Fähigkeit genommen, mit kleinsten Gesten der gesamten Skala menschlicher Gefühle auf den Grund zu gehen: »Mit einem Blick, einem Zucken der Lippen, einem Zögern, einer schüchternen, kleinen Handbewegung gibt sie alles: Verliebtheit, Scham, Selbstironie, Glückseligkeit und

Misstrauen. Nie gibt sie zu viel – und immer gibt sie alles.« Kein negatives Wort fällt zu ihren Theaterauftritten. Doch unterschwellig sind beide Kritiken ein Aufruf an die Filmproduzenten und an den Filmstar Asta Nielsen, nicht aufzugeben, was ihren außergewöhnlichen Talenten den größtmöglichen Entfaltungsraum bietet.

Der Weltstar fand Gefallen an der Zusammenarbeit mit dem noch unbekannten Bruno Rahn. Der nächste Film wurde verabredet. Aber als Freund Ringelnatz, dessen Bilder in einer Berliner Galerie ausgestellt wurden, in die Hauptstadt kam, hatte Asta Nielsen selbstverständlich Zeit für ihn – und Geld dazu. In einem Brief an sein geliebtes Muschelkalk, erzählte er seiner Frau: »Asta Nielsen kaufte das Liebespaar hinter dem Dir verhassten Kohlbeet. Ich bin oft mit ihr zusammen, war auch in ihrem schönen Film ›Dirnentragödie‹.«

Zurück in seinem Heim in München, schrieb der Dichter, Maler und Satiriker am 5. Mai an die »Geliebte Asta« eine Postkarte: »Viel aufrichtigen Dank für alles! Ich möchte so gern Deinen Ruhm und Dein Lob in alle Welt tragen. Aber vergebens. Denn alle Welt – und die gute meine ich nur – liebt Dich längst ohne mich. Darob ist glücklich Dein alter Ringelnatz.« Eine Freundschaft, auf die Verlass war, umso nachdenklicher macht der Schlusssatz: »Grüße Jesta u. den alles zerstörenden versöhnlichen Schmara.« Der Sprachkünstler Joachim Ringelnatz bedachte jedes seiner Worte gründlich, so widersprüchlich sie manchmal daherkamen. Dass er Tochter Jesta erwähnt, die mit Gregori Chmara zur gemeinsamen Berliner Familie gehört, ist nichts Besonderes. Das Urteil über Gregori Chmara allerdings bleibt für diesen Augenblick unerklärlich – zerstörend und versöhnlich? Vielleicht kommt der Zeitpunkt, wo sich Ringelnatz' dunkle Andeutungen aufhellen werden.

Im Mai packten Asta Nielsen und ihr Mann die Koffer für Süddeutschland. Hier wurden Außenaufnahmen für Bruno Rahns nächsten Film gedreht – *Kleinstadtsünder*, ein Lustspiel, in der

Hauptrolle Asta Nielsen. Eigentlich wollten beide nach Wien weiterreisen, um das befreundete Ehepaar Wolfgang und Elisabeth – »Lis« – Goetz zu treffen. Der Schriftsteller und Theaterschreiber gehörte mit seiner Frau, Bildhauerin und Malerin, zu Berlins tonangebenden Künstlerkreisen; unter anderen zählten Werner Krauss, Carl Zuckmayer und Joachim Ringelnatz zu ihren Freunden. Asta Nielsen wie auch Wolfgang und Lis Goetz haben ihre Verbundenheit treu mit Briefen und Karten gefestigt, die sich bis in die 1950er Jahre erhalten haben.

»Liebe Freunde, Leider kommen wir nicht nach Wien. Heute habe ich das dritte Filmangebot für Juni bekommen und ich kann es von hier ab nicht erledigen«, schreibt Asta Nielsen am 27. Mai 1927. Am Sonntag würden sie zurück nach Berlin fahren: »Dienstag werde wir weiter nach Dänemark fahren und sind wahrscheinlich Mitte Juni wieder daheim. Herzliche Grüsse von beiden zu beiden, Asta.« Wie es ihr und »Grisha« auf der Dänemark-Reise erging, hat sie ihrer Freundin Clara Pontoppidan am 25. Juni ausführlich in einem Brief beschrieben.

Die beiden fuhren über Kopenhagen direkt nach Hellebæk, hoch im Norden von Seeland am Öresund. Asta Nielsen, Jesta, Johanne und Isi Andersen hatten dort manchen vergnügten Sommerurlaub verbracht. Die Idee war, hier ein Sommerhaus zu kaufen. Doch die Pläne zerschlugen sich. Es regnete in Strömen, Asta Nielsen wurde krank, legte sich ins Bett und stand erst Pfingsten, am 5. Juni, wieder auf. Zurück nach Berlin, »wo ich wieder ins Bett musste, bis vorgestern … Aber ich sehe nun, dass Dänemark *unmöglich* für mich ist … alle Gedanken an ein Sommerhaus oder ähnliches sind definitiv an den Nagel gehängt.« Eine Spitze gegen ihr dänisches Vaterland kann sich der Weltstar nicht verkneifen: »Ich habe einen glänzenden Film gespielt, der ›Dirnentragödie‹ heißt. Aber der wird wohl in Dänemark verboten wie allen anderen Filme, in denen ich spiele …« Ja, einige Asta-Nielsen-Filme wurden verboten, aber nicht alle. Dann erfährt Clara von neuen beruflichen Plänen.

Die Idee zu Gastspielen in Paris, New York und London mit dem weltberühmten österreichischen Schauspieler Alexander Moissi wird kurz gestreift – »aber ich weiß nicht, ob die Tournee *zwei* große Gagen hergibt«. Daraus wurde nichts. Bei der folgenden Erzählung über »Grishas« Plan, der ein Angebot für »ein großes Ding in Moskau« hat, lässt sich Asta Nielsen tief ins Herz blicken. Endlich kann sie mit jemandem darüber reden, was sie bedrückt. Gregori Chmara ist unsicher, ob er das Angebot annehmen soll; rund sieben Jahre ist es her, dass er als russischer Emigrant von Moskau nach Berlin kam. Aber eine Rückkehr wäre umso schwieriger, »weil *ich* nicht mitreisen werde«. Asta Nielsen fügt sogleich hinzu, »das sieht auf den ersten Blick nicht warmherzig aus von meiner Seite«. Aber zum einen ist das Leben in Moskau für einen »Europäer sehr fremd«. Und vor allem malt sie sich aus, wenn ihr Mann abends »alte Freunde trifft, sitze ich da wie ein fremder Vogel und sehe traurig aus und bedrücke ihn und alle anderen. Ich kann mir nicht vorstellen, wie das gehen soll, und deshalb will ich ihm lieber hier in Berlin Lebewohl sagen, wo wir so schöne Jahre hatten«.

Asta Nielsen hat Verständnis, dass die großzügige Moskau-Offerte verlockend ist, weil die Situation in Berlin Gregori frustriert. Seit Jahren könne er seine Talente nicht nutzen, »hier wird nur Kitsch gedreht, dafür braucht man keine Schauspieler«. Er verdiene nur, was er durch die Begleitung ihrer Tourneen bekommt. Aber neben nüchternen Argumenten kommt in diesem Brief anderes zur Sprache: »Ich habe nie ausführlich mit Grisha darüber geredet. Dann und wann glaubt er sogar, dass ich mitfahre. Es ist so schwer, über solch einen Schlag zu reden, und es ist noch schwerer, einem Lebenden für immer Lebewohl zu sagen als einem Toten.« Die Botschaft zwischen den Zeilen: Für Asta Nielsen könnte die Entscheidung, ihren Grisha nicht auf eine Tournee nach Moskau zu begleiten, das Ende ihrer Beziehung bedeuten. Gregori Chmara wird nicht nach Moskau reisen.

In Berlin erscheint Licht am Ende des Tunnels: Die Zusammenarbeit mit Bruno Rahn hat sich so positiv entwickelt, dass neben Asta Nielsen auch Gregori Chmara für zwei weitere Filmprojekte eingeplant ist. Die beiden beschließen, die schon konkreten Pläne für eine neue Theatertournee aufzuschieben: Die *Kameliendame*, ein Klassiker, an den sich Asta Nielsen nun in deutscher Sprache traut, soll erst 1928 an den Start gehen.

Am 13. September hat *Kleinstadtsünder* Premiere in Berlin; Regisseur Bruno Rahn ist dabei, sich einen Namen zu machen. »Sie spielt ganz ausgezeichnet«, schreibt das *Berliner Tageblatt* über Asta Nielsen. »Man bewundert sie und freut sich an einzelnen, gelungenen Einlagen … und klatscht wieder dem Regisseur Beifall, der sie so sein ließ.« Als es im Kino hell wird, muss Bruno Rahn sich immer wieder verbeugen. Dann sagt er zu seinem Produktionsleiter: »Fahr mich direkt nach Hause. Ich kann nicht mehr.« Am nächsten Vormittag, 14. September, liest er die glänzenden Besprechungen seines Films in den Zeitungen. In der Nacht auf den 15. September 1927 stirbt Bruno Rahn an Herzschwäche im Alter von nur neununddreißig Jahren.

Zwei Tage nach diesem Schlag schreibt Asta Nielsen in der Kaiserallee ihrem alten Freund Olaf Fønss, einstiger Kollege am Dagmar Teatret in Kopenhagen, inzwischen ein Star in dänischen und deutschen Stummfilmen. Umgehend kommt sie auf den Tod Rahns zu sprechen: »Er war sehr energisch und ehrgeizig – es ist eine Sünde, dass er gestorben ist … Es ist ein großer Verlust für uns. Was das Geld betrifft, wird sicher anderes kommen. Aber künstlerisch ist alles mehr als betrüblich hier in der Filmbranche. Rahn war der einzige, der künstlerische Ambitionen hatte.« Besonders Gregori Chmara ist von diesem Tod betroffen. Er »hört nichts von Agenten und Impressarios. Mir dagegen rennt man die Türen ein mit Angeboten …« Wie zum Trost stellt Asta Nielsen ihren Mann in eine Reihe mit den Großen des deutschen Films: »… Grisha, Lucie Höflich, Bassermann, Paul Wegener, alle, alle werden abserviert von ein paar

Idioten, die nur fähig sind, in einem Krawattengeschäft hinter dem Ladentisch zu stehen.«

Neben Einblicken in die Filmbranche und die aufs Neue bedrückende berufliche Situation ihres Mannes, zeigt der Brief noch eine andere, intime Seite der weltberühmten Diva. Asta Nielsen ist gerade aus Dänemark zurück. Zwölf Tage war sie in dem romantischen Seebad Hornbæk, nördlich von Kopenhagen. Es war ein ungeplanter, spontaner Urlaub aus traurigem Grund: »Ich hatte einen reizenden kleinen Hund, der bei mir zu Hause starb. Es deprimierte mich so, dass ich es daheim nicht mehr aushalten konnte, wo alle Zimmer nun still und leer waren. Einige Tage nach seinem Tod reiste ich nach Hornbæk, wo meine Tochter Ferien machte.«

Asta Nielsen konnte nicht über Filmangebote klagen. Am 11. November fand wieder eine Uraufführung im Ufa-Palast am Zoo mit ihr in der Hauptrolle statt. *Das gefährliche Alter* war nach dem erfolgreichen, viel diskutierten Roman der dänischen Schriftstellerin Karin Michelsen gedreht worden, die Asta Nielsen vor Jahrzehnten im Salon ihrer Schwiegermutter Emma Gad kennengelernt hatte. Schon im Januar 1928 war in Dänemark Premiere. Hatte der Film Asta Nielsen wieder? Oder war die Rückkehr zum Theater nicht doch das lockendere neue Ufer?

26. Kapitel

VIERHUNDERTMAL DIE *KAMELIENDAME*

Die Comedian Harmonists dürfen bei ihr proben – Viel krank trotz Hühnersuppe – Ein Jahr ohne Film – Freundschaften sind wichtig

1928-1929, April

Am 18. Januar 1928 gab der »Volksverband für Filmkunst« seine erste Pressekonferenz. Dass Asta Nielsen in den Ehrenausschuss zur Gründung des Verbandes berufen wurde, ist nicht nur ihrer Popularität zu verdanken. Von den Initiatoren gehörten Hans Siemsen, Béla Balázs, Herbert Ihering und Leopold Jessner zu ihrem persönlichen Umfeld. Ebenso teilte sie die links-politischen wie die künstlerischen Ansichten von Kurt Tucholsky, Käthe Kollwitz und Heinrich Mann, die mit dem »Filmvolksbund« statt »reaktionärem Schund« eine »geistreiche Entspannung« im Filmgeschäft forderten. Ein Missverhältnis, das sie als Einzelkämpferin in den vergangenen Jahren vergeblich angeprangert hatte.

Ende Januar kam Joachim Ringelnatz wieder einmal nach Berlin, und Asta Nielsen hatte Zeit für ihren Freund. »Mit Asta Nielsen war ich reizend zusammen«, schreibt er am 2. Februar seiner Frau nach München, »sie freut sich auf Dich. Wenn Du am Sonnabend hier wärest, so wärest Du bei ihr eingeladen. Ich stelle Dir frei dann zu kommen und ein paar Tage zu bleiben.« Als Jesta ihrer Mutter in dieser Zeit von den Problemen einer sehr besonderen Gesangstruppe erzählte, hatte die Diva ein offenes Ohr.

Robert Biberti, ein Mitglied der *Comedian Harmonists*, hat 1975 bezeugt, wie Asta Nielsen den Sängern aus einer großen

Verlegenheit half. Als sie sich Ende 1927 zusammentaten, um ein herausragendes A-Capella-Ensemble zu gründen, stellten sie fest, dass gemeinsame Proben nur nachts möglich waren, weil jeder tagsüber andere Verpflichtungen hatte – »doch wo konnte ungestört musiziert werden?«. Durch Künstlerkollegen kam es zu Kontakten mit Jesta und Asta Nielsen: »Gleich einer zur Erde herabsteigenden Göttin stellte Asta Nielsen uns ihre zauberhafte Wohnung für die Nächte zur Verfügung. Irgendwo hörte sie uns in Ihrem Schlafzimmer zu. ... Sie trat nie in Erscheinung. Göttinnen bleiben immer unsichtbar.« Oder sie treten im Rampenlicht einer Bühne auf.

Im März und April ging es mit der *Kameliendame* von Alexandre Dumas auf Tournee. Eine Herausforderung, wie Asta Nielsen sie brauchte, nämlich nach der großen Sarah Bernhardt, die in dieser Rolle unsterblichen Ruhm erworben hatte, ihre eigenen Akzente zu setzen. Über vierhundertmal ist Asta Nielsen in deutschen Theatern, in der Schweiz, Österreich und Prag aufgetreten, überzeugt, diese Rolle mit »neuem Blut« angefüllt zu haben. Sie spielte weniger »sentimental« und ersparte dem Publikum, »ihren Husten zu hören, der auf mich in Verbindung mit der großen Liebe immer unästhetisch gewirkt hatte«.

1924 hatte Béla Balász den Weltstar der Filmkunst mit einem unsterblichen Lob bedacht: »Senkt die Fahnen vor ihr, denn sie ist unvergleichlich und unerreicht.« Asta Nielsen als Kameliendame ließ er sich nicht entgehen. Sein Urteil: »Mit Trotz und Revolte und wütender Wucht, bisweilen fast ordinär, tritt sie jetzt auf, atemberaubend: als Asta Nielsen. Ganz ohne Lavendelduft. Die Kameliendame ist keine Dame mehr. Sie ist jetzt wie die Dirne aus dem letzten Akt von ABSTURZ oder DIRNENTRAGÖDIE. Sie ... ist das größte Ereignis der deutschen Bühne seit vielen Jahren.«

Am 6. April kommt Asta Nielsen in München an, der nächste Auftritt ihrer Gastspieltournee. Auf dem Bahnsteig nähert sich ihr ein seltsam verkleidetes Wesen. Ein verstörter Verehrer? Als das Gesicht sich zeigt, weicht der Schrecken – typisch Ringelnatz, immer für eine exzentrische Überraschung gut. Gleiches gilt für den nächsten Tag im Hotel: »Meine Badewanne ist voll herrlicher weisser Iljen, Ringelnatz' und Muschelkalks Ovation zu meiner ›Kameliendame‹ … Ich bin glücklich, einige Tage in der Stadt zu sein, wo sie wohnen …« Am 21. April schreibt Ringelnatz in sein Tagebuch: »Sie spielte unvergleichlich und erschütternd und bewundernswert. … Und das ergriffene Publikum rief sie immer wieder hervor. … Asta Nielsen schlägt Geschenke und Einladungen aus, soweit das mit Anstand möglich ist. … Sie will sich nicht zeigen, sondern sein. … sie kennt die Menschen und ist unter ihnen im Grunde doch einsam.« Hinter Ringelnatz' künstlerischen Faxen verbarg sich eine tiefe Menschenkenntnis.

Als der Schriftsteller diese Notiz machte, hatte Asta Nielsen schon ihren Auftritt in Nürnberg hinter sich, wo der Beifall nicht enden wollte. Am 27. April erfährt Gret Palucca in Dresden, dass Asta Nielsen angerufen habe. Palucca, die den Ausdruckstanz in Deutschland begründet und 1924 in Dresden eine eigene Tanzschule eröffnet hat, kennt Asta Nielsen von Begegnungen in Berlin und schickt ihr umgehend ein Briefchen: »Dürfte ich wohl zur Probe kommen oder stört es Sie sehr?« Nein, sie stört nicht und kann sofort kommen. Am nächsten Tag schreibt Gret Palucca noch einmal an Asta Nielsen: »Ihnen noch sehr viele Grüsse, ich werde nie diesen Abend vergessen. Diese unglaubliche Menschlichkeit in Ihrer Kunst hat mich erschüttert.«

Wie sich Asta Nielsen während ihrer Gastspiele über Monate körperlich fit zu halten versucht, hat sie rund dreißig Jahrzehnte später Frede Schmidt am Telefon verraten: »Ich war auf Tournee und aß nur Hühnersuppe und danach gekochtes Huhn. Buchstäblich jeden Tag. Wir telegrafierten vorher mit dem Hotel, damit sie gekochtes Huhn hatten, wenn ich kam.« Doch Hühnersuppe konnte den Kräfteverschleiß der anstrengenden

Monate nicht ersetzen. Im Mai bricht die dreiköpfige Familie ins angesehene Karlsbad in der Tschechoslowakei auf. Untergebracht ist die Diva mit Tochter und Gregori Chmara im traditionsreichen Grandhotel Pupp. Am 29. Mai 1928 schreibt Asta Nielsen an den Freund Wolfgang Goetz: »Ich bin auch die ersten Tage hier in Karlsbad sehr mitgenommen gewesen, zum Tode müde. Jesta macht … mit Massagen, Brunnenwasser. Grischa hat sich als völlig gesund ausgestellt und soll also nichts machen, dagegen hat man Nierensteine bei mir gefunden, eine Blasenentzündung und eine nicht ganz einwandfreie Leber …«

Dass ihre Leber »nicht ganz einwandfrei« war, wird Asta Nielsen ebenso gewundert haben wie die Diagnose »völlig gesund« bei ihrem Mann, eine verkehrte Welt. Von Jesta ist der Spruch überliefert: »Mama liebte den Film und Gregori liebte den Wodka.« Je weniger Rollen Gregori Chmara nach den ersten Filmen mit Asta Nielsen in Deutschland bekam, umso mehr suchte er Trost im Alkohol. Auf diesem Hintergrund wird der Gruß von Ringelnatz, der einen scharfen Blick auch auf seine Freunde hatte, im Mai 1927 »an den alles zerstörenden versöhnlichen Schmara« verständlicher. Asta Nielsen hatte wahrscheinlich gehofft, durch eine Kur in Karlsbad das Alkoholproblem ihres Mannes einzudämmen. Nun erklärten die Ärzte Chmara für gesund, während sie selbst ernsthafte Probleme hatte.

Sie wechselt das Thema. Wolfgang Goetz, der Theaterschriftsteller, hatte offenbar angeboten, nach einem weiteren Stück Ausschau zu halten beziehungsweise etwas zu bearbeiten, das in Asta Nielsens neues Repertoire für deutsche Bühnen passen würde: »Wolfgang braucht sich nicht zu quälen wegen meiner Sprache, mit Akzent spricht ja jede zweite Schauspielerin in Deutschland, und man nimmt mich ja so, wie ich spreche. … Sagt mir, kennt Ihr Königin Kristine? Wäre das nicht ein Thema für Wolfgang. … Ja, liebe Freunde, wie sollte ich mich freuen, wenn wir zusammen etwas machen konnten.«

Es wurde ein langer Brief, über drei Seiten, ausnahmsweise

mit der Hand und nicht mit der Schreibmaschine geschrieben, und ihre Freundin, Wolfgangs Frau Lis, war mit eingeschlossen. Karlsbad sei »entzückend«, aber zu unruhig: »Wir gehen ganz auf dem Lande nach der Kur, zwischen Kühe und Gänse und andre gute Freunde. Aber wo? Vielleicht findet man etwas hier in der Nähe oder in Süddeutschland … Tausend Grüße von Mann und Kind … ein Kuss von Eurer Asta.« So bald jedoch wird es nichts mit dem Abschluss der Kur. Am 11. Juni schreibt Jesta aus Karlsbad in gleichmäßig runder Schrift an einen anderen guten Freund der Familie: »Lieber Herr Rumpff! Abermals muss ich die Feder ergreifen, denn meine kleine Mutti ist leider bettlägerig, und so muss ich versuchen Sie so zu danken, wie Mama es gerne möchte … Wir sind alle 3 hier zur Kur. Mama wegen ein Gallenleiden …« Wahrscheinlich hatte Heinrich Rumpff seine bewunderte Freundin mit Büchern für den Urlaub versorgt.

Für den Herbst sind keine weiteren Gastspiele geplant. Das Jahr 1928 wird tatsächlich das erste ohne Filmproduktion, seit Asta Nielsen 1910 in einem ausrangierten Gefängnishof in Kopenhagen vor der Kamera stand. Jetzt hatte sie Zeit, ihren dritten »Mann« auf einer Gastspieltournee zu begleiten. Emigrierte russische Schauspieler, unter ihnen Gregori Chmara, hatten die »Prag-Gruppe« gegründet und traten Ende der 1920er Jahre auf osteuropäischen Bühnen auf. Am 10. Oktober 1928 ging aus Riga eine Karte an Lis Goetz in Berlin-Halensee, Georg Wilhelmstr. 5: »Liebe Freunde – Wie geht es Euch – hier alles gut. Ich habe große Freude von Grischas Theaterabende gehabt. Ende der Woche bin ich wieder in Berlin …« Das klingt gut. Doch ein Foto, in diesen Tagen in Riga aufgenommen, zeigt ein Paar, das verbindungslos nebeneinandersteht; Asta Nielsen, schicke Bubikopf-Frisur, hat den Kopf fast demonstrativ abgewandt und schaut gelangweilt in die Ferne.

Zurück in Berlin, wartet Arbeit: Sie studiert neue Rollen ein, *Mrs. Dot*, ein Lustspiel in drei Akten von Somerset Maugham, steht auf dem Programm: »Ich habe mich gänzlich vom Film zurückgezogen. In den Filmen, die man jetzt dreht, sind für mich keine künstlerischen Aufgaben, und ich gebe deshalb wieder Theatergastspiele, was mich mehr interessiert in jeder Beziehung.« Das erfährt Heinrich Rumpff am 26. November, verbunden mit dem Dank für seinen neuesten Roman *Ein Mann und 100tausend Mark*, der ein Bestseller wird.

Es ist eine ruhige Zeit für den Weltstar, und Asta Nielsen pflegt ihre Freundschaften. Am Tag vor Weihnachten schreibt sie Heinrich Rumpff, sie hätte gern um seinen Besuch gebeten, aber »ich bin nämlich lange krank und liege noch im Bett«. Ihre Krankheit – »Leber und Nieren« – scheint »leider kein Ende zu nehmen«. Nach Weihnachten geht ein Gruß an Lis Goetz: »Also seid ihr wieder da; dann hoffentlich sehen wir uns bald.« Sie dankt für ein »reizendes Weihnachtsgeschenk« und verspricht: »Liebe Freunde rufe bald an …«

Die Familien Goetz und Rumpff sind inzwischen die engsten und nächsten Freunde in Berlin geworden. Heinrich Rumpff lebt mit seiner Frau Tilly und zwei Töchtern in Zeuthen, einem kleinen Städtchen am südöstlichen Rand der Hauptstadt. Seine Geschenke an die Freundin nehmen kein Ende: »Mama dankt Ihnen herzlichst für das wunderschöne Tuch. Sie ist seit 6 Wochen auf Gastspieltourné und fährt jeden Tag nach einer neuen Stadt«, meldet sich Jesta am 16. April 1929. Drei Tage später bedankt sich Asta Nielsen persönlich für das Ostergeschenk. Sie könne nur ein paar Tage ausruhen, anschließend gehe es auf die nächste Tournee nach Lettland. Dann folgt, fast nebenbei, eine vielversprechende Neuigkeit: »Ich freue mich im Sommer … auf Hiddensee, wir haben da ein kleines Haus gekauft.«

27. Kapitel

EIGENTUM AUF HIDDENSEE

Nirgendwo war sie glücklicher – Erste Gäste im »Karusel«: Ringelnatz und Muschelkalk – Jeden Sommer kommt Johanne mit Isi – Einladung von Gerhart Hauptmann

1929, Mai bis Dezember

Es war Liebe auf den ersten Blick: »Umgeben von einem unfassbar hohen und blauen Himmel, in Licht und Farben eingehüllt, die mir hier noch glänzender erscheinen als an anderen Orten des Nordens, die ich kenne, liegt die kleine schmale, primitive Insel wie eine Oase in der Ostsee.« Die geliebten Freunde aus München, Joachim Ringelnatz und seine Frau Muschelkalk, waren die ersten Gäste, die Asta Nielsen und Gregori Chmara am 10. Juni 1929 in ihrem neuen Haus auf Hiddensee begrüßten. Schon zwei Tage später zog Ringelnatz zur Bernsteinsuche an den Strand, in Badehose, knallroten Badeschuhen und mit einem gelben Tuch um den Kopf. »Nirgendwo war man so jung, so froh und frei wie auf dieser Insel«, wird Asta Nielsen in ihrer Autobiografie schreiben. Heinrich Rumpff bekommt am 16. Juni eine Ansichtskarte von dem Insel-Haus mit den beschwingten Formen und dem tief herabgezogenen Dach, wo auf einem kleinen Balkon Asta und Grisha am Geländer lehnen: »Ich bin schon ein ganz anderer Mensch geworden. Die unsichtbare Jesta sendet auch Grüße.«

»Karusel« nennt die stolze Besitzerin das Kleinod, eine lustig-kluge Verschränkung der dänischen – Karrusel – und der deutschen – Karussell – Sprache. Auch heute zeigt die Beschriftung gleich unter dem Walmdach den Weg, wenn man von Vitte, der Insel-Hauptstadt, den Deichweg am Bodden entlanggeht.

Zu Asta Nielsens deichlosen Zeiten konnte das Meer über das flache Ufer in Richtung »Karusel« fließen, ohne je bedrohlich zu werden. Wer den Blick nach rechts wendet, bekommt die Masten der Schiffe im Hafen in den Blick, und geradeaus liegt ein zweites Haus, das sich ähnlich elegant geschwungen der Landschaft anpasst; mit runden Ecken, kein Protz, stille, heitere Eleganz, in sich ruhend.

Beide Häuser sind ein Augenschmaus. Gebaut hat sie Max Taut, Architekt wie sein berühmterer Bruder Bruno, 1922 für zwei Berliner Direktoren. Damals begann Hiddensee ein Tipp in Berliner Künstlerkreisen zu werden. Längst war Sylt ein mondänes Ziel, Usedom ein Begriff für müde Großstädter. Das kleine Hiddensee schmiegte sich in den Schatten von Rügen, hatte kein Spielcasino und keinen prächtigen Strandboulevard. Gerhart Hauptmann jedoch gefiel, dass er hier ohne Aufsehen zu erregen mit seiner zweiten Frau Margarete leben konnte. Er kaufte Haus Seedorn in Kloster auf dem nördlichen Teil der Insel, ließ einen weiteren Trakt anbauen, legte einen erlesenen Weinkeller an und lud zu geselligen Abenden. Carl Zuckmayer, Albert Einstein, Mascha Kaléko, Tilla Durieux und Stefan Zweig schätzen den unaufdringlichen Charme von Hiddensee; weitere Frauen und Männer der Berliner Eliten aus Kunst und Wissenschaft folgten. Nur drei Stunden Anfahrt bis Stralsund war ein Vorteil. Hier konnten die Inselgäste sich mit allem Nötigen versorgen, dann ging es mit dem Boot hinüber.

Dass Asta Nielsen zugriff, als 1929 das Max-Taut-Haus am Seglerhafen 7 zum Verkauf stand, ist nachvollziehbar. Hier tauchte sie ein in eine andere Welt, konnte alles zurücklassen, was zu ihrem Weltstar-Status in der Hauptstadt gehörte. Im Gegensatz zu ihrer weiträumigen, prunkvoll-überladenen Wohnung in Berlin ist das Innere vom »Karusel« asketisch. Die kleine steile Treppe führt vom Erdgeschoss mit dem runden Wohnraum und der Küche zu drei Zimmern, die mit schmalem Bett, Nachttisch und Schrank gut gefüllt sind. Die hingetupften bunten Verzierungen am hölzernen Mobiliar hat Asta Nielsen ausgeführt. Von diesen ersten Malversuchen führte der Weg sehr bald zur Staffelei, die vor dem Haus im hellgrünen Gras stand, wenn sie sich an eigenen Bildern oder Kopien berühmter Maler versuchte.

Asta Nielsen liebte es, wenn sich der Rasen um das Haus mit Menschen füllte. Nachmittags gab es draußen Kaffee und Gebäckkringel vom Inselbäcker, abends im runden Salon mit Vorliebe Aal und Flunder. Der Keller war mit Bier und Korn, Sekt und Moselwein gefüllt. Wenn die Diskussionen zu hitzig wurden, legte die Hausherrin Schallplatten auf das Reisegrammophon. Wie von selbst wurden Tische und Stühle an die Wand gerückt, lösten sich im Tanz alle Wortgefechte ohne bitteren Nachklang auf.

Asta Nielsen genoss auch das Gefühl, selbst ein willkommener Gast zu sein. Gerhart Hauptmann war der erste Inselbewohner, der zusammen mit seiner Frau im »Karusel« eintraf, um sie zu begrüßen und für den nächsten Tag zum Essen einzuladen. Viele Einladungen folgten; der Theaterschriftsteller und der Filmstar schätzten einander.

Am 1. Juli 1929 verabschiedete Asta Nielsen Ringelnatz und Muschelkalk am Hafenbecken von Vitte. Das Schiff hatte kaum abgelegt, da ließ Ringelnatz »zum Abschied vor Freude sein grosses Seidentaschentuch ins Meer fliegen ...«. Asta Nielsen kannte ihren Freund gut und wusste, er war »froh, wieder weg von der Natur fliehen zu können«. Der umtriebige Dichter brauchte die Großstadt, aber für ein fröhliches Zusammensein mit seiner bewunderten Freundin kam er die folgenden Jahre immer wieder ins »Karusel« zurück. Irgendwann entstand das Gedicht »Insel Hiddensee«:

»Kühe weiden bis zum Rande / ... Nackt im Sande / Purzeln Menschen selig töricht. ... Fischerhütten, schöne Villen / Grüßen sich vernünftig freundlich. / Steht ein Häuschen in der Mitte. / Rund und rührend zum Verlieben. / ›Karusel‹ steht angeschrieben / Dieses Häuschen zählt zu Vitte. / Asta Nielsen – Grischa Chmara, / Unsre Dänin, und der Russe –. / Auf dem Schaukelpolster wiegen / Sich zwei Künstler deutsch umschlungen. – / Gar kein Schutzmann kommt gesprungen. – Doch im Bernstein träumen Fliegen. …«

Das Schaukelpolster: Asta Nielsen hatte eine Hollywoodschaukel auf die Insel transportieren lassen. Die Zeit, die sie auf ihr verbrachte, war das Herzstück ihrer Hiddensee-Aufenthalte; aber es war nicht Grisha, wie im Gedicht beschrieben, der die vielen kostbaren Stunden mit ihr teilte: »Die Tage verbrachte ich meistens mit meiner Schwester zusammen in der Hollywoodschaukel vor dem Haus. Ihr Herz vertrug keine liegende Stellung. Sie saß auf dem Polster, während ich lag und die Knie anzog, sodass ich ihren Rücken stützte. … Ach, dieses glückliche unvergessliche Zusammensein, so still und innig, nach den unruhigen, nervenaufreibenden, aber doch so geliebten Arbeitsmonaten.« Viele Sommer wird Johanne für Monate von Kopenhagen nach Hiddensee kommen, meist mit Isi Andersen. Jesta ist die Dritte im vertrauten Familienbund, der im »Karusel« wieder jene intime Nähe erlebt wie einst in Nørrebro, als Asta Nielsen, die unverheiratete Mutter, noch kein Weltstar war.

Asse, Abba und Jesse: Ein Foto hat Asta, Johanne und Jesta eingefangen, als sie 1929 vergnügt auf der Türschwelle dicht beieinandersitzen. Jesta, mit achtundzwanzig Jahren die Jüngste, bringt deutlich sichtbar die meisten Pfunde auf die Waage. Sie ist seit Kurzem mit dem Schauspieler und Sänger Paul Vermehren, zwei Jahre jünger, zusammen, der uneheliche Sohn eines berühmten dänischen Kammersängers: »Ich glaubte, als sie Paul kennenlernte, dass sie an Gewicht verliert. Aber nein, das machte sie nicht, und er war ja immer schlank.« Solche Gedanken hat Asta Nielsen nur mit Frede Schmidt am Telefon geteilt und sogleich, nicht zum ersten Mal, hinzugefügt, »aber Jesta ist das Wichtigste in meinem Leben und das war sie immer«.

Im August 1929 erhält Lis Goetz eine Karte aus dem »Karusel«, davor ganz in Weiß ihre Freundin Asta: »Wann kommt Ihr?? Hier ist es herrlich. Tausend Grüsse dito Küsse Grischa und Asta.« Im September ist Ringelnatz in Köln und bespricht mit dem Rundfunksender eine »Dichterstunde« und andere Vorträge. Am 9. steht im Brief an »Lieber Kalk« in München: »Wenn ich daran denke, will ich noch heute Asta Nielsen gratulieren.« Am 11. September war ihr achtundvierzigster Geburtstag, den sie auf Hiddensee feiert. Im November unterschreiben Joachim und Muschelkalk Ringelnatz den Mietvertrag für eine Atelierwohnung am Sachsenplatz 12 im Berliner Westend. Max Schmeling und Frau, Paul Hindemith und Henny Porten zählen zu ihren Nachbarn. Am Weihnachtstag notiert Asta Nielsen: »… am meisten freute ich mich über den Brief, den sie schreiben, dass sie im Frühling nach Berlin übersiedeln wollen …«

Was noch in dieses Jahr 1929 gehört: Am 21. Juni schreibt Willy Haas im *Film-Kurier* über eine bahnbrechende technische Neuerung: In den USA wurden die ersten »Tonfilme« produziert. Der angesehene Kritiker stellt sich auf die Seite des Fortschritts: »Der Tonfilm ist eine Tatsache, mit der wir uns auf alle Fälle abzufinden haben, und aus der wir das Beste machen müssen … Die sogenannte ›Front gegen den Tonfilm‹ ist der übliche Literaten-Unsinn.« Man soll nicht viele Worte machen, sondern mit der Arbeit, wie einst beim alten Kientopp, wieder ganz von vorn anfangen.

In Utrecht sitzt Pyke Koch vor der Staffelei, neben sich zwei Standfotos von Asta Nielsen aus den Filmen *Die freudlose Gasse* und *Dirnentragödie*. Der achtundzwanzigjährige Maler hat jeden ihrer Filme gesehen. Das *Porträt Asta Nielsen* von 1929 steht am Anfang seiner Karriere als Meister des magischen Realismus. Den Bubikopf unter einem eng anliegenden Tuch fast verborgen, blickt die Diva mit großen Augen freundlich-sehnsuchtsvoll aus dem Bild. Pyke Koch war fasziniert von Mussolini. Nach dem Überfall der Deutschen im Mai 1940 sympathisierte er mit den niederländischen Nationalsozialisten, bevor er sich von ihnen distanzierte. Erst 2017 machte eine große Pyke-Ausstellung in Utrecht den Weg frei für eine differenzierte Auseinandersetzung mit dem umstrittenen Maler.

Irgendwann ist dieser erste Sommer auf Hiddensee vorbei. In Berlin liegen keine Filmangebote vor. Asta Nielsen bereitet sich auf neue Rollen vor, darunter das Zweipersonenstück *Herr Lambertier* von Louis Verneuil, das 1928 in London und New York über hundertmal die Theater füllt. Bis zum Jahresende ist sie noch für einige Theater gebucht. In Hannover schreibt am 12. Dezember »in ehrfurchtsvoller Ergebenheit« eine Lilly Sander der »gnädigen Frau« ihren »innigsten Dank für die schönen genußreichen Stunden«.

Für Asta Nielsen sind diese Auftritte solide Routine, überstrahlt von den Erinnerungen an Hiddensee. Bis an ihr Lebensende werden die eher unauffällige Insel westlich von Rügen und ihr »Karusel« einen unverrückbaren Platz in ihrem Herzen haben: »Ich war so froh, so glücklich in Hiddensee. Ich hatte nie schönere Jahre«, erfährt Frede Schmidt Jahrzehnte später.

28. Kapitel

DREI JAHRE OHNE FILMARBEIT

Trotz Wirtschaftskrise: Ein Leben im Luxus – Wo ist ihre Heimat: In Dänemark oder Deutschland? – Der Aufstieg der Hitler-Partei – Zorn auf die verblödete Filmwelt – Umzug in die Fasanenstraße – Freundschaft mit Siegfried Kracauer – Eine launische Freundin – Premiere im Tonfilm

1930-1932

Mit dem neuen Jahr verdüstert sich der Blick in die Zukunft. »Grisha ist sehr niedergeschlagen … Hier in Berlin hat ein Ausländer überhaupt keine Chance. Stumme Filme werden kaum noch produziert und alles ist überlaufen«, schreibt Asta Nielsen am 28. Februar 1929 ihrem ehemaligen Schauspielkollegen Olaf Fønss in Dänemark. Sie hatte überlegt, eine Gastspielreise in die USA mit der Produktion eines Films zu verbinden, aber den Gedanken wieder aufgegeben: »Da sitzen wir nun beide und wissen nicht so recht, was wir anfangen sollen. Künstler zu sein ist ein verfluchter Beruf.«

Ohne dass ein konkreter Hinweis auftaucht, spiegelt der Brief die veränderten Verhältnisse und den allgemeinen Stimmungswandel, der seit dem Jahreswechsel 1929 auf 1930 die Menschen bedrückt. Der beschwingte Aufbruch der zwanziger Jahre hatte ein jähes Ende erlebt, als der Zusammenbruch der New Yorker Börse am 29. Oktober 1929 endgültig in Europa ankam. Weltweit löste dieser »Schwarze Freitag« eine noch nie dagewesene Wirtschaftskrise aus. Die Zahl der Arbeitslosen, 1928 in Deutschland auf rund 1,3 Millionen gesunken, lag im Winter 1929/30 wieder bei über drei Millionen.

Asta Nielsen lebte weiterhin im Luxus. Sie hatte früh gelernt, sich gegen widrige Umstände durchzusetzen. Sie wollte kein Opfer sein. »Man sollte versuchen, etwas anderes zu machen«, erfährt Olaf Fønss, »das Leben besteht schließlich nicht nur aus Film und Theater. Ich jedenfalls bin totmüde von beiden. Ich würde mich wahrhaftig in vielen anderen Beschäftigungen glücklich fühlen. Aber natürlich ist der springende Punkt, dieses ›Andere‹ zu finden …« Das Leben hatte tatsächlich noch andere Seiten. Nur wenige Tage später notiert Asta Nielsen: »… Ich bin so froh und glücklich, die beiden lieben Freunde wohnen nun hier in Berlin.« Am 28. Februar 1929 hatten Ringelnatz und seine Frau München hinter sich gelassen und waren Berliner geworden. Und die Welt draußen hatte den Weltstar Asta Nielsen keineswegs vergessen. Die Zeitschriften für populäre Kultur und Unterhaltung wussten, mit welchen Prominenten sie auch in schwierigen Zeiten beim Publikum punkten konnten.

Im Mai 1930 erscheint im eleganten *UHU*, der Kurt Tucholsky zu seinen Autoren zählt, ein Fotoessay mit den Rückenansichten von zehn berühmten Zeitgenossen, Frauen und Männern: »Wer sind sie? Die unbekannte Seite der Berühmten. Eine Aufgabe für scharfe Beobachter.« In einer Reihe neben den beliebten Schauspielerinnen Lilian Harvey und Käthe Dorsch befinden sich Thomas Mann und Max Liebermann und – mit modischem Bubikopf – Asta Nielsen. Unter ihrem Foto steht: »Kennen Sie diese Frau? Die ganze Erde kennt sie.« Die Aufnahme hatte Yva gemacht, eine gefragte Illustriertenfotografin der Weimarer Republik. Else Ernestine Neuländer, so ihr bürgerlicher Name, musste ihr Berliner Atelier in den 1930ern schließen. Alle Versuche der deutschen Jüdin, das Land zu verlassen, schlugen fehl. Im Dezember 1944 ist Yva in einem deutschen Vernichtungslager in Osteuropa ermordet worden.

Anfang Mai bekommt das Ehepaar Goetz einen langen, in die Schreibmaschine getippten Brief von ihrer Freundin. Grischa liege im Bett, sie habe den Arzt kommen lassen. Seit drei

Jahren gehe das nun so mit ewigem Husten, Schnupfen und Fieber. Der Arzt sagt, das Herz sei schwach, die Lungen seien sehr angegriffen. Nach der ersten Behandlung soll eine Kur folgen, leider nicht auf Hiddensee, denn Grischa brauche Gebirgsluft. Deshalb wird es wohl in den Schwarzwald gehen und erst im Juli ins »Karusel«. Sie hätten ununterbrochen dänische Gäste gehabt, Mittagessen inklusive. Sie sei sehr müde.

Das klingt genervt, vor allem in Bezug auf ihren Mann. Asta Nielsen wechselt Ton und Thema. Berlin »ist wirklich schön und lebendig. Die Krebse bei Kempinski sind auch herrlich, ein Glas Bowle gleitet ab und zu herunter ... so sollte man eigentlich zufrieden sein.« Sie war auf dem Schauspielerfest in der Krolloper, »langweilig«. Zum Schluss ein optimistischer Ausblick: »Ich hoffe Euch bald wiederzusehen an einem Tag, wo wir alle vier gesund sind und an diesem phantastischen Wunsch hänge ich tausend Grüße von Grischa, Jesta und eure ergebene Asta.«

In diesem Frühjahr machte die führende dänische Zeitung *Politiken* ein Interview mit ihr. Asta Nielsen wich einem Vergleich zwischen Kopenhagen und Berlin nicht aus. Kopenhagen sei sicher eine »gemütliche« Stadt, sie nutzte das dänische Lieblingswort »hyggelig«. Im Vergleich sei Berlin allerdings ein »Wirbelwind aus Kunst, Arbeit und Leben«. Im Juni gab sie ihrem Freund Olaf Fønss ein weiteres Interview für *Politiken*. Ob sie Dänemark als ihre Heimat betrachte, fragte er. »Nein, das mache ich nicht«, war ihre Antwort, »ich empfinde Deutschland als meine Heimat – etwas anderes zu fühlen wäre sehr ungerecht.« Sie führt Gründe an: »Das Land, wo man als Künstler seine Arbeit und sein Wirkungsfeld findet, wo man verstanden und geschätzt wird, und dadurch die geistige Nahrung und künstlerische Anregung bekommt, die notwendig sind, damit ein Künstler sich entwickelt – dieses Land wird einem zum Vaterland.«

Warum die ständige Herausforderung von dänischer Seite

an Asta Nielsen, zwischen ihrer dänischen Heimat und ihrem langjährigen deutschen Wirkungsfeld Position zu beziehen? Als könne es nur ein Entweder-oder geben. Das Arbeiterkind Asta Nielsen fühlte sich als internationaler Star weltoffen, engstirniger Nationalismus war ihr fremd. Olaf Fønss, der selber in etlichen deutschen Stummfilmen aufgetreten war, musste wissen, in was für ein Minenfeld er seine alte Freundin mit dieser Frage lockte. Für den Augenblick erregte das Interview kein Aufsehen und verschwand im Archiv. Aber es wird wiederentdeckt werden und Furore machen.

Im Sommer folgten Asta Nielsen und ihr Mann dem Rat des Arztes; es ging in den Schwarzwald. Von unterwegs kam aus Bamberg eine Karte an Familie Goetz: »Liebe Freunde. Viele Grüsse aus der wunderbaren Stadt … hier alles gut.« Von der übernächsten Reisestation wissen wir ebenfalls dank einer Ansichtskarte an die »lieben Freunde«. Geschrieben hat Asta Nielsen sie am 19. August in Saint-Raphael, und sie zeigt Monte Carlo: »… vielen herzl. Dank für Euren Brief, worüber ich mich *sehr* gefreut habe. Wir sind also von Regen und Kälte gerettet worden. … Schluss dieser Woche gehen wir wieder zurück nach Paris und Anfang September sind wir in Berlin und freuen uns aufrichtig dazu Euch wieder zu sehen. … Herzliche Grüße von Grischa, dem es viel besser geht …« So groß die Sehnsucht nach Hiddensee war, ein wenig Welt musste sein. Vielleicht eine Abwechslung vom grüblerischen Nachdenken, welchen neuen Weg – abseits vom Film und Theater – der Weltstar und der Emigrant aus Russland einschlagen sollten. Und eine Möglichkeit, die bedrückenden Berliner Verhältnisse hinter sich zu lassen.

Am 4. Mai 1930 war Adolf Hitler im Sportpalast aufgetreten: »Wer sich uns nicht fügen will, den werden wir brechen.« Die überwunden geglaubten Schrecken aus den Jahren nach dem Ende des Krieges kamen zurück. Die Zahl der Arbeitslosen stieg unaufhörlich, Hitlers »Sturmabteilung« – SA – wagte sich wieder ins Freie und zog pöbelnd und gewalttätig durch die Straßen von Berlin. Der »Führer« hatte seine Partei, die 1923 am Ende war, mit eiserner Hand wieder aufgebaut. Er nutzte gnadenlos die Wirtschaftskrise, um die demokratischen Parteien als Schwächlinge und Versager anzuklagen und sich selbst als starken Mann zu inszenieren, der die Massen mit radikalen Rezepten aus dem Elend führen würde. Hitler schlug die Menschen mit seinem Redetalent in Bann.

Asta Nielsen war kaum vierzehn Tage aus dem Frankreich-Urlaub zurück, da erlebten die Verteidiger der ersten deutschen Republik einen Schock. Bei den Neuwahlen zum Reichstag am 14. September 1930 stimmten bei einer Wahlbeteiligung von 82 Prozent rund 6 Millionen Männer und Frauen für die Hitler-Partei. Die Nationalsozialisten sprangen von 2,6 auf 18,3 Prozent und stellten im Reichstag statt der bisherigen 12 jetzt 107 Abgeordnete. Die erschienen am 13. Oktober zur Eröffnung des Reichstages gegen das Gesetz – unbehelligt – in braunen Uniformen. Der Schriftsteller und überzeugte Demokrat Harry Graf Kessler notierte in seinem Tagebuch: »Den ganzen Nachmittag und Abend große Nazimassen, die demonstrierten und am Nachmittag in der Leipziger Straße die Fensterscheiben der Warenhäuser Wertheim, Grünfeld usw. einschlugen. Abends auf dem Potsdamer Platz Ansammlungen, die ›Deutschland erwache‹, ›Juda verrecke‹, ›Heil, Heil‹ riefen …«

Gleich nach der Wahl hatte Hitler seinen Anhängern versichert: »Im Prinzip sind wir keine parlamentarische Partei.« Der Kampf um die Republik hatte aufs Neue begonnen. Einer von Asta Nielsens engen Freunden, Joachim Ringelnatz, reist in diesen Wochen durch Deutschland; von Hustenanfällen und Fieber durchgeschüttelt, muss er seine Kabarett-Auftritte erfüllen. Aus Hannover schließt er einen Brief an Muschelkalk mit bitterer Ironie »Servus, Dein Nazi …«.

Der überzeugte Demokrat und kritische Zeitgenosse versucht, sich abzulenken. Während der Tournee sitzt Ringelnatz an den letzten Kapiteln seiner Autobiografie *Mein Leben bis zum Kriege*. In der letzten Septemberwoche geht es in jedem Brief an seine Frau um eine Frage: »Überlege Dir ferner, wem ich das Buch widmen kann, … Am meisten bin ich dafür, es Asta Nielsen zu widmen …« Dann wieder kommen ihm Bedenken: »Asta Nielsen ist ja mit meinem Leben vor dem Krieg gar nicht verknüpft, andererseits wär' es natürlich ein Ausdruck meiner späteren Freundschaft zu ihr.« Am Ende wird Ringelnatz das Buch der Malerin Selma Des Coudres widmen, die er schon vor dem Krieg in München kennengelernt hatte.

In der ersten Novemberwoche berichten die Zeitungen, dass Asta Nielsen – selbstverständlich mit Chauffeur unterwegs – in einen Autounfall verwickelt ist. »Hoffentlich nichts schlimmes geschehen wuensche baldige erholung«, telegrafiert der Kritiker Willy Haas in die Kaiserallee. Am 8. November kommt ein Telegramm aus Stuttgart: »Hoeren eben von bedauerlichem unfall hoffen dass keine ernstliche verletzung und wuenschen herzlich gruessend recht gute besserung …« Absender ist Direktor und Intendant Claudius Kraushaar, der nach der gründlichen Renovierung des Theaters in der Kleinen Königstraße 1926 Asta Nielsen mit *Rita Cavallini* für die feierliche Neueröffnung engagiert hatte.

Am 9. November setzt sich Asta Nielsens Filmfreund Paul Wegener in Komotau – tschechisch: Chomutov – im nördlichen Böhmen an die Schreibmaschine: »Mein lieber Krischa! Zu meinem großen Schreck lese ich … über den Unfall Asta's. Ich bitte Dich herzlich mir möglichst bald eine Zeile zukommen zu lassen, wie es ihr geht.« Er hofft, »dass es in der Zeitung schlimmer aussieht als in der Wirklichkeit«. Dokumente von Asta Nielsen aus diesen Wochen sind äußerst rar. Am 24. Dezember 1930 schreibt sie eine Karte an Lis und Wolfgang Goetz: »Herzliche Weihnachtsgrüße sendet die Familie …« Nirgendwo ein Wort über den Unfall. Er scheint glimpflich, ohne größere Verletzungen abgelaufen zu sein.

Am 9. November hatte Hans Siemsen einen Brief an die

»LIEBE ASTA NIELSEN« geschrieben, in dem er auch auf den Unfall zu sprechen kommt, aber der hauptsächliche Anlass ist seine eigene Verfassung: »Ich bin ganz traurig, wenn ich daran denke, dass ich Dich nicht ein einziges Mal gesehen habe, seit dem ich wieder in Berlin bin. – Ich bin krank … Deshalb rufe mich auch gar nicht erst an.« Der sehr persönliche Brief verrät, wie vertraut der linke Siemsen, Schriftsteller und Filmkritiker, und der Filmstar sind. Siemsen ist ehrlich besorgt über ihren Unfall und verknüpft ihre Notlage mit seiner eigenen: »Mein Gott, wie schrecklich hätte das werden können! Ist schon so schlimm genug. Ich wünsche Dir von Herzen gute Besserung, recht bald. Mir wünsche ich dasselbe! Und dann darf ich mal anrufen und Dich besuchen, ja? Alles, alles Gute! Auch für Chmara! Immer Dein Hans Siemsen.«

Am 6. Dezember 1930 hat Asta Nielsen dem Theater- und Filmregisseur Max Reinhardt, Gründer der Salzburger Festspiele, Herr über die wichtigsten Berliner Bühnen, eine Absage erteilt. Das geht aus einem Antwortbrief Reinhardts vom 19. Dezember hervor: »Es ist schade, denn ich bin überzeugt, dass Sie eine außerordentliche Figur geschaffen hätten …« Eine kleine Tür hat Asta Nielsen offen gelassen. Der Theaterpapst, für seine autoritäre Menschenführung beim Inszenieren bekannt, hofft »mit Ihnen auf die Gelegenheit, die uns bald in einer anderen Arbeit künstlerisch zusammenführt«. Dazu wird es nie kommen.

Einen Tag vor Weihnachten wird bei Asta Nielsen eine Lungenentzündung diagnostiziert. Erst knapp drei Wochen später, am 12. Januar 1931, kann sie erstmals wieder das Bett verlassen. Am nächsten Tag bedankt sie sich bei Heinrich Rumpff für sein Weihnachtsgeschenk: »… ich bin vom Herzen innerlich dankbar und tief gerührt über Ihre grosse Güte zu mir.« Dann bricht es aus ihr heraus, ein Jahr nachdem sie ihrem dänischen Freund Olaf Fønss entspannt geschrieben hatte, sie könne sich durchaus anderes für ihr Leben vorstellen als Film- und Theaterarbeit:

»Ich bin gar nicht imstande, Ihnen nur die geringste Freude zu bringen. Ich fühle mich dadurch so arm, aber ich bin nicht in der Lage, den Kampf gegen diese verblödete, verkitschte Filmwelt aufzunehmen.« Ändern könne man das nur durch eine eigene Produktionsfirma, aber sie habe nicht das Talent, dafür das nötige Geld aufzutreiben. Asta Nielsen, die mit ihrer Schauspielkunst den Film erstmals auf ein anderes Niveau gehoben hat, leidet am künstlerischen Niedergang der »zehnten Muse«. Aller Weltruhm, aller Erfolg auf deutschen Theaterbühnen kann diese Wunde nicht heilen.

Ob krank oder über die eigene Arbeitssituation verzweifelt, Asta Nielsen ist eine verlässliche Freundin. Heinrich Rumpff hat in ihr eine interessierte und fachkundige Leserin seiner Manuskripte gefunden. Schon am 11. Januar 1931 schickte sie ihm den Entwurf für einen Roman zurück – mit dem Hinweis, sie habe beim Lesen daran gedacht, »dass ein starker Film daraus werden könnte«. Es folgen konkrete Vorschläge zum Manuskript, die Asta Nielsen offensichtlich während ihrer Krankheit im Bett erarbeitet hatte.

Am 27. Januar bedankt sich der Freund für ihren »liebenswürdigen und herzlichen Brief« und hat Verständnis für ihren Standpunkt, nicht mehr zu filmen. Das sei ja nur noch »widerlichster Kitsch«. Aber Heinrich Rumpff, der mit der Idee liebäugelt, eines Tages mit einem Filmdrehbuch zu reüssieren – da könnte Asta Nielsen eine einflussreiche Förderin sein –, gibt die Hoffnung nicht auf: »Einmal m ü s s e n Sie doch wieder aus Ihrer Reserve hervortreten.« Er schickt der genesenden Freundin erneut Arbeit ins Haus: Er habe nach seinem Roman *Fürstin Volescu* – sehr erfolgreich 1930 erschienen – ein Stück geschrieben; was sie davon denke.

Über den Austausch von Höflichkeiten ist diese Freundschaft längst hinaus. »Ihre prächtige Idee mit dem Großdiamanten ist fast gegen seinen Willen zu einem Roman entartet«, erfährt Asta Nielsen Ende März. Er habe schon fast die Hälfte des Romans geschrieben und werde nichts ohne ihr Einverständnis ändern. Die Schauspielerin war nicht auf Drehbücher fixiert, sehr belesen und erkannte in diesem Fall besser als der Autor, dass der Stoff eher für einen Roman geeignet war.

Am 7. März 1931 dankt Asta Nielsen dem Verehrer: »Es war uns eine grosse Freude Sie und Ihre reizende Frau endlich kennen zu lernen. … Es würde mich mehr als freuen, wenn wir etwas realisieren könnten.« Im Juli wird sie ihm von Hiddensee schreiben, dass sie »den jungen Ullstein« und andere aus dem Illustrierten-Geschäft von einem Stammtisch her kennt: »Ich werde alles tun, was in meiner Macht liegt, um Sie mit den Leuten zusammenzubringen …«

Im Frühjahr 1931 erweitert sich der Freundeskreis. Am 5. Mai tippt Asta Nielsen an die »Liebe Frau Dr. Krakauer« eine Einladung in die Schreibmaschine. Sie und ihr Mann, Dr. Siegfried Kracauer, werden gebeten, »uns die große Freude zu machen Sonnabend Abend um 9 Uhr zu einem Butterbrot und ein Glas Bier zu uns zu kommen«. Am Ende stehen »herzlichste Grüsse von Chmara und Ihre erg. Asta Nielsen – Fasanenstr. 69«.

Rückblick: In ihrem Brief vom 13. Januar 1931 an Heinrich Rumpff hatte Asta Nielsen nach dem Hinweis auf ihre Krankheit und den sinnlosen Kampf gegen die »verblödete Filmwelt« über den privaten Lebenskreis hinausgeschaut. Alle Menschen würden klagen, müssten sich einschränken, große Wohnungen stünden leer und würden gegen kleinere umgetauscht; Dienstboten würden abgeschafft: »Wohin soll das alles führen? … Und dazu alle die politischen Reibereien …«

Ausblick: Im Frühjahr 1932 kommt der sechzehnjährige Allan Hagedorff, dessen dänische Mutter seit Langem mit Asta Nielsen befreundet ist, erstmals nach Deutschland und besucht den Filmstar in Berlin. Sie lebte »in einer riesigen Wohnung in der Fasanenstraße, dicht am Kurfürstendamm, mit Butler, Köchin, Haushälterin, Putzfrau, Sekretär und Chauffeur. Es war der verrückteste Luxus, den ich bis dahin erlebt hatte ...« Mochten andere ihre großen Wohnungen gegen kleinere tauschen und sich aufgrund der Wirtschaftskrise einschränken, Asta Nielsens Kapital erlaubte es, dass sie im Frühjahr 1931 von ihrer herrschaftlichen Wohnung in der Kaiserallee 203 in die noch prächtigere Fasanenstraße 69 umgezogen ist. Schräg gegenüber liegt die elegante neogotische Villa Griesebach, die heute mit dem Käthe-Kollwitz-Museum und dem Literaturhaus Berlin ein denkmalgeschütztes bauliches Ensemble bildet.

Die Nummer 69 erinnert mit einer Gedenktafel an ihre berühmte Bewohnerin. In einem Brief an Elisabeth Kracauer, die mit ihrem Mann gerade nach Charlottenburg umgezogen war, zitiert Asta Nielsen Chmara, der »sagte ganz treffend, als wir umzogen, er hatte das Gefühl ein Krieg wieder durchgemacht zu haben«. Über den Grund des Wohnungswechsels gibt es keinerlei Hinweise. Sie wurde im September 1931 fünfzig Jahre alt. Wollte sie aller Welt zeigen, dass sie auch ohne Filmaufträge weiterhin ein Weltstar auf öffentlicher Bühne war? Eine moderne Frau, die stets ihren eigenen Weg ging und in ihrem Leben mit Fleiß, Talent und Klugheit Ruhm und Reichtum erworben hatte?

Was nicht zutrifft: dass die neue Wohnung mit der offiziellen Trennung von Gregori Chmara zusammenhängt, sozusagen ein Neuanfang, nachdem auch die dritte Beziehung an ihr Ende gekommen war. »Als wir umzogen«, steht in Asta Nielsens Brief vom 5. Mai, und in diesem, wie in etlichen folgenden, grüßen – wie seit vielen Jahren – Chmara und Asta. Das sagt nichts aus über das Binnenklima zwischen beiden. Es gibt die Erzählungen, dass Gregori Chmaras Alkoholproblem fortbesteht, dass seine Eifersucht immer maßloser wird. Doch dazu kein Wort von Asta Nielsen. Auch in der Fasanenstraße wohnen sie als Paar, und beide sind weiterhin mit anderen Paaren freundschaftlich verbunden.

Noch bevor Asta Nielsen das Ehepaar Kracauer im Mai zu

Butterbrot und Bier in die Fasanenstraße lud, hat sie in ihrem neuen Zuhause lange Gespräche mit Siegfried Kracauer geführt. Der promovierte Architekt hatte sich seit Mitte der 1920er Jahre im Feuilleton der *Frankfurter Zeitung* als scharfsinniger Literatur-, Film- und Gesellschaftskritiker einen Namen gemacht. Im April 1930 wechselte er nach Berlin und übernahm das dortige Feuilletonressort der Zeitung. Nach anfänglicher Zurückhaltung zeigte sich der Neue bestens informiert über die Kulturkreise der Hauptstadt, lernte die wichtigsten Leute kennen; seine Artikel wurden gelesen, er kam gut an. Offensichtlich auch bei Asta Nielsen, zumal der Film zu Kracauers Interessengebiet gehörte, und er keinen Hehl daraus machte, wie sehr er die Filmkunst der Nielsen schätzte.

Die intensiven Gespräche waren der Hintergrund für einen langen Artikel, der am 18. April 1931 in der *Frankfurter Zeitung* erschien – »Asta Nielsen und die Filmbranche. Grundsätzliche Bemerkungen«. Siegfried Kracauer analysierte das Elend des deutschen Films und machte die Branche dafür verantwortlich, weil sie eine so herausragende künstlerische Persönlichkeit wie Asta Nielsen boykottierte. Seit drei Jahren sei sie »*überhaupt nicht mehr aufgetreten*. Hat sie aus freien Stücken dem Film abgesagt? Sie denkt nicht daran. Was also ist geschehen?« Sein vernichtendes Urteil: »Die Filmbranche hat es fertig gebracht, eine Darstellerin vom Range Asta Nielsens beiseite zu schaffen.« Für Kracauer war das »ein Zeichen des allgemeinen Niedergangs«. Dann wurde der Filmkritiker ironisch: »Man stelle sich vor, was diese Schauspielerin sich herausnimmt: sie verlangt, die Manuskripte zu lesen, ehe sie zu spielen beginnt …« Mehr noch, sie würde es nicht nur wagen, die Drehbücher zu kritisieren, sondern am Ende »die Beteiligung an solchen Elaboraten« abzulehnen.

Qualität zahlt sich aus, davon ist der Filmkritiker überzeugt. Die Filmindustrie habe offenbar vergessen, »dass die großen Asta-Nielsen-Filme nicht zuletzt ein gutes Geschäft gewesen sind«. Am Ende des Artikels macht Kracauer alle Asta-Nielsen-Fans neugierig und fügt an, »dass Asta Nielsen voller Pläne steckt. Vor allem hat sie einen Stoff bereit, der nach meiner Meinung und der anderer Kenner ein vorzügliches Filmsujet abgäbe …« Der einflussreiche Feuilletonchef und der Weltstar haben sich gut abgesprochen. Wer glaubte, Asta Nielsen habe jedes Interesse am Film verloren und sich beleidigt auf ihre Theaterarbeit zurückgezogen, wird mit diesem Artikel eines Besseren belehrt.

Kaum sind die Mühen des Umzugs überstanden, reist Asta Nielsen früh im Sommer nach Hiddensee in das geliebte »Karusel«. Am 13. Juni bedankt sich Ringelnatz aus Berlin bei ihr für »Deine liebe Karte, und es freut mich, dass Du Dich in Hiddensee wohlfühlst und liebe Menschen um Dich hast«. Er erzählt, »wir haben gerade viel von Dir mit Grischa gesprochen … und waren auch sonst lieb mit ihm zusammen«. Er habe bei ihnen »Kaffee mit saurem Fisch gegessen« und sei sehr gesund. Gregori Chmara wird bald nach Wien fahren, wo er bis Oktober ein Engagement als Schauspieler hat und anschließend nach Italien, um bei einem schwedischen Film Regie zu führen. Lichtblicke in einer arbeitslosen Zeit.

In der ersten Juliwoche erfährt Heinrich Rumpff: »Ich bleibe entweder hier bis Mitte September oder verbringe August in Dänemark … Ich und Jesta leben hier als Einsiedler mit zwei Verwandten …« Die »Verwandten« werden Schwester Johanne und Isi Andersen gewesen sein. Mit dem Meer vor der Tür und unter dem »unaussprechlichen blauen Himmel« von Hiddensee entschied man sich zu bleiben und lud das Ehepaar Rumpff zu einem Besuch ein. Mitte August geht ein Brief an die »Liebe Tilla und Heinz«. Der Wein, den sie vor drei Wochen bei Kempinski bestellt habe, sei immer noch nicht angekommen. Und ein gewisser Rudolf sendet »auch alle Grüsse«. Die Rumpffs müssen ihn bei ihrem Besuch im »Karusel« kennengelernt haben, denn ohne weitere Erklärung lobt Asta Nielsen: »Rudolf ist fleissig, ich habe ja nichts, womit ich dasselbe sein kann …« Ein Zufallsgast? Ein weiterer guter Freund? Die zukünftige Korrespondenz wird es vielleicht verraten.

Im November sind Asta Nielsen und Gregori Chmara wieder zurück in der Fasanenstraße. Es ist der erste Winter in der neuen Prachtwohnung. Der Brief vom 7. November wird Heinrich Rumpff überrascht haben: »Ich spekuliere sehr darauf meine Wohnung zu vermieten und weggehen überhaupt. Wenn es uns gelingen sollte, dann gehen wir nach Süden ohne weitere Bagage als eine Zahnbürste, ein Regenmantel und ein erleichtertes Gefühl. Denn hier hat man das Gefühl erstickt zu werden …« Eine Art Flucht, die Asta Nielsen zusammen mit Gregori Chmara antreten will.

Waren die Filmpläne Asta Nielsens, von denen Siegfried Kracauer im April sehr entschieden berichtet hatte, nichts als Luftschlösser? Wie kann es sein, dass sie ein halbes Jahr nach dem kräftezehrenden Umzug alle Lust an der neuen Wohnung verloren hat? Bündelt sich in diesem emotionalen Auf und Ab das diffuse Gefühl, dass es nirgendwo hoffnungsvolle Aussichten gibt – weder für die persönliche Zukunft noch für die unsicheren gesellschaftlich-politischen Verhältnisse in dem Land, das ihr Heimat geworden ist? Warum ist der Wunsch übermächtig, nur fort von dem Ort, wo alles an glücklichere Zeiten erinnert?

Zählte die Statistik 1930 gut drei Millionen Arbeitslose in Deutschland, waren es ein Jahr später schon viereinhalb Millionen. Die demokratischen Parteien fanden keine gemeinsame Lösung, die Wirtschaft zu stabilisieren. Immer größer wurden die Menschenmassen, und es waren alle Schichten der Gesellschaft, die Adolf Hitler bei seinen Auftritten fanatisch zujubelten, wenn er »das Gift der Demokratie« anprangerte und eine »nationale Revolution« versprach. Die nationalsozialistische SA terrorisierte weiter ungehindert die Straßen und rief »Juda verrecke«.

Die Menschen, die Asta Nielsen nahestanden, schlossen nicht die Augen vor dieser erschreckenden Entwicklung. Siegfried Kracauer, der Sohn aus jüdischem Frankfurter Elternhaus, Hans Siemsen, der kein Geheimnis aus seiner Homosexualität machte, Joachim Ringelnatz, der Kabarettist, der mit scharfer Zunge die Spießbürger aufs Korn nahm, die sich nach den alten autoritären Zeiten zurücksehnten: Sie verkörperten das Feindbild der Nationalsozialisten und ihnen war bewusst, würde Hitler an die Macht kommen, wären sie ihres Lebens nicht mehr sicher.

Für Asta Nielsen, die unverheiratete Mutter und berufstätige Karrierefrau, die in vielen großen Filmrollen die neue moderne Frau verkörperte, deren Schwiegermutter Emma Gad, Dänemarks prominenteste Frauenrechtlerin, ein frühes Vorbild an selbstbestimmter Lebensführung war, gab es keinen Zweifel, auf welcher Seite sie in diesem Kampf um Deutschlands erste Demokratie stand. Keine Frage, dass die sich zuspitzende politische Situation bei Gesprächen mit Kracauer, Siemsen und Ringelnatz ein Thema war. Alle wussten, dass sie als Gleichgesinnte offen reden konnten. In den Briefen genügten kurze Andeutungen über das »erstickende Gefühl« oder »politische Reibereien«.

Mit den politisch geprägten Ängsten mischten sich in Asta Nielsens Brief vom 7. November gesundheitliche Probleme: »Ich war lange sehr leidend an Nierengeschichten, jetzt ist es wieder etwas besser. Chmara geht jeden zweiten Tag und bekommt Einspritzungen gegen sein Asthma …« Warum sollten die Dänin und der Russe auf die bedrohlich-unsichere Zukunft nicht mit einer beliebten Utopie reagieren: mit der Reise in den lieblichen, wärmenden Süden alle Probleme hinter sich lassen, und dort auf einen neuen unbelasteten Anfang zu vertrauen; nur mit Zahnbürste und Regenmantel im Gepäck.

Zur selben Zeit ist Jesta mit praktischen Dingen beschäftigt, die ankündigen, dass sie und ihr Partner Paul Vermehren sich für eine gemeinsame Zukunft in Berlin entschieden haben. Eine Einladungskarte an das Ehepaar Goetz hat sich erhalten, mit einem Fisch und Weingläsern verziert: »Wir bitten Sie und Frau Lis am 12. November abends 9 Uhr unsere Wohnung einzuweihen! Jesta u. Paul«; auf der Rückseite steht »Aufgang bei Frau Asta Nielsen! Fasanenstr. 69«. Die beiden haben im selben Haus eine Wohnung gefunden.

Sehr konkret geht es auch am Sachsenplatz bei Ringelnatz und Muschelkalk zu, als Weihnachten naht. Wieder auf Tournee, um die notorisch schmale Haushaltskasse ein wenig aufzubessern, schreibt Ringelnatz im Dezember 1931 aus Stuttgart an seine Frau: »Geschenke für Asta, Grischa etc. besprechen wir mündlich. Vielleicht kannst Du Astas Strumpfgröße ausfindig machen (Wollstrümpfe?).«

Freundschaften waren eine tröstende Stütze in unruhiger Zeit. Am 23. Januar 1932 schickt Asta Nielsen tausendfachen Dank an Siegfried Kracauer für seinen »lieben Brief«: »Vom Herzen wünsche ich Sie und Ihre liebe Frau bald wiederzusehen.« Zwar ist sie mit Theaterproben für *Die kleine Katarina* beschäftigt, »aber wenn ich es im Voraus weis, kann ich über die Abendstunden disponieren. … Ich freue mich sehr dazu Sie beiden bald wieder zu sehen und sprechen und sende meine herzlichsten Grüsse.« Arbeitslos ist die Schauspielerin nicht, sie hat sich inzwischen ein größeres Repertoire angeeignet, neben *Mrs. Dot* und *Herr Lambertier* das *Gewitter* von Alexander Ostrowski und *General Sutter*. Stücke, die kein großes Theater sind, aber dank Asta Nielsens engagierter, brillanter Kunst dem Publikum einen prächtigen Abend bescherten.

Ob sie ahnte, welche Sorgen sich das Ehepaar Kracauer machte? Zum einen steckten die großen liberalen Zeitungen in der Krise. Seit dem Herbst 1931 hatte die *Frankfurter Zeitung* dreimal Siegfried Kracauers Gehalt gekürzt; im Februar 1932 war das Zeilenhonorar der Extra-Beiträge an der Reihe. Ähnlich wie die Freunde in der Fasanenstraße wollten die Kracauers fort aus Deutschland. Dass der Verdienst für ein solides Leben in der Hauptstadt nicht mehr reichte, war der eine Grund. Schlimmer noch: Als persönlich bedrohlich empfanden sie die braunen Horden, die zunehmend Berlin terrorisierten, und Hitlers aufpeitschende Parolen. Siegfried Kracauer führte Gespräche mit der Chefredaktion: Auslandskorrespondent der *Frankfurter Zeitung* in Paris war das Ziel.

Als Ringelnatz Mitte März 1932 einen Brief aus Breslau an »Lieber Kalk!« schreibt, findet sich über die Freundin in der Fasanenstraße ein ganz neuer Ton: »Um Asta Nielsen sehe ich sehr traurig. Krank oder zurückhaltend oder was auch sei, versäumt sie doch ihre Jahre.« Am 6. April, Ringelnatz ist mit seiner Tournee in Frankfurt am Main gelandet, endet der Brief an seine Frau mit ungewohnter Kritik: »Die Asta ist meiner Meinung nach größenwahnsinnig. Sie fordert pro Monat 600,– Mark Miete für das Karussel. Das scheint mir ungerecht.« Am 18. greift er das Thema noch einmal auf, als er von Asta Nielsens Besuch bei Muschelkalk erfahren hat, und erweitert es: »Ahnst Du denn wohl, was Asta und Grischa gegen uns haben können? Wir haben doch nur ein gutes Gewissen ihnen gegenüber und auch meine Vermittlung Hiddensee ist doch wieder ein Beweis von Freundschaft für sie.«

In einem Brief Ende Mai nennt er einen vagen Grund für ihre ungewohnte ungezügelte Unzufriedenheit: »Asta ist mehr als verbiestert. Im Berliner Tageblatt stand beiliegende Antwort auf Rundfrage. Und in Reclams Universum steht ein sehr kläglicher Artikel mit dummen Bildern über sie.« Um den 20. Juni heißt es: »Was Asta sagt, ist in letzter Zeit immer von Laune bös beeinflusst.« Ringelnatz ist seit Jahren ein treuer Freund, auf Asta Nielsen lässt er gewöhnlich nichts kommen. Darum dürfen seine Hinweise angeführt und ernst genommen werden, auch wenn sie durch keine anderen Quellen gestützt und Asta Nielsens Briefe an Ringelnatz verloren sind. Übrigens versuchte Ringelnatz sich vor der ansteigenden politischen Verrohung zu schützen. Statt »Schriftsteller« lässt er im Berliner Telefonbuch die unverdächtige Berufsbezeichnung »Kunstmaler« eintragen.

Vom April 1932 hat sich ein Dokument erhalten, das beweist, wie unangefochten Asta Nielsens Autorität in der Filmbranche noch ist. Die »Abteilung Tonfilm-Lehrkurse« innerhalb des Stern'schen Konservatoriums in Berlin war überzeugt, dass die Diva ihre Stummfilmkenntnisse intellektuell mit der neuen revolutionären Filmtechnik verbinden konnte und hatte ihr eine Lehrtätigkeit angeboten. Der Brief vom 18. April an die »Sehr verehrte Gnädige Frau« verzichtet auf höfliche Floskeln: »Ihr Brief vom 14. April hat uns eine schwere Enttäuschung gebracht, denn wir haben mit allem eher gerechnet als mit einer Absage von Ihnen.« Die »Ankündigung Ihrer Lehrtätigkeit« habe »auch ausserhalb der Presse, im Publikum, in unserem Schülerkreis und im Lehrpersonal so starken Anklang gefunden«, dass man hoffe, Asta Nielsen werde ihre Absage zurücknehmen. Ihre Gastspiele seien kein Hindernisgrund. Man werde sich mit der Zeiteinteilung gern nach ihren Vorgaben richten. Asta Nielsen blieb bei ihrer Entscheidung.

Am 18. Juli erfährt Heinrich Rumpff, dass sie »wahnsinnig viel Text« für eine neue Rolle lerne: »Ich werde wahrscheinlich bald damit auf Gastspiele gehen. Denn es hat ja keinen Zweck auf die Berlinertheater zu warten …« Außerdem habe ihre Schwester ihren Besuch angekündigt, deshalb könne sie seiner Einladung nicht folgen.

Die Regierung hat für den 31. Juli vorgezogene Reichstagswahlen angesetzt, weil sich für eine regierungsfähige Politik keine Mehrheit im Reichstag zusammenfindet. Für Berlin melden die Zeitungen Attentate, sogar Bombenanschläge, es gibt Tote und Verwundete. Die Straßenkämpfer der Nationalsozialisten und der Kommunisten versuchen durch Terror und Einschüchterung das Wahlvolk zu beeinflussen.

Das Kalkül geht auf, besonders für die Hitler-Partei. Die Kommunisten gewinnen ein wenig hinzu, doch der triumphierende Wahlsieger ist die NSDAP: Sie kann ihre Position als stärkste Partei im Reichstag mit 37,4 Prozent weiter ausbauen. Wieder einigten sich die demokratischen Parteien nicht auf eine funktionierende Regierung. Schon für den 3. November werden erneut Wahlen zum Reichstag angesetzt.

Diesmal setzte sich die Erfolgsgeschichte der Nazi-Partei nicht fort. Die NSDAP fiel von 37,4 auf 33,1 Prozent zurück. Die Verteidiger der Republik atmeten auf. Die überregionale Satire-Zeitschrift *Simplicissimus,* seit Kaisers Zeiten ein Sprachrohr für eine offene freie Gesellschaft, spottete: »Eins nur lässt sich sicher sagen, / Und das freut uns rundherum: / Hitler geht es an den Kragen, / Dieses ›Führers‹ Zeit ist um.« Hatten die Demokraten die Schlacht um die Republik gewonnen? Konnte sich eine Mehrheit der demokratischen Abgeordneten auf einen zivilen politischen Diskurs und auf eine Sozial- und Wirtschaftspolitik einigen, die die Arbeitslosigkeit und damit die Armut breiter Schichten beendete?

Schicksalsfragen für ein ganzes Volk, während sich bei Asta Nielsen in diesen Wochen entschied, ob sich die Tür zu einem neuen Lebensabschnitt öffnete, was immer unauflöslich mit ihrer Arbeit verbunden war. Fast unbemerkt von der Öffentlichkeit hatte der Weltstar nach über vier Jahren Abstinenz wieder vor der Kamera gestanden. Einen Tag vor Weihnachten, am 23. Dezember 1932, war im Berliner Mozartsaal Premiere. Als am Ende der Vorführung das Licht anging, erhob sich das Publikum zu Ovationen für die Hauptdarstellerin. Asta Nielsen hatte wieder mit hohem Einsatz gespielt und gewonnen. Der Weltstar wagte eine Premiere – *Unmögliche Liebe* ist ein Tonfilm.

Der Film erzählt die Geschichte einer älteren Bildhauerin, die noch einmal eine Liebe erlebt und diese gern auskosten würde. Aber ihre beiden Töchter widersetzen sich solcher Freizügigkeit; sie fordern von der Mutter Verzicht, und diese unterwirft sich am Ende den bürgerlichen Anstandsregeln einer vergangenen Zeit. Was sie als stumme Botschaft ihrer Überzeugung während des Films nicht ablegt, sind: das einfache Kleid, der Bubikopf, die Zigarette und der Drink – eine neue Frau für immer.

Am 28. Dezember steht in der *Frankfurter Zeitung* die Besprechung dieser Sensation. Was alle beschäftigt, stellt der Autor gleich an den Anfang. Konnte »sie, die den stummen Film zum Rang einer Kunstgattung erhoben und eine Reihe unvergesslicher Gestalten geschaffen hat«, die »viele Jahre hindurch nicht mehr auf der Leinwand erschienen« ist, ihre Talente ungeschmälert in eine neue Technik und eine neue Kino-Zeit einbringen? Siegfried Kracauer, der Schreiber dieser Zeilen, ist überzeugt, dass dieser Film »Asta Nielsen die Möglichkeit gibt, alle Zweifler schlagend und endgültig zu widerlegen. So groß ist ihre Kunst, dass sie sich in einer veränderten Zeit ungemindert behauptet.« Und worauf alle warteten: Asta Nielsen behaupte sich »nicht zuletzt dank der Stimme, deren schmiegsame Herbheit sich den verschiedenen Situationen leicht anpasst … Gerade das Ineinander von Sprache und Mimik ist Frau Nielsen wunderbar gelungen.« Im *Börsencourier* nennt Herbert Ihering *Unmögliche Liebe* eine »Spitzenproduktion«.

Am Tag danach sitzt Asta Nielsen in der Fasanenstraße an ihrem Sekretär und bedankt sich bei Heinrich Rumpff für die Weihnachtsgeschenke. Er habe hoffentlich ein frohes Fest gehabt: »Bei mir ertrank alles in dem mir verhassten Premieretrubel. So viel Mühe und Unruhe und Aerger hat mir noch keine Arbeit gebracht.« Ist es die Anspannung, die sich in ihr Urteil mischt? Für sie steht viel auf dem Spiel: »Ich hoffe, dass der grosse Erfolg jetzt mit meinem Film bald etwas nach sich tragen wird.« Aber der Freund soll nicht denken, dass die hervorragenden Filmkritiken der Expertin den Verstand vernebeln: »Es heisst, ich hoffe nur, denn das wahrscheinlichste, dass die Branche genau so dov nach wie vor ist.« Bei aller vorsichtigen Skepsis: Mit *Unmögliche Liebe* ist die Zukunft für den Weltstar Asta Nielsen in der deutschen Tonfilmlandschaft offen.

Vier Wochen später, am 30. Januar 1933, ernennt Reichspräsident Paul von Hindenburg den Führer der Nationalsozialisten, Adolf Hitler, in Berlin zum Reichskanzler; obwohl die NSDAP in der Novemberwahl eindeutig an Stimmen verloren hatte. Dem erklärten Feind der Republik wurde freiwillig das wichtigste Amt der Demokratie übertragen. Politische Dunkelmänner hatten den sechsundachtzigjährigen Reichspräsidenten überzeugt, dass Hitler schnell scheitern und die Regierungsmacht dann für lange Zeit von den wahren Konservativen ausgeübt werde.

29. Kapitel

ZUM TEE BEI HITLER UND GOEBBELS

Sind die Nazis doch anständig? – Nicht flüchten, sondern bleiben – Aufs Theater konzentriert – Auch eine Diva macht Konzessionen – Gregori: eine neue Liebe in Paris

1933

Zum Jahresanfang hatte die Grippe Berlin fest im Griff; auch Asta Nielsen musste das Bett hüten. Aber Mitte Januar war sie aus Überzeugung dabei, als der Schutzverband Deutscher Schriftsteller im beliebten Varieté Scala eine nächtliche Benefizveranstaltung organisierte. Das Geld sollte den Mitgliedern zugutekommen, die keine Abnehmer für ihre Arbeit mehr fanden, weil die Hetze der Nationalsozialisten gegen liberale Zeitungen und eine offene Literatur – und gegen jüdische Autoren und Autorinnen generell – zusehends Erfolg hatte.

Der Dankesbrief des Verbandes vom 21. Januar ist keine unverdiente Schmeichelei: »Wir wissen genau, wie viel wir in erster Linie Ihnen zu danken haben, dass sich der Abend zu einem so grossen Erfolge gestaltete. Der Beifall des Publikums, das grösstenteils aus literarisch Interessierten bestand, hat Ihnen persönlich ja bewiesen, wie dankbar und freudig man Ihr Auftreten begrüßt hat.« Reichskanzler Hitler machte keinen Hehl daraus, dass er in Deutschland eine geschlossene Gesellschaft im nationalsozialistischen Geist erzwingen würde. Wer für die Belange des Schutzverbandes Deutscher Schriftsteller, der seit dem Kaiserreich gegen staatliche Eingriffe in die Literatur kämpfte, im Januar 1933 auf eine öffentlich Bühne ging, zeigte Flagge für Demokratie und eine freie Kunst.

Asta Nielsen wusste nur zu gut, wie es denen erging, die als

Künstler noch ein freies Wort wagten, die bisher davon lebten, ihrem Publikum den Spiegel vorzuhalten. Sie vergaß nicht, ihre gefährdeten Freunde sehr persönlich zu bestärken: »Geliebte Asta, Ich bin so reich beschenkt worden von Dir durch Deinen lieben und weichen Brief. Es war, also ob eine Freundeshand mich streichelte …Wie schön ist es, wenn Menschen zueinander solche Worte finden und sie aussprechen oder schreiben. … Meine Sehnsucht nach Dir ist nun noch grösser als zuvor.« Das schreibt Joachim Ringelnatz am 25. Januar 1933 aus Frankfurt in die Fasanenstraße. »Grüße Jesta und Asta«, schreibt er seiner »geliebten Kalk« fünf Tage später.

Die Diva war nicht vergessen. Am 2. Februar schrieb ihr das Asta-Nielsen-Kino in Düsseldorf, dass ihr erster Tonfilm eine »sehr warme Aufnahme gefunden« habe und man sich sehr wünsche, dass sie zur zweiten Aufführung käme. Auch ein Gastspiel von zwei, drei Tagen wäre sehr erwünscht. Asta Nielsens Antwort hat sich nicht erhalten. Doch diese erfreuliche Nachricht versinkt in der Bedeutungslosigkeit angesichts der Ereignisse, die Deutschland im Februar und März 1933 grundlegend verändern. In nur zwei Monaten wird aus der Weimarer Republik eine Diktatur.

In der Nacht des 27. Februar brennt in Berlin der Reichstag, das Zentrum der deutschen parlamentarischen Demokratie. Siegfried Kracauer umrundet am nächsten Morgen mit Tausenden von Berlinern das ausgebrannte Gebäude. Schon hatten die Nazis in die Welt gesetzt, dass die Kommunisten für den Brand verantwortlich seien. Gute Gründe sprechen dafür, dass sie selbst das Feuer legten. Zurück in der Redaktion der *Frankfurter Zeitung*, diktiert Kracauer seinen Artikel: »Ohne zu reden, gehen die Passanten ihres Weges oder starren auf den Reichstag … Die Blicke dringen durch dieses Symbol hindurch und tauchen in den Abgrund nieder, den seine Zerstörung eröffnet.« Am selben Tag fuhr Siegfried Kracauer, der jüdische Deutsche, nach Frankfurt, um in der Hauptredaktion seine persönliche

Lage zu besprechen. Sein nächstes Ziel war Paris, das Exil, wo er am 2. März mit seiner Frau Elisabeth zusammentraf, die direkt von Berlin kam.

Eine kluge Entscheidung, denn noch am 28. Februar hatte Reichspräsident von Hindenburg die »Notverordnung zum Schutz von Volk und Staat« unterzeichnet. Sie setzte demokratische Grundrechte außer Kraft, sodass umgehend Tausende verhaftet werden konnten – Sozialdemokraten, Kommunisten, Liberale, Juden, Gewerkschafter, Journalisten. Hans Siemsen hatte glücklicherweise in diesen Tagen seine Berliner Wohnung verlassen. Im Lauf des März wurden unter anderem das *8 Uhr-Abendblatt* und die links-pazifistische *Weltbühne* verboten, für die er seit Jahren geschrieben hatte. Bei der Reichstagswahl am 5. März wählten 43,9 Prozent der erwachsenen Deutschen ohne äußeren Druck die Nazi-Partei. Adolf Hitler wurde wiederum Reichskanzler und ernannte am 13. März Joseph Goebbels zum Propagandaminister. Am 23. stimmten alle Parteien außer den Sozialdemokraten für das Ermächtigungsgesetz, die legale Grundlage der NS-Diktatur. Es machte Reichskanzler Hitler zum alleinigen Gesetzgeber, das Parlament wurde ausgeschaltet; ab Juli gab es nur noch eine Partei in Deutschland, die NSDAP.

Im März klingelte in der Fasanenstraße das Telefon. Das Propagandaministerium wollte wissen, ob Asta Nielsen eine Einladung zum Tee im größeren Rahmen im Propagandaministerium in Berlin annehmen würde. Sie wunderte sich, sagte dann zu. In ihren Erinnerungen hat Asta Nielsen beschrieben, wie sie an einem Nachmittag im Frühjahr 1933 im Propagandaministerium in einem großen Saal mit kleinen nummerierten Tischen an die Nr. 1 geführt wurde. Eine Anzahl von Kollegen war schon dort und unterhielt sich mit gedämpfter Stimme wie bei einem Begräbnis. Joseph Goebbels und seine Frau begrüßten die Anwesenden. Als alle versammelt waren, öffneten sich die Türen wie von Geisterhand »und ›der Führer‹ trat ein, klein und unansehnlich, nur von erwartungsvollem Schweigen umgeben«. Er grüßte mit dem Nazigruß und gab anschließend jedem die Hand: »Zugleich sah er einem tief in die Augen und ich verstand, warum das für weniger gefestigte Menschen als mich gefährlich sein konnte.« Für Asta Nielsen hatten seine Augen eine »suggestive Kraft«, er wirkte wie ein »Soldat der Heilsarmee«. Sie hatte Hitler »als ihren Tischherren, so weit man das an einem Teetisch sagen kann«.

Entgegen ihren Erwartungen ergoss sich kein Redeschwall über sie. Asta Nielsen stellte dem »Führer« die erste Frage: »Was hatte er sich vorgenommen?« – »Ich will aus Berlin eine Stadt machen, wo es die größten und schönsten Plätze Europas gibt.« Sehr schnell lenkte der Weltstar das Gespräch »auf die Juden«. Sie sagte, dass Juden zu ihren besten Freunden zählten, nannte die Namen großer jüdischer Künstler, die sie bewunderte. Die wirklich guten Theater würden Juden auf beiden Seiten der Bühne ihre Existenz verdanken. Hitler antwortete, dass alles, was sie anführte, ebenso laufen würde, wenn Arier die Sache in die Hand nähmen: »Sein Stimme verriet, dass sich ein Abgrund zwischen uns öffnete.«

Dann warb Hitler um seine Tischnachbarin: »Ja, jetzt kommt die Zeit, wo wir große Künstler für die Filme brauchen.« Asta Nielsen entgegnete, das beträfe sie nicht, sie würde sich niemals für politische Filme hergeben. Hitler blieb die Antwort nicht schuldig: »Das brauchen Sie auch nicht. … Ich kann tausend Worte sagen und keiner versteht mich. Aber Sie machen eine einzige Bewegung und die ganze Welt versteht Sie.« Es ging noch eine Weile hin und her, bis sich die Tischnachbarschaften auflösten und neue Gruppen gebildet wurden.

Jetzt bemühte sich Goebbels um den berühmten Gast: »Er bot mir eine eigene Filmgesellschaft an, die der Staat finanzieren würde. Er gab mir völlig freie Hand in Bezug auf das Repertoire und alles drumherum.« Asta Nielsen bedankte sich für seine Kunst-Begeisterung, aber sie müsse ihm leider sagen, dass sie sich für alle Zeit vom Film verabschiedet habe. Ein eleganter Ausweg, der den Propagandaminister nicht das Gesicht verlieren ließ. Vor dem offiziellen Ende verließ Asta Nielsen den Saal, sie habe noch einen anderen Termin. Nicht ohne sich von Hitler zu verabschieden, der merkwürdig isoliert hinten im Saal stand: »Das wurde ein kühler und formeller Abschied.«

Die Gespräche im März 1933 am Tee-Tisch mit dem »Führer« und seinem Propagandaminister fanden unter vier Augen statt. Niemand konnte sie als Zeuge bestätigen oder in Zweifel ziehen. Für ihre Glaubwürdigkeit steht Asta Nielsens Leben: Sie hatte viele jüdische Freunde, arbeitete jahrelang mit jüdischen Kollegen im Theater und im Filmgeschäft zusammen; sie bewegte sich außerhalb der Arbeit in Kreisen überzeugter Demokraten, die nun zu den Verfolgten des Hitler-Regimes zählten. Einer dieser Vertrauten ist Hans Siemsen, der sich rückblickend erinnerte: »Es war März 1933. Ich war leichtsinnigerweise aus der Provinz, wo ich mich leicht hätte verbergen können, nach Berlin zurückgekommen. … Nur der Umstand, dass ich gerade meine Wohnung gewechselt hatte, bewahrte mich davor, gleich in den ersten Tagen von der SA abgeholt zu werden.« Er hatte sich in ein Atelier zurückgezogen, wo er sich mit langjährigen Freunden traf, darunter Joachim Ringelnatz und die erfolgreiche Berliner Bildhauerin Renée Sintenis.

Sie sprachen über die politischen Ereignisse dieser Wochen, waren »angeekelt« davon und »erwarteten Böses für uns selber und für ganz Deutschland«. Dann folgen, unaufgeregt und selbstverständlich, Sätze, die eine kostbare Fundgrube für Asta Nielsens Stelldichein im Propagandaministerium sind, bisher jedoch unbeachtet blieben: »Wir warteten auf Asta Nielsen. Die war an jenem Tag zu einer Gesellschaft eingeladen, die Joseph Goebbels prominenten Film- und Bühnenschauspielern gab. Sie hatte uns gefragt, ob sie hingehen sollte? Wir hatten ihr zugeraten. … Asta hatte versprochen, von der Goebbels-Gesellschaft aus zu uns zu kommen und uns zu erzählen. Sie kam ziemlich früh.« Was folgt, ist eine dramatische Fortsetzung. Sie nimmt Asta Nielsens Erinnerungen nichts von ihrem Wahrheitsgehalt und gibt zugleich einen Einblick, welchen Selbstzweifeln und politischen Unsicherheiten selbst Menschen ausgesetzt sind, die keinerlei Sympathie für die neuen nationalsozialistischen Herren haben.

Hans Siemsen kommt schnell zur Sache: »Also – wie war es?« Asta Nielsen antwortet unpathetisch: »Kinder, das ist gar nicht so einfach zu sagen.« Sie weiß, im Kreis dieser Menschen kann sie offen sprechen: »Aussehn tun sie natürlich scheußlich. Aber sie geben sich große Mühe, den liebenswürdigen kultivierten Mann zu spielen. Und das, was sie sagen, klingt manchmal ganz vernünftig.« Mit den vertrauten Freunden in Berlin kann es keine Missverständnisse geben. Seit vielen Jahren kennen sie Asta Nielsen abseits der Bühne als einen Menschen mit einem inneren Kompass, der auf Freiheit und Menschenwürde für alle ausgerichtet ist.

In ihrer Wiedergabe der Tee-Stunde konzentriert Asta Nielsen sich auf Goebbels und dessen Filmangebot. Die Nationalsozialisten seien keine »Bande von Rüpeln und Rowdies«, habe er ihr erklärt. Die rauen Methoden waren nötig im Kampf um die Macht, aber nun würden sie »Deutschland unter unserer Führung erst zu einem wirklichen, zu dem führenden Kulturland der Welt entwickeln«. Die Nazis könnten deshalb »nur die allerbesten Künstler und Schauspieler, wie z. B. Sie brauchen. Wir werden Ihren Namen zu einer neuen Weltberühmtheit führen, neben der sich Hollywood verkriechen muss«. Sie könne deshalb »jeden Film und jede Rolle spielen, die sie sich wünsche«. In ihren späteren Erinnerungen folgt auf dieses Angebot eine sofortige und klare Absage, sie drehe keine Filme mehr. Unter dem Eindruck des Gesprächs und hinter verschlossenen Türen gesteht Asta Nielsen im Frühjahr 1933 ihre Unsicherheit.

Eigentlich, sagt sie den Freunden, traue sie Goebbels nicht – und fährt fort: »Aber vielleicht meint er es doch ernst? Vielleicht sollte man diesen Nazis doch ein wenig Zeit lassen, damit sie beweisen können, ob sie anständig sind? Ich weiß es nicht. Von Politik habe ich ja leider keine Ahnung. Was meint ihr?« So ehrlich wie Asta Nielsen Einblick in ihre widersprüchliche Gemütslage gibt, ist die Reaktion der Angesprochenen: »Betretenes Stillschweigen.« Einer erkennt, dass seine geliebte Asta Nielsen um eine ehrliche Antwort ringt und für Einsichten zugänglich ist, die sich nur in der Poesie ausdrücken lassen.

»Dann sagte Ringelnatz: ›Asta, ich habe dieser Tage ein Gedicht gemacht. Soll ich es mal aufsagen?‹« Der Dichter wurde darum gebeten:

»So ist es uns ergangen, / Vergiss es nicht in bessrer Zeit! – / Aber Vöglein singen und sangen, / Und Dein Herz sei endlos weit. // Vergiss es nicht! … Der Tod geht stolz spazieren. Doch Sterben ist nur Zeitverlust. – / Dir hängt ein Herz in deiner Brust, / Das darfst du nie verlieren.

Wieder Schweigen. Danach stand Asta Nielsen auf, ging zu Ringelnatz, küsste ihn auf die Stirn und sagte: ›Ringel, Du hast mal wieder recht. Ich werde mich mit den Leuten nicht einlassen.‹«

Hans Siemsen hat nichts dramatisiert oder überhöht, sondern mit seiner schmucklosen Wiedergabe einen Blick hinter historische Mauern freigelegt: auf Menschen, die in einer perfiden bedrohlichen Zeit Entscheidungen treffen mussten, die weit über den Tag und vernünftige Überlegungen hinausgingen. Nicht heroische Taten waren gefragt, sondern zu spüren, was das Herz sagte und danach zu handeln.

Im Oktober 1933 erschien in Dänemark die erste Ausgabe von *Aandehullet*, eine neue antifaschistische Kulturzeitschrift. Der bekannte Zeichner Hans Bendix, Sozialdemokrat und sogenannter »Kulturradikaler«, war Redakteur und hatte unter der Überschrift »Heil Hitler? – ›Kirche, Küche, Kinder‹« (eigentlich »Kvinder« – dänisch Frauen) eine Montage aus drei Fotos zusammengestellt. Eines war ein Standfoto von Asta Nielsen aus dem Film *Fräulein Julie*, wo sie eine moderne Frau spielt, die sich nicht dem autoritären Ehemann unterwirft. Der dänische Text dazu sagte: »Asta Nielsen ist in Interviews eine begeisterte Nazi-Anhängerin. – Auch typisch!« Asta Nielsen musste ihren Schwiegersohn Paul Vermehren davon abhalten, mit ein paar Freunden Hans Bendix zu verprügeln. Auf ihre Forderungen, diese Behauptungen in seiner Zeitschrift zurückzunehmen, reagierte Bendix nicht. Es gab solche Interviews nicht.

Die Nationalsozialisten waren Meister eindrucksvoller öffentlicher Inszenierungen, die demonstrierten, wer die Macht hatte und wie gefährlich es war, nicht mit den braunen Herren konform zu sein. Joseph Goebbels organisierte für den 10. Mai 1933 »Bücherverbrennungen«, die in Deutschlands großen, aber ebenso in kleinen Universitätsstädten stattfanden. Auf prominenten Plätzen – in Berlin vor der Oper, in München auf dem Königsplatz – wurden die lodernden Feuer von den Umstehenden mit Büchern gefüttert – es waren Werke von Heinrich und Thomas Mann, Sigmund Freud, Kurt Tucholsky, Stefan Zweig und vielen anderen. In München verbrannten die Bücher des Rowohlt-Autors Joachim Ringelnatz.

Immer mehr Künstler, Schriftsteller und Wissenschafter flüchteten ins Ausland, 1933 allein rund 37000 jüdische und 28000 nichtjüdische Deutsche. Für Ringelnatz war das Exil keine Option, sein Werk lebte von der meisterlichen Handhabe der deutschen Sprache. Der Rowohlt-Verlag nutzte demonstrativ den fünfzigsten Geburtstag seines Autors zu einer Feier im Hotel Kaiserhof in Berlin, um Ringelnatz im Bewusstsein der Öffentlichkeit zu halten. Die Berliner Zeitungen berichteten ausführlich: Von Paul Wegener, der in seiner Laudatio »kluge und freundschaftliche Worte für den Dichter fand«, der alles tat, »um die Zartheit seiner Seele zu bewahren«. Asta Nielsen wurde erwähnt, die Ringelnatz einen kleinen Lorbeerkranz auf den Kopf drückte.

Sie hatte sich nach dem Zusammentreffen mit Goebbels und

dem »Führer« und der anschließenden Aussprache mit den Freunden bei Hans Siemsen entschieden, nicht zu kapitulieren. Sie blieb in Deutschland, wo sie sich zu Hause fühlte, entschlossen, sich mit dem nationalsozialistischen Regime nicht gemein zu machen. »Man versuchte, sich auf seine Arbeit zu konzentrieren«, heißt es in ihren Erinnerungen. Ihre Arbeit, das war jetzt ausschließlich die deutsche Bühne. Nach *Unmögliche Liebe* von 1932 hat Asta Nielsen in keinem Film mehr mitgespielt. Im Oktober 1933 war Premiere im Theater am Kurfürstendamm. Mit Paul Wegener, ihrem Freund aus erfolgreichen Filmtagen, spielte sie in der Komödie *Gentlemen* von Sidney Philipps. Das Publikum strömte, um »die Asta« zu sehen.

Auch wer versuchte, im nationalsozialistischen Deutschland seinen eigenen, möglichst neutralen Weg zu gehen, musste einen Preis zahlen. Asta Nielsen hat sich nicht gescheut, diesen Kompromiss zu benennen. Nachdem alles vorbei und in Trümmern lag, wollten die alliierten Sieger sicher sein, dass in einem neuen demokratischen Deutschland möglichst wenig alte Nazis in den verschiedensten Bereichen agierten. 1947 bat Heinrich Rumpff seine Freundin Asta Nielsen in Kopenhagen, ihm zu bestätigen, dass er nie ein Nazi gewesen sei.

Sie gab eine Ehrenerklärung für den alten Freund ab: »Wir alle, die in Deutschland als Künstler oder Schriftsteller arbeiteten, waren gezwungen, einen Fragebogen auszufüllen und uns mit der Nazi-Regierung einverstanden zu erklären ...« Niemand konnte seine Hände in Unschuld waschen. Aber Asta Nielsen gab 1933 ihrer Zukunft in Deutschland eine Chance.

Die Berliner Theater waren begeistert. So kam es endlich zu der gewünschten Zusammenarbeit mit Heinrich Rumpff. Er schrieb ihr den Einakter *Angst*, in dem sie am Telefon einen nächtlichen Monolog mit ihrer weit entfernten Tochter führt, die in Lebensgefahr ist. Mit diesem Stück füllte Asta Nielsen 1934 rund sechzigmal die Scala, Berlins größtes Varieté. Im November 1933 hatte Heinrich Rumpff seine »Aufnahme-Erklärung«

für den Reichsverband Deutscher Schriftsteller ausgefüllt und mit seiner Unterschrift bekräftigt: »Ich bin arischer Abstammung … Ich erkläre mich vorbehaltlos bereit, jederzeit für das Schrifttum im Sinne der nationalen Regierung einzutreten …« Der Eingangsstempel datiert vom 2. Dezember 1933.

Der demokratische Schutzverband Deutscher Schriftsteller, den Asta Nielsen im Januar 1933 in einer Benefizveranstaltung in der Scala unterstützt hatte, war im Sommer – wie alle übrigen eigenständigen Berufsverbände in Deutschland – »gleichgeschaltet« worden und musste im NS-Reichsverband aufgehen. Der nahm nur »deutschblütige« Schriftsteller auf, und ohne diese Mitgliedschaft konnte kein Autor, keine Autorin in Deutschland seinen Beruf ausüben.

Gab es überhaupt noch einen privaten Bereich? Wie viel Zeit blieb für Gefühle, die nicht von der Krake Nationalsozialismus tangiert wurden? Gregori Chmara begegnete 1933 auf einer Gastspielreise in Paris einer Kollegin, mit der er eine neue Beziehung einging. Eine Ehe sollte nicht länger als sieben Jahre dauern, war Asta Nielsens Lebensphilosophie. Mit »Grisha« hatte sie es seit 1921 ausgehalten; nun war das Soll übererfüllt und das undramatische Ende wahrscheinlich willkommen.

30. Kapitel

EIN NEUER BEGLEITER: RUDOLF, DER GEIGER

Stimmungstief in Dänemark – Erfolgreiche Gastspiele in Berlin – Öffentlicher Appell für den verfemten Dichterfreund – Ein Taschentuch auf den Ringelnatz-Sarg

1934

Das neue Jahr begann mit einem vierwöchigen Gastspiel in Hamburg. *Die Kameliendame* und *Mrs. Dot* standen auf dem Programm. »Es gibt nicht eine Freikarte … am Hansa Theater«, erfuhr Heinrich Rumpff Mitte Januar, »ausverkaufte Häuser …« Nach Hamburg gab Asta Nielsen noch etliche Vorstellungen in den Städten im Umkreis, anschließend waren ein paar Ferientage in Dänemark geplant.

Zuvor hatte Heinrich Rumpff sie besucht: »Lieber Freund! Von Herzen Dank für die reizenden Stunden in Hamburg …« Den Freund lässt sie in ihrem Brief, geschrieben am 8. Februar 1934 in Helsingør, an ihren Gefühlen teilhaben: »Und jetzt bin ich also hier, ich wohne bei lieben Freunden, ohne die weiss ich nicht, wie ich in meiner jetzigen Sinnesstimmung weiter kommen sollte. Ich bin sehr traurig und meine Gedanken fahren planlos im Gehirn umher.« Es wäre seltsam, wenn die Ereignisse und Gespräche des vergangenen Jahres 1933 sich nicht tief in Asta Nielsens Gemüt eingegraben hätten. Sie erkrankt und wird drei Monate in Dänemark bleiben. Der Brief vom 4. März aus dem eleganten Hotel Phoenix in Kopenhagen an Heinrich Rumpff zeigt sie weiter im Stimmungstief: »Ich bin traurig und fühle mich einsam im Kreise sehr guter Freunde, und wie wird es dann anderswo werden? Es ist zu tragisch leben zu müssen ohne Lust dazu zu haben, und ohne Kraft das Leben schön zu finden …«

Das nächste Lebenszeichen kommt am 8. Mai aus Berlin, wieder an Freund Rumpff. In Dänemark hatte Asta Nielsen Angebote für Film und Theater bekommen. Doch das Niveau der Filme sei »verheerend«, und »fürs Theater habe ich die Jahreszeit für zu ungünstig gehalten«. Trotzdem zieht sie eine positive Bilanz: »Aber eine schöne Zeit habe ich dort verlebt, meine Freunde noch mehr lieb bekommen, und mit vielen Sachen, die mich seelisch bedrückten, auseinandergesetzt …« Für die Scala in Berlin habe sie noch kein Programm – »bei mir ist nicht loos«. Aber Berlin ist ihr Pflaster: »Nun sitze ich also wieder in der Fasanenstrasse, fühle mich recht wohl und bin sehr gespannt drauf, was der nächste Säson mir vom Arbeit bringen wird. Wahrscheinlich dasselbe wie früher, Nichts.« Asta Nielsen reflektiert gelassen das Auf und Ab ihrer Gefühle.

Die letzte, eher kokette Anmerkung, bewahrheitete sich nicht. Das nächste Gastspiel in Berlin wartete schon mit der Hauptrolle in *La Femme X*, dem Erfolgsstück des französischen Dramatikers Alexandre Bisson. Der Direktor der Scala hatte nach dem Erfolg des Monolog-Stückes *Angst* zu Asta Nielsens Erstaunen »Blut geleckt«. Er war überzeugt, dass sie mit der berühmten Sterbeszene aus der *Kameliendame* allein einen ganzen Abend gestalten könne. Asta Nielsen: »Der Gedanke erschien mir absurd … Nein, nie!« Der Direktor ließ sich von seiner Idee nicht abbringen. Modernste Mikrofone würden eine intime, berührende Szene möglich machen, Asta Nielsen könne mit leisester Stimme flüstern. Er setzte sich durch. Die Scala war bei jeder Vorstellung der Nielsen ausverkauft. Das Publikum lauschte atemlos – am Ende jubelnder Beifall.

In ihrem Brief vom 8. Mai taucht ein bekannter Name auf: »Gestern Abend traf ich Ringelnatz, er ist sehr herunter gekommen, sieht aus wie ein Skelett, ich glaube kaum, dass er es lange noch macht.« Am 17. Januar 1934 hatte er ein Gedicht »An Asta« geschrieben:

»Einen Gruß aus der Taverne / Aus der Ferne. Ach wie gerne /

Wären wir bei Dir. / Grüsse die, die Dich umgeben. / Lebe froh ein freies Leben / Und gedenke mir.«

Um diese Zeit bemühte sich Ringelnatz um Auftritte in Basel und Zürich, denn in Deutschland waren seine Kabarett-Auftritte entweder abgesagt oder verboten worden. Die Schweiz ließ ihn in der ersten Februarhälfte auftreten. Sein nächstes Gedicht an die Berliner Freundin, geschrieben am 2. Februar, kam aus Basel:

»Du dort, ich hier / Ich hier, Du dort / Wann kommen wir zusammen? / Verliebt, wie wilde Flammen? Du siehst die Sehnsucht heiss und tief / Diktiert mir diesen Liebesbrief. / … Sei mir gegrüsst und bleibe hold /gesinnt dem alten Trinkenbold, / Dem Menschen und dem Dichter. / Denn überall und jederzeit / Verlöschen nachts bei Dunkelheit / Die meisten Lichter.«

Er saß in Basel, vielleicht bei Nacht in einer Kneipe am Rhein, und war schrecklich einsam. Die verlöschenden Lichter standen für vieles. Inzwischen hatte er erfahren, dass Hans Siemsen, der enge Freund, zum Jahresanfang über Zürich nach Paris ins Exil gegangen war. Immer kleiner wurde der Kreis der Gleichgesinnten, immer größer die Sorge, dass die Einkünfte für das Leben mit Muschelkalk endgültig versiegten.

Als Asta Nielsen Anfang Mai Ringelnatz traf, wusste er noch nicht, wie es um ihn stand – schwere unheilbare Tuberkulose. Nur seine Frau hatten die Ärzte eingeweiht, und Muschelkalk überlegte, wie sie ohne weitere Einkünfte den notwendigen Aufenthalt in einer Heilanstalt finanzieren könnte. Am 1. Juni weihte sie Hans Siemsen ein: »Es steht sehr schlimm um den armen, kleinen, abgemagerten Ringel. … Schreibe, bitte, nichts davon … ich möchte erst nach allen erledigten Vorarbeiten R. vor die vollendete Tatsache stellen.« Wenig später wurde Ringelnatz in eine Lungenheilstätte im Osthavelland eingewiesen. Die ersten Briefe gingen an Asta Nielsen.

»Geliebteste Asta«, schrieb der Patient Ringelnatz am 9. Juni, »hier liegen Hunderte der schönsten Frauen. Ich bin in der

Frauen-Abteilung der einzige Mann. Du kannst Dir denken, was das für eine Arbeit erfordert!« Seinen Humor hatte er nicht verloren. Genau genommen meinte er die Veranda vor seinem Zimmer, zu der außer ihm auch die Frauen von der angrenzenden Frauenstation Zutritt hatten.

Er habe einen »schönen Blick auf ein kleines Paradies von Waldwiese und allerhand zahmem Getier«. Muschelkalk saß neben ihm: »Unser Herz ist voll Liebe zu Dir.« Schon zwei Tage später meldete er sich auf einen Brief von ihr: »Du schreibst so wunderschön über das stille Schlafen und Ausruhen und Kräfte sammeln. Du könntest Strassen fegen und würdest auch das tun wie eine Künstlerin erster Klasse. … Bei Dir ist so viel öfter als Du ahnst Dein Ringel.«

Am 21. Juni informiert Muschelkalk Hans Siemsen, »die Geldsache ist natürlich am schwierigsten«. Sie habe mit dem Verleger Rowohlt gesprochen und er werde bei »Verehrern« sammeln. Auf die Freunde und Freundinnen, die im Nazi-Deutschland aushielten, war Verlass, und eine Berliner Zeitung war mutig. Am 7. August 1934 erschien im *Berliner Tageblatt* ein »Appell für Ringelnatz«. Die Unterzeichner baten um finanzielle Hilfe für eine vielmonatige Behandlung und einen Krankenhausaufenthalt, da alle finanziellen Hilfsquellen erschöpft seien. Unterschrieben hatten den »Appell« unter anderen Asta Nielsen, Ernst Rowohlt und Paul Wegener. Ein Konto war angegeben, und es kamen etliche Spenden zusammen. Muschelkalk musste sich für das nächste halbe Jahr keine Sorgen machen.

Zurück zum 8. Mai 1934. Nachdem Asta Nielsen in ihrem Brief an Heinrich Rumpff von Ringelnatz erzählt hat, der »wie ein Skelett aussieht«, erwähnt sie einen zweiten Namen: »Der Mendler hat mich zwei Mal in Kopenhagen besucht, seine Violine mitgehabt, und auch dort tüchtig gearbeitet.« Da fügen sich unerwartet zwei Mosaiksteinchen zusammen. Im August 1931 hatte Asta Nielsen in einem Brief aus Hiddensee dem Ehepaar Rumpff, das kurz zuvor dort zu Besuch gewesen war, Grüße von »Rudolf« ausgerichtet, der »fleißig« sei. Im Mai 1934 lässt sich mit einer gewissen Vorsicht kombinieren, dass ein Rudolf Mendler, Geiger von Beruf, nun zu Asta Nielsens Leben gehört, und ihre Freunde sollen es wissen. Während ihres Aufenthaltes zweimal zu Asta Nielsen nach Kopenhagen zu reisen, geht über eine flüchtige Bekanntschaft hinaus. Und die Spuren mehren sich im Sommer 1934.

»Dass Rudolf so erkältet ist, geht auch nicht in Ordnung. Nimm ihn doch von München weiter mit. Nach Afrika! Ernstlich gesprochen. Ihr braucht beide meiner Ansicht nach eine ähnliche aber von weither geholte Veränderung. ... Fahrt bald. Ich wünsche Euch beiden gute Reise. Grüsse R. vielmals.« Auch Ringelnatz war informiert, als er am 11. Juni gute Ratschläge aus der Lungenheilanstalt schickte. Seine Ratschläge setzten voraus, dass Asta Nielsen und Rudolf Mendler eine feste Beziehung verbindet und der Neue inzwischen in der Freundes-Familie heimisch ist.

Aus Berlin schreibt Asta Nielsen am 6. Juni an Heinrich Rumpff: »Mendler fährt heute Abend nach Ulm ... Mit großer Freude habe ich ›Nachtexpress‹ gelesen, Mendler auch, er las bis 5 Uhr Morgens.« Nebenbei ist auch das geklärt: Rudolf Mendler lebt, wenn in Berlin, mit Asta Nielsen in der Fasanenstraße 69. Das Stichwort »Ulm« scheint Freund Rumpff bekannt zu sein, da weitere Erklärungen ausbleiben. Noch einmal Ringelnatz mit einem Brief Mitte Juli: »Hoffentlich ist Rudolf wieder im besseren Gang. Grüsse ihn herzlich. Wir ... haben gestern seinen wundervollen Portwein getrunken.« Ein Brief vom 6. August zeigt, dass Asta Nielsen mit ihrem neuen Partner im »Karusel« auf Hiddensee angekommen ist: »Rudolf hat hier große Freude von ›Duell mit Diamanten‹ ...« Er ist ein eifriger Leser und schätzt die Bücher von Heinrich Rumpff.

Diesmal sind die Inselferien nicht sehr ausgiebig. Asta Nielsen fährt über Berlin nach Kopenhagen, um ihre Tochter Jesta »bei ihrer endgültigen Hochzeit am 12ten zu überraschen«.

Das schreibt sie Heinrich Rumpff am 21. September aus Berlin, wo sie nicht allein ist: »Wir sehnen uns beide nach Euch. Gestern Abend waren wir bei Kempinski, dort sah Mendler auf der Speisekarte etwas Nachspeise …« Der Name sei so ähnlich wie »Valescu« gewesen, was die beiden an einen der erfolgreichsten Romane von Rumpff erinnerte, *Die Fürstin Volescu*.

Im September hatte Muschelkalk Ringelnatz mit Zustimmung der Ärzte beschlossen, ihren Mann zurück nach Berlin zu holen. Medizinisch gesehen war seine Lage hoffnungslos. Sie wollte es ihm in der geliebten Wohnung am Sachsenplatz behaglich machen. Dort besucht ihn Asta Nielsen, als sie von Dänemark zurück ist. Am 17. Oktober schreibt ihr Muschelkalk, der Besuch sei »sehr belebend« für Ringelnatz gewesen: »Heute Mittag haben wir Deinen Sekt getrunken … Deine Schokolade isst er auch. Sie ist so besonders gut.« Sie hoffe, ihr später einmal erzählen zu können, »wie sehr Deine Persönlichkeit (abgesehen von aller Freundschaft) sein künstlerisches Schaffen beeinflusst hat«. Sie lebten in einem »traurigen Idyll. Alles ist schön und harmonisch – aber hoffnungslos«.

Asta Nielsen ist mit ihrem Gastspiel in der Scala beschäftigt, aber an den Prioritäten ihres Lebens hält sie fest. Am 2. November erfahren Ringelnatz und seine Frau: »Ich sitze in meiner Garderobe nach der ersten Nachmittagsvorstellung und denke an Euch. Und sehne mich nach Euch! Ich habe in Mangel an Eure Besuche eine Bonbon-Schachtel auf die Bühne bringen lassen (ein Requisit, das ich brauche), Eure Schachtel: ein großes rotes Herz, das Ihr mir einmal zu Weihnachten, mit Seidenstrümpfen darin, geschenkt hat.« Was für eine geniale, einfühlsame Idee: »Dieses Herz wird mir nun jeden Tag zweimal auf die Bühne gebracht werden, und so habe ich Euch doch bei mir den ganzen Monat.« Ja, seine geliebte Asta hatte in vieler Hinsicht ein weites Herz, das Ringelnatz im März 1933 im Kreis der Freunde nach der Tee-Stunde mit Hitler und Goebbels in einem Gedicht beschworen hatte.

Am 17. November 1934 starb Joachim Ringelnatz. Zwei Tage später schrieb ein Freund: »Jetzt liegt er da wie eine kleine gelbe Wachspuppe, mit einem friedlichen kleinen Gesicht, den Kopf auf der Seit und das rechte Ärmchen unterm Gesicht. Ich war heute mit Asta da. … morgen wollen wir ihn in aller Stille den letzten Weg begleiten.« Kaum eine Handvoll Menschen versammelte sich in der Trauerhalle vom Waldfriedhof im Berliner Westen, wo die Orgel leise *La Paloma* spielte. Asta Nielsen brachte weiße Lilien mit, die Blumen, mit denen »Ringel und Muschel« sie oft überrascht hatten. Jeder wusste, woher die zwei Männer kamen, die eifrig fotografierten. Am offenen Grab warf Asta Nielsen ein Taschentuch auf den Sarg, in Erinnerung an die vielen fröhlichen Tage auf Hiddensee mit Ringelnatz und seiner Frau seit dem ersten Besuch im Sommer 1929. Auf dem Friedhof fragte sie die beiden »Fotografen« demonstrativ, ob sie die Szene vielleicht wiederholen solle.

Es war die einzige Begegnung mit Vertretern des neuen nationalsozialistischen Deutschlands im Jahre zwei der Hitler-Herrschaft. Joseph Goebbels hatte Asta Nielsens entschiedene Absage an alle Filmprojekte ernst genommen und ließ den Weltstar in Ruhe. Sie konnte erfolgreich im Theater auftreten, mit einem Repertoire, das keinerlei Referenz an die NS-Ideologie machte. Im August 1934 ernannte sich Reichskanzler Adolf Hitler nach dem Tod des Reichspräsidenten Paul von Hindenburg zum Reichspräsidenten. Im September bestätigten knapp 90 Prozent der Deutschen bei einer Volksabstimmung dieses diktatorische Vorgehen. Die große Mehrheit hatte ihren Frieden mit den neuen Herren gemacht. Alles blieb ruhig, die Arbeitslosenzahlen sanken.

Am 13. Dezember traf sich Asta Nielsen mit Heinrich und Tilla Rumpff. »Vielen Dank für gestern, wieder ein reizender Abend«, schrieb sie den beiden am nächsten Tag. Sie werde mit einem Mann über eventuelle Gastspiele im Ausland reden. Aber im Augenblick war anderes wichtiger: »Umstehend findet ihr den Brief für Hiddensee. Die Schlüssel sind also unten bei der Portiersfrau, die Bescheid bekommen hat. Also, nur die Schlüssel abholen und behalten … Und schlaft jetzt süss in meinem Bett.« Kaffee, Tee und Apfelsinen-Marmelade stünden im »Karusel« bereit. Das Jahr 1934 schloss mit einem Gefühl freundschaftlicher Verbundenheit. So konnte es weitergehen.

31. Kapitel

IN GEDANKEN SCHON IN DÄNEMARK

Der Theater-Erfolg hält an – Keine politischen Kompromisse – Lob für eine »Führer«-Rede – Von der Mehrheit beeinflusst – Kehrtwende im Dezember

1935-1936

Zum neuen Jahr schickte Asta Nielsen dem Freund Heinrich Rumpff die gute Nachricht, dass die Kurzfassung der *Kameliendame* weiterhin in der Scala auf dem Programm stand. Hinter das Datum 13. Januar setzte sie »Saarabstimmung«, ein Hinweis, dass sie die politischen Ereignisse verfolgte und mit ihren Freunden darüber im Gespräch war. An diesem Tag entschied sich die Bevölkerung des Saarlandes, das seit 1920 vom Deutschen Reich getrennt war, in einer Volksabstimmung zu 90 Prozent dafür, wieder »heim ins Reich« zu kehren, wie die Parole der Nationalsozialisten lautete.

Anfang April erlebte Asta Nielsen mit der *Kameliendame* ihre fünfzigste Aufführung in der Scala. »Die Wellen gingen hoch mit Schnäpsen und Wein«, erfuhr Heinrich Rumpff. Ein Theatererfolg reihte sich an den andern. Am 13. Februar hatte der berühmte Kollege Heinrich George, mit dem sie in den 1920ern im Film aufgetreten war, ein Telegramm aus dem Paulinenkrankenhaus geschickt: »Dir vielgeliebte asta dem grossen paule und meinem alten unermuedlichen legal den ganz grossen dauererfolg = euer epidemiker der grippe.« In der Komödie am Kurfürstendamm lief im dritten Jahr *Gentlemen* mit Asta Nielsen und Paul Wegener in den Hauptrollen, Regisseur war Ernst Legal, Intendant am Staatlichen Schauspielhaus.

Der Brief einer Verehrerin hat kein genaues Datum. Er ist für das Jahr 1935 archiviert, und das macht Sinn: »Hochverehrte gnädige Frau. Schon seit Jahren ist es mein Wunsch, Ihnen zu einer Aufführung Blumen überreichen zu dürfen, für Ihr so bewundernswertes Spiel. … Bei meinem jetzigen Hiersein will ich es jedoch nicht versäumen, Ihnen zum Zeichen meiner großen Verehrung Ihrer Kunst beigefügte Blumen zu senden. Mit freundlichem Gruß, Ihre Lilly Gräfin von Lambsdorff, Köln-Braunsfeld.« Als Absender hatte die Gräfin das Berliner Hotel Esplanade angegeben.

Der Filmschauspielerin galt ein Schreiben der Reichsfilmkammer vom 6. April. Während des Internationalen Filmkongresses im April 1935 fand in den Festsälen des Zoos ein Filmball statt. Es war »der Wunsch« von Propagandaminister Goebbels, dass sich dafür »die Filmschaffenden unbedingt zur Verfügung stellen«. Beigelegt war ein »Verpflichtungsschein« zur Teilnahme am Filmball, den Asta Nielsen »möglichst umgehend« unterschrieben zurückschicken sollte. Sie tat es nicht.

Die Freundschaft zwischen Asta Nielsen und dem Ehepaar Rumpff schloss inzwischen gegenseitige Besuche ein. In der Fasanenstraße und im »Karusel« auf Hiddensee einerseits, aber auch in Zeuthen, am Rand von Berlin, wo Heinrich und Tilla Rumpff lebten. Im Asta-Nielsen-Archiv der Universitätsbibliothek von Lund hat sich ein Gedicht von Heinrich Rumpff – »frei nach Schiller« –, »An Asta« adressiert, erhalten:

In einer Ortschaft namens Zeuthen / erschien so alle Jubeljahr / bei armen kleinen Schreibersleuten / ein Wesen, schön und wunderbar. // In Zeuthen war sie nicht geboren, / man wusste kaum, woher sie kam, / und schnell war ihre Spur verloren, / sobald sie plötzlich Abschied nahm. // Sie brachte Weine mit und Sekte, / … sowie, was sonst noch herrlich schmeckte / (Man wurde dran drei Tage satt!) // Doch war es nicht allein der Magen, // dem ihre Gegenwart tat wohl – / sie liess die Herzen höher schlagen / auch ohne Fleisch und Alkohol! // … doch ward auch oft sie heiss umschlungen – / nichts gab es, was sie länger hielt! // ... Zurück blieb nur die Freundschaftskerze, / vom echten Bienenwachs genährt, / doch überstrahlt vom Glanz der Hoffnung, / DASS BALD SIE EINMAL WIEDERKEHRT.

Wie fast jedes Jahr kam die ältere Schwester Johanne im Sommer zu Besuch aus Kopenhagen. Am 22. Juni bedankt sich Asta Nielsen bei Heinrich Rumpff für den »herrlichen Tag« mit ihm und seiner Frau: »Ich bin Ihnen sehr dankbar, dass Sie auch meiner Schwester die grosse Freude bereiten. Leider ist sie nun seit 4 Tagen weg. Ich bekam heute von ihr Brief aus Nauheim.« Auch das gehört zur Tradition: Wenn die schwer herzkranke Johanne ihre Schwester besucht, hat Asta Nielsen für sie meist eine Kur im medizinisch erstklassigen und mondänen Bad Nauheim organisiert und bezahlt. Es war eine weitere »Kaffeepartie« mit den Rumpffs geplant, »also werden wir die ohne meine Schwestern machen«. Dann jedoch fällt ihr ein: »... oder viel besser, wir warten, bis sie in einigen Wochen wieder durch Berlin kommt ...«

Die privaten Quellen lassen auf ein unaufgeregtes Jahr schließen, in dem Asta Nielsen weiter ungehindert ihrer Theaterarbeit nachgehen konnte. Im Februar und März 1935 werden überall im Reich von Mitgliedern der Nazi-Partei jüdische Geschäfte blockiert, Fensterscheiben eingeschlagen. Die Bevölkerung jedoch macht nicht mit und kauft weiter in jüdischen Geschäften.

Am 15. September, als in Nürnberg der jährliche Reichsparteitag zu Ende geht, eine Heerschau sämtlicher NS-Organisationen mit unzähligen Massenveranstaltungen, unterzeichnet Adolf Hitler das »Reichsbürgergesetz« und das »Gesetz zum Schutze des deutschen Blutes und der deutschen Ehre«. Damit werden die jüdischen Deutschen zu Bürgern zweiter Klasse gemacht, aus dem »Schutzverband des Deutschen Reiches« ausgestoßen und für vogelfrei erklärt. Eheschließungen zwischen Juden und »Staatsangehörigen deutschen oder artverwandten

Blutes« sind verboten. Wer als »Deutscher« mit einem Juden sexuelle Kontakte hat, betreibt »Rassenschande«.

Die Kirchen schweigen zu einer Gesetzgebung, die jüdischen Deutschen die Menschenwürde abspricht und ein Freibrief für Verbrechen und Barbarei ohne Einschränkungen ist. Die Presse hält sich auffällig zurück. Das *Berliner Tageblatt* hebt hervor, der Führer habe erklärt, dass diese Maßnahme das deutsche Volk »in ein erträgliches Verhältnis zum jüdischen Volk« bringen solle. Die Mehrheit der Deutschen jubelt nicht, ist aber eher erleichtert und gibt sich der Hoffnung hin, dass es nun endlich Ruhe um die »Judenfrage« geben werde. Es sind keinerlei Aussagen von Asta Nielsen zu diesem Ereignis überliefert. Aber warum sollten sie und ihre Freunde, die weiter auf eine Zukunft in diesem Land hofften, nicht ähnlich gedacht haben? In der Hoffnung, dass die geflüchteten jüdischen Freunde, die Asta Nielsen schmerzlich vermisste, sich im Exil ein besseres Leben aufbauen konnten.

1936 wurde das Jahr, in dem sich mehr Deutsche als je zuvor von Hitlers Mischung aus offensiven Bündnisbrüchen und lauthals verkündeter Friedenspolitik überzeugen ließen. Im Friedensvertrag von Versailles hatte sich Deutschland verpflichtet, keine deutschen Soldaten im Rheinland zu stationieren. Am 7. März 1936 rollen Fahrzeuge der Wehrmacht über die Rheinbrücken nach Westen, dröhnt der Gleichschritt der Soldaten durch das offiziell entmilitarisierte Rheinland. Ein klarer Verstoß gegen den Versailler Vertrag. Am selben Tag verkündet Adolf Hitler im Reichstag, Deutschland sei einer friedlichen Politik verpflichtet. England und Frankreich, die den Vertrag garantieren, setzten der aggressiven NS-Außenpolitik nichts entgegen – außer einer folgenlosen Intervention im Völkerbund. Am 14. März verkündete Hitler in einer öffentlichen Rede: »Ich gehe mit traumwandlerischer Sicherheit den Weg, den die Vorsehung mich gehen heißt.«

In der ersten Augusthälfte 1936 kam die Jugend der Welt zu

den Olympischen Spielen nach Berlin. Es wurde ein rauschendes Propagandafest für das nationalsozialistische Deutschland und erfüllte die Deutschen mit Stolz auf ihren Staat. Einen Monat später marschierten in langen Kolonnen Zehntausende von Parteigenossen auf dem jährlichen Reichsparteitag der NSDAP über das riesige Gelände in Nürnberg an der Tribüne mit dem »Führer« vorbei. Die Glocken der Kirchen läuteten. Ein Meer von fünfundzwanzigtausend Fahnen berauschte die Gäste, siebenhundertfünfzig Journalisten aus aller Welt berichteten. Wie immer hielt Adolf Hitler die Abschlussrede.

Asta Nielsen hatte den Juli 1936 bei Jesta und Schwiegersohn Paul Vermehren in Vanløse am westlichen Rand von Kopenhagen verbracht. Mit ihrer finanziellen Hilfe hatten die beiden dort ein Haus gekauft. Sie werde ab August wieder auf Hiddensee sein, hatte sie Heinrich Rumpff geschrieben, und der erhielt nun einen Brief aus dem »Karusel«: »Dann haben wir viel Freude gehabt von den Zeitungen ueber den Parteitag.« Die »Rede des Führers« nannte Asta Nielsen »glühend«, und sie müsse »doch wirklich bald allen Menschen die Einsicht geben, wie gross seine Idé ist. Er hat wirklich Recht, wenn er von sich selbst sagt, dass er ein Profet ist und glücklich das Volk, das ihn hat«. Tatsächlich sagte Hitler in seiner Nürnberger Rede: »Jahrelang bin ich in Deutschland als Prophet verlacht worden.« Aber nun könne er verkünden, dass er »diese jüdisch-sowjetische Ideenwelt in Deutschland bekämpft, besiegt und ausgerottet habe«. Für die Zukunft habe er noch große Pläne, »nichts benötigen wir dafür mehr als den Frieden«. Den Frieden im Innern und ebenso werde er sich einsetzen für die »Erhaltung des Friedens in Europa«.

Im vierten Jahr von Adolf Hitlers unumschränkter Herrschaft offenbarte Asta Nielsen ihrem Freund neue Einsichten: »Ich denke oft daran, wie schade es ist, dass ich mich nicht früher deutsch naturalisiert habe, heute konnte es wie Schmus aussehen, und wie gern hätte ich mich nicht zu der Nation gezählt, die imstande ist einen solchen Mann an die Spitze zu setzen …« Vergessen die Stunde mit Ringelnatz und den Freunden nach dem Tee, als sie Hitler und Goebbels mit klaren Worten sagte, auf welcher Seite sie stand? Vergessen ihr Freund Siegfried Kracauer, der sich mühsam im Pariser Exil durchschlug, weil er als Jude im NS-Deutschland kein Lebensrecht hatte? Vergessen Hans Siemsen, der ebenfalls nach Paris emigriert war, weil ihm als Homosexuellen das KZ drohte?

Es ist leicht, im Rückblick mit allen Kenntnissen über ein verbrecherisches Regime Asta Nielsens veränderte Einstellung im Herbst 1936 mehr als befremdlich zu empfinden. Es ist schwer, nachzufühlen und zu begreifen, wie die Mehrheit der Deutschen sich in diesen ersten vier Jahren des NS-Regimes nicht nur an die Diktatur gewöhnte, sondern sich von Adolf Hitler eine bessere Zukunft erhoffte und seinen Worten Glauben schenkte.

Nüchterne Fakten sind nicht alles. Aber sie dürfen nicht unterschätzt werden, denn sie erleichtern den Zugang in die Vergangenheit. Viele Menschen hatten 1936 das Gefühl, es ging aufwärts seit Hitlers Machtantritt 1933: im privaten Bereich, mit der wirtschaftlichen Lage im Innern und mit Deutschlands Rolle in der Welt. Im Herbst 1936 sank die Zahl der Arbeitslosen auf eine Million, 1932 waren es über drei Millionen. Aus vielen Facetten ergibt sich, dass die Welle der »Führer«-Verehrung 1936 einen Höhepunkt erreichte. Die Mehrheit der Deutschen ist von Hitlers Unfehlbarkeit überzeugt, der alle diese Verbesserungen versprochen und dann wahr gemacht hat. Von dieser generellen Stimmung wird auch Asta Nielsen in ihrem befreundeten Umfeld, das nicht aus pöbelnden Nazis, sondern kultivierten Menschen bestand, geprägt und beeinflusst worden sein.

Ihr Brief an Heinrich Rumpff aus Hiddensee enthält wieder sehr private Einblicke in ihre Gemütslage: »Ich war so ziemlich herunter, das fühlte ich erst recht, als ich in Dänemark war. Ich war plötzlich todes-müde … Jetzt bin ich recht frisch und froh. Rudolf kam Donnerstag an. … Eine Kiste Mosel als Geschenk von Rudolfs Vater ist unterwegs und gestern kamen Würste an von Ulm.« Der Kreis der Spuren um Rudolf wird enger. Sein Vater lebt in Ulm, ist eingeweiht in die Beziehung seines Sohnes zu einer berühmten Schauspielerin und schickt Zeichen seiner freundlichen Zustimmung. Ein Zusatz verrät, dass Asta Nielsen weiterhin einer Beschäftigung nachgeht, die mit den ersten Aufenthalten im »Karusel« begann: Sie hat zwei Blumenbilder gemalt.

Seit 1919 lebt und arbeitet Asta Nielsen ununterbrochen in Berlin. Sie hat seit 1933 keine nennenswerten Kompromisse an die neuen Machthaber gemacht und trotzdem Erfolg. An Kapital für ein gutes Leben fehlt es ihr nicht. Was 1933 als Experiment begann, könnte es nicht so weitergehen in der Stadt und dem Land, wo sie sich zu Hause fühlt? Auf diesem Hintergrund ist der Brief vom 9. Dezember 1936 für Außenstehende eine Überraschung: »Ich lebe schon in Gedanken nicht mehr hier sondern in Danemark, die Par Monate bis Schluss Märtz gehen ja schnell … Und vordem muss ich noch ein Tripp nach Ulm und nach Kopenhagen, um etwas passendes zu finden, sei es nun Wohnung oder Hotel. Rudolf sendet mit mir alle herzlichen Grüsse.«

Heinrich Rumpff, der Adressat, ist offensichtlich eingeweiht, darum muss Asta Nielsen ihm keine Erklärung für das geben, was sie beschlossen hat: in Berlin ihre Zelte abzubrechen und 1937 mit Sack und Pack zurück nach Kopenhagen zu ziehen. Es scheint ein kurzfristiger Entschluss gewesen zu sein, wenn sie noch keine Wohnung für ihre opulente Einrichtung gefunden hat. Ihre Schwester Johanne nutzt die letzte Gelegenheit, noch einmal nach Berlin zu kommen und durch die Kaufhäuser zu bummeln: »Ich warte mit alle Einkäufe bis meine Schwester hier ist, sie liebt über alles in Geschäfte zu gehen, und so habe ich Grund mit ihr zu gehen, was mir sonst schwer fällt.«

War es das? Endet so beiläufig eine Geschichte, die 1910 begann, als die dänische Theaterschauspielerin Asta Nielsen durch den ersten abendfüllenden Stummfilm, *Abgründe*, über Nacht zum Star wurde? Die 1911 von einem deutschen Filmkonsortium einen unglaublichen Vertrag als Hauptdarstellerin für rund dreißig Filme erhielt und durch ihre Schauspielkunst bis 1914 zusammen mit Urban Gad aus einem Kirmesvergnügen eine neue Kunstgattung schuf? Die ihre Karriere nach 1919 in der ersten deutschen Republik als Kino-Liebling von Publikum und Presse fortsetzte und mit gleichem Erfolg von der Leinwand auf Deutschlands Theaterbühnen wechselte?

Nach Kopenhagen zu reisen, um dort die Zukunft vorzubereiten, macht Sinn. Aber was zieht Asta Nielsen nach Ulm?

32. Kapitel

DAS RÄTSEL »RUDOLF« IST GELÖST

Mit Rudolf in Kopenhagen – Bei Dr. Mendler in Ulm – Der lange schwere Abschied – Wanderung mit Rudolf im Chiemgau – Die neue Wohnung: Weihnachten in Kopenhagen

1937

Das neue Jahr beginnt für Asta Nielsen und Rudolf Mendler im Turist Hotel in Kopenhagen. Heinrich Rumpff schickt Fotos von gemeinsamen Treffen; diese Freundschaft wird von Dauer sein, egal wo man sich befindet. Am 1. Februar schreibt ihm die Freundin, dass sie beide morgen nach Berlin kommen wollen, »ich habe ja fürchterlich viel in der kommenden Zeit in Berlin zu erledigen …«. Zwar liege Schwester Johanne wieder einmal im Krankenhaus, sei aber auf dem Wege der Besserung und werde bald wieder nach Hause entlassen.

In Berlin wird Asta Nielsen krank. Lis und Wolfgang Goetz wird sie später schreiben, sie habe sich deshalb im Frühjahr nicht melden können. Dafür bekommen die beiden von der Freundin einen zwei Seiten langen Brief mit dem Poststempel vom 4. Juni 1937, Absender: »Nielsen, z. Zt. Dr. Mendler – Ulm-Donau«. Sie sei nach Ulm gereist, »wo ich in ärztlicher Behandlung bin bei Mendlers Vater. Ich kam so ziemlich schwach hier an, da ich auf dem Bahnhof – München – einen Schwächeanfall bekam und ins Sanitäts-Lokal musste. Nun habe ich einige Tage im Bett hier verbracht und habe sehr gute Pflege und bin schon besser.« Mit diesem hier erstmals zitierten Brief aus dem Archiv der Akademie der Schönen Künste in Berlin ist der überzeugende Schlussstein zu einem Puzzle gefunden, um dessen Lösung sich die Asta-Nielsen-Recherchen bisher vergeblich bemüht haben.

In der dänischen Asta-Nielsen-Biografie von Poul Malmkjær wird ein »gewisser Rudolf, Geiger« erwähnt, der eine kurze Bekanntschaft ohne Bedeutung für Asta Nielsen gewesen sei; da der Nachname fehlt, taucht dieser Rudolf im Namensregister nicht auf. Noch 2016 fragte eine dänische Journalistin in einem Radiobeitrag über Asta Nielsen für den Norddeutschen Rundfunk die Experten: Wer ist Rudolf? – und bekam keine überzeugende Antwort, »unwichtig«.

Aus den vorangegangenen Briefen, die wie die folgenden hier erstmals zitiert werden, ging schon eindeutig hervor, dass Rudolf Mendler und Asta Nielsen wahrscheinlich seit 1931 eine Verbindung eingegangen sind, die keineswegs unbedeutend war. Mit Asta Nielsens Brief aus der Ulmer Privat-Villa des Chirurgen Dr. Alfred Mendler ist Rudolfs Herkunft eindeutig geklärt. Ein weißer Fleck im Privatleben des Weltstars kann endgültig mit Fakten ausgefüllt werden.

Rudolf Mendler wurde am 22. November 1907 in Ulm als Sohn von Alfred Mendler und seiner Frau Johanna geboren. Er studierte Geige in München und Berlin, dort in der Meisterklasse von Georg Kulenkampff. Als Herbert von Karajan 1929 Konzertmeister am Ulmer Theater wurde, übernahm der zweiundzwanzigjährige Mendler die Stelle als zweiter Kapellmeister. Wie lange, ist nicht dokumentiert. Rudolf Mendler selbst spricht in einem Interview 1996 von einem Jahr. Über eine Berufsausübung in den folgenden Jahren bis 1939 ist nichts bekannt. Angesichts des Zusammenlebens mit Asta Nielsen in Berlin und Hiddensee und etlicher Reisen ist eine regelmäßige Orchestertätigkeit kaum vorstellbar, auch wenn Mendler stets eifrig geübt hat. Asta Nielsen hatte in ihrem Zusammenleben mit Gregori Chmara gezeigt, dass sie selbstbewusst genug war, in einer Beziehung der Hauptverdiener zu sein, und dass ihr Lebenspartner fast dreißig Jahre jünger war, warum denn nicht?

Dass die Patientin Asta Nielsen nicht im Johanneum, der Privatklinik von Dr. Mendler in Ulm untergebracht ist, sondern in der Mendler-Villa am Galgenberg, zeugt von einer Sonderbehandlung: »Ich sitze jetzt hier auf dem Galgenberg und schaue hinunter auf das schöne Würtemberg, einmal stand ein Galgen hier, heute habe ich das Gefühl, die steht immer noch da, nur von Bäumen verdeckt; wann wird der Winter kommen??« Das Verhältnis von Alfred Mendler und seiner Frau Johanna zu der Geliebten ihres ältesten Sohnes war offensichtlich zwiespältig. Die Befürchtung, dass diese Liebe den begabten Rudolf Mendler von einer Karriere als Geiger abhielt, lässt sich nachvollziehen. Und welche Zukunft konnte es für dieses ungleiche Paar geben?

Im Sommer 1936 waren Wein und Würste als Geschenk aus Ulm im »Karusel« angekommen. Im Februar 1937 schrieb Asta Nielsen in einem Brief aus Kopenhagen an Heinrich Rumpff: »Rudolfs Eltern wissen nicht, dass er hier ist ...« Im Juni dagegen war Dr. Mendler stolz auf seine berühmte Patientin. Asta Nielsen zierte sich nicht, ihn auf seine Bitte hin zum Gasthaus »Löwen« im nahen Oberdischingen zu begleiten, wo sich zweimal wöchentlich Lehrer, Pfarrer, Apotheker und Ärzte zu geselliger Runde trafen und in deftigem schwäbischen Dialekt parlierten. Ein Teilnehmer hat die ungewöhnliche Begegnung in Reime gegossen: »Und die Asta blicket stumm / um den ganzen Tisch herum. / Ach was sind doch diese Schwaben / ganz besonders wüste Knaben.«

Rudolf Mendler wuchs in einer bürgerlichen Familie mit künstlerischem Horizont auf. Sein Vater war nicht nur ein weit über Ulm hinaus anerkannter Mediziner, sondern auch ein begabter Maler. Ab den 1920er Jahren erregte er mit kantigen großformatigen Bildnissen Aufsehen und bekam 1925 eine Ausstellung im Ulmer Kunstverein. Er war ein schwäbisches Original, das sich mit großer Hingabe den kleinen Leuten unter seinen Patienten widmete. Er spielte Cello und seine Frau Johanna ausgezeichnet Klavier. Dass Asta Nielsen sich in seine Behandlung begab, spricht für ihr Vertrauen in seine medizinischen Kenntnisse, aber auch dafür, dass sie sich in der Mendler-Familie gut aufgehoben fühlte. Sie hat ihrem Maler-Arzt sogar Modell für ein großformatiges Bild gestanden.

Während ihrer Behandlung fern vom hektischen Berlin kreuzte sich die Bilanz der Vergangenheit mit dem Blick in die Zukunft: »Ach, welche Zeiten! Alles vorbei was das Leben in vielen Jahren bedeutete«, schrieb sie Lis und Wolfgang Goetz. »Man kann es kaum fassen. … Aber ich hoffe auf ein Aufwachen am anderen Ufer. Wenn ich nur Kraft dazu habe nach diesem auf Krankheit reichen Winter. … Ich denke oft an Euch … und bin Euch stets im Herzen dankbar für alle guten Stunden, die zu Monaten und Jahren wurden, und die ich immer in Liebe erinnern werde.« Worte, die den Abschied leichter machen sollen, aber nichts erklären. Warum will sie gerade jetzt Deutschland verlassen? Nur eines wird deutlich: Asta Nielsen, die in ihrem Leben oft klare Entscheidungen getroffen hat, scheut an diesem Wendepunkt ihres Lebens einen radikalen Schnitt.

In ihren Erinnerungen liest es sich anders. Sie sei während einer Pause des Theaterstücks *Gentlemen* nach draußen gegangen, um im verdunkelten Berlin die Luftwaffenmanöver am mondhellen Himmel zu verfolgen. Plötzlich wird sie an Ängste während des Fluchtversuchs aus Berlin im August 1914 erinnert: »Ich wusste mit einemmal, dass meine bangsten Ahnungen bald Wirklichkeit würden.« Sie spürte, »dass sie zum letzten Mal in einem Land arbeitete, dessen neuem Regime es innerhalb kurzer Zeit gelungen war, in mir ein ganz neues Gefühl zu erzeugen: Hass.«

Und sie entschied: »Fort, solange noch Zeit ist. Heim in das kleine Dänemark … Alle Brücken hinter sich abbrechen. Was hat man in einem Land zu suchen, das einem fremd geworden ist. So ging es wieder heimwarts, diesmal zurück über das Meer nach Dänemark. Freunde und Arbeit ließ ich zurück …« Das sind ihre Argumente für die Öffentlichkeit. Wahrscheinlich hat sie mit ihren Freunden offen darüber gesprochen. Doch diese Überlegungen gehören in keine Briefe.

Der zweite Band von Asta Nielsens Autobiografie *Die zehnte Muse* endet mit ihrer Zeit in Berlin und erscheint 1946. Da liegt die Befreiung Dänemarks von vier Jahren deutscher Besetzung gerade ein Jahr zurück. Was für eine Zumutung wäre es gewesen, den Dänen zu erzählen, wie schmerzhaft für den Weltstar die Trennung von einem Deutschland war, in dem sie sich lange vor den Nazis zu Hause fühlte. Niemand hätte verstanden, dass sie 1937 die Endgültigkeit ihres Abschieds nicht wahrhaben wollte, und mehrmals zu den Menschen und den Landschaften zurückkehrte, an denen ihr Herz hing. Da weder Urban Gad noch Freddy Wingaardh oder Gregori Chmara in ihren Erinnerungen als Ehemänner oder Partner erwähnt werden, ist natürlich auch für Rudolf Mendler kein Platz und nicht für Gefühle, die sie in den 1930er Jahren doppelt an dieses Land binden.

Der Kreis der vertrauten Freunde hatte sich naturgemäß in Deutschland gebildet. Ihnen konnte sie sagen und schreiben, was ihr Herz bewegte. Diesen Kontakt wollte Asta Nielsen auf keinen Fall verlieren. Ihre Wunschvorstellung: trotz ihres neuen Wohnsitzes in Kopenhagen die Freunde in Deutschland weiterhin durch Reisen in ihr Leben einzubeziehen. Und wo konnte Rudolf Mendler seinen Platz haben? Lieber nicht zu weit in die Zukunft schauen. In ihrem Brief vom 4. Juni 1937 an das Ehepaar Goetz heißt es, bevor der Winter kommt, »müssen wir uns sehen, ich bleibe bestimmt ein Par Tage in Berlin auf dem Heimweg nach Dänemark …«. Zuerst aber haben Asta Nielsen und Rudolf Mendler nach der vierwöchigen Behandlung bei Rudolfs Vater Zeit für einen Urlaub zu zweit im Chiemgau.

Im Gasthof zur Post in Aschau schreibt Asta Nielsen am 7. Juli an Heinrich Rumpff, dessen Brief ihr aus Ulm nachgeschickt wurde. Sie fände es sehr schön, wenn er mit seiner Frau im »Karusel« Urlaub machen würde: »Jesta fährt morgen nach Kopenhagen und nimmt Schlussel für alle Schraenke mit. Aber Hausschlussel hat Tischler Malmke in Vitte. … Mitnehmen müsst ihr Wäsche und Bestecke.« In Asta Nielsens Briefen an die Freunde fehlt es in der Regel nicht an persönlichen Einblicken: »Uns geht es schon sehr gut – Lungen nichts los, Herz zu schwach und Blutdruck zu niedrig. Höhenluft sehr gut. … Wir spazieren viel …« Eine Realität wird nicht verschwiegen: »Wir sind beide zu dick in Ulm geworden, dort isst man zu gut und zu viel und durch das viele Ruhen bin ich auf 140 Pfund gekommen, das eben nicht.« Es folgt ein pikanter »Nachtrag«: »Schreibe bitte Frau Mendler, hier gibt es nämlich nur Doppeltzimmer.«

Schon einen Tag danach geht wieder ein Brief an das Ehepaar Rumpff. Asta Nielsen hatte keine Ahnung, dass »Paul und Jesta eigensinnig waren und eine Wand eingerissen haben«, weshalb es im »Karusel« von Handwerkern wimmelt: »Unmöglich für Euch, dort zu sein. … Ich bin sehr böse auf Jesta, dass sie so eigenmächtig handelt…« Ob sie die Freunde Rumpff und Goetz bei ihrem Aufenthalt in Berlin auf dem Rückweg von Süddeutschland wirklich getroffen hat, dazu gibt es keine Quellen. Aber spätestens jetzt wird Asta Nielsen den Transport aller ihrer Möbel, Antiquitäten und Erinnerungsstücke nach Kopenhagen organisiert haben.

Dort hatte sie inzwischen eine Wohnung gemietet, H.C. Ørsteds Vej 10, im vierten Stock; eine breite Straße mit stattlichen Häusern. Sie liegt südlich vom Arbeiterviertel Nørrebro und die Nummer 10 ist nicht weit vom Gammel Kongevej entfernt, wo Asta Nielsen 1881 auf die Welt kam. Das erste erhaltene Dokument aus der neuen Wohnung ist eine Karte vom 23. Dezember 1937 an »Herrn und Frau Goetz«: »Liebe Freunde. Alle herzlichen Weihnachtsgrüsse und alle guten Wünsche für Euch in 1938 in der Hoffnung, dass wir uns bald wiedersehen. In alter, treuer Liebe, Eure Asta.« Keine Grüße von Rudolf

Mendler; er hat den endgültigen Aufbruch nach Kopenhagen nicht mitgemacht. Und dafür sprechen gute Gründe.

Asta Nielsen kannte ihre Landsleute, die keineswegs so liberal waren, wie der moderne Mythos es vorgab. Die dänische Gesellschaft schätzte ihre konservative Familientradition. Kopenhagen war nicht Berlin, keine Weltstadt, wo die Einwohner, Männer wie Frauen, unbehelligt einem freizügigen Lebenswandel nachgehen konnten. Asta Nielsen hatte den Kontakt nach Dänemark nie abreißen lassen; sie hatte Freunde und Bekannte in der Hauptstadt, unter Theaterleuten, Künstlern und Journalisten. Denen wird sie mitgeteilt haben, dass sie 1937 Berlin – und damit Hitler-Deutschland – endgültig verlässt und zurück nach Kopenhagen kommt. Ein dänischer Weltstar kehrte heim in das Land, wo alle gleich waren und niemand etwas Besonderes sein durfte. Asta Nielsen wusste, warum sie nicht in Begleitung eines jungen deutschen Liebhabers in den Ørsteds Vej einzog.

33. Kapitel

DIE UNFASSBARE STILLE DES TODES

Sommer mit Johanne, Isi und Rudolf auf Hiddensee – Johanne stirbt – Trost in Berlin – Wanderung mit Rudolf durch Tirol – Über Berlin nach Kopenhagen – Der Zweite Weltkrieg bricht aus – Im Oktober auf einer dänischen Bühne

1938-1939

Der neue Lebensabschnitt in Dänemark begann mit einem guten Omen. Die Zeitung *Politiken* organisierte jedes Jahr ein Weihnachtskonzert. Im Dezember 1937 wurde Asta Nielsen eingeladen, einen Prolog von Kaj Munk vorzulesen, eine freundliche Willkommensgeste. Munk, 1898 geboren, Pastor, Schriftsteller, Dichter, Dramaturg, Journalist war seit Beginn der 1930er der Star der dänischen Literaturszene. Als Asta Nielsen auf der Feier eintraf, begegnete sie vielen, ihr wohlbekannten Schauspielerkollegen; die schauten sie irritiert an. Alle trugen mindestens einen Orden. Nur sie hatte keinen; da musste der dänische Weltstar heimlich schmunzeln.

Ihr offizieller Lebensmittelpunkt war nun Kopenhagen. Aber hatte Asta Nielsen wirklich alle Brücken abgebrochen? Am 15. Januar 1938 schrieb die Reichsfilmkammer Berlin an ihre neue Adresse: »Wir möchten hierdurch unverbindlich bei Ihnen anfragen, ob Sie allenfalls ab Mitte Februar bis Ende März für einen hier in Deutschland zu drehenden Film frei wären. Es handelt sich hierbei um eine sehr schöne Rolle … Mit deutschem Gruß!« Ob Asta Nielsen auf diese Anfrage geantwortet hat? Erhalten hat sich nichts Konkretes. Nur dass sie im August Heinrich Rumpff mitteilte, es gäbe wieder Filmpläne, sie sei aber sehr kritisch – »ich kenne die Branche«. Ihr Name solle nie und nirgends in Verbindung mit dem Film genannt werden. Das war noch einmal eine entschiedene Absage.

»Ich glaube nicht, dass es – vor der Hitlerzeit – irgendeine Stadt in der Welt gegeben hat, in der das Frühjahr eine so überwältigende Pracht von blühenden Kastanienbäumen bot wie in Berlin. Straßen, Wege und Boulevards explodierten in einer Orgie von gelb-weiß-rot blühenden Baumkronen. … Wie habe ich diese Stadt geliebt!« Am 2. Januar 1949 veröffentlichte die Zeitung *Nationaltidende Søndag* die Novelle *Ein Tag im Paradies* von Asta Nielsen, in der sie eine autobiografische Begebenheit aus ihrer Berliner Zeit erzählt und mit einer Liebeserklärung an Berlin beginnt. Am 20. April 1938 schreibt sie aus Kopenhagen dem Freund Heinrich Rumpff: »Übrigens komme ich nach Berlin im Maj.« Es sind nicht nur die Kastanienbäume, die sie zurücklocken: »Im Juni gehe ich nach Hiddensee, wo meine Schwester und ihre Freundin meine Gäste im Juni sind, dann kommt Rudolf hin, er war jetzt hier in 9 Wochen.«

Eine gute Nachricht: Zurückgekommen in die alte Heimat ist sie als selbstbewusste moderne Frau, die ihren Weg allein geht. Aber als Gäste kann sie empfangen, wen sie will. Und so hat Asta Nielsen den Beginn des ersten dänischen Frühlings nach der Rückkehr in ihrer neuen Wohnung in Kopenhagen mit Rudolf Mendler verbracht. Den Frühlingsabschluss wird sie in Berlin erleben und den Sommer 1938 – wie gewohnt – im geliebten »Karusel«. Asta Nielsen hat längst nicht alle Brücken abgebrochen.

»Die Tage gleiten schön dahin in Sonne und Ruhe. Ich denke nur mit Schrecken an den Tag, wo ich wider nach der Stadt dampfen muss.« Es ist Mitte August, und Heinrich Rumpff erfährt, dass Asta Nielsen, Schwester Johanne und deren Partnerin Isi Andersen »es sehr gut Miteinander hatten«. Sie »saßen am Kamin und spielten Bridge … Dann kam Rudolf«. Nach drei Wochen fuhren die beiden Frauen zurück nach Dänemark. Am 13. September schreibt Asta Nielsen schon wieder aus Kopenhagen: »Musste Ferien wegen Erkrankung der Schwester abbrechen – die arme hat einen Schlaganfall erlitten ... so geht es nun 16 Jahr, immer und wieder musste ich über Hals und Kopf abfahren in Todesangst ...«

Asta Nielsen lässt den Freund wieder an ihrer Stimmung teilhaben. In der Zwischenzeit sei ein Angebot vom Kurfürstendamm-Theater bekommen. Aber »Stück und Rolle waren unter jeder Kritik«, sie habe abgelehnt: »Nun sitze ich also wieder hier, ohne Freude, ich kann mich einfach nicht hier zurecht finden.« Gut, dass sie deutsche Freunde hat, mit denen sie offen reden kann.

Wider Erwarten stabilisierte sich Johannes Gesundheit, sie war auf dem Weg der Besserung: »Aber währenddessen starb ganz plötzlich und völlig unerwartet ihre Freundin, mit der sie 30 Jahre zusammen gewohnt war, ...« Davon erfährt Heinrich Rumpff in einem langen Rückblick am 11. Januar 1939. Sie sei mit den Nerven völlig »runter« gewesen. Weshalb Asta Nielsen hoffte, dass eine Reise nach Berlin ihr »gut tun« würde.

Diese Reise fand im Spätherbst 1938 statt. Doch statt Erholung ging das Drama weiter: »Dort traf ich Rudolf vollkommen aufgelöst vor Erkältung, ich wurde angesteckt und bekam Mittelohrentzündung, war vollkommen taub in 4 Wochen und beinahe verrückt.« Als sie sich besser fühlt, fährt Asta Nielsen zurück nach Kopenhagen, freut sich auf Weihnachten mit der Schwester – »und finde sie kranker als jeh. Nach zwei grauenhafte Tag und Nächte musste ich sie wieder ins Krankenhaus bringen, und dort liegt sie immer noch und kämpft mit dem Tode.« Asta Nielsen vergisst in ihrem Schmerz nicht, dass noch andere betroffen sind: »Es tut mir auch so sehr leid für Jesta, ihr junges Leben wird all zu viel überschattet von diesem ewigen Angst und Krankheit. Auch Rudolf ist doch jung ... Es war genug, was er mit mir in Berlin jetzt durchmachen musste. Momentan ist er in Ulm.« Asta Nielsen jedoch gibt nicht auf: »Ich sende Euch alle meine herzlichsten Grüsse in der Hoffnung, dass man sich trotz aller Qual wieder einmal froh begegnet. Ich umarme Euch in alter Liebe. Eure Asta.«

Bei solchem persönlichen Schmerz wird die große Politik zur Nebensache. Da zählt es nicht, dass am 12. März 1938 auf Befehl Hitlers die Wehrmacht in die unabhängige Republik Österreich einmarschierte. Die Glocken läuteten, die Menschen standen dicht an dicht die Wege entlang, warfen den Soldaten Blumen zu. Am 15. März jubelten auf dem Heldenplatz Zehntausende ohrenbetäubend, als Adolf Hitler von einem Balkon der Hofburg verkündete: »Als Führer und Reichskanzler der deutschen Nation und des Reiches melde ich vor der Geschichte nunmehr den Eintritt meiner Heimat in das Deutsche Reich.« Wenn die Österreicher augenscheinlich einverstanden waren, warum sollten England und Frankreich gegen diese illegale Annektion protestieren?

Zwei Tage zuvor war in der Reichsschrifttumskammer in Berlin der Aufnahmeantrag von Heinrich Rumpff eingegangen. Er war Ende 1933 Mitglied im Reichsverband deutscher Schriftsteller geworden, eine Zwangsmaßnahme, ohne die er im Hitler-Deutschland nicht arbeiten konnte. Das reichte eigentlich, aber er wollte sich wohl doppelt rückversichern. Jetzt schickte er einen langen Lebenslauf, der ihn als Kriegsfreiwilligen im Ersten Weltkrieg, siebzehn Jahre alt, auswies. Am Ende bekannte er, erst »der Kampf und das Werk unseres Führers« habe ihm die Augen geöffnet, »dass jeder deutsche Mensch auch ein politischer Mensch sein muss«. Er sei »ewig dankbar«, dass die »Erhebung von 1933« bei ihm die Erkenntnis auslöste, »nicht nur für sich selbst, sondern, soweit die Kräfte reichen, für die Volksgemeinschaft und also für Deutschland zu schaffen«. Ob diese Floskeln aus Überzeugung geschrieben wurden?

In der Nacht vom 9. auf den 10. November 1938 zogen in ganz Deutschland Schlägertrupps der SA und SS auf geheimen Befehl los, schlugen Schaufenster jüdischer Geschäfte mit Eisenstangen ein, steckten über 100 Synagogen in Brand, verhafteten rund 3000 deutsche Juden auf der Straße und in ihren Wohnungen. Fast 100 Männer starben an den Misshandlungen. In Berlin gehörten der Kurfürstendamm, Charlottenburg und Wilmersdorf zu den Zentren der brutalen Überfälle. Menschen sammelten sich in den Straßen, schauten stumm dem Zerstörungswerk in dieser »Reichsprogrom-Nacht« zu.

Es ist gut möglich, dass Asta Nielsen um diese Zeit in Berlin war, wo der kranke Rudolf und ihre eigene Krankheit erst einmal alle Hoffnungen, dass die Distanz zu Kopenhagen und der kranken Schwester sie wieder aufrichten würde, zunichtemachten. Dazu noch das Elend draußen auf den Straßen bedenken und sich davon berühren lassen? Wohl eher nicht, zumal Asta Nielsen sich die Liebe zu dem Deutschland, das sie kannte und das ein anderes war, nicht nehmen lassen wollte. Die Brücken blieben weiterhin bestehen.

»Nun liegt sie in ihrem Sarg mit einem Kranz im blonden Haar; ein leichtes Lächeln liegt um ihren Mund, und sie sieht aus wie früher, als sie ganz jung war. … Ich bin lange ganz allein mit ihr in der Kirche, und sie füllt den ganzen Raum mit der unfassbaren Stille des Todes.« Johanne Nielsen starb am 7. Februar 1939 in einem Kopenhagener Krankenhaus; Asta Nielsen hatte die letzten Nächte am Bett ihrer Schwester verbracht. Wohin mit ihrer unendlichen Trauer um den Menschen, der in ihrem Leben, neben Jesta, der wichtigste war? Asta Nielsen zog es in ihrem Schmerz zurück an den Ort, wo sie glücklich gewesen war und auch Johanne, die so gern durch die Berliner Kaufhäuser schlenderte.

Am 23. März 1939 schreibt Asta Nielsen im Hotel Roxy am Kurfürstendamm einen Brief an Anne Schluck, seit vielen Jahren der gute Geist, der sich auf Hiddensee um das »Karusel« kümmert: »Ich liege im Bett einige Tage, habe mich in Berlin wieder erkältet. Ein sehr trauriger Winter habe ich hinter mir. Im Sept. starb Frl. Andersen, die Freundin meiner Schwester, und jetzt vor einigen Wochen habe ich auch meine liebe Schwester begraben. Alle beide, die ich so sehr liebte, und die meine einzigen waren, habe ich so schnell verloren.« Aber sie hat auch schon die Zukunft im Kopf: »Mendler und ich beabsichtigen wieder im Sommer nach Hiddensee zu fahren, aber man weiß ja nicht, ob es so kommt, alles ändert sich so schnell. Nachtrag: Ich bleibe hier bis ersten April.«

Alles ändert sich so schnell: Das war nicht ins Blaue gesagt. Nur eine Woche zuvor, in der Morgendämmerung des 15. März, überschritt die Reichswehr die Grenze zwischen Deutschland und der Tschechoslowakei. Schon um 9 Uhr in der Frühe dröhnten die Marschschritte deutscher Soldaten durch Prag, am Straßenrand die weinende, verzweifelte Bevölkerung, die gegen die gewaltbereite Übermacht der Besatzer keinen Widerstand wagte. Die Tschechoslowakei hatte als Staat aufgehört zu existieren und war gegen alles Völkerrecht zu einer Kolonie Großdeutschlands degradiert worden. Europas Demokratien schritten nicht ein.

Ob die steigende politische Spannung und die Ungewissheit über die zukünftige Situation an Deutschlands östlicher Grenze den Ausschlag gab, dass Asta Nielsen und Rudolf Mendler ihre Urlaubspläne änderten und statt nach Hiddensee südwärts in die Alpen reisten? Mit dem Poststempel vom 18. Juli 1939 hat eine Karte vom Wolfgangsee an Wolfgang und Lis Goetz die Zeit überdauert: »Liebe Freunde. Nun bin ich also wieder hier. Wie alles sich verändert hat. Ich war in unserer alten Kneipe … Rudolf und ich sprachen sehr viel von Euch. – Zwei Woche durch Tirol, jetzt Wolfgangsee – Dann geht es nach Ulm. Hoffentlich sehen wir uns auf meiner Durchreise in Berlin. Herzl. Grüße Rudolf und Asta.« Wieder sind es vertraute Orte, die Asta Nielsen aufsucht, in einer Zeit, in der nichts mehr sicher ist. Auf der Rückreise nach Kopenhagen ist ein Stopp in Berlin geplant, während Rudolf bei seinen Eltern in der Villa am Ulmer Galgenberg bleibt. Eine Station, die für Asta Nielsen Erinnerungen heraufbeschwört. Zwei Jahre ist es her, dass Rudolfs

Vater dort ihre labile Gesundheit wieder ins Gleichgewicht brachte.

Am 29. August geht ein Brief aus Kopenhagen an Heinrich und Tilla Rumpff. Asta Nielsen dankt für deren »kleine Visite« in der Hauptstadt: »Leider gelang es mir nicht Euch nochmals zu sehen … Nun bin ich also wieder daheim.« Erstmals durchzieht ein wehmütiger Abschiedsschmerz ihren Brief, ein Hauch von Endgültigkeit: »Ich wünsche Euch alles Gute für Euch alle, für Eures Land und Folk, möchte alles so ausgehen, wie Ihr und ich das wünsche. Ich verlasse Rudolf mit schwerem Herzen, ob man sich überhaupt wieder sieht? Ach, ich habe ja so wenig noch im Leben, soll ich nun auch das verlieren?«

Drei Tage später, am 1. September 1939, gab das Oberkommando der Wehrmacht bekannt: »Auf Befehl des Führers und obersten Befehlshabers hat die Wehrmacht den aktiven Schutz des Reiches übernommen …« Tatsächlich hatten um drei Uhr morgens rund 1,5 Millionen deutsche Soldaten, seit Wochen in Bereitschaftsstellungen gebracht, von Ostpreußen, Pommern und Böhmen aus die polnische Grenze durchbrochen. Diesmal sahen Frankreich und England nicht mehr tatenlos zu, wie Hitler ein freies Land überfiel. Sie erklärten am 3. September dem Deutschen Reich den Krieg. Deutschlands politische Führung hatte – in tatkräftiger Zusammenarbeit mit den Generälen und Offizieren der Wehrmacht – den Zweiten Weltkrieg entfesselt.

Asta Nielsens Brief drei Tage vor dem Kriegsausbruch erzählt von einem doppelten Abschiedsschmerz. Nach den Freunden, die sie in Deutschland zurückgelassen hat, zusammen mit Rudolf, ihrem Geliebten, wird sie jetzt in Kopenhagen endgültig mit dem anderen, privaten Verlust konfrontiert: »Ich kann überhaupt nicht fassen, dass ich meine reizende Schwester und ihre gute Freundin nie mehr sehen soll, das Leben ist so grausam, ganz unverständlich. Jesta hat das Haus in Ordnung gebracht, und Paul war am Bahn mich abzuholen, auch Jesta trauert sehr, sie war ja in den letzten 5 Jahren sehr viel mit meiner Schwester zusammen.« Die Theater in Kopenhagen hätten die Wintersaison mit vielen interessanten Stücken eröffnet, doch sie habe wenig Interesse.

Und dann das Unerwartete. Am 27. Oktober ist im Folketeatret von Kopenhagen die Premiere des Lustspiels *Tony zeichnet ein Pferd* von Lesley Storm, Pseudonym der schottischen Schriftstellerin Mabel Cowie, in der weiblichen Hauptrolle Asta Nielsen. Dreißig Jahre nach ihrem letzten Auftreten im Dagmar Teatret steht sie erstmals wieder auf einer dänischen Bühne. Es war ein Erfolg, auch wenn sie ihn selber nicht genießen konnte. Sie habe nur Tod und Krankheit im Kopf, schrieb sie Heinrich Rumpff am 24. November. Die Krankheit betraf einen Ohrenkatarrh, den sie seit dem vergangenen Winter in Berlin nicht richtig auskuriert hatte.

Ihr linkes Ohr war nach eigenen Aussagen seit ihrem neunten Lebensjahr taub. Es gab Abende, an denen sie auf der Bühne des Folketeatret spielte, sich nicht mehr an ihren Text erinnerte und die Souffleuse ihr nicht weiterhelfen konnte. Aber Asta Nielsen war routiniert genug, solche Ausfälle zu überbrücken. Seit vier Wochen ginge es ihr viel besser, erfuhr Freund Rumpff, weil ein Ohrenarzt täglich Spülungen machte. Von Rudolf habe sie seit dem 2. November nichts mehr gehört. Wie zum eigenen Trost fügte sie hinzu, die Post sei nicht mehr so regelmäßig wie früher.

Mit dem Poststempel vom 12. Dezember 1939 ging eine winzige Karte, auf der ein Wichtel Wurst im Topf anrührt, aus Kopenhagen an das Ehepaar Goetz: »Liebe Freunde. Alle herzliche Weihnachtsgrüsse und gute Wünsche für 1940 sendet Eure Asta.« Kein hoffnungsvolles Wort über ein mögliches Wiedersehen im neuen Jahr. Der Krieg hat sich als mächtiges Hindernis auf die Verbindungen zwischen Ländern und Menschen gelegt.

34. Kapitel

DER WELTSTAR ZIEHT SICH ZURÜCK

Dänemark unter deutscher Besatzung – Film-Freunde aus Berlin bei den Besatzern – Blieb ihre Türe verschlossen? – Keine Nachrichten von Rudolf – Die dänische Filmindustrie auf Kollaborationskurs – Arbeit an der Autobiografie – Interview einer dänischen Patriotin

1940-1944

Am 9. April 1940 kurz vor 4 Uhr morgens fuhr ein Truppentransporter der deutschen Wehrmacht gegen alles Völkerrecht in den Hafen von Kopenhagen. Um 5 Uhr 15 durchbrachen deutsche Soldaten an sieben Stellen die deutsch-dänische Grenze auf dem Festland. Aus Berlin kam ein Ultimatum, Dänemark solle sich ergeben, andernfalls würde das Land mit Krieg überzogen. Um 6 Uhr trafen sich die wichtigsten Minister und Militärs im Vorzimmer von König Christian X. in Schloss Amalienborg mitten in Kopenhagen. Um 7 Uhr 20 erging von dort an das dänische Heer der Befehl, jeden Widerstand einzustellen; gegen den übermächtigen, brutalen Feind hatte das kleine Land keine Chance. Sofort rückten die deutschen Truppen bis nach Skagen vor und hatten damit ganz Jütland besetzt.

Die dänische Bevölkerung wurde ebenfalls am 9. April aufgerufen, gegenüber den deutschen Truppen keinen Widerstand zu leisten. »Ruhe und Ordnung« sei jetzt die erste Bürgerpflicht. Die Menschen waren wie betäubt, nahmen das Unabänderliche ruhig und passiv hin. Am selben Tag wurde auch Norwegen von den deutschen Truppen überfallen, am 10. Mai die Niederlande, Luxemburg, Belgien und Frankreich. Die NS-Diktatur hatte endgültig ihr wahres Gesicht gezeigt.

Im Fall Dänemarks machten die Besatzer eine Ausnahme und ernannten keine deutsche Verwaltung. Formell wurde die Souveränität des Landes nicht angetastet. Die dänische Regierung blieb im Amt, der König wurde nicht abgesetzt. Die Regierung tat alles, um diesen Status zu erhalten, und passte sich den Vorgaben der Besatzer widerspruchslos an. Die große Mehrheit der Bevölkerung unterstützte diese aktive Kollaborationspolitik.

Am 1. Oktober 1940 wechselte Asta Nielsen – nach einem kurzen Aufenthalt in der Tordenskoldsgade – noch einmal ihr Zuhause und zog in eine Fünf-Zimmer-Wohnung plus Küche und Bad im Peter Bangs Vej 61. Der große Wohnblock aus rotem Backstein liegt an einer breiten Straße in Frederiksberg – einer eigenständigen Gemeinde mit Rathaus und Bürgermeister, die von den westlichen Vierteln Kopenhagens umgeben ist und sich in nichts von ihnen unterscheidet. Eine deutlich sichtbare Steintafel erinnert an die »Schauspielerin Asta Nielsen«, die hier im dritten Stock bis zu ihrem Tod lebte.

Im Gefolge der deutschen Soldaten, von den Dänen die »Grünen« genannt, kamen sehr bald deutsche Künstler und Unterhaltungsstars nach Kopenhagen, um die Moral der Wehrmachtstruppe im fremden Land aufrechtzuerhalten. Darunter waren etliche, die Asta Nielsen aus ihrer Berliner Zeit nicht nur kannte, sondern mit denen sie auch befreundet war. Geriet sie in einen inneren Zwiespalt? War es eine Gelegenheit, die alten Freunde endlich wiederzusehen?

Nach dem Ende des Krieges fasste Asta Nielsen ihr Verhalten während der Besatzungszeit in einer eindrucksvollen Szene zusammen. Der junge dänische Rundfunkjournalist Ib Rehné war durch Zufall im Winter 1950 mehrere Wochen täglich mit Asta Nielsen und dem gemeinsamen Freund Poul Knudsen im Tiroler Alpendorf Seefeld zusammen. Es wird noch einiges darüber zu erzählen sein. Ib Rehné hat diese Begegnung später in einem Buch festgehalten.

Unter anderem schildert er einen Ausflug der drei durch das Etschtal. Die neunundsechzigjährige Asta Nielsen habe sich am Fluss auf einen Stein »fallengelassen, um nach Luft zu schnappen. Während sie sich in die Aussicht vertiefte, sagte sie: ›In den Kriegsjahren schloss ich mich ein und sah tagelang keinen Menschen, mein Radio ging, wenn nicht durch Luftalarm unterbrochen, … aber trotz der Musik hörte ich eines Tages eine kräftige Männerstimme von der Tordenskoldsgade: ›Asta! Asta, mach auf.‹ Das war Heinrich George, mit dem ich oft im Schillertheater spielte, den die Wehrmacht nach Dänemark geschickt hatte, um die ›Grünen‹ zu unterhalten. Ich sah durch die Gardine, dass er unten mit Whiskey winkte. Diese Episode wiederholte sich mit anderen großen Künstlerkameraden. Aber ich habe sie nie hereingelassen. ›Mit dem Dritten Reich war ich fertig.‹ Dann saß sie ganz still.«

Heinrich George, der während der Weimarer Republik offen für die Kommunistische Partei eintrat, hatte sich für seine Karriere gründlich mit den Nazis eingelassen. Im antisemitischen Propagandafilm *Jud Süß* übernahm er eine tragende Rolle. Asta Nielsens radikale Aussage lässt sich an ihren privaten Dokumenten während der Zeit der Besatzung messen, die in den Archiven in Dänemark, Deutschland und Schweden liegen.

Am letzten Tag des Jahres 1940 setzt sich in Berlin-Wannsee Heinrich George an die Schreibmaschine: »Liebe gute Asta … Du hast mir und uns allen mit Deinem Brief eine so große Freude gemacht, dass ich es Dir kaum ausdrücken kann. Ich war immer etwas betrübt, dass unsere schöne und langjährige Freundschaft im Sande verlaufen sollte.« Er habe bei seinem letzten Besuch in Kopenhagen »so dringend« versucht, sie zu erreichen, und die Stadt traurig verlassen, »ohne Dich gesehen zu haben. Jetzt erfahre ich mit Freuden, dass Du viel auf Reisen warst.« Kein Zweifel: Diesem Brief war einer von Asta Nielsen, geschrieben nach dem deutschen Überfall, vorausgegangen.

Heinrich George, mit dem Asta Nielsen auch 1926 in dem

Erfolgsfilm *Die freudlose Gasse* gespielt hatte, übermittelt Neuigkeiten aus der gemeinsamen Vergangenheit: »Ganz überraschend erhielt ich neulich einen Brief von Grischa aus Paris, dem es auch gut zu gehen scheint.« Die genaue Adresse fügt er hinzu. Der alte Freund weiß, was Asta Nielsen interessiert: »Von Rudolf habe ich leider nur über seinen Bruder, der in Hamburg Schauspieler ist, bei meinem dortigen Gastspiel gehört.« Es war offenbar so unwichtig, dass er darüber nichts weiter schreibt.

Der Brief ist lang, die Gefühle sind echt: »Ich denke viel und oft an Dich und werde .... einen großen Schluck auf Dich und unsere Freundschaft trinken. Für das Jahr 1941 wünsche ich Dir das Allerbeste, Gesundheit und den baldigen Frieden, an den wir hier in Deutschland mit aller Zuversicht glauben.« Schon am Beginn des Briefes hatte der Staatsschauspieler aus seinem Glauben an die NS-Politik – Krieg inbegriffen – keinen Hehl gemacht: »Die ersten 7 Jahre sind glücklich vorbei. Wir wollen annehmen, dass es die mageren waren und die fetten jetzt kommen.« George grüßt am Briefende im Namen seiner Familie »von ganzem Herzen – auf baldiges Wiedersehn!«.

Nur eine Woche später kam der nächste Brief aus Berlin, von Paul Wegener: »Wir haben lange nichts voneinander gehört, aber ich habe oft an Dich gedacht ...« Er möchte wissen, wie es ihr geht, »ob Du Pläne hast, wie Deine ganze augenblickliche Situation sich darstellt«. Antworten auf diese Briefe von Heinrich George und an Paul Wegener haben sich nicht erhalten; ob Asta Nielsen ihnen geschrieben hat, muss offen bleiben.

Das zweite Besatzungsjahr blieb so ruhig wie das erste. Die Dänen waren einverstanden mit der Anpassungspolitik ihrer Regierung. Für Schlagzeilen sorgte eher ein Artikel in *Politiken* am 25. April 1941: »Asta Nielsen zurück zum Film?« Berichtet wurde, der Maler Alf Reker werde im Sommer ein Manuskript für einen Film mit Asta Nielsen schreiben. Der junge Maler habe große Pläne. Doch es blieb bei den Plänen. Asta Nielsen äußerte sich nicht.

Sie hielt sich zurück und lebte unauffällig im Peter Bangs Vej, umgeben von den wuchtigen Möbelstücken, Antiquitäten und Gobelins aus ihren Berliner Wohnungen. Anfang Mai kam eine Einladung des Bevollmächtigten des Deutschen Reiches zur Eröffnung des Deutschen Wissenschaftlichen Instituts im Festsaal des Nationalmuseums in Kopenhagen; Asta Nielsen ging nicht hin.

»Hier geschieht nichts von Interesse«, schreibt sie am 11. Oktober an Freund Heinrich Rumpff. Sie bedankt sich für »die lieben Geburtstagsgrüsse« und entschuldigt sich für ihre Schreibpause: »Ich war die ganze Zeit krank an den Ohren …« Die ununterbrochene ärztliche Behandlung habe »nun endlich ein wenig geholfen … das Sausen im Kopf hat nachgelassen«.

Dann folgt, was ihr auf dem Herzen liegt: »Ich habe seit 6 Monaten kein Wort mehr von Rudolf bekommen. Ich schreibe ja nicht mehr an die Eltern, von Ihnen kann ich ja nichts erfahren.« Sein letzter Brief habe das Gleiche erzählt wie die vorangegangenen: Er sei überanstrengt durch viele Reisen und Konzerte. Asta Nielsen traut der langen Pause nicht: »Aber 6 Monate kann nicht gehen ohne irgend etwas ist geschehen …« Diese Annahme, naheliegend bei einem Soldat im Krieg, klingt fast wie ein Trost. Was sie erst nach Kriegsende erfahren wird: Rudolf Mendler hat als Geiger in einem Kammerorchester der Wehrmacht den Zweiten Weltkrieg unversehrt überstanden.

Kein Wort über Politik, doch private Folgen der deutschen Besatzung sind kein Tabu: »Ich hatte Besuch neulich von Käthe Haack, sie war hier mit dem Stadttheater um für die Wehrmacht zu spielen … Auch Paul Wegener und Legal waren einmal bei mir …« Ernst Legal, Intendant und Schauspieler, ist mit ihrem letzten großen Theatererfolg verbunden. Er hat 1933 in Berlin die Komödie *Gentlemen* mit Asta Nielsen und Paul Wegener inszeniert. Bei diesem Rückblick geht fast unter, dass Asta Nielsen ihren Berliner Freunden, die während der Besatzungszeit in Kopenhagen für die deutschen Soldaten auftraten, doch nicht die

Tür gewiesen hat. »Aber ich habe sie nie hereingelassen …«: Diese Aussage von 1950 am Ufer der Etsch in Tirol hat vor den eigenen Quellen keinen Bestand.

Auch im dritten Jahr der deutschen Besatzung geht das Leben in Dänemark seinen geregelten Gang. Während zum Sommer 1942 hin die Luftangriffe der Alliierten auf deutsche Städte beginnen, bleibt das Land im Norden unzerstört. Im Juni 1941 hatte NS-Deutschland die Sowjetunion überfallen und den Krieg entscheidend ausgeweitet. In Dänemark nahmen im Sommer 1942 Sabotageakte gegen die Besatzer langsam zu. Sollte man sich wirklich weiterhin an die Seite dieses Unrechtsstaates stellen?

Am 18. September 1942 schrieb Asta Nielsen an ihre ehemalige Haushälterin im »Karusel« auf Hiddensee, ein deutscher Rechtsanwalt habe dreimal bei ihr angefragt, ob sie das Haus nicht verkaufen wolle: »Ich habe immer mit nein geantwortet.« Sie habe Lust, den Sommer auf Hiddensee zu verbringen. Auch mit Heinrich Rumpff kommuniziert Asta Nielsen über ihren geliebten Sommerort. »Herzlichen Dank für Hiddensee, was Du getan hast und tun willst, ich werde einen Gebrauch davon später machen«, schreibt sie ihm am 21. September 1942. Vielleicht konnte er mit Hilfe einer Vollmacht ihren Anspruch auf das Haus von Deutschland aus wirkungsvoller vertreten als sie im fernen Kopenhagen. Jesta sei sehr krank gewesen, aber sie habe sich einige Wochen am Meer »trotz Regen Sturm und Kälte recht gut erholt«: »Jetzt geht es so einigermaßen, mehr darf man ja nicht von diesen Zeiten verlangen …« Immerhin, ein winziger Hinweis, dass man in außergewöhnlichen Zeiten lebt.

Als Abonnentin der Tageszeitung *Politiken* konnte Asta Nielsen fast täglich lesen, wie behände sich Dänemarks Filmindustrie und auch die Journalisten den außergewöhnlichen Zeiten anpassten. Und die Besatzer wussten, wie man sich die Meinungsführer der Besetzten gefügig machte. Im Dezember 1942 wurden die Journalisten von elf dänischen Tageszeitungen von den Deutschen zu einer Reise durch die Ufa-Studios in Berlin, München und Wien eingeladen. Nicht nur der Vertreter von *Politiken* schrieb anschließend einen begeisterten Artikel. Asta Nielsen wird sich ihre Gedanken gemacht haben.

Henning Karmark, Direktor bei der dänischen Filmgesellschaft ASA, wurde mit anderen dänischen Filmgrößen zu willigen Kollaborateuren der Besatzer. Belohnt wurden sie mit Einladungen nach Berlin, wo Karmark im Juni 1941 mit Kollegen Joseph Goebbels und Leni Riefenstahl traf, Hitlers Leib-Regisseurin. Karmark sorgte dafür, dass die Drehbücher jüdischer Autoren für dänische Filme auf dem Vorweg aussortiert wurden. George Schnéevoigt, Filmproduzent der Nordisk in den 1930er Jahren, wurde ebenfalls zu einem wichtigen Verbindungsmann. Dank dieser Opportunisten konnte die Ufa in Dänemark ohne Widerstand den führenden Platz einnehmen. In den von den Deutschen besetzten Ländern war der Anteil der einheimischen Kinogänger bei deutschen Filmen in Dänemark am höchsten.

Mit dem Jahr 1943 wurde die Zahl der Nachdenklichen und der Ruf nach Widerstand größer. War es nicht klüger, sich frühzeitig von den Verlierern abzusetzen? In Nordafrika gaben die deutschen Soldaten den Kampf auf. In Stalingrad kapitulierte im Februar 1943 die gesamte 6. Armee der Wehrmacht. Während das Siegerimage der NS-Diktatur endgültig ins Wanken geriet, nahmen die Sabotage-Aktionen in Dänemark gegen die Besatzer zu.

Im Peter Bangs Vej 61 saß in diesen Monaten Asta Nielsen an den letzten Seiten einer Arbeit, mit der sie den Bogen fast über die Hälfte des 20. Jahrhunderts und noch zwei Jahrzehnte zurück in das 19. schlug – an ihrer eigenen zweiundsechzigjährigen Lebensgeschichte. Die Anregung dazu war von Johannes V. Jensen gekommen, einem der einflussreichsten dänischen Schriftsteller der Moderne, der nach ihrer Rückkehr zu Asta Nielsens neuen Freunden zählte. Ein Brief, den Jensen ihr am

3. Mai 1943 schrieb, hat sich erhalten: »Ich habe den Schluss des Manuskriptes gelesen, er ist so bemerkenswert wie der Anfang. … Von den Erinnerungen, die ich kenne, gehören sie zu den bedeutendsten und sie werden einen großen Eindruck machen.« Asta Nielsen muss mit dem Schreiben schon 1942 begonnen haben.

Wenn es auf den Sommer zuging, tauchten unweigerlich die Wochen und Monate auf Hiddensee in der Erinnerung auf. Asta Nielsen gab einer Wiederholung dieser glücklichsten Zeit ihres Lebens auch in Zeiten des Krieges eine Chance. Sie berät sich mit einem Freund, den sie bei einem Versuch, sie kurz nach Beginn der Besatzung in ihrem Kopenhagener Heim zu besuchen, noch abgewiesen hatte. Es geht um Hiddensee: »Heinrich George war neulich hier in Kopenhagen, und ich sprach mit ihm darüber. Es wäre sehr wünschenswert, wenn ich selbst in diesem Sommer in meinem Haus dort wohnte, und jetzt habe ich gebeten um Erlaubnis mich dort aufzuhalten wenigstens in kurzer Zeit … bekomme ich Erlaubnis, werde ich also selbst hinfahren.« Das schreibt sie Heinrich Rumpff am 24. Juni 1943.

Die kleine Insel in der Ostsee mit dem behaglichen »Karusel« steht für etwas, das mit Heimweh gleichzusetzen ist: »Ich sehne mich sehr nach Euch und Deutschland.« Sie habe in den letzten Tagen »auffallend viel« an Heinrich Rumpff, seine Frau Tilla und an Heinrich George gedacht: »… es ist mir jetzt so, als wenn Heinrich und Ihr meine einzigen Freunde sind. Er ist sehr, sehr treu zu mir gewesen, das kann man ja nicht von vielen sagen.« Heinrich George rufe jedes Mal an, wenn er in Kopenhagen sei. Es folgt Kritik an Paul Wegener und dem Ehepaar Goetz, für die diese Treue nicht zuträfe.

Weil Asta Nielsen von einer Erlaubnis für Hiddensee nichts hört, bittet sie Rumpff am 20. Juli: »Es wäre deshalb sehr gut, wenn Du und Familie dorthin reisen könntet.« Sie müssten nur Besteck und Wäsche mitnehmen. Auf diese Weise will sie den ständigen Anfragen nach Verkauf oder Vermietung ihren Anspruch auf das Haus entgegensetzen. Sie selbst sei vier Wochen bei Freunden am Meer.

Noch vor Ende Juli wollte sich das Ehepaar Rumpff auf den Weg nach Hiddensee machen. Am Tag der Abreise jedoch erhielt der sechsundvierzigjährige Heinrich Rumpff den Einberufungsbefehl. Asta Nielsen wird von seiner Ehefrau informiert. Dass Hiddensee für sie mit Erinnerungen an ein Glück verbunden ist, das sich endgültig schmerzlich gewendet hat, erfährt Tilla Rumpff im Antwortschreiben der Freundin: »Rudolf und ich hören schon mehrere Jahre nichts mehr voneinander, es war ja vorbei durch meine Rückkehr nach Dänemark ... ich verstehe nur nicht, warum man nicht Freunde bleiben kann und ein Glück so kläglich enden lassen.«

Im August 1943 brechen in vielen Städten Dänemarks Streiks aus; Unruhen signalisieren, dass sich immer mehr Widerstand gegen die Politik der Kollaboration regt. Als die dänische Regierung den Befehl der Deutschen ablehnt, Ausnahmezustand und Todesstrafe einzuführen, wird sie kurzerhand abgesetzt. Die obersten dänischen Beamten in den Ministerien übernehmen die Verwaltung; de facto sind die Besatzer weiterhin die Herren im Land.

Dennoch gelingt Ende September 1943 eine Aktion, die einmalig ist in den von der deutschen Wehrmacht seit 1939 überfallenen Ländern: Rund 7000 der 7500 dänischen Juden, die in der Nacht vom 1. auf den 2. Oktober von der SS deportiert und in die Vernichtungslager gebracht werden sollen, werden mit tatkräftiger Unterstützung der Bevölkerung in vielen Schiffen über den Öresund in Richtung Schweden gerettet. Immer größer wird die Sympathie für die Politik der Anti-Hitler-Koalition. Aber im eigenen Land soll es ruhig bleiben, auch um den Preis der Anpassung an die Besatzer.

»Lieber Wolfgang«, schreibt Asta Nielsen am 8. Dezember 1943 auf eine Weihnachtskarte an Wolfgang Goetz, »alle guten Weihnachtswünsche und alles Gute im neuen Jahr. Hoffentlich hast Du es gut. Hier ist alles beim alten. Herzl. Grüsse Deine Asta.«

Am 13. März 1944 überrascht *Berlingske Tidende* mit einem großen, fast ganzseitigen Aufmacher über »Asta Nielsen, die von Dänemark in die Welt zog, der größte Name im Stummfilm wurde und danach ein bewunderter Theater-Star«. Sie »erzählt über sich, ihre Karriere und über das Glück im Leben«. Tatsächlich, Asta Nielsen, die ihr privates Leben gegenüber Journalisten stets abgeschirmt hat, antwortet gelassen auf Fragen wie »Was ist das Glück?« und »Wann waren Sie am glücklichsten?«. Die Erklärung für so viel Offenheit des Weltstars liegt in der Person des Interviewers: Svend Kragh-Jacobsen ist nicht nur eine Autorität als Theater-, Film- und Ballettkritiker; die beiden kennen und schätzen sich schon aus der Berliner Vorkriegszeit. Nach den Jahren der Zurückgezogenheit in der alten Heimat nutzt Asta Nielsen mit diesem Interview die Gelegenheit, sich ihren Landsleuten als überzeugte Dänin, auskunftsfreudige Interpretin ihres erfolgreichen Lebens und sympathische Persönlichkeit zu präsentieren.

Ob sie nicht noch Lust zum Filmen habe? – »Nein, nicht mehr, die Lust ist weg. Man soll aufhören, wenn es Zeit ist …« Eigentlich habe sie nur zwei gute Filmregisseure gehabt, den Deutschen Leopold Jessner und ihren Mann, den russischen Schauspieler Chmara. Er habe ihr viel durch seinen Rat gegeben. Wieder kein Wort über Urban Gad, mit dem zusammen sie ihren Weltruhm begründet hat. Ob man sie vielleicht noch einmal im Theater sehen werde? – »Nein, das glaube ich nicht. Was sollte ich spielen? Es ist für mich nicht leicht, die richtige Rolle zu finden.«

Es folgt die Frage, wann sie am glücklichsten war. Ihre bereitwillige Antwort spricht dafür, dass sie, trotz ein wenig Koketterie, darauf vorbereitet ist: »Das ist aber eine schrecklich private Frage. Ich habe es jetzt gut, das sagte ich ja schon. Jedes Alter hat seinen Charme. Aber vielleicht ist das, was sich mit der Ruhe und Klarheit des Alters einstellt, nicht das Gleiche wie das Glück der jungen Jahre.« – »Was ist das Glück?« – »Glück ist nichts anderes als Ruhe und Klarheit. Für mich war Glück immer etwas ganz Privates, über das ich nicht rede – aber vielleicht war es in einigen großen Augenblicken da, wenn man völlig in seiner Kunst aufging.« Der Interviewer wird immer mutiger: »Und die Liebe?« Asta Nielsen verweigert sich nicht: »Ja, die Liebe. Sollen wir sie eine glückliche Unruhe nennen?«

Dann nutzt der Weltstar die Chance, vom Glück elegant zu einem heiklen Thema zu wechseln: »Nun ja, ich habe viele Gründe, glücklich zu sein. Ich befinde mich in meinem Vaterland, mache Ferien und habe es so gut, wie man es nur haben kann. Ist es nicht vielleicht das größte Glück für einen Menschen, ein Vaterland zu besitzen, in das man zurückkehren kann?« Der Interviewer nimmt den Ball auf und wagt sich noch weiter vor: »Aber hat Ihr Vaterland, haben Ihre Landsleute Ihnen die Anerkennung gezollt, die Ihnen die Welt so üppig zugedacht hat?«

Asta Nielsen, die sich unzählige Male in ihren Briefen verbittert über das undankbare Dänemark geäußert hat, das ihre herausragende künstlerische Leistung nicht würdigte, umschmeichelt ihre Landsleute: »Ich habe zu Hause die schönste Anerkennung bekommen, die ein Künstler sich wünschen kann. Meine Kollegen im Schauspielerbund haben mich geehrt, indem sie einem Zimmer in ihrem Heim meinen Namen gaben. Das macht mich glücklich und stolz.«

Die Botschaft dieses Interviews ist unüberhörbar: So spricht eine dänische Patriotin, die nach Jahren außer Landes in der Heimat ihr Glück gefunden hat. Damit verbunden ist untergründig der Anspruch, endlich jene Kinolizenz zu erhalten, die ihr nun schon zwölfmal verweigert wurde. Um ihre Verdienste noch weiter zu unterstreichen, fragt Svend Kragh-Jacobsen am Ende unvermutet nach ihren Memoiren. Natürlich ist er bestens informiert. Asta Nielsen erklärt bereitwillig: »Sie sind geschrieben. Ja, das sind sie. Auf jeden Fall die interessantesten Jahre. Kindheit und Jugend, als man kämpfen musste.« Aber sie werde auch über die Film- und Theaterzeit schreiben – »Ist es nicht spannend, über seine eigenen Erfolge zu schreiben?«

Das Foto neben dem Artikel – »Asta Nielsen, wie sie heute aussieht« – zeigt eine solide bürgerliche Frau. Schwarz gekleidet, aufrecht und selbstbewusst, aber nicht mehr mit jener superschlanken Filmfigur, die dänische Journalisten einst süffisant kritisiert hatten. Es stimmt, was sie Heinrich Rumpff im September 1942 geschrieben hatte. Sie werde »dicker und dicker trotz wenig essen und gar kein Trinken«.

Bei dem Interview im März 1944 haben sich zwei zusammengetan, damit Asta Nielsen in Dänemarks Öffentlichkeit nicht vergessen wird und sich ein positives Bild in den Köpfen ihrer Landsleute festsetzt. Vielleicht hatten der weltoffene Journalist und die weltberühmte Künstlerin insgeheim im Blick, dass sich an allen Fronten das Kriegsglück der deutschen Besatzungsmacht wendete und für Dänemark bald eine andere, freie Zeit anbrechen würde.

35. Kapitel

EINE REDE AUF DÄNEMARK UND DIE FRAUEN

Dänemark ist frei – Erfolgreiche Memoiren – Zwei Jahre krank – Gastspiel-Angebot aus Berlin – Öffentlicher Streit um die Kinolizenz – Erinnerung als Rückzugsort?

1945-1949, Frühjahr

Im Januar 1945 brennt in Kopenhagen in der Vesterbrogade das Apollo-Theater; ein Racheakt der SS. Im April werden von den Deutschen hundert Widerstandskämpfer getötet. Am 5. Mai ist es an den Besatzern zu kapitulieren; der mörderische Größenwahn des nationalsozialistischen Deutschlands ist am Ende. Dänemark ist frei. Zehntausende Kopenhagener versammeln sich auf dem Rathausplatz und vor dem Schloss. Überall weht die dänische Flagge, der Dannebrog.

Das Ende der Besatzung macht den Weg frei für die Veröffentlichung des ersten Bandes von Asta Nielsens Autobiografie *Den tiende muse* am 7. November 1945. Noch am selben Tag schrieb ihr Johannes V. Jensen: »Ein richtig wichtigtuerischer Kritiker hat sich heute über Sie in Politiken ausgelassen ...« Der Journalist Frederik Schyberg attestierte der Autorin, »ab und zu gibt es Beschreibungen von glänzender Präzision und leuchtender Originalität«. Aber »dann wieder kommen die Sätze in Unordnung wie ein Wollknäuel, das sich völlig verwirrt«. Asta Nielsen konnte diese Kritik gelassen beiseiteschieben. Insgesamt wurde ihr Buch mit respektvoller Anerkennung in der Presse aufgenommen.

Ebenfalls am 7. November stand Svend Kragh-Jacobsens glänzende Besprechung in *Berlingske Tidende.* Das Erinnerungsbuch sei eine »große und freudige Überraschung, das die große

Stummfilm-Künstlerin Asta Nielsen untertrieben ihr Debütbuch genannt hat«. Er betont die Menschenkenntnis der Autorin, »die viel Not gesehen hat, vielen Menschen begegnet ist und diese Eindrücke künstlerisch bearbeitet hat«. Das merke man auch an ihrem Stil: »So klar, so lebendig, so künstlerisch ausbalanciert schreibt nur jemand, der nicht nur schweigen, sondern auch erzählen kann. Asta Nielsen hat einen Erfolg errungen – und zwar auf einem Gebiet, auf dem wir sie bisher nicht bewundern konnten.« Die Zeitung *Social-Demokraten* nannte es »ein ergreifendes Buch«, das man wie einen Roman lese.

Drei Tage nach Asta Nielsens literarischer Premiere in Kopenhagen meldete die *Schwäbische Donau-Zeitung*, das Kulturleben in Ulm »löst sich langsam aus der Erstarrung der Kriegsnotzeit«. Künstler, die in der NSDAP waren, durften am Neubeginn nicht mitwirken. Einer, der kein Parteigenosse war, nutzte seine Chance: »Der Ulmer Geiger Rudolf Mendler gründete das Quartett, dessen 1. Veranstaltung Anklang fand …« Das »Mendler-Quartett« bereicherte das Musikleben in Ulm und Umgebung für die nächsten Jahre. Alle Spuren, die von seiner sehr persönlichen Verbindung zu einem Weltstar in Kopenhagen hätten erzählen können, haben Rudolf Mendler und seine Familie erfolgreich verwischt. In keinem Zeitungsartikel der folgenden Jahre gibt es den kleinsten Hinweis.

Asta Nielsen konnte sehr zufrieden sein. Ihr Ehrgeiz, etwas Besonderes zu leisten, aus dem Mittelmaß herauszuragen, hatte sich auch mit ihrem ersten Buch erfüllt. Die Dänen nahmen diesmal keinen Anstoß daran, bewunderten ihre Leistung und kauften ihr Buch. War sie endlich im Vaterland angekommen? Der 30. April 1946 schien es zu bestätigen.

Das »Frauengebäude« wurde 1935 mitten in Kopenhagen, Niels Hemmingsens Gade 10, nach dem Entwurf einer der ersten Architektinnen Dänemarks funktional in grauem Beton im Schatten der Heilandskirche errichtet. Am 30. April hatten sich dort im Lokal »Karnappen« Journalistinnen und Frauen vom

Schriftstellerinnenverband eingefunden, um Asta Nielsen zu ehren. Sie bedankte sich mit einer fulminanten Rede.

Was das Lob der Vorrednerin über ihre Erinnerungen betraf – »das kleine Buch« –, wisse sie mit »erschreckender Klarheit«, dass sie als Autorin ein »kleiner unansehnlicher Spatz« sei, der sich mit Trippelschritten auf unbekanntes Terrain wage. Was jedoch über ihren Einsatz beim Film gesagt wurde, da sei sie unbescheiden genug, »mich nicht ganz so beschämt zu fühlen«.

Asta Nielsen blickte zurück auf ihre Stummfilm-Zeit: »Dass man schweigt, bedeutet nicht, dass man nichts auf dem Herzen hat. … Stummheit gab mir die Möglichkeit, Dänemarks Namen über seine Grenzen zu tragen. Es war auch ein großer Vorteil des Films, Brücken zwischen den Nationen zu schlagen. Überall in der Welt, wo ich hinkam … setzte man die dänischen Farben auf meinen Tisch. Auch in dem Deutschland, das wir einst schätzten, empfing man mich überall mit dem Dannebrog.«

Wie zwei Jahre zuvor im Interview mit *Berlingske Tidende* nutzt Asta Nielsen die öffentliche Bühne, um ihre dänischen Wurzeln zu betonen, dank derer ihr Vaterland in der Welt noch bekannter geworden war. Zugleich fügt sie bei diesem Auditorium zweierlei hinzu: dass der Film – und damit auch sie als Filmschauspielerin – einer internationalen Idee verpflichtet ist und – was noch mutiger war –, dass es vor der Nazi-Diktatur ein anderes Deutschland gab.

Asta Nielsen führt den patriotischen Faden ihrer Rede noch weiter aus. Sie fühle sich durch diese Einladung nicht nur geehrt – »es hat mich bewegt«. Als sie per Telefon eingeladen wurde, »fühlte es sich warm und vertraulich an. Als ob eine Schwester mich an der Hand nahm …« Dieses »Gefühl der Zusammengehörigkeit« sei für sie zum einen in der Sprache begründet. Als während eines Aufenthaltes in New York Vorübergehende plötzlich Dänisch sprachen, hatte sie das Gefühl, »als wäre ich zum zweiten Mal auf die Welt gekommen. … Im

Bruchteil einer Sekunde fügten sich Tausende von unsichtbaren Fäden zu einem Zauberwort: Mutter Dänemark«.

Das Zweite, was Asta Nielsen an dieser Einladung bewegte, war, »dass es Frauen waren, die gewünscht haben, mich zu ehren … und zwar die bedeutendsten in Dänemark«. Sie lobt Frauen in der Geschichte und typisch weibliche Eigenschaften: »Typisch für Frauen sind Begeisterung und Mut. … Eine Frau verheiratet sich sofort mit einer Idee. Sie setzt alles auf eine Karte um der Sache willen. … sie setzt sich sofort über die Hindernisse hinweg. … die Natur hat seit frühesten Zeiten von der Frau Handlungskraft verlangt.« Das hat ihr niemand in die Schreibmaschine diktiert.

Endlich kann Asta Nielsen vor einem solidarischen Publikum aussprechen, was ihr grundsätzlich am Herzen liegt, welche Ziele sie sich als Frau gesetzt hat und dass sie sich als Frau ihrer künstlerischen Pionierrolle bewusst war. Die Fünfundsechzigjährige beschließt ihre Rede »mit einer Huldigung an die geistig mutigen Frauen, die als Künstlerinnen in Büchern und Zeitschriften den Kampf um Freiheit und Gerechtigkeit führen. Ich erhebe mein Glas.«

Zurück im Peter Bangs Vej, sieht die Welt anders aus, klein und voll alltäglicher Sorgen. »Die Nazis haben uns derart ausgeplündert, dass wir nun alle arm werden«, schreibt Asta Nielsen am 6. April 1946 an Heinrich Rumpff. Mit dem deutschen Freund kann sie ohne Angst vor Missverständnissen über die Nazi-Zeit reden und im Rückblick Verklärungen anbringen, die von den Realitäten nicht gedeckt sind: »Ja, Du hast Recht, Ihr Deutschen sind jetzt so verhasst wie noch nie, aber ich persönlich kenne ja diejenigen, die mit mir zusammen gegen die Nazibande rasten, und da war Ihr beide in erster reihe.« Heinrich Rumpff war kein Mitglied der NSDAP, aber er ist als Schriftsteller erfolgreicher Unterhaltungsromane zwischen 1933 und 1945 mitgeschwommen im Strom der Angepassten.

Ihren Freund Paul Wegener zählt Asta Nielsen ebenfalls zu

den Guten. Doch von dem anderen Getreuen aus der Berliner Zeit, mit dem sie während der Besatzung in Kopenhagen freundschaftliche Gespräche führte, distanziert sie sich in diesem Brief auf brüske Weise: »Heinrich George sitzt ja im russischer Haft, er kann vom Glück sprechen, dass er nicht sofort gegen den Wand gestellt wurde. Seine Frau wohnt mit den beiden Kindern in Souterrän in der Willa in Wannsee. Auch sie, die Kröte, kann von Glück sprechen.« Ein gnadenloses Urteil, das in diesem privaten Rahmen unverständlich ist.

Es hat Asta Nielsen offensichtlich keine Ruhe gelassen. Im September schreibt sie Heinrich Rumpff ohne weitere Erklärung: »Heinrich war trotz aller Fehler sehr treu. Er wird sicher oben schwimmen …« Der Brief im Juni endet mit einer kleine Spitze gegen ihren Schwiegersohn Paul Vermehren. Er trete nicht mehr als Unterhaltungskünstler auf, sondern »verdient jetzt gut als Sprachlehrer, was auch höchster Zeit war«.

Am Alltag scheinen die patriotischen Sehnsuchtsgefühle, die sie bei der festlichen Frauenversammlung im »Karnappen« beschworen hat, zu zerschellen: »Ich begebe mich ziemlich wenig in Gesellschaft, das langweilt mich; bin so etwas wie ein Sonderling in Kopenhagen, fühle mich fremd an dem einzigen Ort, wo ich sein darf.« Eli Ansteinsson ist Theaterhistorikerin und Schriftstellerin und hatte Asta Nielsens Erinnerungsbuch in einem »schönen Artikel« besprochen. Daraus ergab sich ein Briefwechsel der beiden Frauen, und Asta Nielsen vertraute der Norwegerin an, was sie unter Dänen nicht ausgesprochen hätte.

Wie weit ihre Stimmungen in dieser Zeit von Krankheiten beeinflusst wurden, ist nicht messbar, doch es muss mitbedacht werden: »Ich war nahe zwei Jahre sehr, sehr krank (Meningitis) und keiner glaubte an meinen Aufkommen …« Das schrieb Asta Nielsen am 15. Mai 1947 an Karl Kinndt, Schriftsteller und Drehbuchautor, ein weiterer Freund aus Berliner Zeiten. Von diesem Datum an haben sich zahlreiche Briefe Asta Nielsens an Kinndt erhalten (Karl Kinndt ist unter diesem Pseudonym bekannt geworden; sein Geburtsname Reinhard Koesler fast vergessen). Heinrich Rumpff hatte schon im Januar erfahren, dass sie seit Anfang Dezember 1946 fiebrig erkältet sei, nur die zwei Weihnachtstage auf den Beinen war und Silvester mit hohem Fieber im Bett lag. Anschließend folgte ein »entsetzlicher Husten«. Nielsens Fazit: »Das verdammte dänische Klima ist die Hölle …«

Ihren Ärger loszuwerden, reicht die Kraft noch: »Ich habe mich sehr gewundert zu sehen, wie die früheren Nazis wie Katzen auf die Füsse gefallen sind … Es ist zum Kotzen – Gustav Frölich und Konsorten …« Am Ende ein stolzer Hinweis auf das Erscheinen vom zweiten Band ihrer Erinnerungen im November 1946 – »ein sehr grosser Presseerfolg«. Und das war keine Übertreibung.

In *Politiken*, die den ersten Band mit sehr durchwachsenem Lob aufgenommen hatte, schrieb der Kulturkritiker: »Beide Erinnerungsbücher werden Bestand als Zeitbilder haben.« Sie seien »ein lebendiges und kluges Stück dänisch-deutscher Memoiren-Literatur, geschrieben von einem Menschen, der genug Persönlichkeit hat, um sich über die augenblickliche Gefühlskultur zu stellen«. Was Asta Nielsen über sich lesen konnte, wird sie mit überraschter Genugtuung erfüllt haben: »Sie hasste den Nationalsozialismus, aber nicht, weil er deutsch war. Sondern im Gegenteil, weil er ein Deutschland zerstörte, das ihr Arbeitsmöglichkeiten gab und dadurch ihr anderes Vaterland wurde.« Die Hoffnung auf Versöhnung mit ihren dänischen Landsleuten bekam wieder etwas Nahrung.

Mit einem versöhnlichen Ton begann auch der lange Brief, den Asta Nielsen am 15. Mai 1947 an Karl Kinndt schrieb. Ihr Kontakt war seit dem Beginn des Krieges unterbrochen, doch die Freundschaft hat darunter nicht gelitten. Der Brief vermittelt herzliche Vertrautheit. Zwar sei »der Übergang von einer Grossstadt wie Berlin zu Kopenhagen nicht leicht zu ertragen, und doch war es ja ein Glück, dass ich mein Vaterland hatte, als Hitler auftauchte. Ich rettete mein Leben, Heim und die Hälfte meines Vermögens.« Dass der dänische Verlag im zweiten Teil ihrer Erinnerungen ein paar Worte gestrichen hat, »die ein bisschen zu deutschlieb« waren, nimmt Asta Nielsen optimistisch gelassen: »Na, die kommen nun wieder hinein, wenn das Buch einmal in Deutschland erscheint.«

Ihr Schreiben ist eine Antwort auf einen Brief von Karl Kinndt: »Ja, lieber Freund auch ich denke mit süssem Wehmut an die alte, schöne Zeit, die kommt nie wieder. Oft bin ich in Gedanken auf Hiddensee ...« Dann eine Überraschung, wie nebenbei erzählt: »Hatte schon Angebote aus Deutschland, aber organisatorisch zu schwierig«, sie werde auf bessere Zeiten warten.

Großen Raum nimmt der Alltag in Kopenhagen ein. Asta Nielsen, die Raucherin, bedauert, dass sie Kinndt keine Zigaretten schicken kann. Sie seien rationiert und »unter aller Kritik«. Ebenfalls rationiert sind Kleider, Strümpfe und Fleisch; pro Woche gibt es ein Pfund Butter und im Monat ein Pfund Kaffee. Aber Asta Nielsen will nicht klagen, denn »es gibt Brot, Kartoffeln, Eier«; keiner müsse Hunger leiden. Sie würde sogar »gerne etwas hungern, um etwas von meiner Ration abschicken zu dürfen, es ist unerträglich zu wissen, dass Menschen und Kinder nicht satt werden können«.

Das größte Problem sind für sie die deutschen Flüchtlinge, »die hat Hitler uns geschickt und die alliierten haben uns gezwungen, die zu behalten ... deshalb müssen wir solche Steuern bezahlen ... eine ungeheure und noch nie gehörte Belastung«. Dennoch findet sie ein aufmunterndes Ende für Karl Kinndt, seine Frau und die Tochter: »Lass uns alle auf bessere Zeiten hoffen und auf ein Wiedersehen. Ich wünsche alles Gute für Euch alle drei und umarme und küsse Euch in alter Liebe.« Mit der Hand fügt sie hinzu »Eure alte Asta«.

Der erneuerte Kontakt spornt Asta Nielsen zu zwei weiteren Briefen bis Mitte Juli an. Sie plaudert von ihren Urlaubsplänen mit Jesta und Schwiegersohn Paul am Meer, von Platten, die sie für den Zürcher Rundfunk eingesprochen hat, und wieder fallen erstaunlich versöhnliche Töne über ihre Landsleute: »Alle hier verstehen mich sehr gut, trotz der Hass an den Okkupanten, die wissen ja alle, dass ich beinahe alles wieder verlor um die Nazis den Rücken zu wenden in 1937, und die wissen ja auch alle, welche herrlichen Jahre ich vordem in Deutschland verlebte.« Ihre Hoffnung auf eine Kinolizenz, die sie gut gebrauchen könnte, ist dennoch gering, »die bekommen nur Leute, die niemals etwas im Film geleistet haben«.

Im Juli-Brief haben sich die Ferienpläne zerschlagen. Die Verhältnisse am Meer waren »dort, wo wir unbesehen gemietet hatten, derart, dass wir … sofort zurückfuhren«. Wieder erwähnt sie die Berliner Anfrage wegen eines Gastspiels, ist diesmal aber unsicher, »dass ich Kräfte dafür aufbringen kann. Wenn schon, dann sollte es nur sein um alte Freunde wieder einmal im Leben zu sehen«.

Einer der ältesten Freunde ist Heinrich Rumpff. Er kämpft darum, von den amerikanischen Besatzern in einem sogenannten Entnazifizierungsverfahren freigesprochen zu werden und damit die Erlaubnis zu erhalten, wieder als Schriftsteller arbeiten zu dürfen. Da Rumpff Mitglied der Reichsschrifttumskammer war, hatte ein US-Offizier für Film, Theater, Presse Rumpffs dortige Unterlagen eingesehen, vor allem seinen Lebenslauf, 1937 geschrieben. Eine Karteikarte vom Dezember 1946 erklärt, dass der Schriftsteller Heinrich Rumpff »für den amerikanischen Sektor gesperrt« sei. Sein »Lebenslauf« zeige »politische Neigungen zum 3. Reich, Verbreiter nationalsozialistischer Ideologie«. (Alle Dokumente einsehbar im Bundesarchiv in Berlin.)

Als Heinrich Rumpff den Weltstar Asta Nielsen im Sommer 1947 bittet, in einer offiziellen Erklärung zu bestätigen, dass er kein Anhänger der nationalsozialistischen Ideologie war, ist dies für die Freundin Ehrensache. Am 6. Juni 1947 erklärt Asta Nielsen »unter Eid das Folgende: Der Schriftsteller Heinrich

Rumpff ... ist NIE nazifreundlich gewesen. Im Gegenteil. Seit 1930 hat er die Nazis gehasst und war dabei so unvorsichtig, dass ICH, die in Deutschland als Nazigegner bekannt war und deshalb Deutschland 1937 verlassen habe, ihn mehrmals gebeten habe, aus Rücksicht auf seine Kinder vorsichtiger zu sein.« Er habe immer nur getan, »was notwendig war, damit seine Familie nicht hungern musste«.

Dann klärt die berühmte Asta Nielsen die amerikanischen Besatzer aus eigener Erfahrung darüber auf, welche Kompromisse Künstler im Nazi-Deutschland eingehen mussten, ohne deshalb überzeugte Nationalsozialisten zu sein: »Wir alle, die in Deutschland als Künstler oder Schriftsteller arbeiteten, waren gezwungen, einen Fragebogen auszufüllen, in dem wir uns mit der Nazi-Regierung einverstanden erklärten, um für unsere Arbeit zugelassen zu werden. Natürlich habe wir uns ALLE einverstanden erklärt! AUCH ICH ... wir Künstler nahmen das nicht ernst.«

Am Ende der langen Erklärung appelliert sie geschickt und gefühlvoll an die Besatzer: »Alle im Ausland haben während der Nürnberger Prozesse gesehen, dass es noch Gerechtigkeit gibt. Es wäre das größte Unrecht gegenüber einem Mann wie Heinrich Rumpff, ihn als Nazi darzustellen. Ich bitte um Gerechtigkeit auch für ihn. Hochachtungsvoll Asta Nielsen.« Heinrich Rumpff wurde entnazifiziert und hat bruchlos seine Karriere als Schriftsteller, Journalist und Drehbuchautor fortgesetzt.

Am 8. August sitzt Asta Nielsen an ihrer kleinen Schreibmaschine und freut sich, dass ein weiterer Freund aus alten Zeiten die Verbindung wieder aufgenommen hat: »Wie froh ich wurde von Dir endlich zu hören ...« Es ist Ernst Legal, seit 1931 Regisseur und Filmschauspieler in Berlin, seit 1945 Intendant der Deutschen Staatsoper. Die Stimmung ist nicht gut an diesem Tag: »In Kopenhagen zu sein bedeutet zu vegetieren ... Alle herzlichen Grüsse und eine grosse Umarmung in alter Liebe Deine Asta.« Kaum ein Monat vergeht in der zweiten Jahreshälfte 1947, wo Asta Nielsen nicht brieflich in Gedanken bei den alten Freunden ist, während rundum im Peter Bangs Vej jedes Möbelstück, jedes Bild und jeder Gobelin an der Wand sie an Berlin erinnert.

Am 12. September erfährt auch Heinrich Rumpff, dass sie über ein Angebot für ein Gastspiel in Berlin nachdenkt, vielleicht im Frühjahr 1948. Das Angebot hat ihr ein alter Kollege gemacht: Der beliebte Filmschauspieler Viktor de Kowa ist seit Juni 1945 Intendant der Berliner Tribüne. Während der Weimarer Republik wurden hier modernes-expressives Theater und unterhaltsame Stücke gespielt, immer mit großen Namen. Zum Jahresbeginn 1948 hat de Kowa noch immer keinen Vertrag geschickt, das Gastspiel ist aufgeschoben. Doch mit der Aussicht, wieder auf einer Bühne zu stehen, sind Asta Nielsens Arbeitsenergien geweckt worden.

»Wenn ich lebend über 10 Jahre in diesem Provinz gekommen bin, habe ich wohl geheime Kräfte, die mir jetzt sogar Lust und Sehnsucht nach Tätigkeit geben«, erfährt Ernst Legal Ende September. Aber als kein Vertrag eintrifft und Viktor de Kowa die angepeilten Termine für das Gastspiel immer weiter hinausschiebt, entscheidet Asta Nielsen am 2. Januar 1948, dass sie vorläufig auf eine Reise nach Berlin verzichtet. »Jesta ist glücklich, dass ich jetzt nicht reisen will«, schreibt sie Heinrich Rumpff noch am selben Tag, »aber ich fühle nach 10 Jahren doch Lust wieder etwas zu schaffen, in diesem Provinz ist ja alles tot.«

Ihr Selbstbewusstsein ist ungebrochen. Karl Kinndt schreibt sie am 20. Januar, sie sei mit de Kowa »uneinig über das Stück. Die alte Geschichte – Theaterdirektoren glauben nur an eigene Idee«. Außerdem hat sie wenig Vertrauen in die jungen Schauspieler der Tribüne, die zusammen mit ihr auftreten sollen, denn wenn das nicht »sehr gut gespielt wird, dann kann meine Rolle darin das Stück nicht retten«. Asta Nielsen ist und bleibt Profi im Theatergeschäft. Außerdem sind ihr inzwischen Bedenken ganz anderer Art gekommen.

Schon am 6. Februar 1948 geht der nächste Brief an Karl Kinndt. Ein Freund habe ihr aus Berlin mitgeteilt, »dass gerade DAS Theater ein schwieriger Boden ist, weil es sehr angegriffen wird«. Asta Nielsen kennt die Kritiker nicht, aber ihr Argwohn ist geweckt: »... wenn es von Leuten auf unserer Seite ist, dann will ich dort nicht spielen.« Es reicht ihr schon, von Kinndt zu hören, »dass es besser wäre in einem anderen Theater zu spielen«. Der Hinweis des Freundes – Paul Wegener – war nicht unbegründet, denn Viktor de Kowa war umstritten, weil er bis zum Ende der NS-Diktatur freiwillig in Propagandafilmen mitgewirkt hatte.

Freund Kinndt wird sie aufgeklärt haben; am 23. März schreibt sie ihm: »Ich danke Dir für die Erleuchtung über Tribüne, natürlich spiele ich dort nicht, ich habe abgesagt.« Ein Blick in ihren Kopenhagener Alltag folgt: »Hier ist alles beim alten, eintönig und provinziell. Ich sehne mich nach dem Sommer und das Meer, meine Nerven sind nicht allzu gut ...«

Fast wörtlich dasselbe steht in ihrem Brief vom 3. April an Heinrich Rumpff: »Hier ist alles beim alten, ich bin weder krank noch gesund, man schleppt sich so durch ein langweiliges Provinzleben.« Aber Asta Nielsen ist entschlossen, mit ihren sechsundsechzig Jahren die neue Freiheit nach dem Krieg für Aktivitäten zu nutzen, die ihrem Leben neuen Sinn geben. Eine, auf die sie seit fast dreißig Jahren – wenn auch vergeblich – ihre Hoffnungen setzt, hatte sie schon Mitte Februar nicht zum ersten Mal erwähnt: »Ich wünsche, dass ich bald Koncession für ein Kino bekommen konnte, das ist pekuniärt gut und notwendig.«

Erst einmal gehen die Wochen und Monate ohne besondere Vorkommnisse dahin. Asta Nielsen versorgt die Familien Kinndt und Rumpff und Freunde in Leipzig mit Lebensmittelpaketen, was bisher verboten war. Kleider und Schuhe dürfen nicht verschickt werden: »Aber vielleicht wird es wirklich besser, wenn wir die Flüchtlinge loss werden, die haben uns sehr viele Milliarden gekostet. Wir haben jetzt ein bischen Erleichterung im Graubrot, Weisbrot und Gas, sonst ist alles verzweifelt.« Sie habe »ein steifes Kreuz wg. Fall in der Küche, plus kleine Gehirnerschütterung«, erfährt Karl Kinndt am 4. April. »Aber ich will ungern liegen, und so versuche ich die Schmerzen mit Codyl zu bewältigen und stolpere herum so gut es geht.« Die Vormittage allerdings bleibt sie im Bett und »folgt der Geburt des Frühlings« an den Kastanienzweigen, die vom Peter Bangs Vej bis in den 3. Stock ragen.

Der traditionelle Sommer auf Bornholm mit Jesta und Schwiegersohn Paul bringt ein wenig Abwechslung. Im August gibt es ein überraschendes Wiedersehen: Freddy Wingaardh, der schon lange in Paris lebt, ist in Kopenhagen und besucht Asta Nielsen zusammen mit seiner zweiten Frau. Im Oktober kommt Bewegung in das langweilige Leben, aber keine positive: »Nun hat man mich hier seit zwei Monaten in den Zeitungen überfallen, weil ich in deutsche Filme gespielt habe. Man versucht der Öffentlichkeit vorzuspielen, dass ich im Grunde GEGEN Dänemark gewesen bin. Nur weil ich mir erlaubt habe ein Koncession für ein Kino zu erwerben. Der ganze Hass gegen meine Berühmtheit steigt wie Feuer aus jedem Wort, es ist der Neid der Provinz gegen meine internationale Berühmtheit.« Asta Nielsen schildert Heinrich Rumpff am 1. Dezember 1948, was geschah, als sie sich zum zwölften Mal um eine Kinolizenz bewarb, um ihre finanzielle Situation aufzubessern.

Asta Nielsen hatte seit Kriegsende mehrfach in Interviews ihre Liebe zu Dänemark herausgestellt. Umso größer ist ihre Enttäuschung, als ihr Antrag, die frei gewordene Kinolizenz für das Triangel Teatret zu bekommen, vom zuständigen Ministerium abgelehnt wurde. Das führte im November zu einem heftigen Schlagabtausch in der Öffentlichkeit. Olaf Fønss, der schon in den Zeiten des Dagmar Teatret ihr Kollege war und ein guter Freund wurde, hatte diesen Antrag unterstützt und antwortete auf die Ablehnung mit einem offenen Brief in der Zeitung *Social-*

Demokraten. Fønss war in den 1920er Jahren ein beliebter Schauspieler in deutschen Stummfilmen, aber er hatte auch in dreißig Filmen für die dänische Nordisk gespielt. 1946 erhielt er endlich eine Kinolizenz.

In derselben Nummer veröffentliche der *Social-Demokraten* einen offenen Brief von Asta Nielsen an den Justizminister. Sie erklärte, die Ablehnung der Lizenz, die der Minister im Radio publik gemacht hatte, sei »ein sehr stark herablassendes Misstrauenvotum« ihr gegenüber. Sie verlangte von ihm »eine offene Antwort«, die sich nicht »im Dunkeln verliert«. Er soll »die Wahrheit ans Tageslicht kommen lassen«. Der Minister stellte sich unwissend und verweigerte einen Dialog.

Für Asta Nielsen und Olaf Fønss war das der Anlass, demonstrativ aus dem Schauspielerverband – wo beide Ehrenmitglieder waren – auszutreten. Damit wurde das Pro und Contra in den Zeitungen weiter angeheizt. »Dänemark schuldet Asta Nielsen keine Kinolizenz«, ereiferte sich Ole Dalsgaard-Olsen, Direktor der Nordisk, in *Politiken*, »die Dame ist in der ganzen Welt in den vergangenen 35 Jahren als ›die Asta‹ bekannt, als der große Star des deutschen Kinos und nicht als eine Dänin.« Daraufhin verteidigte ein Kommentar in *Politiken* Asta Nielsens Qualitäten. Es habe viele berühmte Dänen gegeben, die außerhalb des Landes gelebt und gearbeitet hätten, z. B. der Bildhauer Bertel Thorvaldsen: »…unter Künstlern sind es oft die mittelmäßigen, die in der Heimat bleiben und respektiert werden.«

Die Umstrittene antwortete in verschiedenen Interviews mit dänischen Zeitungen ohne die Emotionen, die sie vor ihren deutschen Freunden nicht verbarg: »Ich wusste immer und weiß es bis heute, was ich als Dänin Dänemark schuldig bin.« – »Ich war eine dänische Künstlerin, die eine Anzahl von Jahren in Deutschland gearbeitet hat.« Wie verbittert es in ihrem Inneren am Beginn des neuen Jahres aussah, erfahren zwei Freunde in Berlin.

Auch mit Wolfgang Goetz ist der briefliche Austausch wieder in Gang gekommen. Seine Frau Lis war 1948 gestorben, und er hoffte auf Verständnis, dass er sich schon wieder gebunden hat. Dem »liebsten Freund« antwortet Asta Nielsen am 3. Januar 1949, sie sei »sehr sehr froh«, dass er nicht allein sei: »Ich selber bin ja seit 11 Jahren allein, und dass ist oft nicht das beste, aber auch nicht das schlimmste, denn ich war von den Männern nicht absolut begeistert, also von MEINEN Männern.« Für die private Asta Nielsen ein offenherziges Bekenntnis.

Dann kommt sie darauf zu sprechen, dass ihr die »Kinokonzession verweigert wird, weil sie vor 18 Jahren gesagt habe, ›dass ich Deutschland als mein Vaterland fühle‹. Dass ist jetzt in der dänischen Presse wieder veröffentlicht, um mich zu schaden, ich brauche ja Geld zu verdienen, da ich zwei Drittel von meinem Vermögen durch die Nazis verlor. Aber man kann hier nicht verzeihen, dass ich weltberühmt wurde.« Er solle aber »um Gotteswillen« niemandem sagen, dass er das von ihr gehört habe. Sonst werde sie »wieder überfallen und verfolgt«. Die Erinnerungen sind übermächtig: »Wie oft sehne ich mich doch nach früheren Stunden im Freundeskreis, hier in der Provinz ist man nur ein lebender Leichnam.«

Als sie Ernst Legal am 28. Februar 1949 schreibt, sind die alten Wunden noch offen. Der Tod von Paul Wegener, der im August 1948 gestorben war, verknüpft die guten alten Zeiten mit der ungeliebten Gegenwart: »Pauls Tod hat mich sehr ergriffen … Es traf mich wie ein Schlag … Ich sehne mich so sehr nach alten Freunden, hier habe ich nur Bekannte. Dazu wurde ich neulich hier in den Zeitungen sehr angegriffen … So Du verstehst, auch ich bin verzweifelt über vieles bei Euch, sonst wäre ich längst von hier fort. … Ja, liebster Freund, wird man sich einmal wiedersehen, dass ist immer die grosse Frage bei mir. Aber die Hoffnung gebe ich nicht auf.«

Zum alten Freundeskreis gehörte auch Muschelkalk, die Frau des geliebten Ringelnatz. Sie hatte 1948 mit einem Brief den Vorkriegsfaden wieder aufgenommen. Als Asta Nielsen davon

Karl Kinndt berichtet, fährt sie fort: »Neulich nahm ich ein Buch von Ringelnatz hervor, ach, wie viele Erinnerungen aus glücklichen Tagen rief das nicht ins Leben.« Es komme ihr wie ein Traum vor: »Die heutige Zeit ist so öde, dass man sich kaum Glück vorstellen kann …« Je mehr Briefe zwischen Kopenhagen und Berlin gewechselt wurden – mit Muschelkalk sind es fünf –, desto mehr Raum nahm die Erinnerung an alte, glücklichere Zeiten ein. Wurde die Wohnung im Peter Bangs Vej zum Rückzugsort, zur Insel, wo ein Weltstar nur noch im Gestern lebte?

Asta Nielsen hatte Ideale, an denen sie gegen allen Widerstand festhielt, seit sie als Kind armer Leute im Arbeiterviertel Nørrebro entschlossen war, Schauspielerin zu werden. Aber sie war keine Träumerin, wenn es darum ging, sich neue Ziele zu setzen und einen Aufbruch zu wagen.

36. Kapitel

MAN WILL MICH UNBEDINGT IN BERLIN HABEN

Ein neues Ziel: Autorin – Über Paris nach Tirol – Weihnachten in Rom – Zurück in den Alpen – Unfall in Innsbruck – Neue Filmangebote – Theater-Tournee in Deutschland geplant

Sommer 1949-1951

»Ich schreibe in aller Eile, da ich jetzt nach Norwegen fahre, wo ich bis Mitte August bleibe. Ich fahre mit zwei Freundinnen und noch zwei Norwegerinnen schließen sich oben an …« Raus aus dem engen Dänemark, hinauf in die frische Höhenluft Norwegens. Asta Nielsen liebte das Land, seit sie als junge Schauspielerin mit der Theatertruppe »Die Acht« im Herbst 1905 zu einer Tournee durch Skandinavien aufgebrochen war. Als sie in Oslo erstmals in einem Lustspiel auftrat, erhielt sie Beifall auf offener Bühne. Nach der Aufführung fuhr die Truppe im offenen Schlitten über Stock und Stein durch eine berauschende Winterlandschaft. Was der Brief an Heinrich Rumpff vom 5. Juni 1949 noch verrät: Die alternde Diva hatte neue Freundinnen gefunden; sie war offen, neue Menschen kennenzulernen.

Das schloss ein Auf und Ab der Gefühle nicht aus, immer wieder wurden die Erinnerungen übermächtig. Zum Jahresende war Asta Nielsen fünf Wochen krank, und sie trauerte um Olaf Fønss. »Sein Tod hat mich sehr angegriffen, er war mein einziger Freund hier in Dänemark«, schrieb sie Heinrich Rumpff am 27. Dezember. Dann jedoch beschloss sie das Jahr mit einer großen Überraschung: »Ich bin bald eine sehr gesuchte Novellist für die illustrierte Zeitungen, ich habe jetzt zwei Weihnachtsnovellen in Dänemark und eine in Schweden gehabt.« Mit kokettem Stolz geht es weiter: »Nun bin ich momentan etwas leer im oberen Stock, aber ich habe Hoffnung, denn nichts ist so inspirierend wie ein leerer Geldbeutel.«

Asta Nielsen hatte sich, unabhängig von den traurigen Stimmungen, still und heimlich ein neues Ziel gesetzt – und auch erreicht: Die Zeitschriften *Nationaltidende Søndag* und *Alt for Damerne* waren begeistert, ab 1949 Asta Nielsen mit Erzählungen und Erinnerungen als Autorin zu präsentieren. Dergleichen geschieht nicht von selbst. Der Weltstar hatte gute Kontakte in Kopenhagens Presselandschaft und keine Hemmungen, sie zu nutzen. Der Brief endet: »Übrigens sehne ich mich zu sehr nach Tirol …« Hier hatte Asta Nielsen im Sommer 1939 zum letzten Mal die Zweisamkeit mit Rudolf Mendler genossen.

Das neue Jahr 1950 ist gerade einmal drei Monate alt, da erfährt Heinrich Rumpff, dass die Sehnsucht nach Tirol kein wehmütiger Rückblick ist, sondern durchaus realistische Zukunft. Das Ehepaar Rumpff, das inzwischen im oberbayerischen Wallgau lebt, hatte Asta Nielsen eingeladen. Sie bedankt sich, »aber ich werde wahrscheinlich nicht mehr Deutschland sehen außer vom Kapeefenster (Coupéfenster) aus. Ich möchte nämlich zu gern nach Wolfgangsee fahren …«

Im selben Monat, am 5. März 1950, gewährt sie einem Journalisten der *Welt am Sonntag* ein Interview in ihrem Heim am Peter Bangs Vej; eine seltene Ehre, aber Asta Nielsen fühlt sich ihrem treuen deutschen Publikum verpflichtet. Unter der Überschrift »Eine Tasse Tee mit Asta Nielsen« wird ihr bestätigt, sie sei »nicht nur eine gute Schriftstellerin, sondern auch eine vorzügliche Gastgeberin«. Doch liege über allem »ein Hauch bedrückender Einsamkeit«. Der Weltstar hat auch ein wenig über ihre Situation in der alten Heimat preisgegeben: »Asta Nielsen hat Deutschland stets sehr geliebt. Das nimmt man ihr heute in Dänemark übel.« Sie war auf das Interview vorbereitet. Was Asta Nielsen sagte, war wohlüberlegt und keine spontane Anmerkung. In Gedanken ist sie längst mit Plänen für die nächsten Monate beschäftigt.

Sie schreibt an das populäre Hotel »Weißes Rössl« am Wolfgangsee, wo sie schon mit Rudolf Mendler eingekehrt war. Eine Woche wollte sie dort verbringen, aber es ist »zu teuer«. Stattdessen fährt sie wieder mit Jesta und Paul nach Bornholm. Während dieser Monate erwähnt sie in ihren Briefen ständig Verhandlungen mit dem Rowohlt Verlag über eine deutsche Ausgabe ihres Buches. Aber sie macht sich keine Illusionen: »... der Buchmarkt in Deutschland ist katastrophal, keiner kauft ein Buch, selbst die billigen Rotationsausgaben gehen nicht.« Zwar sei ihre Popularität in Deutschland immer noch sehr groß, doch die Leute hätten kein Geld, und »sie wünschten sich vielleicht auch sensationelle Enthüllungen oder Privatleben, zwei Dinge, die ich absolut nicht bringe«. Auf diesem Hintergrund darf das Interview mit einer deutschen Zeitung als Werbung in eigener Sache gewertet werden.

Zurück aus dem Bornholmer Urlaub, schreibt sie am 15. Juli einen langen Brief an den dänischen Freund Poul Knudsen. Ihre Freundschaft geht zurück bis 1910/1911, als mit *Abgründe* Asta Nielsens Filmkarriere begann. Der studierte Jurist, der mit Drehbüchern und Theaterstücken reüssierte, hätte damals gern eine Pantomime für sie geschrieben. Daraus wurde nichts, doch ein brieflicher Kontakt blieb bestehen. Nun lebte Knudsen mit seiner amerikanischen Frau im Tiroler Alpendorf Seefeld. Erst einmal muss Asta Nielsen ihren Bornholmer Ferienfrust loswerden: »Die ganze Insel, die ich sonst liebe, war unmöglich während der sogenannten Volksferien.« Alles war überfüllt mit Touristen, ihre Pension hatte einhundertsechzehn Gäste, die am Tisch »mit Messer im Mund« aßen und dabei Radio hörten.

Poul Knudsen hatte versucht, den Weltstar – wie die Freunde in Berlin – zu einem Gastspiel zu motivieren: »... dazu hätte ich wirklich Lust, aber was soll ich spielen?« Für Asta Nielsen läuft es wieder auf die gleiche Überzeugung hinaus: »In meinem Alter soll man nicht mit seiner eigenen Ansicht zurückblicken auf die Filme. Darum denke ich, ich sollte mit etwas neuem kommen ... Man will mich unbedingt in Berlin haben, um Frau Alving zu spielen, dazu sage ich nur, der Herr bewahre mich davor.« Im September 1950 wird Asta Nielsen neunundsechzig Jahre alt. 1925 hat sie in der Hauptrolle der Ibsen-Verfilmung *Hedda Gabler* triumphiert. Sie ist klug genug, sich für ihr Comeback im Alter nicht als Frau Alving in den *Gespenstern* an den früheren Erfolg anzuhängen.

Überhaupt lockt im Augenblick anderes. Am 24. Juli entschuldigt sie sich bei Freund Rumpff nochmals im Voraus: »Sollte ich nach Tirol kommen, kann ich leider wegen die Valuta nicht in Vestdeutschland Halt machen.« Das klingt, als sei die Entscheidung insgeheim schon gefallen. Der nächste Brief an das Ehepaar Rumpff vom 4. Oktober 1950 ist eine Überraschung: »Herzlichen Dank für Eure Geburtstagswünsche. Leider komme ich erst heute dazu dafür zu danken da ich erst vor ein Par Tage nach Hause kam aus Tirol und Venedig.« Asta Nielsen ist über ihren Geburtstag am 11. September offensichtlich von Kopenhagen aus zu einer Blitzreise durch halb Europa aufgebrochen. Einsam, deprimiert, müde? Sie kannte aus Erfahrung ein Gegenmittel – sich nicht hängen lassen, selber für Abwechslung sorgen.

Bald nach der Rückkehr wurde sie ziemlich krank. Aber die erste Reise zurück auf den Kontinent seit 1939 hatte Lust auf mehr gemacht. An Ernst Legal wird Asta Nielsen schreiben, dass sie schon am 15. November in Kopenhagen wieder den Zug bestieg, »um sich von einer Lungenentzündung zu erholen«. Monaco hieß das Ziel, mit Zwischenstation in Paris. Sie hatte die dortige Adresse von Gregori Chmara, die Heinrich George ihr während des Krieges in einem Brief mitteilte, gut verwahrt.

Im November 1950 wohnte Asta Nielsen »auf Monmartre im selben Hotel wie Grischa und seine französische Frau, die waren beide sehr, sehr lieb, ich as alle meine Malzeiten oben bei

Ihnen, Grischa kochte sehr gut, seine Frau hatte genug zu tun mit ihrer Journalistik und Nachts sang Grischa in einem Montmartre-Kabaret. Zwischen uns leider nicht mehr gut. Er hatte sich zu sehr verändert, fand ich. Nun man sieht ja nie wie sehr man selbst verändert ist.« Das war die Bilanz, die sie Wolfgang Goetz mitteilte.

In Paris erfuhr Asta Nielsen, dass die Temperatur in Monaco unter null Grad lag. Capri wäre eine Alternative, aber in Italien nahm der Regen kein Ende. Da entschied Asta Nielsen, »dass ich schleunigst nach Tirol fuhr, um Höhenluft zu genießen«. Seefeld hieß das Ziel. Der Gedanke lag nahe, weil der dänische Freund Poul Knudsen sie eindringlich dorthin eingeladen hatte, um mit ihr über ein Theaterstück zu sprechen, das er für sie schreiben wollte. Es sollte endlich den Weg frei machen für ein Gastspiel auf deutschen Bühnen.

Vom Pariser Gare de l'Est fuhr der Arlberg-Orient-Express über Tirol bis nach Istanbul. An einem Winterabend 1950 stieg der junge dänische Rundfunkjournalist Ib Rehné in ein Abteil 2. Klasse: »Da saß nur ein lesender Mitpassagier, eine Frau in fortgeschrittenem Alter, ein Bein über das andere geschlagen, in ein Buch vertieft ...« Der junge Mann fühlte, da war noch etwas anderes, »ein déja-vu«, das er nicht fassen konnte. Nahe der Schweizer Grenze legte die Mitreisende Buch und Brille beiseite, holte eine Zigarette aus ihrem Etui und bat um Feuer: »Mit der Zigarette zwischen zwei Fingern lehnte sie sich zurück und blickte mich an. Es brauchte nur den Bruchteil einer Sekunde, als ein Film rückwärts lief und sich diese Augen während einer Samstagnachmittagsvorstellung in die unschuldige Kinderseele eines achtjährigen Jungen bohrten. ... Vor mir saß die größte spirituelle Erotikerin des Stummfilms – Asta Nielsen.«

Als die beiden sich am nächsten Morgen im Speisewagen treffen, spricht Asta Nielsen den jungen Mann an: »Setzen Sie sich zu mir. Ich sah an Ihrem Koffer, dass wir aus der gleichen Sprachgemeinschaft kommen. Es ist befreiend, Dänisch zu sprechen. Es hat mich immer geniert, dass ich im Deutschen meinen Akzent nicht überwinden konnte. Fahren Sie bis Wien?« Ib Rehné war entschlossen, gegen seine Pläne bis Wien zu fahren, wenn das Asta Nielsens Reiseziel war. Doch schnell stellt sich ein unglaublicher Zufall heraus: Beide fahren bis Innsbruck und von dort nach Seefeld, beide sind in der Pension von Frau Bader angemeldet, beide sind mit Poul Knudsen befreundet. Durch den gemeinsamen Freund verbunden, verleben sie die nächsten Wochen zu dritt. Im Mittelpunkt von Ib Rhenés späterem Erinnerungsbuch steht Asta Nielsen. Selbstbewusst, meist tonangebend, genießt sie das weite Alpenpanorama, die unabhängige Zeit fern vom engen provinziellen Dänemark.

Zwischen den langen Gesprächen über ein Theaterprojekt machten die drei Spaziergänge durch die verschneite Landschaft, meist ging es steil nach oben. Das nahm ihr bald den Atem, und auf dem Weg zur Reiterspitze »blieb sie einfach auf halbem Weg stehen und drehte ihren Schritt nach unten – ›Warum soll ich mich ganz nach oben quälen, ich habe die Welt ganz von oben gesehen‹«. Der Weg der Zahnradbahn ins Tal war oft von Schneelawinen bedroht. Aber für Asta Nielsen gab es keine Hindernisse, wenn ihr die Gulaschsuppe in der Tiroler Stube in Seefeld »zum Hals heraus hing« und sie nach Innsbruck drängte, um dort am Mittag »Karpfen Blau« zu speisen – »da musste man ihr einfach folgen«.

Nur eines fehlte Asta Nielsen in Seefeld: die Partner für ihr geliebtes Bridgespiel. Zum Ausgleich schlug sie eines Tages vor, nach Innsbruck ins Kino zu gehen. Nach der Vorstellung warteten die drei an der Straßenbahnhaltestelle, um zur Zahnradbahn zu fahren. Es dauerte nur Minuten, bis die ersten Vorübergehenden stehen blieben, bald bildete eine große Gruppe einen Kreis: »Das ist sie. Das IST sie. DIE ASTA! Der Mythos war lebendig.« Der Star, einst von Tausenden umjubelt, fühlte sich unbehaglich, zog die beiden Männer fort: »Wir gehen zum Bahnhof …«

Vor Weihnachten machte sich das Trio auf die Reise nach Süden. In Venedig trennten sich ihre Wege, Ib Rehné musste zurück nach Dänemark. Asta Nielsen war unternehmungslustig, zusammen mit Poul Knudsen ging es nach Rom und weiter nach Capri. Aber das Wetter war so schlecht, dass die beiden am Neujahrsabend wieder in Seefeld eintrafen.

Poul Knudsen arbeitete eifrig am Einakter *Katharina*, schrieb und verwarf große Teile wieder, schrieb weiter. Asta Nielsen blieb skeptisch. Mitte Februar 1951 beschloss sie, die Pause von Kopenhagen war lang genug; noch einmal nach Innsbruck ins Kino und dann zurück in den Norden. Am 8. Mai 1951 informierte sie Ernst Legal über das Drama rund um ihre Rückreise. Wie gewohnt, wollte sie nach dem letzten Kinobesuch die Straßenbahn nehmen. Doch der Schaffner »stieß mich vom Wagen hinunter, dass ich auf der Straße liegen blieb mit gebrochenem Rücken. 7 Wochen musste ich dann in Oesterreich liegen ohne mich zu rühren. Dann mit Ambulanz nach Zürich, von dort mit Roma-Express – ›aufgebettet‹ – nach Kopenhagen.«

Sieben Wochen wurde sie im Landhaus Baden in Seefeld gepflegt, von wo aus Briefe an das Ehepaar Rumpff gingen. Am 19. März schrieb Asta Nielsen mit dünnem Bleistift, sie habe Massagen bekommen und die ärztliche Erlaubnis für die Zugreise nach Dänemark. Das nächste Lebenszeichen kam am 9. April: Sie wurde von Jesta und Paul in deren Haus bei Kopenhagen umsorgt. Sie dankte Tilla und Heinrich Rumpff »für den lieben Besuch in Seefeld«. Ob der Schaffner sie wirklich »vom Wagen gestoßen« hatte oder es ein unglücklicher Unfall war: In Innsbruck begann ein Prozess, in dem Asta Nielsen Schadenersatz und Verdienstausfall forderte. Denn dazu hatte sie in der Zwischenzeit Handhabe bekommen.

Olga Tschechowa, mit der sie 1927 zusammen in einem Film aufgetreten war, hatte jetzt eine leitende Position bei der Venus-Film in München und erinnerte sich am 12. Mai 1951 an ihre berühmte Kollegin. Man wolle im Spätsommer einen interessanten Film drehen, »in dem eine Hauptrolle durch Sie besetzt werden könnte, weil sie durch Ihre Persönlichkeit am besten realisiert würde. … Wir würden uns sehr freuen, wenn wir zu einer Zusammenarbeit kämen.« Asta Nielsen signalisiert postwendend ihr Interesse, und prompt bekommt sie am 2. Juni die Antwort, dass Venus-Film sich sehr freue und das Drehbuch schicke, sobald es fertig sei.

Dass körperlich an Dreharbeiten nicht zu denken und dies ein Schachzug ist, um wenigstens etwas Geld aus dem Straßenbahnunfall zu ziehen, erfährt Heinrich Rumpff am 18. Juni »unter uns«. Sie sei auf das Angebot eingegangen, damit sie vielleicht im Prozess in Innsbruck einen Verdienstverlust angeben kann. Gesundheitlich geht es sehr langsam aufwärts: »Ich habe immer noch viele Schmerzen im Rücken, und ich habe Angst auf der Terrasse zu gehen, so das ich eine Begleiterin EINE Stunde pr. Tag engagirt habe um etwas Luft zu bekommen.«

Anfang Juni lag ein weiteres Angebot in der Post, von der Froelich-Film in Berlin. In einem Varieté-Film sei eine Rolle mit starker schauspielerischer Aufgabe zu besetzen: »Wir tragen uns mit dem Gedanken, Sie einzuladen, diese Rolle eventuell zu übernehmen.« Es würden neun Drehtage anfallen, und man bittet »postwendend um Bescheid, ob Sie übernehmen würden und nennen Sie uns Ihre äussersten Bedingungen«. Diesmal verweist Asta Nielsen auf ihren Unfall in Innsbruck. Man hatte in Berlin davon gelesen, »doch konnten wir nicht annehmen, dass er so unangenehme gesundheitliche Folgen haben würde«. Man werde sich erneut mit ihr in Verbindung setzen.

Im August meldete sich ein Victor Colani aus Den Haag: »Es ist 40 Jahre her, dass ich Sie das letzte Mal in Berlin gesehen habe …« 1912 habe er kleinere Rollen in zwei Filmen mit ihr gespielt. Der Stolz spricht aus seinem Angebot: »Sehr verehrte Frau Nielsen, haben Sie Lust und Interesse hier in Holland einen Film zu spielen?« Es sei eine »phantastische Rolle« mit einem »sehr guten Honorar«. Das wollte sich Asta Nielsen nicht entgehen lassen. Sie sei mit allem einverstanden, stelle aber Bedingungen: »Erstens: dass ich erst das fertige Manuskript lese. Zweitens: dass es sich um eine absolute Hauptrolle dreht … dass ich als Hauptperson die entsprechende Werbung bekomme …«

Es muss frustrierend für Asta Nielsen gewesen sein. Ausgerechnet jetzt, wo sie sich kaum rühren kann, kommen die ersehnten Anfragen. Die kleinen Hoffnungsschimmer trügen. Aus keinem der Angebote wird etwas. Am 5. November zieht sie in ihrem Brief an Heinrich Rumpff eine traurige Bilanz: »Ich lebe still und zurückgezogen und leider sehr deprimiert. Das war ich nun immer hier, aber jetzt finde ich alles zu hoffnungslos. Die Krankheit nach dem Unglücksfall hat mich mehr mitgenommen, als ich dachte. Und von dem Proces in Innsbruck höre ich nichts.« Deprimiert? Hoffnungslos? Ihr Lebensmuster war doch genau das Gegenteil; ihr Motto hieß »nicht aufgeben«, alle Kräfte für einen neuen Aufbruch sammeln.

Am 18. November schreibt ihr Wolfgang Goetz: »Mit größter Begeisterung vernahmen wir …, dass du die Einladung angenommen hast – nach Berlin zu kommen.« Vier Tage später bedankt sich Asta Nielsen bei ihm, dass sie während ihrer Zeit in Berlin zum Essen eingeladen und auch für private Übernachtung gesorgt sei. Vor Neujahr werde es aber nicht möglich sein, auch wenn sie eine private Reise plane. Denn »es sieht ziemlich hoffnunglos aus mit Gastspielen«. Viktor de Kowa habe alle ihre Vorschläge abgelehnt, und noch einmal zur Bekräftigung: »Nur, in alte und ueberlebte Stücke möchte ich nicht ein come back haben.« Dann der spontane Ausruf: »Oder warum schreibst DU mir nicht ein Stückk ????«

Am traurigen Hintergrund hat sich nichts geändert, erfährt Wolfgang Goetz drastisch: »… hier in diesem Provinz geht man seelisch und körperlich zu Grunde. Ich sitze ja hier seit 14 Jahren und ich war NIE glücklich in diesem Lande. Deshalb sehne ich mich nach Deutschland und nach Arbeit. Untätig und allein HIER zu sein ist eine Hölle.« Die Gerichtssache in Innsbruck habe sie bisher 50 000 Schilling gekostet, auch beim Rechtsanwalt habe sie Schulden: »So alles schreit nach Tätigkeit und Geld.« Und Asta Nielsen wird tätig, um die Hölle hinter sich zu lassen. Eine Einladung zum Filmball am 12. Januar in Berlin ist eine zusätzliche Ermunterung – »da war ich noch nie«. Aber sie akzeptiert die Situation nicht, nach Deutschland zurückzukehren, ohne sich ihrem treuen Publikum auf der Bühne zu zeigen.

Am 30. Dezember erfährt Heinrich Rumpff, dass Asta Nielsen sich in der Zwischenzeit mit einem »Impressario« über eine Gastspieltournee in Westdeutschland im Herbst 1952 geeinigt hat. Sie möchte im Kern Rumpffs Einpersonenstück *Angst* nutzen, mit dem sie 1934 in der Scala in Berlin erfolgreich war: »Dazu brauche ich Dich … Glaubst Du, lieber Heinz, dass Du so einen Akt daraus machen kannst mit einer so grossen und wirkungsvollen Scene für mich?« Der Entwurf muss bis zum 1. Februar 1952 vorliegen. Höchstgagen von zweihundert Mark pro Tag sind zu erwarten: »… auch das ist Geld für mich und ich möchte doch gern wieder aus diesem Totenhaus hinaus und arbeiten.«

Die siebzigjährige Asta Nielsen ist zurück, voller Tatkraft, bei der sich Fantasie mit Realitätssinn verbindet. Als krönender Abschluss des Jahres 1951 erscheint in der Weihnachtsnummer eines dänischen Magazins *Eine Weihnachtserinnerung von Asta Nielsen: Ingvars Weißer Vogel*, mit Illustrationen des angesehenen Zeichners Viggo Thomsen.

37. Kapitel

REISEN ALS MEDIZIN

Zusammenbruch – Gejammert wird nicht – Ferien in Oberbayern – Wieder ein Aufbruch: Stoffmalerei – Mit Clara Pontoppidan in Gastein – Erfolg im Radio und in Zeitungen – Eine Katastrophe: Jesta hat Diabetes – Ein Familiengeheimnis

1952-1960

Anfang Februar 1952 erfährt Karl Kinndt – »Liebes Karlchen« –, dass Asta Nielsen seiner Familie erneut vier Pakete geschickt hat. Es folgt eine bekannte Litanei über ihre Erkältung; wieder muss das »fürchterliche« dänische Klima für untergründigen Missmut herhalten. Nie war sie in Berlin erkältet, aber »kaum setzte ich meine Füsse auf dänische Erde, hatte ich Schnupfen, Husten und war heisser«. Nun erfährt auch Freund Kinndt, dass sie »im Herbst auf Tournee in Westdeutschland evt. geht«. Asta Nielsen hofft, sich schon einige Monate zuvor in Deutschland aufzuhalten. Das würde ihr bei der Sprache helfen, »aber vor allem wegen der Stimme. Die ist ja von vornherein nicht gut, aber hier unerträglich roh und rauh.«

Ende März bekommt sie einen so starken Fieberanfall, dass Penicillin gespritzt und sie mit einer Ambulanz zu Jesta gefahren wird. »Nun bin ich wieder zuhause«, schreibt sie Heinrich Rumpff am 12. April, »arbeite mit meinen Rollen.« Keine Rede von aufgeben. Auch nicht, als Asta Nielsen ihm am 23. Mai mitteilt, sie habe gerade eine Ohrenoperation hinter sich und sei »müde und nervös«. Am 27. Juli will sie Richtung Süden fahren, inkognito als »Frau Wingaardh«; sie hatte nach der Scheidung von ihrem zweiten Mann 1922 dessen Namen behalten. In München, wo die Tournee beginnen soll, wird sie mit den Proben anfangen – und versuchen, »eine zeitlang ohne Schlafmittel auszukommen«.

Zehn Tage später hat Asta Nielsen alle Hoffnungen begraben, endlich wieder auf der Bühne zu stehen, noch dazu im geliebten Deutschland: »... klappte ganz zusammen, kann im Juli nicht kommen ...« Der Brief an Heinrich Rumpff ist am 2. Juni 1952 geschrieben. Aus München habe sie nichts gehört. Aber kein Jammern, kein Klagen, obwohl sie alle Kostüme selber angefertigt hatte: »... das Leben hat mich gelernt, dass ich allein alles immer tragen muss.« Wenig später die nüchterne Bestätigung: »Wir sehen uns nicht.« Wolfgang Goetz erfährt: »Die geplante Tournee wurde im letzten Moment durch den Impresario zu nichts. Vielleicht ist es gut so, denn was ich von Theaterverhältnissen in Westdeutschland höre, ist sehr pessimistisch. Der Agent wollte mich nach Italien senden, – gegen den Vertrag ... Das kommt davon, dass ich jetzt andere alles überlassen muss, früher konnte ich alles selbst in die Hand nehmen.« Ob es der böse Impressario war oder nicht doch ihre Krankheit, ist am Ende Nebensache.

Einigeln aber wird sie sich nicht in ihrer Enttäuschung. Reisen ist für Asta Nielsen das beste Mittel. Statt nach München fährt sie per Schiff mit einer Freundin zum dänischen Festland, um an der nördlichen Spitze unterhalb von Skagen, in Kandestederne, mit dem breiten Strand und der unendlichen Nordsee vor Augen bis in den September Erholung zu suchen.

Zurück in Kopenhagen, hat sie eine interessante Neuigkeit für Freund Rumpff: »Von einer Dame in Ulm hörte ich, dass Rudolf das Geigen ganz aufgegeben hat und jetzt Geigenbauer ist.« Asta Nielsen ist gut informiert. Rudolf Mendler ist mit Beginn der 1950er Jahre unter die Geigenbauer gegangen. 1953 erhielt er ein Patent, weil es ihm gelungen war, nach der Einführung stählerner E-Saiten bei der Stradivari-Geige statt des »stählernen« Klanges den ursprünglichen plastischen Ton wiederherzustellen. Später verblüffte er die Fachwelt mit einer asymmetrischen, der sogenannten Mendler-Geige.

Auch ihr Brief vom 14. Oktober klagt nicht über die zurückliegenden Monate, als sich ihre Hoffnung auf eine Rückkehr zur Bühne zerschlug, im Gegenteil. Jesta hatte eine Halsoperation gut überstanden. Abends im Bett »lese ich Goethe und Voltaire, gute NEUE Bücher gibt es hier momentan nicht«. Sie hat sich zu einem Entschluss durchgerungen, der ihr nicht leichtfiel: »Schrieb ich Euch, dass ich zwei Zimmer vermietet habe?«

Immer wieder klingt in Asta Nielsens Briefen an, wie knapp ihre Rücklagen sind, seit sie Hitler-Deutschland verließ und rund zwei Drittel – einmal spricht sie von fünfzig Prozent – ihres Vermögens in Deutschland bleiben musste. Nachdem 1951 die erhoffte Theatergage nicht in die Haushaltskasse kam und die Miete ihrer opulenten Wohnung ständig erhöht wurde, hatte sie kaum noch eine Wahl. Die neuen Mieter: »Eine junge Dame und ihr Faetter. Beide wenigstens vorläufig reizend … Ich hatte Angst, fremde Menschen im Haus zu bekommen, aber ich bin damit SEHR zufrieden.« Für Asta Nielsen geht das Jahr 1951 gelassen zu Ende: mit einem Blick zurück ohne Zorn und der Bereitschaft, sich auf Neues einzulassen.

Während der Wintermonate hatte sie sich dem Wunsch der Malerin Kirsten Kjær geöffnet, von ihr ein großformatiges Porträtbild zu schaffen. Asta Nielsen fand das Ergebnis »sehr gut und interessant«, nur ihren »schiefen Mund« hat sie immer wieder moniert. Am 30. März 1953 erfuhr Heinrich Rumpff, das Bild »bekam einen Ehrenplatz auf einer Ausstellung – es stehen Scharen vor dem Bild. Es freut mich sehr für sie, denn sie ist sehr umstritten, Autodidakt und sehr auffallend in den Farben.« Im Juni zierte das Porträt die Titelseite des Hochglanz-Magazins *Uge-Journalen.* Die beiden Frauen würden sich nicht mehr aus den Augen verlieren.

Am Jahresanfang kämpfte Asta Nielsen mit zwei Lungenentzündungen; Jesta fühlte sich ständig krank, aber kein Arzt fand eine Ursache. Im Juni erzählte die Freundin Heinrich Rumpff von ihrem üblichen Mittagessen: grüner Salat, Tomaten, Radieschen und hartgekochte Eier, danach eine Tasse Kaffee und ein Stück Käsebrot – »es schmeckt herrlich und man hat keine Magenschmerzen wie bei zu viel Fleisch«. Es folgte ein Blick auf ihre Finanzen: »… dadurch, dass ich zwei Zimmer vermiete, wohne ich hier gratis, aber leider ratete mein Rechtsanwalt mich vor 8 Jahren zum Kauf von zwei Hauesern, und die geben in den letzten 3 Jahren nur defizit …« Im November trennte sie sich von den Häusern, mit Verlust – »kastrofal«.

Im Frühjahr fragten Wolfgang Goetz und seine Frau, ob Asta Nielsen ihnen einen Tipp für einen Dänemark-Urlaub geben könne. Die Antwort am 10. April war ernüchternd: »EMPFEHLEN als solche kann ich durchaus nichts. Ich selbst wohne nie in Dänemark, wenn ich es vermeiden kann, … überall ist alles verdorben durch ›Volksferie‹, eine Art ›Kraft durch Freude‹.« Ein hartes Urteil, an das sich Asta Nielsen selbst durchaus nicht immer hielt.

Ihre große Sorge gilt Jesta: »Sie hat 7 Wochen lang immer Fieber gehabt. Man weiss nicht, was mit ihr los ist, heute war sie zu einer großen Untersuchung beim Arzt, aber er fand wieder nichts. Nun ist sie ja leider derart dick, und davon stammt wahrscheinlich die Krankheit. Und Diät WILL sie ja nie durchführen.« Noch ein hartes Urteil, diesmal über den Menschen, der für sie der wichtigste auf der Welt war. Sie ging davon aus, dass die Freunde in Berlin daran nicht zweifelten. Was ihren eigenen Zustand betrifft: »Ich selbst bin so einigermaßen nach dem Unfall vor mehr als zwei Jahren hergestellt. Die Ersatzsache läuft immer noch ohne Resultat, natürlich.« Damit war ihre Klage um Entschädigung gemeint.

Anfang Juli kündigt Asta Nielsen sich bei Heinrich und Tilla Rumpff im oberbayerischen Wallgau als Sommergast an. Sie werde am 6. August mit dem Basel-Express bis München fahren und am nächsten Morgen um 8 Uhr ankommen. Sie nimmt keinen Schlafwagen, das ist ihr zu teuer und umständlich. Aussichten auf Gastspiele, die sie mit privaten Besuchen in Deutschland verbinden konnte, waren nicht in Sicht. Also wurde Asta Nielsen selber aktiv, um Kopenhagen hinter sich zu lassen und die Verbindung zu den Freunden lebendig zu halten. Aus Oberbayern zurück in Kopenhagen, bedankt sie sich für die »reizende Zeit« und arbeitet still und heimlich an einem neuen Aufbruch.

Die Einladung an Kirsten Kjær ist vom 15. Februar 1954 datiert; viele in Asta Nielsens dänischem Freundes- und Bekanntenkreis werden die gleiche bekommen haben: »… habe die Freude, Sie einzuladen zur Vernissage einer Ausstellung im Ole-Haslund-Haus – mit einigen Stoffmalereien, ein Hobby, mit dem ich mich in letzter Zeit beschäftigt habe.« Das elegante Ole Haslunds Hus mit schwarzer Steinfassade am Amagertov im Herzen Kopenhagens ist noch heute ein Künstlerhaus und war schon damals eine erste Adresse.

Was Asta Nielsen Stoffmalerei nennt, sind große Collagen, für die der Weltstar seine Kostüme aus vergangenen Zeiten auseinandernahm und die Fetzen von Filz, Seide, Baumwolle, Brokat und Stoffen aller Art zu einem fantasievollen Bild zusammensetzte. Das neue Hobby der Asta Nielsen ist keine Laune einer Amateurin. Die Stoffbilder entstehen nach präzisen Überlegungen, der Aufbau ist wohl überlegt, ebenso das Miteinander der verschiedenen Materialien. Anfang März geht ein kurzer Bericht über die Vernissage an die Freunde in Wallgau: »Die Kunstkritiker haben alle Lob gespendet … Aber leider waren die Portemonaes ziemlich geschlossen.« Doch ein Anfang ist gemacht.

Die Entdeckung ihrer malerischen Wurzeln geht zurück in die glückliche Zeit auf Hiddensee, als die Diva sich während der langen entspannten Sommermonate in einem weiteren Talent erprobte, der Malerei. Gut zwanzig Jahre später erkennt Asta Nielsen, dass sie mit dieser Begabung und einer kreativen

Idee ihrem Leben neuen Sinn geben kann. Sie hat ein Objekt für ihre noch längst nicht aufgebrauchten Arbeitsenergien gefunden, das neben aller Anerkennung hoffentlich eine gute Einnahmequelle werden kann. Die erfolgreiche Ausstellung überdeckt eine Sorge nicht. Ihr gehe es zwar »einigermaßen«, aber »Jesta hat es weniger gut, sie ist immer todesmüde und deprimiert«. Den alten Freunden in Bayern vertraut sie an: »Sie ist auch sehr viel allein, Paul hat zu tun von 8-23 Uhr, zwar verdient er viel Geld, aber ein Leben als solches haben sie ja nicht …«

1945 hatten sie die ersten Briefe gewechselt. Anfang der 1950er intensivierte sich die Korrespondenz zwischen Asta Nielsen und der norwegischen Schriftstellerin Eli Ansteinsson und eine große Vertrautheit entstand. Der ehemalige Weltstar war nicht mehr nur auf seine deutschen Freunde angewiesen. Am 20. April 1954 öffnete Asta Nielsen der neuen Freundin ihr Herz: »Ich bin glücklich, Sie zu kennen … Ich bin immer müde, immer schwindelig, mit diesem Schwindel ist man kein Mensch. Fühle mich nur gesund, wenn ich mit jemandem spreche, vielleicht stammt ein Teil meiner Krankheit aus dieser vielen Einsamkeit, es können Wochen vergehen, ohne dass ich einen Menschen sehe oder mit ihm spreche, außer mit meiner Tochter am Telefon.« Wie aus der Distanz versucht Asta Nielsen sich zu beschreiben und zu verstehen: »Dann ist es wohl eine Art Stupor, Erstarrung, der sich meiner bemächtigt.« Ob es wirklich Wochen sind, die vergehen, ohne dass Asta Nielsen einen Menschen sieht, ist fraglich. In jedem Fall ist es ihre gefühlte Einsamkeit.

In diesem Frühjahr ist sie selbst als Trösterin gefragt, bei Clara Pontoppidan, der ältesten Freundin aus den gemeinsamen Tagen in der Schauspielschule von Det Kongelige Teater. Pontoppidans Mann und ihr ältester Sohn waren im Winter gestorben. Viele Stunden verbringen die beiden Frauen im Gespräch. Asta Nielsen spricht ihr Mut zu, kümmert sich, eine selbstverständliche Freundespflicht. Immer wieder schreibt Clara: »Tausend Dank, liebe süße Asta für die schönen Rosen.«

Nach einem Treffen im August bekommt Clara schon am nächsten Tag einen Brief von der Freundin: »Ich fand, Du hast Dich verblüffend erholt. Gleiches finden meine Kinder über mich, so haben wir wirklich ein gutes Ergebnis von all dem vielen Geld, das die Ferien Dich gekostet haben.« Sie habe ein schlechtes Gewissen, »dass ich all deine Güte so überbordend angenommen habe«. Clara Pontoppidan hatte Asta Nielsen zu einem gemeinsamen Urlaub in Hornbæk eingeladen, das populäre Seebad hoch im Norden der Insel Seeland, wo Asta Nielsen vor rund vierzig Jahren fröhliche Sommer mit Jesta, Johanne und Isi Andersen verbracht hatte.

Im September erhält Asta Nielsen zwei Anfragen, die sich teils auf ihre Vergangenheit und insgesamt auf ihr literarisches Talent beziehen. Das dänische Filmmuseum in Kopenhagen wird eine neue Zeitschrift herausbringen – *Kosmorama* – und bittet den Weltstar um einen Beitrag. Asta Nielsen sagt zu, auch wenn es dafür kein Honorar gibt. Zugleich hat *Politiken* nachgefragt, ob sie einen Artikel schreibt. Das macht sie umso lieber, weil dafür ein Honorar gezahlt wird.

Am 6. November geht ein langer Brief nach Oslo an Eli Ansteinsson. Wegen einer schweren Erkältung mit hohem Fieber musste Asta Nielsen die letzten vierzehn Tage das Bett hüten. Zwar waren die Lungen frei, »aber der Kopf war angegriffen; ich konnte zehn Tage nur flüstern«. Weihnachten kommt näher. In den Jahren zuvor hatte Asta Nielsen an ihre Freunde mehr als einmal geschrieben, wie eintönig die traditionelle Feier zu dritt bei Jesta und Paul ablief. Die Freundin in Norwegen bekommt anderes zu hören: »Viele stöhnen darüber. Aber ICH finde Weihnachten gemütlich – hyggelig – und schön und freue mich jedes Jahr darauf zusammen mit meiner Tochter, die, obwohl 53 Jahre, Grüße schreibt und häuslichen Einkauf macht.« Am Weihnachtsabend gibt es gefüllte Gans, Reisgrütze mit Mandeln und Rumpudding.

Zum Abschluss des Briefes ein erstaunlicher Rat von einer

Frau, die auf fast keinem Foto ohne Zigarette zu sehen ist. Die Freundin in Norwegen soll nicht zu viel rauchen: »Es ist nur eine langweilige Gewohnheit, ein leerer Zigarettenhalter macht das gleiche, das weiß ich aus Erfahrung.« Hat Asta Nielsen wirklich gelernt, ihren Zigarettenkonsum zu drosseln?

Berühmtheit ist ein Wort in Sand geschrieben, wird Asta Nielsen Jahre später in einem Fernsehinterview sagen. Doch weiterhin kommen mit der Post Beweise, wie sehr sie in ihren Filmen nicht nur die Kritiker zu höchstem Lob anregte. Sie hat die Herzen der Menschen berührt und unvergängliche Gefühle ausgelöst. Das Jahr 1954 hatte mit dem Brief von Agnes Andres, Hamburg, Stückenstraße 63, begonnen: »Sehr verehrte und unvergessene, geliebte Asta Nielsen. Eine begeisterte Anbeterin von Ihnen, schon seit meinem 12. Lebensjahr – ich sehe Sie, geliebte Asta Nielsen, als wären nicht 40 Jahre vergangen.«

Im neuen Jahr zwingt eine Krankheit sie erneut ins Bett. Drei Wochen sei sie krank gewesen, schreibt sie am 1. März 1955 an den populären Fernseh- und Radiojournalisten Bjørn Rasmussen, und könne gerade mal einen halben Tag aufstehen. Es ist die nüchterne Erklärung, warum sie seinen »sehr freundlichen Brief« vom 28. Februar jetzt erst beantwortet. Anschließend eröffnet sie eine schriftliche Charmeoffensive. Seine Radiosendung *Film-Forum* sei immer ein Lichtblick in ihrem Hörerdasein gewesen. Sie betrachte es als Freude, bei seiner Sendung mitzuwirken, und möchte ihm sagen, »dass Geld keine Rolle spielt«. Sie bittet nur darum, die Zusammenarbeit in den April zu verlegen, und entwickelt sogleich eigene Ideen: »Eine Sendung in Interviewform, im Gespräch, wird lebendiger als ein einseitiger Vortrag. Also würde es mich freuen, wenn ich so bald wie möglich Ihre Fragen bekäme.« Sie lädt ihn zu einem Gespräch »bei mir zu Hause« ein, eine Ehre, die Asta Nielsen nur wenigen Außenstehenden gewährt.

Mit ihrer Meinung über ihre Landsleute hält sie nicht hinter dem Berg. Jede Form von Aufrichtigkeit werde »als negativ aufgefasst. Man ist tatsächlich überhaupt nicht bange davor, privat einander zu geißeln, aber kommt es zu einer Form von Veröffentlichung, wird der bitterste Wermut zur reinsten süßen Suppe.« Sie freut sich, ihm schreiben zu können, »das müsste ich schon längst gemacht haben«. Aber der Empfang, »den sie hier in Dänemark äußerlich bekommen habe«, habe ihr den Glauben vermittelt, »dass meine Meinung die gleichgültigste ist sowie mein Einsatz als Schauspielerin, und so hält man seinen Mund, auch in dem Fall, wenn man reden sollte. Aber nun reden WIR zusammen.« Eine elegante Einführung, sich als selbstkritisch-selbstbewusste Partnerin in seiner Sendung zu präsentieren.

Unterdessen »krachte es zwischen ihren Untermietern, die neuen beiden Damen scheinen guter Tausch«, erfährt Heinrich Rumpff im April. Clara Pontoppidan hat ihre Freundin Asta erneut zu einem Sommerurlaub eingeladen. Diesmal geht es nach Gastein, deshalb könne sie auf der Rückreise in München Station machen und ihre Freunde in Wallgau besuchen. So geschah es.

Aus »Wallgau Oberbayern« antwortet Asta Nielsen am 6. Juli auf den Brief von Kirsten Kjær, die ihr aus Schweden geschrieben hat. Jesta sortiert in Kopenhagen die Post für ihre Mutter und weiß, diese kann sie weiterschicken, weil während der Sitzungen für das große Porträt zwischen Malerin und Filmstar eine Freundschaft gewachsen ist. Die drei Wochen mit Clara in Gastein waren sehr schön, Asta Nielsen fühlte sich »sehr wohl an dem Ort, der von alten verkrüppelten Menschen wimmelte«. Bei ihren Freunden in Bayern würde sie den ganzen Juli bleiben. Die langen Ferien taten ihr gut, denn sie hatte in Kopenhagen »alle Kraft in einem großen Betrug verbraucht, in den mich mein Rechtsanwalt und Eigentumsschwindler verwickelt haben. Das Leben ist hart, wie Du schreibst, es eignet sich nicht für anständige und gutgläubige Menschen.«

Wieder fällt auf: Kein Grund zum Jammern, Pech gehabt, abgehakt. Asta Nielsen genießt die bayerische Höhenluft, die ihren Schwindel vertreibt. Sie ist guter Dinge und hat keine Hemmungen zu berichten, »ich kann jetzt mit den Stoffbildern ein bisschen Geld verdienen«. Der Erfolg hat ihre Fantasie in Gang gesetzt: »Ich habe im Kopf bis HCAndersens Geburtstag 6–8 Bilder mit Motiven aus seinen Märchen zu machen. … Stoff ist ein schweres Material zum Arbeiten …« Asta Nielsen ist keine, die sich klein macht.

Voller Stolz erzählt sie der Maler-Freundin von weiteren Erfolgsgeschichten: »Ich hatte einen Artikel in *Politiken* ›Alter und neues Leben‹ – der war so geglückt, dass ich im Radio einen Vortrag halten sollte über dieses Thema und der war sehr erfolgreich, es gibt deshalb eine Wiederholung.« Vom Himmel gefallen sind diese Erfolge nicht. Es gehört Mut dazu, einen Schlussstrich unter ein Leben als Star auf Leinwand und Theaterbühnen zu ziehen und der Bitterkeit darüber keinen Raum mehr zu lassen. Asta Nielsen hatte beschlossen, ihre Energien in ihre literarischen, malerischen und journalistischen Talente zu stecken und die Erfolge zu genießen. Am 2. August bedankt sie sich bei Heinrich und Tilla Rumpff über das »sehr sehr schöne wiedersehen«, auch wenn sie im Zug nach Kopenhagen einen »grossen Schwindelanfall« hatte.

Im September 1955 feiert Asta Nielsen ihren vierundsiebzigsten Geburtstag und hat die kritische Sicht auf die Welt und ihre Umgebung, die sie ein Leben lang begleitete, nicht verloren. Sie habe ein Anliegen, das ihr am Herz liege, »nämlich das Betäuben von Schweinen beim Schlachten«, schreibt sie am 28. Oktober an Johanne Dahlerup Petersen, Politikerin und Vorsitzende des dänischen Hausfrauenbundes. Vielleicht habe sie »die Aufforderung in *Politiken* gelesen, der ich mich angeschlossen habe. … Jetzt, wo Weihnachten vor der Tür steht, wäre es vorausschauend, Hausfrauen darauf aufmerksam zu machen, dass zum Fest vieles andere zur Verfügung steht statt Schweinespeck und Schweinefleisch.« Viele ihrer Freunde hätten Schweinefleisch verbannt, solange die verpflichtende Betäubung nicht in Kraft ist. Sie bittet die einflussreiche Zeitgenossin um Unterstützung.

Um das Jahr 1955 tritt Frede Schmidt, der Kopenhagener Antiquar für alles, was »Theatér – Film – Ballet« betrifft, in ihr Leben. Er wird ihr engster Gesprächspartner und missbraucht dieses Vertrauen, indem er ihre täglichen vertraulichen Telefonate heimlich mitschneidet. (Im 9. Kapitel wird erstmals aus diesen Gesprächen zitiert.) Das positive Verhältnis zu Frede Schmidt wird mit den Jahren sichtbare Risse bekommen.

Mitte Februar 1956 brechen Jesta und Paul in ihrem neuen Auto auf nach Italien. Asta Nielsen zieht sich zum Schreiben ihrer Briefe ins Bett zurück, da die Heizung versagt. Am 1. März schreibt sie Heinrich Rumpff, dass Tochter und Schwiegersohn zurückkehren mussten, weil Jesta schwer erkrankte. Immerhin hat man nun herausgefunden, dass sie an einer fortgeschrittenen Zuckerkrankheit leidet: »Das war für uns alle drei ein grosser Schlag, jetzt soll sie streng Diät halten.« Die Alternative sei das Spital für Zuckerkranke, wovor sie schreckliche Angst habe. Es fällt das Stichwort »masslose Fettleibigkeit«.

Am 7. April eine gute Nachricht: »Jesta nach 3 Wochen Diät schon bedeutend besser.« Aber Asta Nielsen hat Angst, dass ihre Tochter die Kur nicht konsequent durchführt, »sobald es sich ums Essen dreht, ist sie unmöglich …«. Was anschließend als entschuldigende Erklärung für Jestas Verhalten gedacht ist, kann nur verstehen, wer weiß, was zwischen den Zeilen steht: »Ihr Leben ist nun einmal verpfuscht. Er ist wirklich gut zu ihr, aber von Anfang an war doch alles unnormal.« Asta Nielsens mysteriöser Hinweis setzt voraus, dass sie selbst vor langer Zeit Heinrich und Tilla Rumpff in ein Familiengeheimnis eingeweiht hat: Ihr Schwiegersohn Paul Vermehren ist homosexuell und war es schon, als er Jesta heiratete.

Asta Nielsen war eine moderne Frau, die sich selbstbewusst über traditionelle Moral hinwegsetzte, als sie sich mit zwanzig Jahren für eine uneheliche Mutterschaft entschied, ohne je den Namen von Jestas Vater preiszugeben. Die Partnerin ihrer Schwester Johanne gehörte zur Familie und war oft zu Besuch auf Hiddensee. Jesta ist als Kind einige Jahre im Haushalt der beiden Frauen in Kopenhagen aufgewachsen. Homosexuelle gehörten in Berlin und Kopenhagen zu Asta Nielsens Freundeskreis. Dem sehr vertraulichen Hinweis an das Ehepaar Rumpff liegt eine tiefe Verzweiflung über Jestas schwere Krankheit zugrunde. Sie ist der Auslöser, Jestas Ehe als »verpfuscht« zu bezeichnen, als tragisch, ohne ihren Schwiegersohn dafür verantwortlich zu machen.

Von den Glückwünschen zu Asta Nielsens fünfundsiebzigstem Geburtstag am 9. September 1956 hat sich eine Stimme aus den Tiefen der Vergangenheit erhalten: »Liebe Asta! Die herzlichsten Wünsche zu Deinem Geburtstag sendet Dir Deine Kusine Anna.« Weit geht die Erinnerung zurück: in die Kindheit in Malmö, mit den jährlichen Fahrten über den Öresund nach Kopenhagen, um Verwandte der Mutter zu treffen und vor allem die Kusinen Anna und Olga. Mit ihnen erlebten Asta und Johanne bei jedem Besuch glückliche Tage und einen schmerzlichen Abschied. Die mit Rosen verzierte Geburtstagskarte muss von der geliebten Anna gekommen sein. Sie ist der einzige erhaltene Hinweis, dass Asta Nielsen die Familienkontakte aus alten Zeiten in Kopenhagen nicht gänzlich abgebrochen hatte.

Ende September geht eine traurige Nachricht an die Freunde in Wallgau: Jesta hält nicht Diät, die Zuckerwerte steigen und damit die Depressionen – »aber sie ist ja hoffnungslos, wenn es sich um Diaet handelt«. Zum Jahresende vertieft Asta Nielsen sich in Thomas Mann – *Lotte in Weimar* – und in Gedichte von Paul Verlaine, »sie haben mich sehr berührt«.

Im nächsten Jahr werden die Briefe seltener, aber vielleicht haben auch nur weniger die Zeiten überdauert. Die nüchterne Stimmung ist gleichbleibend gelassen: »Hier ist alles alt und langweilig. Nun, das kommt wohl auch vom Alter«, schreibt sie an ihre Freundin Eli Ansteinsson. Doch sie lässt sich nicht bremsen: »Ich war glücklich das London Festival Ballett-Gastspiel zu sehen, glänzend, auch mein Landsmann Toni Lander wunderbar.«

Die laufenden Filme fand sie uninteressant. Aber Asta Nielsen war wieder einmal in Det Kongelige Teater gegangen, wo die Premiere eines chinesischen Stückes gespielt wurde. Ihr Urteil: »Schlecht gespielt mit Ausnahme der beiden Ältesten«, das waren ihre Freunde Clara Pontoppidan und Poul Reumert, ihr Partner in *Afgrunden*. Die übrigen Schauspieler »bewegten sich, wie der kleine Moritz sich China vorstellt«.

Asta Nielsen fand spitze Formulierungen, wenn sie Kritik austeilte. Im Oktober 1957 sah sie den Film *Liebe, Brot und Eifersucht*. Vittorio de Sica war »herrlich, dafür nimmt man die lächerliche Sophia Loren in Kauf, wie sieht die denn aus«, erfuhr Poul Knudsen im fernen Seefeld. Dass sie die Loren mit Gina Lollobrigida verwechselte, ändert in der Sache nichts. Denn nicht nur Sir Olivier ließ Asta Nielsen »vollkommen kalt«. Die verschiedenen »italienischen Sexbomber« kann sie nicht ausstehen: »… sie sind ordinär und langweilig wie Ingrid Bergman, die nicht einmal ein BOMBER ist.«

Weil ihre beiden Untermieterinnen gekündigt haben, zieht für ein Jahr »ein sehr nettes Ehepaar bei ihr ein«. Es ändert nichts daran, erfährt Heinrich Rumpff am 3. August, dass es »abscheulich ist, fremde Leute ins Haus zu nehmen«. Fast wie aus einer anderen Welt klingt die Information, sie habe ein Angebot vom Braunschweiger Stadttheater bekommen – »aber die Rolle interessiert mich nicht«. An dieses Thema verschwendet Asta Nielsen keinen Gedanken und kein Gefühl mehr.

Im Herbst wird ihr Leben »sehr einsam«, weil zwei Bridgepartner gestorben sind. Asta Nielsen greift zu einem bewährten Mittel – »ich lese sehr viel«. Zwar machen sich zwischendurch ihre Gallensteine bemerkbar, aber im Sommer 1956 hat sie in Bayern genug von der guten deutschen Medizin gegen dieses Übel gehortet. So vergeht das Jahr 1957.

Aus dem folgenden Jahr haben sich zwei lange Briefe »Zum

11. September 1958« erhalten, Asta Nielsens siebenundsiebzigstem Geburtstag. Der eine kommt von Muschelkalk und ist ein Beweis für die Treue, mit der Asta Nielsen ihre Freundschaften pflegt: »Geliebte Asta, Dein Brief war mein schönstes Geburtstagsgeschenk zu Ringels 75. Geburtstag, ich danke Dir von ganzem Herzen.« Sie erinnert daran, dass »Ringel einmal ein rotes Herz mit Deinem Namen an die Decke unseres Ateliers am Sachsenplatz malte! … Und am schönsten waren für mich immer die Feste bei Dir!!« Dann ist Asta Nielsens Geburtstag an der Reihe und Muschelkalk wünscht ihr »außer der besseren Gesundheit viele fröhliche Stunden«.

Der zweite Brief schlägt einen weihevollen Ton an und endet »In aeternum Asta Nielsen Dein getreuer Siegfried«. Es dränge ihn »nach all den Jahren des Schweigens im Innersten des Herzens, heute, zu Deinem hohen Ehrentage, Deiner, Du von mir Unvergessene, mit Worten wahrhafter Zuneigung zu gedenken«. Es ist ein Dichter, der so formuliert – Siegfried Nyscher. Jetzt lebt er in der Nähe von Leipzig, sein Brief führt in »unsere gemeinsam verlebten Stunden auf Hiddensee« zurück. Asta Nielsen ist für ihn – und seine Frau Mary – »einer jener Menschen, die man nie vergessen kann, ein Mensch, vor dessen grossem Dasein … und unbeschreiblicher Lebenswahrheit man in Ergriffenheit sich neigt«. Das Schreiben sprengt alle irdischen Maßstäbe, eine Göttin wird verehrt, die »heute im Geiste« noch vor dem Schreiber steht »in der gefühlten Unberührbarkeit Deines erhabenen Menschentums«.

Wie Asta Nielsen dieses schwülstige Preislied aufgenommen hat, kann man sich fast denken, wenn man weiß, wie sehr ihr 1959 der Film *Mon Oncle* von Jacques Tati gefallen hat. »Der war *wirklich* glänzend«, schreibt sie an Kirsten Kjær. Ein exzellentes Beispiel für Witz, Satire und Ironie in sparsamster schauspielerischer Ausführung. Briefe mit alten Freunden fallen für 1959 ganz aus. Mit aller Vorsicht lässt sich sagen: keine besonderen Vorkommnisse.

Am 30. Mai 1960 geht der jahrzehntelange briefliche Austausch mit dem Ehepaar Rumpff weiter. Asta Nielsen bekommt im Juni neue Untermieter, das sei nun einmal notwendig. Ihre Reiselust ist ungebrochen, auch wenn der Vorschlag »primitiv und beschwerlich« ist, den sie Kirsten Kjær am 1. Juli macht. Ein alter Freund ihres Schwiegersohnes hat sich aus Oslo gemeldet. Aber Paul und Jesta sind gerade auf Bornholm: »So dachte ich, ob es etwas für uns ist …« Asta Nielsen hat den Eindruck, dass die Freundin noch keine »festen Pläne für den Sommer hat«.

Aus Oslo wird nichts, wie Heinrich Rumpff am 1. September erfährt. Asta Nielsen fährt mit einer Freundin aufs dänische Festland, »um im Sand die Glieder zu strecken«. Am Meer angekommen, stellt sich heraus, der Strand besteht nur aus Steinen. Statt vier Wochen bleiben die beiden Frauen fünf Tage.

Der 12. September 1960 war ein ehrenvolles Jubiläum im Leben der Filmschauspielerin Asta Nielsen. »… Blumen und Geschenke strömten ab morgens und Huldigungen in der Presse über der ganzen Welt, am meisten in Amerika«, erfuhr Eli Ansteinsson. Clara Pontoppidan schrieb in *Politiken* einen »glänzenden Artikel« über die Freundin. Der Dänische Schauspielerbund schickte ein Telegramm mit »herzlichsten Grüßen und wärmsten Wünschen zum Erinnerungstag«. In der *Neuen Zürcher Zeitung* standen in großer Aufmachung »Erinnerungen an Asta Nielsen«.

Rückblende: Am 12. September 1910, einen Tag nach ihrem neunundzwanzigsten Geburtstag, hatte im Kosmorama-Kino im Zentrum von Kopenhagen *Afgrunden* Premiere: der erste abendfüllende Stummfilm, der eine dramatische Lebensgeschichte erzählt – mit Asta Nielsen in der Hauptrolle. Er legte die Grundlage, dass aus der dänischen Theaterschauspielerin in kürzester Zeit ein Weltstar wurde, der Kinogeschichte machte. Als Asta Nielsen der norwegischen Freundin am 3. Dezember von ihrem besonderen Tag im September 1960 berichtet, ist sie immer noch bewegt: »Denke Dir, 50 Jahre sind vergangen seit meinem ersten Film, ein ganzes Leben mit Gutem und Schlechtem und dem schmerzlichen Verlust aller meiner Freunde in Berlin, und diese Stadt werde ich nicht mehr wiedersehen.« Berlin – der Ort mit den Menschen, die ihr nahestanden, war das Herzstück ihres Lebens, ihrer Erinnerungen, nichts konnte sie mit diesem Verlust wirklich versöhnen.

Trotzdem hatte Asta Nielsen es mit zunehmendem Alter geschafft, sich nicht in den Strudel der Vergangenheit ziehen zu lassen, sondern sie in ihr Leben zu integrieren. Den schmerzlichen Verlust zu benennen, war befreiend, um in der Gegenwart aktiv zu sein: »Ich bin sehr fleißig mit meinen Collagebildern, habe große Fortschritte gemacht und viel Erfolg. Ich verwandle meine Theaterkostüme in Blumen, Tiere und Landschaften.« Auch das steht in ihrem Brief an Eli Ansteinsson.

Im Kopenhagener Schloss Charlottenborg hatte Asta Nielsen sich eine Chagall-Ausstellung angesehen. Sie schätzte nicht alle seine Bilder, aber er war immer »ein Erlebnis« für sie. Ins Theater war sie nicht gegangen, auch große Opern- und Ballettgastspiele lockten sie 1959 nicht. Dafür konnte sie von einer anderen, überraschenden Erfahrung berichten: »Ich mache ständig neue Freunde durch mein Bridgespiel. Es ist erstaunlich, wie man in meinem Alter noch neue Freundschaften knüpfen kann, auch wenn ich immer an den alten festhalten werde.«

Mit diesem optimistischen Ausblick schließt ein Brief, der mit einem Sturz begonnen hatte. Asta Nielsen war am 28. November in ihrer Küche gefallen. Weil die Helfer sie nicht heben konnten, fuhr die Ambulanz ohne sie wieder fort. Jetzt kam zweimal am Tag eine Krankenschwester, und sie entging dem Krankenhaus vor allem »dank der großen Hilfe ihrer Tochter und der Untermieter«. Es sei entsetzlich, »so hilflos zu sein, wie glücklich, dass andere so opferbereit sind. Nun hoffe ich, bis Weihnachten wieder in Ordnung zu sein«. Das Unglück beeinträchtigt ihre positive Grundstimmung nicht. Aufgeräumt und ausführlich berichtet sie über ihr Filmjubiläum, ihre Collagenarbeit und die neuen Bridgefreunde – alles im Bett liegend. Asta Nielsen, neunundsiebzig Jahre alt, blickt freundlich auf das vergangene Jahr zurück.

38. Kapitel

MEINE GANZE WELT LIEGT IN TRÜMMERN

Tausend Telegramme zum 80. Geburtstag – Ehrenmedaille aus Berlin – Lebensbilanz in der Zeitung – Erfolgreiche Stoffmalerei – Tod des Schwiegersohns – Jestas Abschiedsbrief – Eine beglückende Begegnung auf der Insel Møn

1961-1964

Im Frühjahr 1961 machte Asta Nielsen eine Erfahrung, die ihre geheimen Ängste bestärkte. Ein Untermieter, der sich als »Journalist« ausgegeben hatte, entwendete Gegenstände aus ihrer Wohnung und verkaufte sie. Zwar bekam sie die meisten zurück, nachdem die Polizei eingeschaltet war, aber nun wolle sie keine Einlieger mehr nehmen, schrieb Asta Nielsen an Kirsten Kjær Mitte März. Eine gute Nachricht: Jestas Hund hat zur Freude ihrer Tochter prächtige Welpen bekommen, auch wenn Paul, ihr Mann, ständig darüber stolperte.

Was sie immer wieder plagt, sind Nebenhöhlenvereiterungen. Mit Vitamin A gehe es ihr jetzt etwas besser, schreibt sie Heinrich Rumpff am Abend des 15. Juni. So ganz sei sie jedoch nicht mehr auf der Höhe. Kein Grund, zu Hause Trübsal zu blasen. Am selben Tag hatte Asta Nielsen eine kleine Schifffahrt über den Öresund nach Schweden gemacht: »Als ich auf dem Schiff sass, überkam mich eine grosse Sehnsucht nach Hiddensee.« Ein verständliches Gefühl, aber es soll nicht die Gegenwart beherrschen. Für den Sommer ist sie bei dänischen Freunden angesagt. Deshalb trifft Tilla Durieux, die sympathische Kollegin aus Berliner Zeiten, Asta Nielsen nicht an, als sie in Kopenhagen ist. Was ihr sehr leidtut, wie sie am 26. Juli schreibt: »Ich hätte Ihnen gerne mit warmen Worten ausgesprochen, dass Sie unvergessen sind!«

Wie lebendig Asta Nielsen noch in den Köpfen der Menschen ist, erfährt sie schwarz auf weiß am 11. September 1961, ihrem achtzigsten Geburtstag. *Extrabladet* feiert »Die ewig-junge Asta«, *Jyllands Posten* gratuliert mit der Überschrift »Die Asta«, bisher als deutsches Markenzeichen kritisiert. Insgesamt erreichen über tausend Telegramme und rund dreihundert Briefe aus der ganzen Welt den Peter Bangs Vej 61, die Mehrheit aus Deutschland. Aus Düsseldorf schreibt das Asta-Nielsen-Theater: »Sehr verehrte gnädige Frau! Zu Ihrem heutigen Geburtstag senden wir Ihnen unsere aufrichtigen Glückwünsche. Wir sind sehr stolz darauf, dass unser Theater, seit 1911 im Besitz der Familie Baltes, Ihren Namen trägt.« Aus Frankfurt gratuliert Hofrat Dr. Maximilian Rakette, Vizepräsident vom Weltbund zum Schutz der Tiere und gegen die Vivisektion: »Unsere guten Wünsche gelten sowohl der hervorragenden Künstlerin wie auch der warmherzigen Tierfreundin.«

Aus Jestas Glückwunschbrief – eine überaus seltene Mutter-Tochter-Quelle, die sich im Archiv in Lund erhalten hat – wissen wir, Asta Nielsen hat sich dem Trubel entzogen: »Liebstes Geburtstagskind – viel Glück, viel Glück juble ich froh; jetzt sitzt Mutter, gut vom Meer beschützt, und hat Friede vor allen persönlichen Gratulanten. … Eine große Umarmung, Küsse und viele gute Wünsche für die kommenden Jahre, den ganzen Tag in Gedanken bei Dir – Jesta.«

Wenige Tage vor ihrem Geburtstag hatte sie in ihrem Heim als erste Trägerin die Ehrenmedaille der deutschen Spitzenorganisation der Filmwirtschaft durch deren Vertreter und ein Mitglied der deutschen Botschaft überreicht bekommen. Als offizielle dänische Institution gratulierte einzig das Dänische Filmmuseum.

Das Jahr 1962 begann mit einer Lungenentzündung. »Soeben aus dem Krankenhaus entlassen«, schreibt sie Heinrich Rumpff am 20. Februar. Anfang Juli schickt ihr die Spitzenorganisation der Filmwirtschaft eine dicke Pressemappe mit Artikeln führender deutscher Zeitungen zu ihrem achtzigsten Geburtstag. Dazu schreibt Ernst Erich Strassl, der mit der Ehrenmedaille nach Kopenhagen gereist war, begeistert: »… muss ich Ihnen von dem außerordentlichen Erfolg berichten, den Ihre im Rahmen der ›Retrospektive 1962‹ im Atelier am Zoo aufgeführten Filme gehabt haben.«

Am 8. Oktober entschuldigt sich Muschelkalk Ringelnatz: »Geliebte Asta, verzeih bitte, dass ich Deinen lieben Brief erst heute beantworte.« Muschelkalk hatte darum gebeten, das Ringelnatz-Bild *Urwald*, das Asta Nielsen zu Lebzeiten des Freundes erworben hatte, für 250 DM zurückkaufen zu dürfen – so viel könne sie aufbringen. Asta Nielsen war einverstanden. Im Dezember erfährt Heinrich Rumpff, dass die Freundin in Kopenhagen nach drei Wochen Krankheit das Bett verlassen konnte, »ein verletzter Rückenmuskel«.

Im Januar 1963 ist Asta Nielsen wieder so fest auf den Beinen, dass sie ins Theater geht – gegen alle schlechten Vorahnungen. »Morgen werde ich ›Balkonen‹ sehen«, erfährt die Freundin Eli Ansteinsson in Oslo, »da ich Genet hasse, schwant mir nichts gutes.« Es sei sehr kalt in Kopenhagen, »Norwegen hat es besser«.

Im Rahmen ihrer Artikelserie *Was das Leben mich lehrte*, veröffentlicht *Berlingske Tidende* am 6. November einen Beitrag von Asta Nielsen. An den Anfang stellt sie ein Motto, das sie »in schweren wie in leichten Tagen« durch ihr Leben begleitet habe: »Verlange alles von dir selbst – warte nicht auf andere.« Nüchtern und ehrlich, anschaulich und gefühlvoll führt Asta Nielsen durch die Höhen und Tiefen ihres Lebens. Die Kindheit war geprägt von ihrer Mutter, die ein Heim mit zwei Kindern und einem kranken, arbeitslosen Mann aufrechterhielt. In den Jahren beim Film bekam dieses Motto eine ganz besondere Bedeutung, als Asta Nielsen mit dabei war, »eine neue Kunst-Art zu schaffen«. Als sie »nicht nur eine reproduzierende, sondern eine Neues schaffende Schauspielerin wurde«. Es waren die Jahre, die »im Glanz eines Märchens stehen«.

Asta Nielsen ist überzeugt, dass sie wusste, wann sie Schluss machen musste: »Die Abscheulichkeiten der Nazis haben mich bewogen, alle Brücken hinter mir abzubrechen. Ich verließ Berlin, verließ Arbeit und Freunde, und plötzlich befand ich mich in meinem Vaterland im Halbdunkel der Anonymität. Hier sollte ich wahrhaftig bekräftigen: *Warte nicht auf andere*.« Die Zweiundachtzigjährige bekennt: »Ich lebe im Jetzt, vielleicht mit einem kleinen Seitenblick in die Zukunft, denn wer weiß, was noch kommen kann.«

Sie wird die Schreibmaschine zuklappen, zu ihren Stoffbildern gehen und »weiter mit Farben und Formen kämpfen. Das ist wie im Film, man betritt ein ganz neues Land, und da gilt auch: *Verlange alles von Dir selbst*«. Das literarische Selbstporträt der Asta Nielsen zeigt: Sie konnte mit ihrem Körper, mit Farben und Formen und mit Worten meisterhaft umgehen. Am selben Tag, dem 6. November 1963, bewilligte das dänische Parlament eine lebenslange Ehrenpension, die ihr der Kulturminister verliehen hatte.

Der Hinweis auf ihre Stoffmalerei war Teil ihrer selbstbewussten Darstellung. Asta Nielsen kannte ihren Wert und versteckte sich nicht. »Hier ist alles in Ordnung«, schrieb sie Heinrich Rumpff am 30. Januar 1964, »meine Collagen haben Erfolg und werden abgesetzt.« Drei Monate später erhielt diese Ordnung einen abgrundtiefen, unheilbaren Riss.

Im Rückblick schreibt sie ihrem alten Freund Poul Knudsen in Seefeld im November 1966, was am 1. Mai 1964 geschah, nachdem ihr Schwiegersohn Paul Vermehren Wochen zuvor einen Herzinfarkt erlitten hatte: »Paul starb am Herzinfarkt den Tag, nachdem die Ärzte ihn für gesund erklärt hatten. Jesta kam aus dem Diakonissenstift, wo er lag, nach Hause, strahlte vor Freude über die gute Nachricht. Am nächsten Morgen wurde sie um 7 Uhr vom Telefon wachgeklingelt mit der Nachricht, dass er tot war.« Knudsen erfährt in einem weiteren Brief, dass Asta Nielsen, Jesta und Paul sich lange zuvor geeinigt hatten »über so viel Stille, Ruhe wie möglich in Bezug auf unsern Weggang, keiner sollte uns sehen«. Paul Vermehrens Urne wurde im weitläufigen anonymen Gemeinschaftsgrab des Vestre Kirkegård in Kopenhagen beigesetzt.

Es war an der Mutter, die dreiundsechzigjährige Tochter – zuckerkrank und depressiv – zu stützen: »Ich musste alle Kräfte aufbieten, aber das waren nicht viele. … Leider hatten weder Jesta noch ich irgendein Kopfkissen, um uns zu stützen. Paul glaubte an Reinkarnation. Das ist ja vielleicht etwas.« Hinzu kamen konkrete Sorgen, wie Asta Nielsen am 9. September Heinrich Rumpff anvertraute. Jesta war durch den Tod ihres Mannes mittellos, »er hatte keine Pension, hinterließ nur unbezahlte Rechnungen«. Über fünf Monate arbeitete Asta Nielsen daran, ihre Tochter »aufrecht zu halten, aber ach, alles vergebens«.

Am 12. Oktober 1964 setzte Jesta Nielsen ihrem Leben ein Ende. Sie hinterließ einen Abschiedsbrief: »Liebe kleine Mutter, meine Nerven sind in einem solchen Zustand, dass ich Angst habe, verrückt zu werden. Angst vor der Zukunft, Angst vor allem. Ich *kann* nicht mehr. Danke für alles, meine liebe Mutter.« Auch Jesta erhielt ein anonymes Grab auf dem Vestre Kirkegård.

Am Anfang von Asta Nielsens Brief an Poul Knudsen stand: »Du weißt vielleicht, dass meine ganze Welt in Trümmern liegt. … Sie gab alles auf und alles war wie ausgelöscht. Die kleine Welt der beiden (und zwei niedliche Hunde) war plötzlich nur eine Handvoll Asche.« Dreiundachtzig Jahre alt war Asta Nielsen, als sie ihre Tochter begraben musste.

Im Dezember kam ein überraschender Brief aus Berlin. Die Spitzenorganisation der Filmwirtschaft hatte »einen einstimmigen Beschluss der Deutschen Filmkünstlernothilfe herbeigeführt«, um Asta Nielsen einen Betrag von 1000 DM zu überweisen. Es soll ein »Zeugnis der Verbundenheit« sein, damit sie stets das Gefühl haben dürfe, »dass Ihr Wirken in den Herzen vieler Freunde des Films unvergessen bleibt. Unsere guten Gedanken sind angesichts des bevorstehenden Weihnachtsfestes mit besonderer Herzlichkeit bei Ihnen«. Die Zeitungen hatten über die familiären Schicksalsschläge des Weltstars berichtet. Die Aufmerksamkeit der Filmwirtschaft darf als ein Zeichen solidarischer Anteilnahme gedeutet werden.

Am 11. November dieses Katastrophenjahres schrieb Asta Nielsen einen Brief, der inmitten aller Verzweiflung in die Zukunft weist und auf neue Lebenskräfte hofft: »Und ich bin sehr glücklich, Sie kennengelernt zu haben. Sie strahlen eine Wärme und Natürlichkeit aus, wie man sie selten erlebt, und ich freue mich darauf, Sie wiederzusehen.« Asta Nielsen hofft auf eine weitere Reise auf die Insel Møn und »wäre sehr glücklich, wenn Sie mich erneut empfangen und mir Kraft durch Ihr angenehmes Wesen geben würden«. Der Angesprochene ist Christian Anders Theede, Kunsthändler, Land- und Hausbesitzer auf der dänischen Insel Møn, zwischen der Südspitze von Seeland und der östlichen Spitze von Falster gelegen. In seiner Villa Aurora stellt er mit Vorliebe Bilder von Malerinnen aus.

Der Besuch war eine spontane Eingebung von Kirsten Kjær, die Asta Nielsen Mitte Oktober zu einer Autofahrt eingeladen hatte und mit dem fünfundsechzigjährigen Theede gut bekannt war. Der Versuch, die Trauernde wieder ein wenig in Kontakt mit der Welt und den Menschen ringsum zu bringen, war erfolgreich. In ihrem Brief hoffte Asta Nielsen auf einen Gegenbesuch von Christian Theede: »Lassen Sie es mich bitte wissen, wenn Sie nach Kopenhagen kommen und ob Sie Lust haben, mich zu besuchen.« Ihre bisherige Welt lag in Trümmern, viel zu frisch noch der Tod jenes Menschen, der für sie der wichtigste auf der Welt war. Aber sie signalisierte, sich trotz aller Niedergeschlagenheit auf Dauer positiven Gefühlen nicht zu verschließen.

39. Kapitel

EIN ALPTRAUM: WEIHNACHTEN OHNE JESTA

Zweiter Besuch bei Christian Theede auf Møn – Sensationell: Die Diva stimmt einem Film über ihr Leben zu – Die Erinnerungen in einem Band: »Für meine Tochter« – Das Filmteam dreht in ihrer Wohnung – Der Star hat das letzte Wort: Vernichten!

1965-1967

Zu Hause im Alltag kommen die quälenden Gedanken wieder. Die Frage, wie Jesta ganz allein ihren letzten Abend verbracht hat, verfolgt Asta Nielsen. Wozu noch weiterleben? Warum morgens aufstehen? Dass Frede Schmidt bei dem Besuch auf Møn dabei war, ist kein Zufall. Kaum war ihre Tochter begraben, zieht er für einige Monate bei Asta Nielsen im Wohnzimmer ein. Die Tür zu ihrem Schlafzimmer ist immer offen. Morgens um sieben Uhr trinken die beiden zusammen Kaffee. Dann arbeitet er in seinem kleinen Geschäft und füttert seine Katzen. Gegen sieben Uhr am Abend ist Frede Schmidt zurück und sie essen gemeinsam. Danach sitzen sie bei einem Glas Wein und reden miteinander, »während ich schon meine Schlaftabletten wirken lasse«, wie Clara Pontoppidan erfährt.

Asta Nielsen akzeptiert seine Hilfe. An Poul Knudsen schreibt sie im November 1966: »... ohne ihn würde ich heute nicht mehr leben. Von Zeit zu Zeit weiß ich nicht, ob ich ihm dafür danken soll. ... Warum habe ich es nicht wie Jesta gemacht?« Eine Woche später erfährt der Freund, was nach Jestas Tod ihr stärkster Trost wurde und sie am Leben hielt. Schon ihr Schwiegersohn habe zu Lebzeiten zu Jesta gesagt: »Ich weiß nicht, was ich mit Dir machen soll, wenn Asta uns verlässt.« Asta Nielsen spinnt diesen Gedanken fort: »Also das IST ein Trost, dass ich den Kummer tragen muss. Aber ich BIN ja so alt und abgelebt, was natürlicherweise auch ein Trost ist, denn SO viele Jahre kann ich wohl nicht mehr aushalten.«

Aus dem ersten Trauerjahr hat sich ein einziger persönlicher Brief erhalten, an Heinrich Rumpff, geschrieben am 30. Oktober nach einer langen Reise quer durch Europa: »Ja, ich fürchtete die Tage, als Jesta von mir wegging, vor einem Jahr.« Asta Nielsen durchlebte den ersten Todestag am 12. Oktober 1965 an der Costa del Sol, dem südlichsten Teil der spanischen Mittelmeerküste; ihr Hausmeister hatte sich angeboten, sie zu begleiten.

Noch vor ihrer Reise in den Süden kam Post aus Schweden. »Sehr geehrte, liebe Frau Asta Nielsen«, schrieb Gustav Postén, Professor an der traditionsreichen Universität von Lund am 20. September 1965. Ein wenig Dänisch war unter das Deutsch gemischt, mit dem der Filmhistoriker den Kontakt zu dem Weltstar aufnahm. 1920 in Russland geboren, flüchtete seine polnische Mutter nach dem Tod des russischen Vaters 1923 nach Warschau. Dort begann der junge Postén ein Stummfilm-Archiv anzulegen, das während des Warschauer Aufstandes 1944 zerstört wurde. Aus politischen Gründen emigrierte er, inzwischen gelernter Journalist, 1946 nach Schweden. Dort machte Gustav Postén an der Universität von Lund als Historiker Karriere, Schwerpunkt Filmgeschichte. Asta Nielsen war angenehm überrascht, dass ein Experte außerhalb des Landes ihre Lebensleistung bewunderte und mehr erfahren wollte. Er dürfe sie gern besuchen.

Wenig freundlich war das Telefongespräch, das Asta Nielsen im Dezember 1965 führte. Der Fernsehjournalist Henrik Stangerup blickt 1967 in der Filmzeitschrift *Kosmorama* auf den Dialog zurück, der sich zwischen ihm und der Diva ergab. Er hatte die Idee zu einem Interview mit der großen, aber vergessenen Filmschauspielerin und rief Asta Nielsen an. »Ich gebe NIE Interviews«, war die kurze Antwort. Der Anrufer versuchte, sie zu überzeugen, keine Chance: »Ich sagte NEIN!«

Im März 1966 trifft Henrik Stangerup bei einem privaten Mittagessen zufällig Asta Nielsen. Ob sie sich an seinen Anruf erinnere? Nein, es gebe zu viele Journalisten, die bei ihr anrufen, aber sie kümmere sich nicht darum. Sie möchte in Frieden leben. Asta Nielsen ist guter Laune, strahlend erzählt sie Anekdoten aus ihrem Leben. Eine Vierundachtzigjährige, so munter, als wäre sie vierzig Jahre alt, erinnert sich Stangerup. Tollkühn nutzt er die Gelegenheit: »Frau Asta Nielsen, könnte ich einen Kurzfilm mit Ihnen machen, wo Sie aus Ihrem Leben erzählen?« Asta Nielsen: »Das können Sie gerne.« Er wäre am liebsten vor ihrem Stuhl auf die Knie gegangen. Die Fortsetzung wird folgen.

In der jungen Schauspielerin Birte Størup hat Asta Nielsen eine neue Freundin gefunden; auch mit deren Freund, Flötist im Königlichen Orchester, versteht sie sich gut. Die beiden haben sie über Pfingsten in ihr Ferienhaus am Meer eingeladen. Erleichtert schreibt Asta Nielsen an Kirsten Kjær, dass die Anfahrt kein Problem war, weil sie im Auto mitgenommen wurde. Und fügt kurz hinzu: »Sehe Frede S. nicht mehr oft … es geht ums Geld.« Da scheint eine enge Bindung zu bröckeln.

Am 11. September steht ein großer Geburtstag an, Asta Nielsen wird fünfundachtzig Jahre. Heinrich und Tilla Rumpff machen mit einem ausführlichen Brief am 5. September den Anfang und wünschen vor allem »Gesundheit, das ist nun einmal das A u. O«. In den folgenden Zeilen geht es vor allem um Heinrich Rumpffs berufliche Erfolge, der seinen neuen Roman als Fortsetzungsserie an die *Berliner Morgenpost* verkaufen konnte und vom Honorar im Haus in Wallgau »sofort die Kohleheizung auf OEL umstellen ließ«.

Neben den alten Freunden melden sich wieder viele unbekannte Verehrer aus Deutschland. Ein Werbegrafiker aus Düsseldorf schreibt: »Ich glaube, dass ich alle Ihre Filme gesehen habe … Für uns Ältere bleiben Sie jedenfalls unvergessen. … In stiller Verehrung …« Asta Nielsen wird Heinrich Rumpff im Oktober schreiben, dass sie über vierhundert Briefe zu beantworten hatte und mehr als fünfhundert Rosen im Peter Bangs Vej ankamen. Gregori Chmara, der sich gerade mit seiner Frau in Venedig aufhält, wird von einer dänischen Zeitung interviewt: »Danke für zwölf herrliche Jahre, liebe Asta …«

Noch vor ihrem Geburtstag hatte sich ein Wunsch erfüllt, und Asta Nielsen war zum zweiten Mal Gast von Christian Theede in seiner Villa Aurora auf der Insel Møn. Am 9. September schreibt sie dem »lieben Freund« einen langen, sehr persönlichen Dankesbrief. Wieder ist es seine »Wärme«, die sie rühmt und die ihr bisher »nirgendwo begegnete«, dazu sein »Zauber«. Ihr scheint, sie habe ihn »ein Leben lang gekannt«. Da sie selber kein Auto hat, müsse sie leider mit Begleitperson kommen und könne nicht »allein Deine klugen Worte hören und mich in Deine Aura vertiefen«. Dann ein Befehl: »Ich erlaube Dir nicht, nach Kopenhagen zu kommen, ohne bei mir zu klingeln …« In kürzester Zeit hat sich eine enge Freundschaft entwickelt: »Ich danke Dir noch einmal für alles, auch für das mir geliehene Nachthemd – und ein Dankeschön, dass es Dich gibt. Deine anhängliche Asta.«

Auch *Politiken* meldet sich zu ihrem Geburtstag. Henrik Stangerup schreibt: »Mit Asta Nielsen zusammen zu sein ist ein Erlebnis. Ihre Wahrheitsliebe führt dazu, dass sie immer ihre Meinung sagt, ohne Umschweife, ohne Sentimentalität.« Wenig später zieht Henrik Stangerup mit seinem Filmteam im dritten Stock im Peter Bangs Vej 61 ein. Die Aufnahmen für den Film mit Asta Nielsen werden in ihrer Wohnung gemacht.

Ein vergessener Star? Wohl kaum: Eine öffentliche Bühne ist für Asta Nielsen bereitet und sie weiß, wie man die bespielt. Im November bekommt sie ein Interview in *Politiken*: »Ich fühle, wie sich jetzt mein Schatten über Kopenhagen legt. Ich hatte gerade meinen 85. Geburtstag, und in diesem Monat erscheinen meine Erinnerungen ›Die zehnte Muse‹ in einer neuen Ausgabe bei Gyldendal. Das Filmmuseum zeigt bis Dezember eine Reihe mit meinen Filmen, und jetzt wird es diesen Film geben.« Für

Asta Nielsen ist selbstverständlich, dass sie Regie führen wird und nicht der offizielle Regisseur. Keine Szene soll improvisiert sein, alles genau vorbereitet – in ihrem Sinn.

Klappe auf, die Kamera surrt, und Henrik Stangerup stellt die Frage: »Wie fühlte es sich an, vom Film zum Theater zu wechseln?« Asta Nielsen antwortet nicht, sondern protestiert. Er soll die Frage umformulieren: »Und so wurde das Theater also ein neuer Triumph für Sie?« Rückblickend schreibt Stangerup: »Manche Szenen glückten, andere nicht.« Die alte Dame hatte keine Hemmungen, Schwierigkeiten zu machen. Doch zum Jahresende waren alle Aufnahmen im Kasten. Bis ins Frühjahr 1967 war der Regisseur mit seinem Team beschäftigt, daraus einen Film zu schneiden und Aufnahmen aus alten Nielsen-Filmen einzuarbeiten.

Bei der neuen Ausgabe ihrer Autobiografie hatte Asta Nielsen sich ebenfalls durchgesetzt: Die zwei Bände von 1945 und 1946 wurden in einem zusammengefasst und ein Kapitel, in dem sie ihre Begegnung mit Hitler und Goebbels im Frühjahr 1933 schildert, hinzugefügt. Es war auf Drängen ihres einflussreichen Freundes Johannes V. Jensen 1946 gestrichen worden: So kurz nach der Befreiung von den deutschen Besatzern könne man den Dänen eine solche Szene nicht zumuten, auch wenn Asta Nielsen den Verlockungen der Nazis nicht nachgegeben habe. Dafür gab sie in einem anderen Punkt nach, der ihr privates Erwachsenen-Leben betraf, dessen größten Teil sie radikal aus ihren Erinnerungen verbannt hatte.

Unübersehbar stand am Anfang der Erinnerungen von 1966 die Widmung »An meine Tochter« – Til min datter. Und am Ende schrieb sie ein Nachwort »An meine Leser«. Die Autorin gesteht, dass der eine oder andere sich vielleicht wundert, weil sie nichts über die Seite ihres Lebens berichtet, die für sie als Frau die wichtigste sein muss: die Liebe. Nun bestätigt sie: Die Liebe war auch ihre Lebensmelodie. Aber die einzige wirklich große Herzensangelegenheit in ihrem Leben war »mein erstes

Kind, meine Tochter«. Der Bann war gebrochen, doch nicht Asta Nielsens Selbstbewusstsein. Mehr als dieses Geheimnis gibt sie nicht preis und erklärt, sie erlaube sich, »so egoistisch zu sein«, das Allerwichtigste nicht mit den Lesern zu teilen, sondern für sich zu behalten. Außerdem: Würde sie auch nur den geringsten Anteil von Glück und Freude schildern, den ihre Tochter für ihr Leben bedeutete, wäre ihr Buch umfangreicher als die Bibel.

Die Kritiker sind sich einig über den außergewöhnlichen literarischen Wert auch dieser Zusammenfassung. Am 18. November schreibt *Politiken*: »Das Erinnerungsbuch hat seinen beständigen Platz als eines der fesselndsten unserer Zeit.« Besonders die Kindheit in Malmö und die Jahre als Heranwachsende seien »mit großer Eindringlichkeit, großer Menschenkenntnis und großer Persönlichkeit beschrieben. Und kein Körnchen Sentimentalität.«

Ihre Freunde in Seefeld, Poul Knudsen und seine Frau Noie, laden sie ein, Weihnachten 1966 in Tirol zu verbringen. Asta Nielsen dankt für den »lieben verständnisvollen Brief«, aber sie gehe nirgendwo mehr hin: »Meine Beine können mich kaum tragen, ich kann nur mit dem Stock gehen. Ich bewege mich also wenig, was nicht hilfreich ist für die Gesundheit.« Für Weihnachten hat sie »schon längst eine Verabredung mit Freunden getroffen, die Weihnachten nicht im traditionellen Stil mit Tanne und anderem Schmuck feiern«. Der Heilige Abend und der Abend davor »sind die schwersten für mich um dadurch zu kommen«. Weihnachten war »Jestas einzige große Begebenheit im Jahr, die für sie schon im September begann und alles, was mich an sie erinnert, selbst an ihre Freude, ist ein Alptraum für mich«.

Das neue Jahr bringt alte Probleme. Wieder machen Asta Nielsen ihre »uralten« Zähne schwer zu schaffen. Sie muss einen Termin in Odense absagen, dem Geburtsort von H.C. Andersen. Hier sollte sie am 2. April, dessen Geburtstag, aus seinem *Märchen meines Lebens* vorlesen. So schlecht geht es ihr, dass sie den halben Tag im Bett liegt und in der anderen Hälfte in ihren Kleidern herumkriecht, wie sie Maler-Freundin Kirsten Kjær am 2. April schreibt.

Am 5. Mai 1967 kommt mit einem Telegramm ein wenig Aufmunterung in den Peter Bangs Vej: »Die in bad ems versammelten deutschen filmclubs sind von ihren filmen tief beeindruckt und entbieten ihnen gruss und dank.« Allerdings schreibt Asta Nielsen am selben Tag an Christian Theede: »Diese gottverdammte Nasennebenhöhlenentzündung fesselt mich, wer weiß wie lange noch, ans Bett ... aber am Nachmittag stehe ich immer ein bisschen auf, damit nicht alle Knochen zusammenwachsen.«

Im Juni kann Henrik Stangerup ihr die fertige Fassung des Films vorführen. Er ist nervös: »Der Tag nähert sich! Sie sieht ihn. Sie ist sehr böse.« In seinem *Kosmorama*-Artikel vom Herbst 1967 versucht Stangerup, das Drama so nüchtern wie möglich zu beschreiben. Asta Nielsen verlangte Korrekturen, fühlte sich falsch dargestellt. Der Regisseur wollte sich von seiner Hauptdarstellerin keinen neuen Film diktieren lassen. Ein Kompromiss kam nicht zustande. In vielen Briefen an ihre Freunde wird sie Henrik Stangerup immer aufs Neue mit bösen Vorwürfen verfolgen, bis hin zu Verschwörungstheorien. »Vandalismus« wirft sie ihm vor, und Poul Knudsen schreibt sie empört: »Selbst das kleinste Entgegenkommen auf meine Wünsche sabotierte er.«

Christian Theede erfährt am 17. August 1967: »Ich habe Schwierigkeiten mit dem Film mit mir und über mich. Dieser Kerl, der ihn machen sollte, ist einfach unmöglich, aber da er Filmkritiker ist, stellte sich der Produzent auf seine Seite, also blieb mir nichts anderes übrig, als ihn zu kassieren. Also dieser Film wird nicht gemacht.« Das Recht stand auf ihrer Seite, denn Asta Nielsen, der Profi, hatte einen Vertrag ausgehandelt, der ihr das letzte Wort über den Film gab. Sie verlangte seine Vernichtung, nicht in aller Stille, sondern in einem offenen Brief, der in allen großen Zeitungen Kopenhagens veröffentlicht wurde. Überzeugt, dass dieser Film nicht dem Bild entsprach, das sie bisher von sich in der Öffentlichkeit geprägt hatte, kannte ihre Entschlossenheit keine Gnade. Nach einer juristischen Auseinandersetzung gelobte die Produktionsfirma alle Exemplare zu vernichten; was allerdings nicht vollständig geschah.

Eine willkommene Unterbrechung in diesem Kampf versprach der September. Im Frühjahr hatte ein Pfarrer, dessen Frau eng mit Jesta befreundet gewesen war, ihr eine vierwöchige Reise nach Sizilien geschenkt, samt einer Begleitperson. Ihr Hausmeister war bereit mitzukommen, und Asta Nielsen freute sich auf die »sizilianische Wärme«. Am 23. September schrieb sie einen ernüchternden Brief an Christian Theede: »Mein lieber Freund Christian, also ich bin wieder zu Hause, nach einer furchtbar anstrengenden und durch und durch unbefriedigenden Reise nach Sizilien.« Die Reise war eine einzige Katastrophe, und Asta Nielsen hatte sie nach vierzehn Tagen abgebrochen: »… aufgrund infernalischen Lärms, draußen wie drinnen, musste ich nach der Halbzeit kapitulieren.« Sie wäre gern noch früher zurückgekommen, doch das Flugzeug ging nur alle zwei Wochen.

Sie erzählt dem Freund die Horrorgeschichte mit vielen Einzelheiten, angefangen bei dem Hotelzimmer im zweiten Stock, ohne Fahrstuhl, dafür mit spiegelglattem Fliesenfußboden. Sie bekam ein anderes Zimmer, aber das lag gegenüber einem Parkplatz, wo Hunderte von Autos Tag und Nacht an- und abfuhren. Dazu pfiffen die Züge, die am Hotel vorbeigeleitet wurden, alle Viertelstunde. Ohrenbetäubende Musik von Hochzeitsfeiern trieb den Lärmpegel weiter in die Höhe. In einem anderen Brief bemerkte Asta Nielsen trocken, dass Italiener wohl mit Ohrenstöpseln auf die Welt kämen. Man müsse »jung und bärenstark sein«, um sich auf Sizilien zu erholen. Jetzt erhole sie sich erst einmal vom Urlaub.

Im Asta-Nielsen-Archiv der Universität von Lund verrät ein Dokument, dass die Schauspielerin selbst unter diesen Horror-Umständen die Kraft hatte, von Sizilien aus ihre Kontakte nach Deutschland spielen zu lassen. Die darin angesprochene Idee zeugt von genug Energie, nach dem aus ihrer Sicht missratenen ein eigenes Filmprojekt zu stemmen. Am 29. Oktober geht ein Brief von Ernst Erich Strassl, dem wichtigsten Mann der Spitzenorganisation der Filmwirtschaft, an die »sehr verehrte, liebe gnädige Frau!« im Peter Bangs Vej: »Haben Sie aufrichtigen Dank für Ihre Zeilen aus Sizilien vom 2. September und Ihre neue Botschaft aus Kopenhagen vom 14. Oktober. ... Ihre Absicht, trotz Ihrer schlechten Erfahrung nicht auf Ihren Filmplan zu verzichten, macht mich glücklich. Ich werde mich sehr bemühen, Ihnen zu einer Realisierung dieses Plans zu verhelfen und bin gewiss, dass Sie keine zweite Enttäuschung erleben werden.« Enttäuscht wurde am Ende Herr Strassl. Es gelang Asta Nielsen, die dänische Produktionsfirma Laterna zu gewinnen und dänische Experten zu organisieren. Für Arbeit über den Winter 1967/68 war gesorgt.

Im Oktober war Asta Nielsen viele Abende damit beschäftigt, »fürs Radio zu lesen, zehn Kapitel wollen sie, eine stinklangweilige Arbeit, die mir langsam zum Hals heraushängt«, erfährt Christian Theede. Eine neue Freundin, die Schriftstellerin Elsa Gress, hat sich bereit erklärt, mit Technikern den geplanten Film über ihr Filmleben zu besprechen. Anfang Dezember wird Asta Nielsen nervös, weil sie nichts hört, und im Januar 1968 sollen die Aufnahmen beginnen. Am 11. Dezember ist endlich ein Treffen mit dem Kameramann in ihrer Wohnung verabredet. Sie hält Christian Theede auf dem Laufenden: »... dann weiß ich auch, was ich an Geld benötige, für Gehälter, Rohmaterial und so weiter und so weiter. Meine Bank wird mir wohl ein Darlehen mit 10 Prozent geben.«

Seit Asta Nielsen 1950 während eines Paris-Besuches zu Gast bei Gregori Chmara war, hielt dessen Frau Véra Vollman, der deutschen Sprache mächtig, die Verbindung aufrecht. Mitte Dezember 1967 kam wieder einmal ein Brief aus Paris: »Liebe Asta, … wir denken an Dich und sprechen oft von Dir, das musst Du wissen … Vielleicht kommen wir dazu, uns in 1968 wieder zu sehen. Das wäre schön!« Dem mit Schreibmaschine getippten Brief hat Gregori Chmara mit Bleistift hinzugefügt: »Glückliches Neues Jahr, liebe Asta! Alles Gute Dir Grisha.«

40. Kapitel

WECHSELBÄDER DER GEFÜHLE

Ein lebhafter Briefwechsel beginnt – Mal energisch, mal alt und krank – Ein neuer junger Freundeskreis – Vorurteile gegenüber Studenten – Ihr Film: Alles selbst gemacht – Der alte dänische Neid – Großes Glück, große Enttäuschung

1968

Mit dem neuen Jahr gehen die Radiosendungen, in denen Asta Nielsen aus ihrer Autobiografie vorliest, weiter, und der Erfolg begleitet sie. Am 5. Februar 1968 nimmt *Politiken* das Thema erneut auf, preist ihre »einzigartige Erinnerungskraft«, ebenso ihr Lesetalent. Asta Nielsen fessele im Radio »nicht nur mit ihrem tiefen Alt«, sondern »vor allem mit ihrer Erzählkunst, beim Lesen das Innere nach Außen zu bringen«. Ihrem neuen Freund Frans Lasson, der 1967 sein Examen als Opernsänger machte und sofort von Det Kongelige Teater in Kopenhagen engagiert wurde, schreibt Asta Nielsen im Mai: »Meine Radio-Aufnahmen sind ein außerordentlicher Erfolg gewesen ...« Sie würden »das Ereignis des Jahres« genannt, und sie soll weitere Kapitel lesen. Nur kämen ihr in diesem Frühjahr leider große Probleme mit den Zähnen dazwischen.

Trotzdem produziert und inszeniert Asta Nielsen konzentriert ihr filmisches Selbstporträt, ihren Rückblick auf den Kern ihres Lebens. Ende März ist die Hauptarbeit getan, nun wartet sie darauf, einen Vorführraum nebst Schneideraum zu bekommen. Es ist wie in alten Zeiten: Asta Nielsen hat alles in der Hand, sie entscheidet bis zum letzten Schnitt.

Der Brief, in dem sie darüber berichtet, geht an Christian Theede, den »Lieben Freund Christian« und schließt mit »Ganz lieben Grüßen von Deiner alten Freundin Asta«. Bei diesen Formulierungen bleibt es das Jahr über. Doch was fast etwas konventionell klingt, umschließt viele, viele Zeilen, in denen Asta Nielsen sich als eine lebhafte Briefpartnerin erweist, die im Handumdrehen Vertrautheit vermittelt und keine Hemmungen hat, ihre Gefühle zu zeigen. Die Korrespondenz mit dem lieben Freund nimmt erkennbar Fahrt auf.

Christian Theede, der auf seinem großen Grundstück auf Møn viele Tiere hält und von dort aus seinen Kunsthandel betreibt, hat seine Freundin für den April in Kopenhagen zum Lunch eingeladen. Asta Nielsen antwortet mit einem energischen Machtwort: »Ich erlaube Dir nicht, für einen Restaurantbesuch Geld hinauszuwerfen. … Selbstverständlich essen wir einen Kanten hier bei mir und darauf freue ich mich ganz gewaltig.« Sie verbindet ihre Anweisung mit dem Vorschlag, seinen Besuch »Ostern zu arrangieren«; der Feiertag ist nur vierzehn Tage entfernt. Ostern habe »ja so viele und langatmige Tage, besonders wenn man allein ist«.

Bevor feste Abmachungen getroffen sind, kommt Christian Theede vor Ostern unangemeldet im Peter Bangs Vej vorbei. »… wie schrecklich, dass Du vergebens an meiner Tür warst«, erfährt er wenig später. Sie habe sich schnell etwas angezogen, aber als sie dann zur Tür kam, »war der Vogel schon fortgeflogen … Ich bin verzweifelt«. Asta Nielsen bedankt sich für Lilien und Landeier, die hatte der Freund wohl vor die Haustür gestellt.

Gegen Ende des Briefes fast wie nebenbei der Hinweis, dass der erhoffte Osterbesuch des Freundes ausfällt: »Frohe Ostern wünsche ich Dir, am Karfreitag hattest Du ja wohl irgendetwas vor. Was ich Ostern mache, weiß ich noch nicht so recht, die Stadt ist ja von Menschen wie leergefegt.« Sie ist entschlossen, nicht einsam und allein zu Hause zu sitzen. Ihr ist sogar eine Gesellschaft recht, von der sie ziemlich enttäuscht ist – Frede Schmidt: »Vielleicht sehe ich meinen Freund, den Antiquar, er läuft von Pontius zu Pilatus, um Geld zu borgen oder Bürgen zu finden. ICH habe mich mehr gestreckt, als ich es mir eigentlich leisten kann …«

Asta Nielsen hat also Geld in dieses Fass ohne Boden gesteckt. Aber sie vergisst nicht, wie sehr Frede Schmidt sich um sie gekümmert hat. Im Lauf des Jahres wird sich allerdings zeigen, dass dahinter die Absicht stand, von dem Weltstar aus Dankbarkeit kostbare Dokumente geschenkt zu bekommen.

Der Brief endet: »Lieber, lieber Christian, alles Gute, frohe Ostern und auf baldiges Wiedersehen. Deine so dankbare Asta.« Zwei Enttäuschungen hat sie in diesem Brief verarbeitet: bei der ersten – Theedes vergeblichem Besuch – ihren Gefühlen freien Lauf gelassen, bei der zweiten – kein Osterbesuch – sich zurückgehalten, keine Vorwürfe, stattdessen die Hoffnung auf ein Wiedersehen ausgesprochen.

Zu Ostern geht ein Brief nach Tirol, zum alten Freund Poul Knudsen. In diesen Zeilen erscheint die Welt der Asta Nielsen in einer anderen Sicht als nur vierzehn Tage zuvor in ihrem Brief an Christian Theede: »Wie IST es doch traurig, alt zu werden, ich kann nicht mal ein paar Freunde bitten zu kommen, denn ich kann nichts machen, absolut nichts und habe nur ein wenig Hilfe zum Saubermachen.« Sind die widersprüchlichen Selbstbeschreibungen einer Frau geschuldet, die auch im Privaten Schauspielerei betreibt?

In das Herz der Schreiberin lässt sich nicht blicken, egal, ob sie an den langjährigen Freund in Seefeld oder den neuen auf der Insel Møn schreibt. Jedoch spricht vieles dafür, dass sich in den Briefen Asta Nielsens an sehr unterschiedliche Adressaten das Auf und Ab ihrer Stimmungen nachspüren lässt, das mit einer privaten Umbruchssituation zusammenhängt.

Bei einem Blick auf die gesamte Korrespondenz 1968 erschließt sich eine Veränderung im Leben der Schauspielerin, die äußerlich nicht spektakulär ist, aber auf grundlegende Verschiebungen schließen lässt. Die Zahl ihrer dänischen Freunde und

Briefpartner wächst, darunter viele, die deutlich jünger sind. Heinrich Rumpff, der treue Freund aus Berliner Zeiten, dem sie vielfach nach der Rückkehr in die Heimat ihr Herz ausgeschüttet hat, erhält nur einen Brief im September. Kopenhagen, das bedeutet nicht mehr »die Hölle« und die verachtete Provinz. Sie hat hier nach vielen einsamen Jahren Menschen gefunden, bei denen sie sich zu Hause fühlt.

Mit der Schauspielerin Birte Størup (Jahrgang 1934) und ihrem Mann, dem Flötisten, hat sie seit Jestas Tod die Weihnachtstage in deren Ferienhaus verbracht. Im Juni schreibt Asta Nielsen an Eli Ansteinsson, sie freue sich auf ihren »neuen Freund und all das Gute, das er für mich tun wird«. Der Neue ist Opernsänger in Berlin: »Sein Freund wohnt hier in Kopenhagen, er hat einen Garten und ich freue mich darauf, dort zu sitzen und verwöhnt zu werden.« Auch mit dessen Freund, dem Opernsänger Frans Lasson, geboren 1935, wechselt Asta Nielsen seit Kurzem vertraute Briefe. Ove Sprogøe, ein populärer dänischer Schauspieler und Fernsehstar, schickt »herrliche rote Rosen«. Zum Jahresende wird sie ihm und seiner Frau Eva für prächtige Hyazinthen danken. Der Duft ziehe »durch die ganze Stube, so kann ich Eure Güte und Freundschaft inhalieren«.

Kein Wort verliert Asta Nielsen darüber, dass viele ihrer Freunde schwul sind. Frans Lasson wird 1990 eine »registrierte Partnerschaft« eingehen, nachdem diese legale Verbindung für homosexuelle Paare im Juni 1989 in Dänemark erstmals in Europa Gesetz wurde. Frede Schmidt war homosexuell, ebenso Svend Kragh-Jacobsen, Theater- und Filmkritiker bei *Berlingske Tidende* (Jahrgang 1909) und Jens Dreyer, Kulturredakteur bei Radio Dänemark, geboren 1930. Asta Nielsen gab den beiden Journalisten – gegen alle Gewohnheit – großzügig Interviews, weil sie sich von ihnen verstanden fühlte, und hielt auch privat Kontakt mit ihnen.

Asta Nielsen, der internationale Star, spielte nicht nur die neue moderne Frau in ihren Filmen, sie war selber eine. Die Lebens- und Weltsicht der Mutter eines unehelichen Kindes war frei von den Vorurteilen der alten Zeit. Darum fühlte sie sich so wohl im offenen, freizügigen Berlin der zwanziger Jahre. Dass ihre Tochter Jesta sich in einen schwulen Mann verliebte, war für Asta Nielsen eine Tragödie für sich, die sexuelle Veranlagung ihres »guten Schwiegersohns« Paul Vermehren dagegen kein Thema.

Der Umgang mit den Jüngeren rückt die Gegenwart und die Möglichkeit einer guten Zukunft in den Fokus und die Vergangenheit in den Hintergrund. Ungeahnte Kräfte werden mobilisiert. Auch Christian Theede gehört mit seinen neunundsechzig Jahren im Vergleich zu Asta Nielsens siebenundachtzig zu den Jüngeren. Mit den Gefühlen von Wärme und Glück, die sie bei ihm spontan empfunden hatte, stellt sich der Wunsch, an einem gemeinsamen Abend bei ihr »einen Kanten zu essen«, wie von selber ein, zusammen mit der »gewaltigen Freude«, die schon die Vorbereitung Asta Nielsen bereiten wird.

Die Botschaft an Christian Theede kommt aus dem Herzen. Ebenso wie das Stimmungstief, das sich einstellte, als Asta Nielsen wenige Tage später erfuhr, dass der geliebte Freund Ostern nicht wie erwartet zu Besuch kommt. Mit der Stimmung sinkt der Glaube an die eigenen Kräfte, sie fühlt sich wieder alt und verbraucht und schreibt es genau so an den Freund in Tirol. Poul Knudsen ist fast so alt wie sie, er wird sie verstehen. Nein, Asta Nielsen setzt sich nicht in Szene. Selbst die Diva lässt sich gehen, kann nicht immer Haltung bewahren. Die widersprüchlichen Briefe kehren auf seismografisch feine Weise ihr Inneres nach Außen.

Die Briefe an Poul Knudsen, den Asta Nielsen seit 1911 kennt, durchzieht ein resignativer Ton, was ihr Alter betrifft; in Richtung Christian Theede geht der Blick nach vorn. »Würde es Dir gefallen, wenn ich am Montag (den 20.5.) zu Dir käme ...?«, fragt sie ihn Mitte Mai. Eine Fahrgelegenheit hat sie schon organisiert. Aber die zerschlägt sich, und auf eigene Faust kann Asta Nielsen nicht auf die Insel Møn reisen. »Was für eine Enttäuschung«, schreibt sie drei Tage nach dem angepeilten Termin.

Doch die Enttäuschung ist nach zwei Absätzen vergessen. Lieber erzählt Asta Nielsen von ihrem Film, bei dem nur noch die Musik fehlt; von den »Scherereien« mit ihren Zähnen, von Elsa Gress, der vielseitigen dänischen Schriftstellerin, die sie über Christian Theede kennengelernt hat, und deren Mann, einem amerikanischen Maler. Beim Stichwort »Reisen« wird sie etwas wehmütig: »Wie gern möchte auch ich verreisen, aber die Kräfte und das eigene Auto fehlen mir, mit anderen Worten, meine Reise wird sich per schlurfender Füße durch meine eigenen Räume abspielen.« Das Bedauern über den eigenen Zustand wird mit leichter Ironie aufgefangen; kein Grund, wehleidig zu werden.

Asta Nielsen meistert ihre Lebenssituation in eigener Regie, auch das Alleinsein: »Gelegentlich habe ich ein bisschen Angst, so ganz allein zu sein, deshalb kommt täglich mein Untermieter und klopft an die Tür, worauf ich mich als noch am Leben melde.« Nur nicht aufgeben, sofort folgt ein positiver Ausblick: »Liebster Christian, ich hoffe, dass Du Dein Leben genießt, inmitten Deiner vielen Tiere und der schönen Blumen.« Der Freund soll wissen, dass bei ihr kein Neid aufkommt.

Nur bei einem Thema ist die vorurteilsfreie moderne Asta Nielsen nicht wiederzuerkennen. Es taucht in den Briefen des Jahres 1968 mehrfach auf. Im Mai erfährt der junge Opernsänger Frans Lasson: »Aber wir wollen zufrieden sein, solange wir hier keine französischen Zustände haben. Aber vielleicht sind sie gar nicht so weit entfernt, denn auch in Dänemark sind Studenten und Jugendliche mit allem unzufrieden; sie sind alle so klug und haben nur Ansprüche …« Das weltweite Aufbegehren der 1968er scheint bei Asta Nielsen Ängste mobilisiert zu haben, die sich in negativen, verbitterten Pauschalurteilen Luft machen.

Sobald es um ihre Film-Arbeit geht, ist sie obenauf, ganz die Alte. Am 24. Juni erzählt sie Eli Ansteinsson von ihrem Dokumentarfilm: »Ich habe ihn selbst geschrieben, ALLES selbst gemacht ... Jetzt ist meine eigene Arbeit so weit, dass sie nächste Woche auf dem Festival in Berlin gezeigt wird.« Der knapp dreißigminütige Film wird ein Erfolg, sowohl beim Publikum als auch bei der Jury der Internationalen Filmfestspiele in Berlin, die ihn mit zwei Preisen auszeichnet.

Für ihren filmischen Rückblick hat Asta Nielsen sich mit Poul Reumert in dessen Wohnung an einen gedeckten Tisch gesetzt. Die beiden prosten sich zu, und während des Essens wird der freundliche alte Herr zum Stichwortgeber. Ob der Übergang vom Theater zum Stummfilm besonders schwierig war? Nein, zumindest nicht am Anfang. Erst viel später, als sie versuchte, »eine stumme Sprache zu finden, um den Geist sichtbar zu machen«. Da erst sei ihr der Unterschied zwischen Theater und Film klar geworden, und dass sie mit dem Film den »schwereren Teil« gewählt habe.

Die Kamera ist auf eine Frau mit kurz geschnittenem, weißem Haar, schmalem Gesicht und spitzer Nase gerichtet, deren große, dunkle Augen immer wieder eine schelmische Verschmitztheit ausstrahlen und die lebhafte Mimik ihres Gesichtes unterstreichen. Zwischen den Antworten hört Asta Nielsen interessiert den Fragen zu, als würde sie zum ersten Mal auf ihr Leben blicken, kein Hauch von Nervosität.

Welches besondere Talent Urban Gad hatte? Großzügig wiederholt sie, was in ihren Erinnerungen steht: Er habe als Regisseur ihre Fähigkeiten erkannt, außerdem besaß er »Kultur, damit war man im Film nicht verwöhnt«. Nach diesem Lob frischt sie die alte Legende wieder auf: Die Manuskripte für ihre Filme seien »dürftig« gewesen; es gab kaum Anweisungen, sie habe alle Rollen nach eigenem Ermessen ausgefüllt.

In den professionellen Ablauf hat Asta Nielsen zwei sehr private Momente eingebunden. Poul Reumert kommt auf Jesta zu sprechen, die am Anfang von *Afgrunden* als Klavierschülerin auftritt, und sagt unvermittelt: »Sie spielte sogar eine größere Rolle …« Die Szene wird gezeigt, dann ein Foto von der kleinen Jesta mit langen Zöpfen, und Asta Nielsen sagt dazu aus dem Off: »Ja, ja, ich spielte eine Musiklehrerin und sie war meine Schülerin.«

Nach dem entspannten Zwiegespräch mit Poul Reumert über ihre Filmkarriere lässt sich Asta Nielsen in ihrer Wohnung von einem jungen Interviewer befragen, den Kopf aufgestützt, aber hellwach. Es geht um die Zeit, als sie Deutschland für immer verlassen hat. Welche Gefühle gab es beim Empfang zu Hause in Dänemark? – »Das übergehen wir lieber mit Stillschweigen.« Auch ihre Bemerkung »Presse und Publikum haben mich im Ausland immer verwöhnt« wird von ironischem Augenzwinkern begleitet.

Die Rede kommt auf ihre erfolgreiche Autobiografie. Asta Nielsen nimmt den ersten Band von 1945 in die Hand, hält das Titelbild in die Kamera und sagt zögernd, fast stockend, aber mit leuchtenden Augen, der »Sprachpädagoge und Zeichner Paul Vermehren« habe diesen anmutigen Umschlag geschaffen. Kein Wort, dass er ihr Schwiegersohn war. So bewahrt ihr Film die Erinnerung an ihre Tochter und enthält eine heimliche Hommage an deren Mann Paul, nach dessen Tod Jesta sich gegen das Weiterleben entschieden hatte.

Wie blickt Asta Nielsen auf ihr erfolgreiches Leben zurück, ist die letzte Frage. Nach ihrer Rückkehr habe sie erwartet, vor allem mit den zwei Menschen zusammen zu sein, die ihr die liebsten waren: mit ihrer Tochter und ihrer Schwester. Die Sechsundachtzigjährige steht auf, kehrt der Kamera den Rücken zu und beginnt, sorgfältig die Kerzen zu löschen, die zahlreich in ihrem prachtvollen Wohnzimmer brennen, und sagt dabei: »Ich habe immer gewusst, Ruhm ist nur ein Wort in den Sand geschrieben.« Das klingt weise, abgeklärt.

Asta Nielsen nimmt in einem Sessel Platz, und ein Monolog

beginnt: Viele Freuden habe sie im Leben gehabt, aber auch viele Sorgen; die größte, die sie als Schicksal ihres Alters zu ertragen habe – »dass man zu den Hinterbliebenen gehört«. Ihre Stimme ist brüchig geworden, die Erinnerung an die beiden Toten übermächtig. Asta Nielsen erlaubt sich, was sie in allen Filmen durchlebte und ihre Kunst so glaubwürdig machte – sie selber zu sein, ihren Gefühlen keine Grenzen zu setzen: »Man ist so ganz allein …« Nach diesem letzten Satz hält sie fast sechs Sekunden dem Schweigen stand, die großen Augen fest und offen in die Kamera gerichtet.

Kaum ist der Film *Asta Nielsen* auf der Berlinale gezeigt worden, wiederholen sich die alten Muster. »Der Neid hat wieder hier in Dänemark sein Haupt erhoben, der bekannte dänische Neid«, schreibt Asta Nielsen am 5. Juli an Poul Knudsen. Ein dänischer Kritiker, der ihren Film in Berlin gesehen hat, findet, er sei eine »schamlose Verherrlichung meiner Person und schauspielerische Affektiertheit«. Für Asta Nielsen ein »Vorgeschmack, wie mein Film hier aufgenommen wird. Aber kann man anderes erwarten in einem Land, wo man 13 mal eine Kinobewilligung abgelehnt hat …« Am Briefende schimmert Altersweisheit durch: »Nun ja, wir können ja von Glück sagen, hier in ungestörter Ruhe zu leben, was zu guter Letzt wohl das beste von allem ist.«

Was ihr öffentliches Bild in der Zukunft betrifft, ist sie bereit, einem Menschen, dem sie vertraut, ihr Archiv zu übergeben, ohne zu wissen, wie es aufbereitet wird. Im Juli 1968 bestätigt sie Gustav Postén, dem Experten für Filmgeschichte an der Universität in Lund, der dort ein Asta-Nielsen-Museum einrichten möchte, dass er weiteres Material haben soll. Sie bittet ihn, Frede Schmidt nichts davon zu sagen.

Kaum ein Monat vergeht ohne einen Brief an Christian Theede. Asta Nielsen plaudert über ihren Alltag im Sommer 1968 und die Menschen, die dazugehören – »mein guter Freund der Opernsänger, … er war gestern nachmittag bei mir«; »meine jungen Freunde Birthe Størup und ihr Mann, … heute abend bin ich zum Essen bei ihnen eingeladen«. In ihrem Alter darf man über die Gesundheit reden, zumal wenn es ihr »im Moment gar nicht so schlecht geht«. Der Freund hat im Juni Pralinen geschickt, »und jetzt werde ich reinhauen in die herrlichen Pralinen, die schlanke Linie ist nicht mehr mein Business«. Zwischendurch klingt an, dass die beiden auch Geschäftliches verbindet. Christian Theede ist zum Agenten für ihre Stoffcollagen geworden, die er in seinem Atelier auf Møn aufhängt: »Ich freue mich, dass Deine vielen Besucher meine Arbeiten so positiv beurteilen …«

Währenddessen bereitet sie in einer schallgeschützten Ecke zwischen Küche und Speisezimmer die nächsten Radiolesungen aus ihren Erinnerungen vor. Wieder einmal wird Jens Dreyer, der »Rundfunkmensch« lobend erwähnt. Er sei »nett und freundlich … und absolut beteiligt am Erfolg dieser Lesungen«. Glaubt man den Briefen an Christian Theede, dann ist Asta Nielsen im Sommer 1968 guter Dinge.

Am 11. September ist ihr siebenundachtzigster Geburtstag. Sie bekam Berge von Blumen, erfährt Heinrich Rumpff am 21. September in einem der selten gewordenen Briefe. Und sie fährt fort: »Ja, es ist nicht leicht allein zu sein, alt und krank. Ich will nicht gerne allein sein, aber wenn Freunde sich melden, empfange ich sie nicht.« Seit Jestas Tod sei sie »traurig, irritabel und langweilig« geworden. Vielleicht war Asta Nielsen zwischendurch unsicher, was das unverhoffte Glück der Freundschaft mit Christian Theede betraf, und hat deshalb ihr neues positives Lebensgefühl vorläufig nur mit ihrem Kopenhagener Freundeskreis geteilt.

Aber sie arbeitet zielstrebig daran, es zu festigen. Zwar hat sie im Dezember 1968 etliche Termine – mit der Bridgegesellschaft, eine Einladung an den Hausmeister mit Frau ist fällig –, aber »am 17. können wir dann bei mir einen einfachen Lunch essen. Ich weiß, dass Du mit meiner Bewirtung zufrieden sein wirst, auch wenn sie einfach ist. Also: Du bist bei mir um 14 Uhr, einverstanden?« Es wäre schön, wenn der Freund eine Ente mitbringe, und zu antworten brauche er nur, wenn es ihm nicht passe.

Der Hinweis, dass sie noch nicht wieder ganz fit ist, ist mit Selbstironie gewürzt: »Ich bin natürlich erschöpft nach der langen Krankheit, aber wann bin ich nicht erschöpft?« Also nicht der Rede wert; gegenüber Christian Theede will Asta Nielsen aus Krankheit und Alter kein Drama machen. Den Erfolg ihres Films und die miese Behandlung durch ihre Landsleute verheimlicht sie ihm jedoch nicht. In Berlin habe er beim Filmfestival zwei Preise bekommen, in Dänemark berichte keine Tageszeitung darüber, dass morgen »mein kleiner Film Premiere im ›Triangel-Kino‹ hat«. Selbst Asta Nielsen hat gerade erst davon erfahren: »Immer werde ich in diesem Land unanständig behandelt, ich hatte zwanzig glückliche Jahre in Deutschland, damit gebe ich mich dann zufrieden.« Sie will sich ihre gute Stimmung nicht mehr verderben lassen.

Das war am 5. Dezember. Fünf Tage später sitzt eine traurige Asta Nielsen im Peter Bangs Vej: »Liebster Christian, es ist eine ganz große Enttäuschung, dass ich mit Deinem Besuch am 17. nicht rechnen kann ...« Das ist die eine Seite, die andere zeigt sofort Verständnis: »... aber es sind ja wirklich wichtige Dinge, die Du da zu erledigen hast, hoffentlich mit dem gewünschten Resultat.« Asta Nielsen zeigt ihre Gefühle, aber sie will nicht im Schmollwinkel sitzen. Es wird neue Gelegenheiten geben, mit dem Freund schöne Stunden zu verbringen.

Weihnachten 1968 hatte sie schon ohne Christian Theede verplant, um nicht allein zu Hause zu sitzen und an die vielen gemeinsamen Festtage mit Jesta und Paul erinnert zu werden, wo ein prächtig geschmückter Baum im Mittelpunkt stand. Asta Nielsen wird wie zuvor »mit den guten Freunden Birthe Størup und ihrem Mann« den Heiligen Abend in deren Sommerhaus verbringen. Die beiden haben keine Kinder, deshalb gibt es keinen Weihnachtsbaum. Der Freund auf Møn bekommt per Post die Kiste Zigarren, die für seinen Besuch parat stand.

41. Kapitel

ICH FREUE MICH SOOO AUF DIE ZEIT MIT DIR

Dokumente für den Professor aus Lund – Dieses Leben war kein Märchen – Sommer auf Møn zu zweit – Die Briefe gehen mit ins Bett – Ein Debütant in der Liebe – Das erste gemeinsame Weihnachten – Zukunftspläne

1969

Im Januar kam die große Welt in den Peter Bangs Vej und mit ihr eine gute alte Bekannte. Lotte Eisner schrieb aus Neuilly bei Paris an die »Liebste, verehrte Frau Asta Nielsen«, dass sie im Palais de Chaillot in Frankreichs Hauptstadt eine Retrospektive über den Weltstar organisieren möchte und sich sehr freuen würde, »wenn Sie auch selbst kommen würden«. Die beiden Frauen kannten sich aus Berlin, wo die promovierte Kunsthistorikerin 1927 als erste weibliche Filmkritikerin beim renommierten *Film-Kurier*, in dem auch Willy Haas schrieb, angestellt wurde. Die deutsche Jüdin emigrierte 1933 nach Paris und überlebte mit falschen Papieren unter ständiger Gefahr die deutsche Besatzungszeit.

Lotte Eisner zählte zu den Bewunderern von Asta Nielsens Filmkunst in den zwanziger Jahren, hatte viele Kontakte in die Berliner Künstlerszene. 1945 gehörte sie zu den Gründern der Cinémathèque Française und hat dort bis 1974 als Chefkuratorin und Archivarin einzigartige Schätze der Filmgeschichte gerettet und gesammelt. Ihr Brief war nicht der erste. »Ich habe mich so sehr gefreut, von Ihnen zu hören. Es ist wundervoll, wie sie mit 87 so aktiv sind, und ich wünsche mir das einmal«, schreibt die Zweiundsiebzigjährige.

In Kopenhagen hatte sich Asta Nielsens Ruf als kluge und

verständige Schreiberin gefestigt. Der Chefredakteur der *Søndags-Berlingske Tidende* fragte im Januar an, ob sie einen Artikel »Über den Tod« schreiben würde. Unter Profis nannte er gleich das Honorar, 1500 Kronen, und die gewünschte Länge, ca. 2000 Worte.

Ob die Anfrage aus Paris kam oder aus der Redaktion der ältesten Kopenhagener Tageszeitung, Asta Nielsen wird sich über beide gefreut haben. Ihre führende Rolle in der Filmgeschichte war nicht vergessen, und in der Gegenwart hatte ein weiteres ihrer vielen Talente Anerkennung gefunden. Überhaupt hatte sie nicht viel Zeit für Müßiggang: »Heute ist Ostersonntag. Habe mir einen freien Tag gegönnt, das heißt, eine ganze Menge Post beantwortet, teilweise Dinge, die dringend beantwortet werden mussten.« Ostern war früh im Jahr, am 6. April. Am Tag zuvor war sie zum Bridgespielen außer Haus, und am folgenden ist sie schon wieder unterwegs, um ihrem geliebten Bridge zu frönen.

Es ist der erste von vier Briefen, in denen Asta Nielsen im April 1969 ihrem »liebsten Christian« munter aus ihrem Alltag erzählt. Eigentlich jedoch ist das nur schmückendes Beiwerk für eine persönliche, intime Botschaft. Der Brief vom 6. April blickt zurück auf einige Tage in der Woche vor Ostern, die sie bei Christian Theede auf Møn verbracht hat: »… tausend, tausend Dank für die wunderbaren Tage mit Dir, alles ging viel, viel zu schnell. … Deine herrliche Atmosphäre umgibt mich noch. Deine Güte, wie glücklich ich bin, Deine Freundschaft zu besitzen, so dankbar.« Sie ist überzeugt, »dass unsere Freundschaft einen kürzeren Abstand und häufigeres Sich-sehen-Können sehr gut vertragen würde«.

In der Begeisterung Asta Nielsens spiegelt sich die Überzeugung, dass ihre Gefühle keine Einbahnstraße sind. Zwei Menschen sind sich in wenigen Tagen sehr nahegekommen. Dafür spricht auch der Hinweis, auf »ein sehr spontanes Übereinkommen«, genauer »meinen Sommeraufenthalt bei Dir«. Mit ein wenig Abstand liegt ihr daran, dass »alles klipp und klar verabredet« wird; der Freund soll sich nicht bedrängt fühlen. Asta Nielsen möchte ihre vernünftige Seite zeigen, ohne ihren emotionalen Überschwang zurückzunehmen. »Alle meine liebsten Gedanken begleiten Dich, ich umarme Dich und ich küsse Dich. Deine Asta«, so endet dieser Osterbrief.

Ein Begleiter ist in diesem Brief sehr präsent; Jens Dreyer, der sie mit seinem Auto auf die Insel Møn und wieder zurück nach Kopenhagen gefahren hat: »Unser Freund Dreyer brachte mich bis zur Tür, er ist, finde ich, ungeheuer charmant und sehr professionell, unsere Sendungen waren für ihn eine Riesenarbeit, ich glaube, er kennt mein Leben noch viel besser, als ich es selber tue.« Das ist für Asta Nielsen, die ihr Privatleben über Jahrzehnte gegenüber Journalisten und damit der Öffentlichkeit konsequent abgeschirmt hat, ein außerordentliches Lob. Eine Freundschaft auf Gegenseitigkeit hat sich entwickelt.

Asta Nielsens Vertrauen zu dem achtunddreißigjährigen Radiojournalisten ist durch die persönlichen Kontakte so gefestigt, dass er mit ihr drei Radiosendungen über ihr Leben machen kann, die im Sommer 1969 gesendet werden. Asta Nielsens Brief vom 6. April vermittelt eine fast familiäre Atmosphäre zwischen ihr, Jens Dreyer und dessen Lebenspartner: »Seinen Herzbuben kenne ich nur vom Telefon, er ist in einem Reisebüro beschäftigt und hat mir mit einer Reise mal sehr geholfen.« Ihr Wunsch, den Freund auf Møn »in Bälde zu sehen«, ist mit der Hoffnung verbunden, »dass Dreyer mich wieder fährt«.

Nur vier Tage später schreibt sie an Christian Theede: »… hab Dank für Deinen so lieben Brief, ich freue mich sooo auf die Zeit mit Dir, wann ich komme, hängt ja davon ab, wann Dreyer mich fahren kann …« Bei aller Freude ist sie eine unabhängige Frau und schlägt vor, dass sie für den Sommeraufenthalt in der Villa ihres Freundes auf Møn »so ungefähr die Hälfte« von dem zahlt, »was ich in einem Sommerhotel zahlen müsste«. Im letzten ihrer vier April-Briefe weist sie ausdrücklich darauf hin, dass er sich während ihres Besuches »total unabhängig« fühlen soll: »Bleibe bei Deinen Gewohnheiten, ich komme zurecht und werde mich wie zu Hause fühlen.«

Zu Hause hat der Alltag sie im Griff: »Der kleinen Lernschwester, die bei mir wohnt, habe ich per 1. Juni gekündigt ...« Asta Nielsen wird zwar von ihr morgens um sieben geweckt, aber anschließend ist sie den ganzen Tag außer Haus. Eine Untermieterin soll einziehen, die sich ein paar Mal am Tag bei ihr sehen lässt. Ein Hörtest steht an. Asta Nielsen hört immer schlechter und hofft auf ein neues Hörgerät. Vielleicht ist auch die vertiefte Freundschaft eine Motivation: »Wie wundervoll, dass wir einander gefunden haben ...«

Das hält sie nicht davon ab, weiterhin verbittert angebliche »Moden« zu kritisieren, nämlich »Krawall zu machen und mit allem unzufrieden zu sein und am besten nicht zu arbeiten«. Sie zitiert zudem einen Spruch, der so gar nicht zu ihr passt: »Wenn die Frauenzimmer anfangen, in Hosen herumzurennen, ist die Götterdämmerung nahe.« Nein, Asta Nielsen, die neue moderne Frau, die in vielen Filmen überzeugende Hosenrollen spielte, dazu Frauen und junge Mädchen, die sich nicht um weibliche Traditionen scherten, hat das nicht ironisch gemeint. Eine weitere Erklärung von ihr dazu gibt es nicht.

Während die frohe Erwartung auf den Sommerurlaub in Møn mit jedem Monat steigt, bekommt Asta Nielsen am 5. Juni Besuch aus dem schwedischen Lund. Sie hatte Professor Gustav Postén ermuntert, mit einem leeren Koffer nach Kopenhagen zu kommen, nachdem ihr Entschluss feststand, die Dokumente ihres Filmlebens nicht mehr Frede Schmidt zu überlassen. Und sie schenkte dem Filmexperten reinen Wein ein: »Ich werde mit Frede Schmidt nicht darüber reden. Ich hatte einmal zu ihm gesagt, ich könnte mir denken, ihm das genannte Material zu überlassen. Aber jetzt, wo ich ihn kenne, sehe ich, dass bei ihm in allem eine hoffnungslose Unordnung herrscht.« Asta Nielsen wird keine Kompromisse eingehen: »Frede Schmidt hat nicht das geringste Recht auf irgendetwas, das mir gehört. Er hat viele Dinge von mir, von denen ich wünsche, dass Sie sie bekommen.«

Sie ist überzeugt, dass bei Gustav Postén ihr schriftliches Erbe an die Nachwelt in professionellen Händen ist. Mit der bewussten Trennung von ihrem über Jahrzehnte gesammelten Material, das der Professor bald für eine Ausstellung nutzen will, hat Asta Nielsen eine vernünftige Entscheidung getroffen. Am Tage nach Posténs Besuch lässt sie gegenüber Christian Theede ihr Herz sprechen: »Ja, mein liebster Freund, Du weißt gar nicht, wie ich mich auf die Zeit mit Dir freue, mögen wir beide gesund bleiben, alles andere ist dann spielend leicht.« Bei solchen Zukunftsausblicken verbietet sich für Asta Nielsen jedes Jammern über das Alter; hoffnungsvolle Wünsche sind erlaubt.

Der Brief vom 6. Juni enthält eine interessante Mitteilung. Jens Dreyer hat aus seinen Gesprächen mit Asta Nielsen drei Sendungen fertiggestellt, und sie nennt Christian Theede die Sendetermine: 9., 10. und 16. Juni. Das passt sehr gut zu ihren Plänen, denn »der 15. ist ein Sonntag, da wird Dreyer mich sicher fahren können«. Der Medikamentenkoffer ist schon gepackt, und sie hofft, durch die gute Luft auf Møn auf die üblichen Schlafmittel verzichten zu können. Bevor es mit dem Urlaub richtig losgeht, gibt sie in den drei Radiosendungen Einblicke in ihr Leben, die sie keinem Journalisten zuvor gestattet hat.

Die Sendereihe trägt den ehrenvollen Titel *Mit livs eventyr* – Märchen meines Lebens, nach dem gleichnamigen dänischen Klassiker der Autobiografie von H.C. Andersen. Asta Nielsen, die in ihren Erinnerungen ihre Ehemänner mit keinem Wort erwähnt, lässt sich von Jens Dreyer fragen: »Was bedeuteten Ihnen Ihre Männer?« Und sie antwortet, ohne zu zögern: »Außer dass Urban Gad die Rollen für mich geschrieben hat, hatte er mir nichts bedeutet.«

In ihrem Alter über den Tod zu sprechen, ist nicht ungewöhnlich, und dass Asta Nielsen fünf Jahre zuvor ihre Tochter durch Selbstmord verloren hat, ist in Dänemark bekannt. In diesem Interview jedoch bekennt sie, dass das Bewusstsein des Todes ihr ganzes Leben durchzogen hat. Sie sei »mit dem Tod in mir geboren worden«.

Ein irritierender Satz auf den ersten Blick. Auf den zweiten beschwört er blitzartig die vielen Frauenschicksale ihrer Filme herauf, die auf tragische Weise tödlich enden. Aber nicht, weil diese Frauen Opfer sind. Sie gehen entschlossen ihren Weg, halten an ihren Vorstellungen von Liebe und Leidenschaft fest, selbst um den Preis ihres Lebens. Dass Asta Nielsen mit diesen Schicksalen nicht nur dank ihres großartigen schauspielerischen Talentes auf der Leinwand überzeugte, sondern ihre innerste Persönlichkeit darin zum Ausdruck kam, hatte ihr Publikum weltweit begriffen. Mit siebenundachtzig Jahren hat sie sich zu dieser intimen Wahrheit bekannt.

Vielleicht war es das bisher unbekannte Erlebnis einer Liebe ohne dramatischen Beigeschmack, das sie dazu befreite. Wie anders soll man die Gefühle, denen sie in ihren Briefen an Christian Theede Ausdruck verleiht, deuten? In der Öffentlichkeit jedoch zieht sie den Vorhang zu ihrem Privatleben schnell wieder zu. »Frau Asta Nielsen, ist Ihr Leben ein Märchen gewesen?«, fragt der Journalist sie am Ende des dritten Sendeteils. »Mir scheint, ein Märchen soll gut enden«, antwortet Asta Nielsen bedächtig, »deshalb kann ich nicht sehen, dass mein Leben ein Märchen gewesen ist.«

Als diese Lebensbilanz gesendet wurde, war Asta Nielsen gerade zu ihrem Sommerurlaub auf Møn eingetroffen. Wie ihr Urteil über die zwei Monate mit Christian Theede ausfiel, hat sie ihn nach ihrer Rückkehr in den Peter Bangs Vej am Abend des 17. August wissen lassen: »Der Sonntag heute war ein langer Tag ohne Major … Hoffentlich hast Du nicht empfunden, dass ich zu lange bei Dir war … Ach ja, ich finde kaum Worte für meine Gedanken, kann Dir nur sagen, dass ich bei Dir bin, die ganze Zeit. … sei umarmt und geküsst von Deiner Asta auch die Majorin genannt.«

Noch bevor dieser Brief in seiner Villa Aurora ankam, schrieb Christian Theede dort am 18. August an »Meine liebe, meine geliebte Asta«: »Du fehlst mir so, meine liebe Freundin. … Ich danke Dir für diese zwei wunderbaren Monate, zwei ganz besondere Monate in meinem Leben, durch Dich wurde dieser Sommer so reich und so glücklich, wie froh bin ich, ich danke Dir. … Alles ist von Dir geprägt und Dein alter, einsamer, treuer und sehr glücklicher Freund ist in einer merkwürdigen Stimmung, so dankbar dafür, dass ich eine so gute Freundin fürs Leben gefunden habe …« Die Variationen der Liebe sind grenzenlos, alterslos. Asta Nielsen, achtundachtzig Jahre, und Christian Theede, siebzig Jahre, werden in den folgenden Wochen und Monaten des Jahres 1969 nicht müde, ihre Gefühle füreinander in immer neuen Bildern und ständig wachsender Intensität aufs Papier zu bringen.

Asta Nielsen gesteht ihm, dass sie seine Briefe mehrfach am Tag liest, »und abends nehme ich sie auch mit ins Bett, da bist Du mir so herrlich nah!!!«. Nie hätte sie geglaubt, »dass man nach nur zwei Monaten Zusammensein sich so an einen anderen Menschen binden kann«. Entschieden stellt sie fest, dies sei nicht geschehen, »weil ich einsam und alt bin, nein, es ist mein Schicksal!!!«. Ein Brief im September endet: »Gute Nacht, mein Geliebter, mögest Du heute Nacht zu mir in meine Träume kommen.« Und ein anderer Anfang Oktober: »Ich danke Dir für alles – auch für die Sehnsucht.«

Sie beflügeln sich gegenseitig in ihren Briefen. Christian Theede zeigt geradezu literarische Talente, wenn er am 20. Oktober 1969 in Worte fasst, was mit ihnen geschah, seit Asta Nielsen ihn kurz nach Jestas Tod im November 1964 auf Møn besuchte: »… aus einem kleinen Keimling, der zu sprießen begann, als ich Dich zum ersten Mal sah, wuchs Zärtlichkeit für Dich und der Wunsch, Dich zu beschützen usw. Und jetzt ist der Keimling zu einem großen Baum herangewachsen, zu einem Baum, der Früchte trägt – und das sind Liebesfrüchte.« Er kündigt an, sie am kommenden Samstag zu besuchen.

Schon drei Tage später, einem Donnerstag, muss er die Gefühle für seine »Geliebte Asta« vor dem Wiedersehen noch einmal in Worte fassen: »Ich habe solche Sehnsucht nach Dir, möchte wissen, wie es Dir geht und in Deinen klaren, leuchtenden Augen lesen, dass Du mich liebst.« Dann folgt ein Bekenntnis: »Doch – fühle ich mich als reiner Debütant – aber das macht es ja doppelt wunderbar, dem Himmel an Deiner Seite nahe zu sein.« Ähnliches klingt in Theedes Brief vom 7. Dezember an: »Ich habe nie solche Gefühle gekannt, natürlich habe ich Frauen gekannt, aber nie den Wunsch gehabt, mich zu binden, zu heiraten. Ich bin so glücklich, dass Du mich haben willst.« Sie sei »der einzige Mensch, den ich wirklich geliebt habe«. Nach einem Besuch bei Asta Nielsen schreibt er ihr am 13. Dezember: »... ich brauche Dich, Du mich, dieses Gefühl gibt mir so viel Wärme, so viel Glück. Ich fühle, dass ich so unendlich reich geworden bin durch Dich. ... Solche Gefühle habe ich mein Leben lang nicht gekannt.«

In seiner Liebe zu ihr ein Debütant, der solche Gefühle bisher nicht kannte: Das waren keine koketten Schmeicheleien, sondern ehrliche Feststellungen, und Christian Theede wusste, dass Asta Nielsen dies einordnen konnte. So wie sie ihm im April vom »Herzbuben« des Journalisten Jens Dreyer erzählt, schreibt sie am 15. September über den ebenfalls befreundeten Journalisten Svend Kragh-Jacobsen, »der scheint in der Erde versunken zu sein oder aber, der Freund hat ihn aufgefressen, der sieht schon ziemlich lüstern aus, ganz ehrlich!«. Asta Nielsen darf sich diese kleine ironische Stichelei erlauben; Theede weiß, wie selbstverständlich es für sie ist, mit schwulen Männern befreundet zu sein, ist er doch selber einer.

Asta Nielsens Brief vom 24. September beginnt »Guten Morgen, mein Geliebter« und endet »für heute einen ganz großen

Kuss Deine sehnsüchtige, Dich liebende Freundin«. Ein Brief aus Møn geht an die »Geliebte Asta, meine liebe Frau«. Die Variationen der Liebe sind grenzenlos. Der Briefwechsel zwischen Asta Nielsen und Christian Theede im Jahr 1969 lässt keinen Zweifel, dass beide eine nie zuvor gekannte Liebeserfahrung machen, sich ihr öffnen und sich dies in gemeinsamer Offenheit und ohne Vorbehalte anvertrauen.

Die Liebesbriefe, die Asta Nielsen und Christian Theede gewechselt haben, bieten keinen verdrucksten, lüsternen Blick durchs Schlüsselloch, sondern geben ein anrührendes, unverstelltes Zeugnis von einer außergewöhnlichen Liebe. (Alle Zitate dieser Briefe stammen aus dem Band *Asta Nielsen, Christian Theede: Liebe mit Achtzig*.)

Wenn es »wunderbar« ist, »dass uns das Schicksal zusammengeführt hat«, kann es nicht bei einer Liebe auf die Ferne bleiben. Im Oktober schreibt Christian Theede: »Es muss jetzt gelingen, dass ich mich von meinen vielen Tieren trenne – es ist zu schwer, jemanden zu finden, der sie pflegt, wenn ich zu Dir fahre.« Zuerst wird er die »Pfauen, die Zwerghühner und die Tauben« los. Für »all die heimischen Enten, Gänse und Schwäne« hat Theede bis zum 7. Dezember noch keine Abnehmer gefunden. Trotzdem denkt er schon weiter: »Eines Tages (wenn Du es möchtest) werde ich das Haus hier verkaufen, so haben wir dann nur ein Domizil, bei Dir!« Anschließend wird er erstaunlich konkret: »… wenn Weihnachten und Neujahr überstanden sind, gehen wir zu Deinem Anwalt und dann wird geheiratet.«

Über Asta Nielsens Entscheidungsfreudigkeit in dieser Sache wird eine Anekdote überliefert, die typisch ist für ihre Schlagfertigkeit. »Wie schade, dass ich nicht jünger bin«, seufzte Christian Theede bei einem Zusammensein, »wäre ich jünger, könnten wir heiraten.« Asta Nielsen zögerte keine Sekunde: »Falls du mich fragst, werde ich ja sagen.«

Am 16. Dezember erfährt Asta Nielsen, dass »fast alle Tiere

weg sind«. Nur Hühner und Katzen bevölkern noch Grund und Boden um die Villa Aurora: »Ich bin dann so weit vogelfrei und kann mich ganz um dich kümmern, die ganze Zeit, wenn Du hier bist.« Christian Theede ist voller Vorfreude über »das erste gemeinsame Weihnachten … dann werden wir genießen und glücklich sein, wie letzten Sommer und im Herbst, als wir zueinanderfanden«. Für die Tage nach dem Fest prophezeit er eine hektische Zukunft: »… was wir da nicht alles zu planen haben, unser gemeinsames Leben, die Reise, unsere Hochzeitsreise.« Doch soll kein falscher Eindruck entstehen: »… alles wird von Dir abhängen, in allem richte ich mich nach Dir, danach, was Du willst und kannst.«

Am 8. Januar 1970 schreibt Asta Nielsen an Poul Knudsen in Tirol, sie sei zurück von der Insel Møn, wo sie Weihnachten und Neujahr beim Kunsthändler Theede verbracht habe – »mit dem ich mich nächste Woche verheiraten werde. Er ist bezaubernd und ich bin SEHR glücklich«. Das intensive Wohlgefühl macht sie nicht blind für die Realitäten: »Ich mache mir nur Sorgen, ob ich noch ein paar Jahre bekomme, wo ich jetzt so glücklich bin.«

42. Kapitel

MEINE EINZIGE GROSSE UND ERFÜLLTE LIEBE

Die dritte Heirat geht um die Welt – Hochzeitsreise auf die Kanaren – Keine Ehe auf Abstand – Leiden unter dem Alter – Ferien in Norwegen – 90. Geburtstag

1970-1971

Das Rathaus der Gemeinde Frederiksberg im westlichen Teil von Kopenhagen konnte die Menge der internationalen Journalisten und Fotografen kaum fassen, als Asta Nielsen und Christian Theede am 21. Januar 1970 vor dem Bürgermeister die Eheurkunde unterzeichneten. Die Bilder des Hochzeitspaares mit der berühmten Braut gingen um die Welt.

Schon vor dem Gang zum Standesamt hatte sich das späte Glück jenseits dänischer Grenzen herumgesprochen. Am 12. Januar schrieb Berta George, die Witwe von Heinrich George, an die »liebe verehrte Asta«: »In Travemünde, wo ich mich ein bisschen erhole, höre ich von Deiner bevorstehenden Heirat. – Ich freue mich für Dich und wünsche Dir Glück und den Frieden, den Du nach Deinem reichen Leben verdienst.« Nach der Heirat gratulierte Muschelkalk Ringelnatz »in alter Freundschaft und Treue«. Neben den persönlichen Grüßen kamen unzählige Briefe aus Deutschland von Bewunderern und Verehrerinnen, die »ihrer Asta« unbekannterweise alles Gute wünschten. Am 14. März wird Asta Nielsen ihrer norwegischen Freundin Eli Ansteinsson schreiben: »Unvorstellbar, was ich für eine Schreiberei rund um die Hochzeit hatte – mein Mann hat einen Teil übernommen, mir ist es über den Kopf gewachsen.«

Am 17. Februar kam ein anrührender Brief – auf Deutsch – aus Paris: »Du hast geheiratet, wie ich gehört habe. Ich habe Gricha verloren: er ist am 3. Februar im Schlaf gestorben. Das Herz. Ohne leiden. Ruhig, mit einem Lächeln. Für ihn könnte es nicht besser sein. Die Hündin, die er so lieb hatte, konnte es nicht überstehen, sie ist fünf Tage später gegangen. … Es ist nichts zu machen und nichts zu sagen. 29 Jahre zusammen, und dan plötzlich gar nichts. … Ich küsse Dich vom Herzen, Deine Véra Volman.«

Als dieser Brief in Kopenhagen eintraf, genoss Asta Nielsen südliche Wärme statt das von ihr so oft verfluchte »abscheuliche dänische Klima«. Am 1. Februar war sie mit ihrem Mann auf die Kanarischen Inseln geflogen. Nach der Rückkehr schwärmt sie in ihrem Brief an Eli Ansteinsson von der »herrlichen Temperatur in Las Palmas, 22-25 Grad«. Daran knüpft sie Zukunftsträume: »Vielleicht lassen wir uns eines Tages in einem südlichen Klima nieder … ich würde am liebsten in Italien wohnen, aber das kann auch Frankreich sein, da mein Mann Französisch spricht.«

Vorerst sind Reisen angesagt, nach Wien, dem »geliebten Tirol und Schwaben, dem schönen Süddeutschland«. Christian Theede ist sein gesamtes Geflügel losgeworden. Um die letzten neun Katzen kümmert sich die Haushälterin, während der Kunsthändler sich verstärkt um das künstlerische Talent seiner Frau kümmert. Stolz berichtet Asta Nielsen nach Norwegen, dass ihre Stoffcollagen »sehr berühmt wurden, gehen von Ausstellung zu Ausstellung, die mein Mann organisiert … bringen mir bis zu 4000 Kronen pro Stück, gutes Geld für die geplanten Reisen«.

Doch im Frühjahr 1970 ist selbst eine kurze Reise über den Öresund nach Schweden für Asta Nielsen zu beschwerlich: »Leider bin ich so todmüde, dass mir mein Arzt vorläufig verboten hat, nach Lund zu kommen. Ich erwarte Sie in dieser Woche oder am kommenden Montag, den Besuch in Lund hebe ich mir für später auf.« Der Empfänger des Briefes vom 4. April, Professor Gustav Postén von der Universität in Lund, ist mit den Jahren ein Freund geworden, dem Asta Nielsen nicht nur immer mehr ihrer Filmdokumente anvertraut, sondern auch sehr Persönliches: »Letzten Sonntag habe ich mich überanstrengt, als ich im Zoo war. Aber das Wetter war herrlich, und ich hatte einen guten Grund, mich zu bewegen. … Ich hoffe auf ein Wiedersehen, wenn ich wieder in Form bin, was ich vor allem wegen meines Mannes für Pfingsten wünsche. Wir fahren nach Møn, da habe ICH Ruhe. Mein Mann hat genug zu tun mit allem Möglichen, das macht ihm Vergnügen, glaube ich. Er KANN es nicht lassen zu pflanzen und zu düngen, solange er den großen Garten hat … Lieber Postén, ich sende Ihnen allen vieren die allerherzlichsten Wünsche, auch von meinem Mann …«

In einem zweiten Brief, ebenfalls noch im April, stärkt Asta Nielsen dem Filmhistoriker, der Kontakt zu Frede Schmidt aufgenommen hatte, wieder einmal den Rücken. Zwar habe sie Schmidt vor vielen Jahren gesagt, er solle nach ihrem Tod alle Briefe bekommen, aber noch sei sie nicht tot und habe das Recht, neu zu disponieren: »Und jetzt frage ich Sie, ob Sie Interesse an allen diesen Briefen haben, von denen viele, vielleicht die meisten, nicht von Interesse sind.« Gustav Postén hat auch die Briefe des Weltstars an ihn aufgehoben; bisher unentdeckt liegen sie im Asta-Nielsen-Archiv der Universität Lund.

Wie bei dem Professor aus Lund war aus dem beruflichen Kontakt mit Jens Dreyer ein freundschaftlicher geworden. Der Radiojournalist scheute sich nicht, nach den drei Sendungen *Märchen meines Lebens* mit Asta Nielsen 1969, Ende April 1970 noch einmal seine besondere Beziehung für ein ungewöhnliches Interview zu nutzen. »Dennoch ein glückliches Ende«, hieß der Titel, und Dreyer fragte sie: »Können Sie sich erinnern, dass Sie vor weniger als einem Jahr den Zuhörern sagten, dass Ihr Leben kein Märchen war?« Asta Nielsens Antwort: »Nun, das war es bestimmt nicht, denn ein Märchen, das sollte ja ein gutes Ende haben – aber nun ist es doch ein Märchen geworden. Denn das Merkwürdige ist ja, dass ich mit achtundachtzig Jahren meine einzige große und erfüllte Liebe gefunden habe, und das ist Christian Theede, der da drüben sitzt und mir zulächelt.«

Asta Nielsen lässt sich weiter nach privaten Gefühlen befragen: »Wie fühlt es sich an, wenn man nach achtundachtzig Jahren seine erste große Liebe trifft?« – Und sie gibt eine listige Antwort: »Nun, man kann wohl nicht erklären, wie sich das Glück anfühlt. Man kann nur sagen, dass man glücklich ist, nicht wahr.«

Es ist keine Ehe auf Abstand. Das Paar fährt zusammen nach Møn, Christian Theede ist im Peter Bangs Vej so oft wie möglich. Aber noch ist er als Kunsthändler aktiv, organisiert Ausstellungen quer durch Dänemark, ist auf Kontakte angewiesen. Am 21. Juli bekommt er einen Brief zum »Halbjahres-Hochzeitstag«: »Du bist gestern abgefahren, mir kommt es vor, als wäre es Jahrhunderte her …« Asta Nielsen, der Weltstar, hat keine Hemmungen, ihre Gefühlslage nüchtern einzuschätzen: »Ich sitze schon ganz früh morgens hier und erwarte Deinen Anruf, warte wie ein achtzehnjähriges verliebtes Mädel …«

Ein folgender Brief ohne Datum ist in einer nachdenklichen Stimmung geschrieben. Statt der zuvor oft beschworenen Hoffnung auf ein paar gute Jahre mit Christian Theede, stellt Asta Nielsen ihm ihre körperliche Gebrechlichkeit vor Augen: »… ich leide furchtbar unter meinem Alter, nicht psychisch, sondern physisch, das Alter ist schuld an den Enttäuschungen.« Sie schreckt nicht vor drastischen Folgerungen zurück: »Geliebter, geliebter Mann, ich werde Dich von mir befreien an dem Tag, an dem Du äußerst, allein zu sein …« Es muss ihr schlecht gegangen sein, als sie diese Zeilen schrieb. Aufgeben aber war keine Option für Asta Nielsen, sie mobilisierte alle Kräfte für »die einzige große Liebe meines Lebens, das einzige Glück meines Lebens, doch ich bleibe bei Dir, solange Du es wünschst und ich es kann«.

Mehr denn je taucht in ihren Briefen die Müdigkeit auf: »Ich selbst bin sehr müde, was kein Wunder ist, da ich im September

90 Jahre werde, ohne die Hilfe meines Mannes ginge es nicht.« Das war im Februar 1971, und Asta Nielsen fragt bei Eli Ansteinsson in Oslo an, ob die Freundin ihr einen Ort in den norwegischen Bergen empfehlen könne: »Wir möchten gern dort hinauffahren, weil mein Mann keine starken Lungen hat …« Wenig später macht das Ehepaar Ferien in einem Ort bei Lillehammer.

Zu Hause wird gearbeitet. Es kommen immer neue Anfragen nach ihren Stoffcollagen, und am 11. September 1971 ist Asta Nielsen zur Eröffnung einer großen Ausstellung im Rathaus von Frederiksberg persönlich und mit ihren Werken anwesend. Organisiert hat sie Christian Theede für die Malerinnen seiner »Aurora-Gruppe«; keine bessere Werbung für das Unternehmen als Asta Nielsens Teilnahme.

Von Frederiksberg bis in die weite Welt wurde Asta Nielsen an diesem 11. September 1971 gefeiert, ihr Name stand in vielen Zeitungen. Vor allem in Deutschland war Asta Nielsens neunzigster Geburtstag Anlass, an die »Königin des Stummfilms« zu erinnern, so die *Stuttgarter Zeitung*. In der *Frankfurter Allgemeinen Zeitung* stand »Mehr als ein Star: ein Mensch«.

43. Kapitel

WENN SIE NUR BALD FRIEDEN FINDEN KÖNNTE

1972

Während der Besuche von Gustav Postén im Peter Bangs Vej, wenn Asta Nielsen ihm Briefe und Dokumente aus ihrem langen Leben anvertraute, hatte sich eine freundschaftliche Beziehung zwischen dem Professor aus Lund und ihrem Mann entwickelt. Im Asta-Nielsen-Archiv der Universität von Lund sind bisher unveröffentlichte Schätze dieser Freundschaft aufbewahrt: drei Briefe und eine Postkarte, die Christian Theede zwischen dem 29. März und dem 15. Mai 1972 an Gustav Postén geschrieben hat.

Am 29. März 1972 dankt Christian Theede auf dem Briefpapier von Asta Nielsen Gustav Postén, auch im Namen seiner Frau, für die Ostergrüße und fährt fort:

»Meine liebe Frau liegt immer noch im Krankenhaus nach ihrem Sturz im Badezimmer am 1. Februar. Das gebrochene Bein und der Arm sind geheilt und in Ordnung. Aber jetzt gibt es Komplikationen mit … den Nieren … Sie ist wegen ihres Alters sehr schwach, und falls sie wieder nach Hause kommt, dauert es sehr lange … Also können Sie sich denken, dass ich sehr unglücklich bin und sehr unruhig wegen ihr. Sie hat große Schmerzen und bekommt Betäubungsmittel, um die Schmerzen zu lindern … Und es sieht so aus, als ob die Kräfte schwinden. … Ja, Herr Postén, wir müssen sehen, was die nahe Zukunft bringen wird. Ob Asta dieses alles durchsteht. Danke für Ihre Treue und die herzlichsten Grüßen von uns beiden an Sie und ihre Familie …«

Einen Monat später, am 29. April, erfährt Gustav Postén: »Asta geht es weiterhin nicht gut. Sie ist müde, schläft viel …

sie hat keine Schmerzen und das ist das einzig Erfreuliche, was ich Ihnen sagen kann.«

Am 5. Mai schickt Christian Theede eine Postkarte an Gustav Postén, der offensichtlich nach Kopenhagen kommen wird. Theede schlägt ihm vor, ihn um 12.30 Uhr im Peter Bangs Vej anzurufen: »Dann können wir verabreden, uns irgendwo zu treffen. Asta ist schwächer geworden, aber ich hoffe, sie ist wieder so wohl auf, dass Sie ein kurzes Lächeln von ihr bekommen können.«

»Lieber Postén«, beginnt der Brief, den Christian Theede am 15. Mai schreibt: »Asta geht es noch schlechter. Heute war sie so schlapp und hatte so große Schmerzen, dass es schwer war anzusehen. Wenn sie nur bald Frieden finden könnte. Danke für Ihren Besuch – …«

Am 25. Mai 1972, fünfzehn Minuten nach Mitternacht, ist Asta Nielsen im Krankenhaus von Frederiksberg gestorben. Christian Theede war an ihrer Seite. Wie sie es mit ihrer Tochter Jesta und deren Mann Paul vereinbart hatte, die beide 1964 ein anonymes Grab auf dem Vestre Kirkegård von Kopenhagen fanden, wurde auch ihre Urne in dem rasenüberwachsenen, anonymen Gemeinschaftsgrab von Dänemarks größtem Friedhof beigesetzt.

QUELLEN UND LITERATURHINWEISE, DANK

Wesentliche Grundlage dieser Biografie sind bisher unveröffentlichte Dokumente und Briefe von Asta Nielsen, unter anderem an ihre deutschen Freunde zwischen 1925 und 1968, die ich in Archiven in Dänemark, Deutschland und Schweden entdeckt habe. Überall haben mir Mitarbeiterinnen und Mitarbeiter meine Recherche durch Hinweise, Informationen und angenehme Arbeitsbedingungen erleichtert. Mein Dank geht an Christian Hansen, Det Danske Filminstitut, Kopenhagen; Åsa Sjöblom, Lunds Universitetsbiblioteket, Handskrifter & Specialsamlingar; Christian Fleischhacker, Jens Kaufmann, Hans-Peter Reichmann, Christof Schöbel, Deutsches Filminstitut Frankfurt/M., Sammlung Nachlässe; Gerrit Thies, Stiftung Deutsche Kinemathek, Museum für Film und Fernsehen, Nachlassarchiv, Berlin; Gabriele Zenker, Akademie der Künste, Archiv, Wolfgang-Goetz-Bestand, Berlin; Birgit Scholz, Filmmuseum Potsdam, Sammlungen; Matthias Grotz, Informationen zur Person Rudolf Mendler, Stadtarchiv Ulm; Antje Stupperich, Bundesarchiv Berlin; Karola Gramann, Kinothek Asta Nielsen e. V., Frankfurt/M.

Im Asta-Nielsen-Haus in Vitte auf Hiddensee, dem »Karusel«, hat Familie Thürke dankenswerterweise Asta-Nielsen-Briefe von 1936-1947 öffentlich gemacht. Für die Mitarbeit an Übersetzungen aus dem Dänischen und die hilfreiche Erweiterung meiner Dänischkenntnisse danke ich Frank Stinner M. A., Dozent für Dänisch und Niederländisch bei NORDIKA, Nordische Sprachakademie in Köln.

Ungedruckte Quellen in Archiven

Det Danske Filminstitut Kopenhagen, Asta Nielsen Collection
Asta Nielsen Briefe, Schachtel Ib Monty, 1911-1917 Sig. 8.2,1
Briefe Asta Nielsen – Kirsten Kjær Sig. 8.2,2
Korrespondenz Asta Nielsen-Joachim Ringelnatz Sig. 8.2,3
Asta Nielsen Korrespondenz Sig. 8.2,9; Diverse Dokumente Sig. 8.9,2
Zeitungsausschnitte 1940-1972

Universitetsbiblioteket, Lunds universitet, Asta Nielsens arkiv,
14 Kapseln, Dokumente, Briefe 1912-1972

Deutsches Filminstitut, Frankfurt/M., Sammlungen Nachlässe, Korrespondenz Nielsen-Rumpff 1925-1968

Deutsche Kinemathek – Museum für Film und Fernsehen, Berlin
Korrespondenz Asta Nielsen-Karl Kinndt 1947-1952

Akademie der Schönen Künste, Archiv, Berlin, Korrespondenz Nielsen-Goetz 1927-1955, Wolfgang-Goetz-Bestand Sig. 257

Filmmuseum Potsdam, Institut der Filmuniversität Babelsberg KONRAD WOLF, Sammlung Asta Nielsen, Dokumente und Asta-Nielsen-Briefe

Gedruckte Quellen und Literaturhinweise

Alle Zitate aus Asta Nielsens Autobiografie sind für dieses Buch aus den zwei Bänden von 1945 und 1946 aus dem Dänischen übersetzt worden.

Asta Nielsen: Leben und Filme

J. K. Allen: Icons of Danish Modernity. Georg Brandes and Asta Nielsen, Kopenhagen 2012

R. Aurich, W. Jacobsen (Hg.): Hans Siemsen, Filmkritiker, Essay B. Bruns, Film & Schrift Bd. 15, München 2012

M. Behn (Hg.): Schwarzer Traum und weiße Sklavin. Deutsch-dänische Filmbeziehungen 1910-1930, München 1994

H. Belach (Hg.): Asta Nielsen: 1881-1972, Asta-Nielsen-Ausstellung Berlin 1973

R. Broby-Johansen: BLOD. Expressionære digte, Kopenhagen 1922

I. Byrjalsen: Asta Nielsen – filmens dronning, Kopenhagen 1994

U. Christensen: Den dankse verdensstjerne, der blev frosset ud og glemt, og som giftede sig som 88årig, *Jyllands-Posten*, 5. 11. 2016

P. Diaz: Asta Nielsen. Eine Biographie unserer populären Künstlerin, Berlin 1920

B. D. Eddy: Karin Michaelis – Kaleidoskop des Herzens. Eine Biographie, Wien 2003

L. H. Eisner: Die dämonische Leinwand, Frankfurt/M. 1980

M. Engberg: Asta Nielsen, Kopenhagen 1966

Dies.: Den danske stumfilm 1903-1930, Kopenhagen 1968

Dies.: Filmstjernen Asta Nielsen, Åhus 1999

Die Frauen um Ringelnatz, Katalog zur Ausstellung, überarbeitete Neuauflage, Stadt Wurzen 2013

W. Fischer: Von Asta Nielsen bis Sonja Ziemann. Erlebnisse eines Filmreporters, Berlin 1958

K. Flyvsberg: Asta viste, at der er mange måder at være kvinde pa, *Berlinske Tidende* 11. 9. 2016

E. Gad: Takt og Tone. Hvordan vi omgaas, Kopenhagen 2006; 1. Aufl. 1918

U. Gad: Filmen, dens Midler og Maal, Kopenhagen 1919; Der Film, seine Mittel, seine Ziele, Berlin 1921
Ders.: Klunketiden paa en anden maade, Kopenhagen 1949
Ders: Erindringer. Transkription: L. Richter Larsen, *issuu.com/kosmorama/docs/urbangaderindringer_transkription_*
K. Gramann, H. Schlüpmann (Hg.): Nachtfalter. Asta Nielsen, ihre Filme, 2. Aufl. Wien 2010
A.O. Hagedorff: En meget jødevenlig ung dankser. Erindringer fra Nazityskland, fortæller til E. Cornelis, Kopenhagen 2004
A. Hansert: Asta Nielsen und die Filmstadt Babelsberg. Das Engagement Carl Schleussners in der Deutschen Filmindustrie, Petersberg 2007
A. Heitmann: Selbst Schreiben. Eine Untersuchung der dänischen Frauenautobiographik, Frankfurt/M. 1994
K. Hickethier (Hg.): Grenzgänger zwischen Theater und Kino. Schauspielerporträts aus dem Berlin der Zwanziger Jahre, Berlin 1986
U. Hörner: Auf nach Hiddensee! Die Bohème macht Urlaub, 4. Aufl. Berlin 2008
T. Howard: Women as Hamlet. Performance and Interpretation in Theatre, Film und Fiction, Cambridge 2008
A. Jerslev: Asta Nielsen – Kvindeligheden og de store følelser, *Kosmorama* 213, 1955
Dies.: Marguerite Engberg: Filmstjernen Asta Nielsen, *Mediekultur* Vol. 16, No. 31, 2000, PDF
J. Chr. Jørgensen: Stumfilmstjernens skarpe pen, *Kosmorama* 249, 2013
B. Kildegaard: Fru Emma Gad, 2. Aufl. Haslev 1992
Th. Koebner: Die Schönen im Kino. Nachdenken über ein ästhetisches Phänomen, München 2012
A. Koch: Asta Nielsen – Ein Star in Pest? Seminararbeit im Fach Medien-Kommunikation-Gesellschaft Universität Trier, 2013
S. Kracauer: Werke, Bd. 2.1, 6.1, 6.2, 6.3, hg. von J. Mülder-Bach, I. Belke, Frankfurt/M. 2012
A. Langsted: Asta Nielsen, Kopenhagen 1918
Ph. Lauritzen (Hg.): Om Film, Kopenhagen 1926
Liebe mit Achtzig. Asta Nielsen – Christian Theede: Briefe, hg. vom Filmmuseum Potsdam und A.O. Hagedorff, Berlin 1997
M. Loiperdinger, U. Jung (Hg.): Importing Asta Nielsen: The International Film Star in the Making 1910-1914, New Barnet 2013
B. Lundahl: Asta Nielsen – Malmöbo som blev megastjärna, aus: ELBOGEN, Malmö Kulturhistorika Förenings, Jg. 82, Malmö 2015
P. Malmkjær: Asta. Mennesket, myten og filmstjernen. En biografi, Kopenhagen, 2000
I. Monty (Hg.): Asta Nielsen: Breve 1911 – 71, Kopenhagen 1998

E. M. Mungenast: Asta Nielsen, Stuttgart 1928
Asta Nielsen – *Blätter des Leipziger Schauspielhauses*, Heft 3, 1925/26
Asta Nielsen – Dokumentation, Kurzfilm 1968, Regie Asta Nielsen, Laterna Film Kopenhagen, Kinothek Asta Nielsen e. V. Fankfurt/M.
Asta Nielsen: Mein Weg im Film, *B. Z. am Mittag*, 11 Folgen 1928, aus: Asta Nielsen – Ihr Leben in Fotodokumenten, Selbstzeugnisse und zeitgenössischen Betrachtungen
Asta Nielsen: Den Tiende Muse: Vejen til filmen, 1. Bd, Kopenhagen 1945; Filmen, 2. Bd, Kopenhagen 1946
Asta Nielsen: Den tiende muse, Neuauflage 1Bd., Kopenhagen 1966
Asta Nielsen: Die schweigende Muse. Lebenserinnerungen, Berlin 1992
Asta Nielsen: Ein Tag im Paradies, Hg. A. O. Hagedorff, Berlin 1996
Asta Nielsen Fortæller, Erindringsnoveller og kronikker, Hg. J. Ch. Jørgensen, Kopenhagen 2014
Asta Nielsen – Ihr Leben in Fotodokumenten, Selbstzeugnissen und zeitgenössischen Betrachtungen, hg. von R. Seydel, A. Hagedorff, Berlin 1984
P. v. Ostaijen: Besetzte Stadt. Niederländisch/Deutsch, übersetzt und herausgegeben von H. Bulkowski, München 1991
W. Pape: Joachim Ringelnatz, Berlin 1974
C. Pontoppidan: Eet liv – mange liv, Erindringer II, 1910-1925, Kopenhagen 1950
E. Probst: Asta Nielsen – Deutschlands erster Filmstar, Norderstedt 2012
P. Reumert: Masker og Mennesker, Kopenhagen 1940
I. Rehné: Løvindens Pote – et essay om myten og mennesket ASTA NIELSEN, Frederiksberg 1993
W. Rheiner: Das schmerzliche Meer. Frühe und neue Gedichte, Dresden 1918
Ders.: Das tönende Herz, Dresden 1918, Kriegsausgabe
L. Richter Larsen: Flugten fra Berlin. Urban Gads øjenvidneberetning fra krigsudbruddet, *Kosmorama* 256, 2014
J. Ringelnatz: Briefe, hg. von W. Pape, Berlin 1988
Ders.: Und auf einmal steht es neben dir. Gesammelte Gedichte, Frankfurt/ Main 2007
H. Rumpff: Zur frohen Rast. Kleine Feldpostreihe, Gütersloh 1944
Ders.: Lena und die Zauberstadt, Bonn 2. Auflage 2008, 1. Auflage Berlin 1944
H. Schiebelhuth: Aus der Armutei. Soziale Gedichte, Chemnitz 1919
Ders.: Wegstern, Weimar 1921
H. Schlüpmann u. a. (Hg.): Unmögliche Liebe. Asta Nielsen, ihr Kino, 2. Aufl. Wien 2010
St. M. Schröder: Marguerite Engberg: Filmstjernen Asta Nielsen. NORDEUROPAforum, 11. Jg, 1/2001
Ders.: Fra Babel til Nørrebro, fra Berlin til Frederiksberg: filmens internationalisering og nationalisering, in: H. Bech, A. Scott Sørensen (Hg.): Kultur på kryds og tværs, Århus 2005

R. Seydel (Hg.): Asta Nielsen 1881-1972. Ein Leben zwischen Kopenhagen-Berlin und der Insel Hiddensee, Ribnitz-Damgarten 2011
L.-M. Sørensen: Dansk film under nazismen, Kopenhagen 2014
H. Stangerup: Af min dagbog fra Asta Nielsen-Filmen, *Kosmorama* 81, 1967
D. Sudhoff: Über Reinhard Koester alias Karl Kinndt. Erinnerung an einen Vergessenen, aus: Literatur in Westfalen, Beiträge zur Forschung 7, S. 111-164, Bielefeld 2004
A. Tiders: Emma Gad, Kopenhagen 2005
E. Tind: Astas skygge, Kopenhagen 2016
R. Wolfert: Ein »maßlos judenfreundlicher junger Däne«. Allan Hagedorff und sein Einsatz für Verfolgte des Naziregimes, aus: Invertito, Jb. für die Geschichte der Homosexualitäten, Jg. 11, Hamburg 2009, S. 119-141,

Film: Internationale und deutsche Geschichte
E. Altenloh: Zur Soziologie des Kinos. Die Kino-Unternehmung und die sozialen Schichten ihrer Besucher, Jena 1914
B. Balázs: Der sichtbare Mensch oder die Kultur des Films, Frankfurt/M. 2001; Erstausgabe 1924
H. Belach: Henny Porten. Der erste deutsche Filmstar 1890-1960, Berlin 1986
K. Dibbets, B. Hogenkamp (Hg.): Film and the First World War, Amsterdam 1995
G. Dulac: Der Film ist ein weit auf das Leben geöffnetes Auge, Wien 2017
A. Förster: Women in the Silent Cinema. Histories of Fame and Fate, Amsterdam 2017
J. Garncarz: Maßlose Unterhaltung. Zur Etablierung des Films in Deutschland 1896-1914, Frankfurt/M. 2010
A. Gerber: Zwischen Propaganda und Unterhaltung. Das Kino in der Schweiz zur Zeit des Ersten Weltkriegs, Marburg 2017
L. Greve u.a. (Hg.): Hätte ich das Kino! Die Schriftsteller und der Stummfilm, Stuttgart 1976
L. Eisner: Ich hatte einst ein schönes Vaterland, Memoiren. Geschrieben von M. Grohmann, München 1988
A. Haller: »Eine Episode aus unserem Dasein«. Frühes Kino in Deutschland – Programmgestaltung und weibliches Publikum, Trier 2016
A. Heinzlmeier, B. Schulz, K. Witte: Die Unsterblichen des Kinos. Bd. 1: Stummfilmzeit und die goldenen 30er Jahre, Frankfurt/M. 1982
W. Jacobsen, K. Prümm, B. Wenz (Hg.): Willy Haas. Der Kritiker als Mitproduzent. Texte zum Film 1920-1933, Berlin 1991
G. Jatho, R. Rother (Hg.): City Girls: Frauenbilder im Stummfilm, Berlin 2007
D. Kern (Hg.): Unerhörte Erfahrung. Texte zum Kino, Festschrift für Heide Schlüpmann, Frankfurt/M. 2008

G. Kilchenstein: Frühe Filmzensur in Deutschland. Eine vergleichende Studie zur Prüfungspraxis in Berlin und München (1906-1914), München 1997

St. Lorant: Wir vom Film. Das Leben, Lieben, Leiden der Filmstars, Berlin 1928

W. Pauleit u.a. (Hg.): Filmerfahrung und Zuschauer. Zwischen Kino, Museum und sozialen Netzwerken, Berlin 2014

C. Preschl: Lachende Körper. Komikerinnen im Kino der 1910er Jahre, Wien 2008

H.-P. Preusser (Hg.): Späte Stummfilme. Ästethische Innovation im Kino 1924-1930, Marburg 2017

H. Schlüpmann: Unheimlichkeit des Blicks. Das Drama des frühen deutschen Kinos, Basel 1990

K. Sønderby, K. Roos u.a.: Om Film, Kopenhagen 1971

J. Später: Siegfried Kracauer. Eine Biographie, Frankfurt/M. 2016

M. Wedel: Filmgeschichte als Krisengeschichte. Schnitte und Spuren durch den deutschen Film, Bielefeld 2011

100 Years Studio Babelsberg. The Art of Filmmaking, Essays M. Wedel, Ch. Wahl, R. Schenk, Kempen 2012

Dänemark: Geschichte, Gesellschaft, Literatur, Kultur

K. Abell: Synskhedens Gave, Kopenhagen 1962

M. Bath: Danebrog gegen Hakenkreuz. Der Widerstand in Dänemark 1940-1945, Neumünster 2011

Ders.: Der SD in Dänemark 1940-1945, Heydrichs Elite und der »Gegenterror«, Berlin 2015

M. Bauer, I.Y. Möller-Christensen (Hg.): Georg Brandes und der Modernitätsdiskurs. Moderne und Antimoderne in Europa I, Hamburg 2013

H. van den Berg u.a. (Hg.): A Cultural History of the Avant-Garde in the Nordic Countries 1900-1925, Amsterdam 2012

H. van den Berg, L. Gluchowska (Hg.): Transnationality, Internationalism and Nationhood; European Avant-Garde in the First Half of the Twentieth Century, Leuven 2013

R. Bohn: Dänische Geschichte, 2. aktual. Aufl. München 2001

Georg Brandes – den mangfoldige, Hg. J. Knudsen, Kopenhagen 2005

G. Brandes: Der Wahrheitshass. Über Deutschland und Europa 1880-1925, Hg. H. Grössel, Berlin 2007

D. von der Fehr u.a. (Hg.): Is there a Nordic Feminism? Nordic feminist thought on culture and society, London 1998

St. B. Frandsen: Dänemark – der kleine Nachbar im Norden. Aspekte der deutsch-dänischen Beziehungen im 19. und 20. Jahrhundert, Darmstadt 1994

L. Handesten: Johannes V. Jensen. Liv og værk, Kopenhagen 2000

J.P. Jacobsen: Niels Lyhne, Erstausgabe 1880, Nachdruck Gütersloh o.J.

J. Kleinheinrich-Reinke: Kopenhagener Panoramen um 1900. Varianten der Großstadtapperzeption und der poetischen Transformation von Großstadterlebnissen im Journalistischen Œuvre Herman Bangs, Münster 1986
J. Knopf: Bertolt Brecht. Lebenskunst in finsteren Zeiten, Biografie, München 2012
J. Knudsen: GB – En Georg Brandes-biografi, Kopenhagen 2008
M. Marnersdóttir, J. Cramer (Hg.): Nordisk litteratur og mentalitet, Tórshavn 2000
G. Meissner: Dänemark unterm Hakenkreuz. Die Nord-Invasion und die Besetzung Dänemarks 1940-1945, Berlin 1990
K. Michaëlis: Das gefährliche Alter. Tagebuch-Aufzeichnungen und Briefe, 161.-164. Auflage, Berlin 1910; Das gefährliche Alter. Tagebuchaufzeichnungen und Briefe einer vierzigjährigen Frau. Mit einem Nachwort von M. Reichart, Frankfurt/M. 2005
K. Michaëlis: Der kleine Kobold. Die Lebenserinnerungen einer Dichterin, Wien 1948
S. Møller Kristensen (Hg.): En bog om Kjeld Abell, Kopenhagen 1961
B.S. Nielsen: Die Freundschaft Bert Brechts und Helene Weigels mit Karin Michaelis. Eine literarisch-menschliche Beziehung im Exil, in: Die Künste und die Wissenschaften im Exil 1933-1945, Hg. E. Böhne, W. Motzkau-Valeton, Gerlingen 1992
P. Petterson: Sehnsucht nach Sibirien, München 1999
K. Romer: Wer blinzelt, hat Angst vor dem Tod, Frankfurt/M. 2009
P.G. Schoenborn: Kaj Munk, der politische Pfarrer und Dichter, den die SS erschoss, Wuppertal 2014
H. Wolbersein: Georg Brandes und der Erste Weltkrieg. Zur Positionierung eines europäischen Intellektuellen im »Krieg der Geister«, Lübeck 2009

Weimarer Republik: Kultur, Literatur, Politik
A. Döblin: Berlin Alexanderplatz, 49. Aufl. München 2011
P. Gay: Die Republik der Außenseiter. Geist und Kultur in der Weimarer Zeit 1918-1933, Frankfurt/M. 1970
P. Hoeres: Die Kultur von Weimar. Durchbruch der Moderne, Berlin 2008
S. Kettelhake: Renée Sintenis. Berlin, Boheme und Ringelnatz, Berlin 2010
I. Keun: Das Werk, Band 1: Weimarer Republik 1931-1933, Göttingen 2017
E.-V. Kotowski: Gabriele Tergit – Großstadtchronistin der Weimarer Republik, Berlin 2017
W. Laqueur: Weimar – die Kultur der Republik, Frankfurt/M. 1976
I. Pfeiffer (Hg.): Glanz und Elend in der Weimarer Republik, München 2017
A. Polaschegg, M. Weichenhan (Hg.): Berlin-Babylon. Eine deutsche Faszination, 1890-1930, Berlin 2017
E. Probst: Superfrauen – 7. Film und Theater, Mainz 2001

U. Schürings: Metaphern der Großstadt. Niederländische Berlinprosa zwischen Naturalismus und Moderne, Münster 2008

G. Tergit: Käsebier erobert den Kurfürstendamm, Berlin 1931, Neuausgabe Frankfurt/Main 2016

B. Wetzig-Zalkind: Das ist Berlin – Eine Stadt und ihre Stars, Berlin 2005

ABBILDUNGSNACHWEISE

Archiv Marion Magas – Hiddenseekultur: 10, 11 (Max Ebel)
Danish Film Institute, Kopenhagen: 1, 2, 3, 13, 14, 17-31, 33
Deutsche Kinemathek, Berlin: 5
picture-alliance, Frankfurt am Main: 15 (Polfoto/ Ritzau Scanpix); 7, 8 (ullstein bild)
Royal Danish Library, Kopenhagen: 4, 12; 16 (Willy Henriksen); 34 (Rolf Mahrenholz)
ullstein bild, Berlin: 6, 32
Stefan Wehmeier, Hechenwang: 9

PERSONENREGISTER